刘宝俊 著

严学宭评传

中华书局

图书在版编目(CIP)数据

　严学宭评传/刘宝俊著. —北京:中华书局,2020.11
(2024.1重印)
　ISBN 978-7-101-14843-5

　Ⅰ.严… Ⅱ.刘… Ⅲ.严学宭(1910~1991)-评传
Ⅳ.K825.5

　中国版本图书馆 CIP 数据核字(2020)第 201207 号

书　　名　严学宭评传
著　　者　刘宝俊
责任编辑　罗华彤　白爱虎
责任印制　陈丽娜
出版发行　中华书局
　　　　　(北京市丰台区太平桥西里38号　100073)
　　　　　http://www.zhbc.com.cn
　　　　　E-mail:zhbc@zhbc.com.cn
印　　刷　三河市中晟雅豪印务有限公司
版　　次　2020 年 11 月第 1 版
　　　　　2024 年 1 月第 2 次印刷
规　　格　开本/920×1250 毫米　1/32
　　　　　印张 15⅝　插页 10　字数 375 千字
国际书号　ISBN 978-7-101-14843-5
定　　价　96.00 元

严学窘办公照

　　1978年，严学宭（前排左三）与中国社会科学院少数民族语言研究所所长傅懋勣研究员（前排左四）、南开大学邢公畹教授（前排左五）、国家语委副主任王均研究员（后排左一）等在昆明合影

1980年10月，中国语言学会成立大会合影

前排左起：1.王均、 2.史存直、 11.吴宗济、 15.清格尔泰、 18.石明远、 19.严学窘、 20.白瑞西、 22.朱九思、 24.吕叔湘、 25.王力、 37.周祖谟、 40.邢公畹、 41.廖秋忠、 44.甄尚灵、 46.王宗炎、 48.李荣

中国音韵学研究会成立大会 1980.10.29.武汉

1980年10月，中国音韵学研究会成立大会合影

前排左起：4.王显、5.邵荣芬、7.李葆芬、15.周祖谟、16.白瑞西、19.王力、20.朱九思、21.严学宭、23.邢公畹、24.黄典诚、26.史存直、28.俞敏、31.赵振铎、32.唐作藩、33.李新魁、34.黄家教

1981年12月，严学宭在法国巴黎参加联合国教科文组织"促进以母语为教育工具"专家会议留影

1982年8月，严学宭（前排中）出席在日本东京召开的第十三届国际语言学家会议

1982年8月，严学宭在日本京都大学讲学

　　1983年9月，严学宭（右一）与世界著名语言学家李方桂教授（右二）及其女儿李林德教授（右三）、夫人徐樱女士（左三），以及著名作家徐迟（左一）、美籍华裔影星卢燕（左二）在武昌东湖合影

　　1983年11月，严学宭在全国民族院校汉语教学研究会第4次学术讨论会上致开幕辞

　　1984年，严学宭（右三）与刘又辛教授（右二）、戴庆厦教授（右四）、林序达教授（右一）及答辩秘书曾晓渝（左一）、张博（左二）在西南师范学院研究生学位论文答辩会上

　　1984年，严学宭（右）和美国俄亥俄州立大学东亚语言学系主任、著名语言学家黎天睦教授（中）、华中工学院中国语言研究所黄国营教授（左）在中南民族学院寓所前合影

1984年，严学宭教授（左二）与华中工学院副院长卢振中（左一）、王树仁（右一）等座谈

1985年1月，严学宭在武汉空军雷达学院中文专修班开学典礼大会上讲话

1985年，严学宭（左二）与美国留学生交流

1986年，严学宭（中）与中山大学人类学系容观夐教授（左）等在广州合影

1990年10月，严学窘口述自传，刘宝俊（右）、舒志武（中）记录

严学宭遗像

目　录

序　言……………………………………………唐作藩　1

第一章　悠悠遐裔…………………………………………1

第二章　家学渊源…………………………………………13

第三章　负笈江夏…………………………………………29

第四章　立雪罗门…………………………………………47

第五章　漂泊赣水…………………………………………101

第六章　八载岭南…………………………………………131

第七章　历史转折…………………………………………171

第八章　桂海寻踪…………………………………………195

第九章　琼岛驱劳…………………………………………211

第十章　韵学穷幽…………………………………………245

第十一章　江介风寒………………………………………279

第十二章　桂山修典………………………………………289

第十三章　东湖盛会………………………………………309

第十四章　瀛洲赴远………………………………………325

第十五章　民语引航………………………………………339

第十六章　宿雨滋兰………………………………………363

第十七章　喻园勤励………………………………………381

第十八章　曲终人去 ………………………………………… 405

第十九章　流风余韵 ………………………………………… 427

参考书目 ……………………………………………………… 449

严学宭著述目录 ……………………………………………… 461

后记:我与严学宭先生的十二年 …………………………… 481

序　言

唐作藩

　　20世纪是中国历史上一个风云变幻、波澜壮阔的时代。在这一百年中，经历了晚清、民国、新中国三种不同的国体和政体，并以"五四"新文化运动为转捩点，发生了由封闭的传统社会走向开放的现代社会的巨大变革。中国的语言学，即以"五四"运动为标志，受现代西方学术思潮的强大影响，从延续了两千多年的传统语言学发展为新兴的现代语言学。赵元任、李方桂、罗常培、王力等著名学者，成为开辟中国现代语言学道路的领袖人物。其他许多学者聚集在他们旗下，共同形成中国现代语言学的强大阵营。

　　严学宭先生就是活跃于20世纪中国语言学舞台上的一位卓有成就、影响深远的著名学者。他在清代末年出生于江西省分宜县一个世代书香家庭，家族的流风余泽历十余世而不斩。童年时期他经历了祖父、父亲严格的庭训。青少年时代在武汉大学文学院中文系就学于章黄弟子刘博平先生，接受传统语言文字学知识的熏陶。大学毕业后他进入北京大学研究院文科研究所，成为著名现代语言学家罗常培先生研究生中的开门弟子，接受现代语言学的专门训导。在抗战年代和解放战争时期，先后任教于私立袁山中学、国立中正大学、中山大学。新中国成立后，历任中南军政委员会民族研究室主任、中南民族学院副院长及研究室主任、华中师范学院副院长及中文系主任、华中工学院顾问及中国语言研究所所长。他一生中协助王力先生建立了中国历史上的第一个语言学系，调查识别出了土家、毛南、仫佬、京族、水家等少数民族，组织领导了对广西各族和海南岛黎族、苗族的社会历史情况调查、语言调查和文字创制工作，主持筹备成立了湖北省语言学会、中国音韵学研究会，承担了筹备中国语言学会成立大会的主要工作，创办了华中工学院中国语言研究所和大型语言学杂志《语言研究》，主持开办了五期面向全国质量极高的音韵学研究班、语言学研究班。他兼任过的学术职务就有国家民委学术委员会委员、《中国大百科全书·民族卷》编委、《汉语大字典》副主编、湖北省语言学会首任会长、中国音韵学研究会首任会长、中国语言学会首任副会长、《语言研究》首任主编等。从以上严学宭先生的简单履历，就足以看出他是一位极有成就、深具影响的现代语言学家、民族学家、教育家，同时也是一位著名的学术活动家。他为20世纪中国语言学的发展作出了多方面的重要贡献，建立了垂世不朽的功绩。

看到这部《严学宭评传》，勾起了我许多的回忆和感叹。

我是严学宭先生在中山大学语言学系任教时的学生。1948年我考入中山大学语言学系时，我们的严老师才三十七八岁，是语言学系很年轻的正教授。他平易近人，师母又热情好客，我们语言学系的学生常常三五成群到严老师家聚会，谈学问、谈时局，亲如家人。严老师给我们讲"读书指导"课，实际上就是一门"国学概论"，着重评价文字、音韵、训诂之学的重要典籍和小学发展的历史，是我们的专业启蒙课程。严老师讲课时，经常穿着灰白色的一袭长衫，戴一副普通的无色眼镜，一副儒雅君子、和蔼可亲的模样,至今仿佛就在眼前。由于他传统语言学根底深厚,又掌握了现代语言学的理论方法,讲课条理清楚,深入浅出,内容新颖,引人入胜,使初次接触语言学的我们产生了浓厚的兴趣。

1953年7月,经王力先生联系,我和詹伯慧、麦梅翘、饶秉才、许绍早、欧阳觉亚、王豫远七位同届毕业的同学,一起到刚刚任职武汉中南民族学院的严老师那里,拜他为我们毕业实习的指导老师,进行南方少数民族语言调查,在学习、生活上都得到了严老师许多的指点和关照,使我们得以顺利完成实习任务、撰写了实习报告。这次实习对我们的人生道路产生了重要的影响,毕业后王豫远同学就分配到中南民族学院任教,继续跟随严老师从事南方少数民族语言的调查研究。詹伯慧和欧阳觉亚同学后来也参加了严老师领导的中国少数民族语言调查第一工作队海南分队,调查海南黎语、创制黎文。我则随中山大学语言学系的王力、岑麒祥、周达甫等老师到北京大学中文系任教。因为我跟严老师都从事汉语音韵学的研究,所以联系密切,经常通信商讨学术问题,互致问候,从未中断。严老师出差北京时常常来我家里,我到武汉时首先就要拜候严老师,彼此亲密无间,几十年如一日。1980年后我们的交往更加密切,承蒙严老师关爱,聘我担任了华中工学院中国语言研究所讲座教授、《语言研究》编委。中国音韵学研究会成立后,我担任副会长,辅佐会长严老师的工作,到1990年我接任会长,这些都跟严老师的奖掖、提携分不开,都与深厚的师生情谊相关联。

1991年严老师仙逝,我曾撰文悼念说:"严先生作为中国音韵学研究会的创始人和领导者,我们非常怀念他;作为我敬爱的业师,我更加怀念严老师。"此后倏忽之间又过去了三十年。我现在也已是九四高龄、迟暮之年,然而当年老师们的教诲之恩未尝一日忘之，对去世老师们的怀念愈加浓烈。他们那一代学人，筚路蓝缕，坎坷艰辛，阅历十分丰赡，每人的经历都可供后人考镜20世纪中国的语言学术史，并提供开拓未来的启迪。可惜中国语言学界关于他们的学术传记、评传、回忆录等并不多见，对20世纪中国语言学史的研究来说，不能不说是莫大的缺憾。

　　刘君宝俊先生，是20世纪80年代出自严门的高足，伴随严老师生命中的最后十二年。尤其难得的是，宝俊君曾在严老师生前详细记录了老师的口述历史，整理、出版了《八十自述》一书。此后又孜孜不倦穷尽一切与严老师相关的各种史料，撰写成《严学宭评传》一书。书成，宝俊君遣我写序。作为学生，我愧不敢当；然为弘扬老师学术，又义不容辞。读罢《评传》，感觉老师音容宛在，謦欬犹闻，深为感动！书中材料翔实，评述中肯，其中不乏从未披露过的或者极为罕见的史料，是一部极有学术、文化和社会价值的名人评传。故欣然为之序，以共同缅怀我们敬爱的老师，并借以纪念老师诞辰一百一十周年。

2020年5月15日

第一章　悠悠遐裔

在江西省西部宜春市,有个古称宜春县,后称袁州府,今为袁州区的行政区域。袁州有一处名闻遐迩的山水名胜——袁岭和袁河。袁岭又名袁山,分大袁山和小袁山,有七座山峰如列戟排列,迤逦连绵,峰峦竞秀,林木葱郁。袁河古称楚水,又名袁水,发源于赣中西部的武功山,流经江西芦溪、宜春、分宜、新余、樟树等县市,注入赣江。袁河在流经宜春、分宜时绕袁岭而行,江面开阔,江水碧绿,莹澈如练,是袁河中最美的一段,故又称"秀江"。袁岭和袁河山水相依,"江作青罗带,山如碧玉簪",风光旖旎,秀丽天成,呈现一幅美不胜收的江右山水画卷。

袁州、袁岭和袁河的得名,均来自中国古代一位著名的山中高士——袁京。袁京(69—142),字仲誉,河南汝阳人,是东汉章和年间司徒(宰相)袁安次子。汝阳袁氏为东汉名门望

图1-1　袁京

族,从袁安起,几代仕宦,位列三公,出过诸如袁汤、袁绍、袁术等历史上著名的人物。袁京初拜郎中,稍迁侍中,出为蜀郡太守。他才学渊博,早年潜心研究孟氏《易》,作《难记》十六万字,是东汉研究《易经》有成就的名士之一。后对入仕为官不感兴趣,厌倦京城豪华世俗的生活和官场的权谋倾轧,意欲清静无为,隐姓埋名,做一个普通百姓。于是辞官致仕,云游天下。行至袁州地界,绻慕此地山林葱茏清幽,河水晶莹清澈,于是刈茅结庐,隐居于此,荷锄躬耕。在耕耘树艺之余,抚琴引鹤,集贤讲学,过着宁静安闲的清廉生活。袁京死后槁葬于大袁山(今宜春市袁州区袁山公园),其后代子孙逐渐繁衍为袁州地区一大望族。当地人们感念袁京的懿德高义,遂以其姓氏命名此山此水为袁岭、袁河。隋开皇十一年(591)撤郡建州,将宜阳(原宜春)县所在之安成郡,因袁京之名改置袁州,治所即在今宜春市袁州区。

袁京是继东汉大隐士严子陵之后,第二位最具影响的山中高士。明初大儒方孝孺在《袁高士京赞》中说:“繄袁之山,富春并峻;繄袁之水,严滩比清。严袁两公,东汉齐名。”把袁京及其隐居的袁岭和袁河,与严子陵及其隐居的富春山和子陵滩齐名。明朝的另一位诗人叶涵云在《六先生咏》之一《袁高士京》中,将严子陵和袁京誉为“汉室两伟人,千古更无比”,更称其为“匹夫百世师,劈空楼台起”——从一介“匹夫”而成为人人景仰的“百世师”。“城郭与山川,皆从公之氏”,“矫矫留孤踪,先生尤贤矣”,认为袁京比“天子为故人”、“光武成其美”的严子陵更加受人推崇。袁州的人们为袁京修高士祠、建高士书院,用袁岭、袁河和袁州的地名,将袁京的高尚品节,永远书写在他生活过的大地上。

袁岭和秀水的主体部分位于与今宜春市袁州区毗邻的分宜县。分宜地处袁岭山脉、袁河中游,是一个面积一千三百八十九平方公里、人口三十三万（2012）的小县。它西接宜春市袁州区，北毗宜春市上高县，东邻新余市渝水区，南连吉安市和安福县。分宜古为吴、楚之地，自西汉至宋太宗赵匡义太平兴国年间，均属袁州府宜春县。至太宗雍熙元年（984），始从宜春县分出神龙、招贤、丰乐、化全、儒林、彰善、挺秀、文标、旌儒、清教共十个乡，设置分宜县，仍属袁州。史志记载，因县从宜春分出，故称"分宜"。①在中华民国之前，分宜多属江西袁州管辖。民国之后，曾隶属江西庐陵道、袁州专区、南昌专区、宜春专区等。从1983年起，分宜隶属江西新余市。

历史上分宜本是一个寂寂无名的小县。然而到了明代嘉靖年间，分宜县却因为一个人称"严分宜"的人而名声远播、举世皆知。这位"严分宜"，就是分宜乃至宜春地区历史上功名最为显赫的人物——严嵩。

严嵩（1480—1567），字惟中。因其出于分宜县介桥村，而介桥又因村北古渠介溪而名得，按古代以籍贯为名号的常例，故严嵩又自号严介溪②，时人称为严分宜。严嵩在明孝宗朱祐

图1-2　严嵩

---

①《舆地纪胜》卷二八袁州分宜县下引《宜春志》云："以其地分自宜春，故曰分宜。"南宋诗人、江西庐陵人赵文（1239—1315）《次分宜》诗云："分得宜春地，东偏一画屏。"见《全宋诗》卷3612。按：此诗《全宋诗》卷688重出，作者为蒋之奇，诗题为《按行分宜》。

②严嵩以"介溪"为名号，除取籍贯之义外，又有"介者戒也，溪者欺也"之意，即取《礼记·大学》"所谓诚其意者，毋自欺也"之意，以毋自欺、欺人为戒。

樘弘治十八年（1505）中进士，历任翰林院编修、国子监祭酒、礼部尚书、吏部尚书、太子太傅、少师兼太子太师、武英殿大学士、谨身殿大学士、华盖殿大学士。嘉靖年间拜相入阁，任内阁次辅六年、首辅十五年，执掌朝政，权倾天下二十余年。

历史上严嵩是一个有毁有誉、极有争议的名臣，毁之者斥其为奸臣贼相，誉之者赞其为贤相忠臣。严嵩执掌朝政时间久，树敌甚多。他任内阁首辅时的次辅徐阶，就是严嵩最大的政敌。徐阶心机深刻，因觊觎首辅之位而设计陷害严嵩父子，在严嵩覆败之后取代严嵩而为首辅。在徐阶主持的官修史籍《明世宗实录》中，首次将严嵩定性为"奸臣"。当时的文坛魁首王世贞也是严嵩的死敌，为报家仇，在其所撰《嘉靖以来内阁首辅传》的"严嵩"传中，也是极力诋毁、丑化严嵩。清修《明史》承袭前朝《明世宗实录》和《嘉靖以来内阁首辅传》等，将严嵩列入《奸臣传》，谓其"无他才略，惟一意媚上，窃权罔利"，"窃政二十年，溺信恶子，流毒天下，人咸指目为奸臣"。明清的文学艺术作品亦推波助澜，小说《沈小霞相会出师表》、《海公案》、《绿野仙踪》、《明史演义》等，和戏曲《鸣凤记》、《一捧雪》、《玉丸记》、《五女拜寿》、《打严嵩》等，将严嵩及其儿子严世蕃描绘为十恶不赦、恶贯满盈的奸臣。① 而且在"奸臣"中严嵩属于最高级别，位于近代权奸之首，直与秦桧齐名。通过正史的权威记述和民间文学艺术作品形象的演绎，严嵩遂成为家喻户晓、广为人知的人物。地以人名，分宜县和介桥

---

① 明代奇书《金瓶梅》的作者众说纷纭。明末沈德符（1578—1642）《万历野获编》最早提出《金瓶梅》的作者是王世贞，成书于嘉靖年间，书中所写的蔡京父子暗指严嵩父子，一说西门庆就是影射严世蕃（小名庆儿，号东楼）。严嵩和王世贞有家仇，《金瓶梅》创作目的就为讽刺报复严嵩父子。蒲松龄《聊斋志异·天宫》篇也是讥讽、揭露严世蕃骄奢荒淫生活的。

村就因严分宜、严介溪之名而闻名遐迩、流播天下了。

据考证，介桥严氏第一世祖为楚庄王熊旅支子庄原，因父谥"庄"，遂以谥号"庄"为氏。传至第二十三世祖庄光，因避东汉明帝刘庄名讳，遂改"庄"姓为"严"姓，即东汉高士严光（子陵）。至第五十六世祖严续，任南唐驸马、尚书右仆射兼中书侍郎，迁居福建邵武。第五十九世祖、邵武严恒，字之常，在北宋哲宗赵煦元祐年间（1086—1094）以秘书丞出任江西袁州通判，后卒于任。伴随严恒的小儿子严惟澄欲奉柩返归邵武祖茔[1]，会道阻不通，遂寄柩于城外寺庙。靖康元年（1126），严恒之孙、严惟澄次子严季津复奉柩返归邵武，行至分宜，见袁岭层峦叠嶂、袁河清流澄碧，山河虎踞龙盘，是天下罕见的山水形胜、风水宝地，于是不忍离去，将严恒安葬于袁岭分支昌山的海螺洞，遂卜居于分宜县袁岭北麓的"打铁坑"。严季津由是落籍分宜，成为分宜严氏始祖。[2] 至分宜严氏第四代祖、集贤院学士严大华，又从袁岭北麓的"打铁坑"往东迁至今介桥村西面的坑头。到第六代严洪伯才逐渐形成现在的介桥村，距今已有九百来年。

历史上江西盛行风水理论，传统风水两大流派之一的形势派——又称"峦体派"，就起源于江西，因而又称为"赣派"、"江西派"。形势派讲究山形水势、风向方位，追求"天、地、人"的和谐统一，信奉"地灵则人杰"之说。介桥古村坐北朝南，倚靠袁岭第一峰，坐落于袁河之岸。袁岭从介桥开始似巨龙蜿蜒起伏，奔驰远

---

[1] 严恒有严惟清、严惟汉、严惟溟、严惟滨、严惟澄五子。严惟清、严惟溟留居福建邵武，严惟汉、严惟滨入湖北黄州府，严惟澄随父赴袁州，父丧后定居袁州。严惟澄生二子，长子严孟津早殇无嗣，季子严季津定居分宜，为分宜严氏始祖。

[2] 参见严健编著《中国传统村落·介桥》，第5—9页。

赴,气脉生动;袁河巨石枕岸,周回十八里,从介桥村北流过,山峦叠翠,澄江如练。介桥西南既有袁岭七峰之雄壮,东南又有袁河水光潋滟之辉映,前有介溪古渠潺潺流水,数十棵古樟树环绕村庄,有"屋后七峰袁岭秀,门前一水介溪清"的美誉,地理形势符合传统风水背山面水、负阴抱阳的要求。当地人谓袁岭为分宜的龙脉,而介桥就位于这一龙脉的龙头之处,因而介桥严氏族人自古认为介桥是分宜龙脉的关键,自诩为"天下四大名地"之一。

图1-3　介桥村牌坊

　　介桥是一个具有悠久历史的名村。据介桥严氏族谱记载,介桥的得名,乃因村北有一溪水,有磐石介于水中,故称"介溪"。介溪上有一座古石拱桥,人称"介溪桥",简称"介桥",桥南的村庄也就称为介桥。据考证,在宋代时期,介桥村所在之地有一片黄竹林，故介桥又名"黄竹坡"。严氏九世祖严仲恭在"黄竹坡"进一步"分支建祠"，自号为"竹坡"，严氏后裔遂尊称其为"竹坡公"。九百多年来严氏在此繁衍生息，至今已形成一个具有近三千人、由单一严氏族群聚居而成的传统村落，繁衍为江西最大的严姓支系之一，成为江右声誉卓著的名门望族。

图1-4　介桥严氏竹坡公祠

按照风水形势派"地灵则人杰"的理论，介桥既有如此绝佳的山水形胜，自当有豪杰才俊之士产生。吊诡的是，分宜严氏自择居介桥以来，果真"山川孕人杰"，人文昌盛，英贤辈出。尤其在明代，介桥严氏人文崛起，科甲蝉联，衣冠辐辏，簪缨攒集。在有明一代就出了七个进士，其中严嵩一家就有三人——严嵩高祖严孟衡、严嵩、严嵩曾孙严云从，介桥严氏家族获得一品官职或朝廷诰封的竟达八人之多。因而该村享有"方伯世家"、"黄阁元辅"、"八世一品"、"命隆三世"、"藩侯官邸"、"爵高躬璧"等盛誉，又有"积善毓庆"、"甲地金瓯"、"玉堂清韵"、"池上凤毛"、"士林正宗"、"平倭告捷"等美名。21世纪以来，介桥村被授予江西省"历史文

化名村"称号,列入国家"中国传统村落名录",同时还是国家AA
级风景名胜区。

图1-5　祠堂牌匾

　　严嵩是分宜严氏始祖严季津第十四代孙,也是历史上将分宜
严氏族望推至登峰造极境地之人。严嵩在八十七年的生涯中,先
后在分宜生活了四十年,留下了众多的行迹。介桥的瑞竹堂,是
严嵩出生和启蒙拜师之地,至今尚存一段两米多高的半堵断壁残
墙。①村中严氏宗祠"毓庆堂"内,还保存着明朝嘉靖皇帝手书、
严嵩手书的原制匾额,以及严嵩用过的朝笏。距村西三公里之处
的袁岭第三峰东南坡,有个深邃的石灰岩溶洞,旧志称"洪阳洞",
因东晋道教名师葛洪、娄阳曾在此修道炼丹而得名。"洪阳洞"又
名"狐仙洞",是严嵩年少时读书之处。传说严嵩年少苦读之时,

———————
①严嵩曾写过《瑞竹园记》一文,收录在他的《钤山堂集》中。

有千年狐仙将其带至洞中，从口中吐出一粒宝珠，让严嵩含在嘴里，以解饥渴。严嵩不小心将珠吞下，从此读书过目不忘，聪颖异常，故当地人又把洪阳洞称之为"严嵩洞"。① 分宜古县城钤阳镇东门的袁河之上，有一座著名的石拱桥——万年桥，建成于明嘉靖三十七年（1558），是严嵩为造福乡梓、耗银万余两亲自主持建造的。桥长一百七十四米，宽七米，共十一孔，是一座大型石拱桥。严嵩为此桥撰写了《分宜县万年桥记》，谓"盍名斯桥曰'万年桥'？以无忘圣天子之恩，以仰祝万寿与天地相为无穷焉"。桥修成后的第二年，袁州知府季德甫，分宜知县戴廷忞联手，将严嵩的《分宜县万年桥记》刻石立于桥头。1958年在截断袁河修建江口水库后，县城钤阳古镇以及万年桥、古碑都沉入水中。现在每到枯水季节，还能看到万年桥修长的身姿，呈现出饱经沧桑的残缺之美，"万年残桥"成为仙女湖（即江口水库）一大景观。《万年桥记》古碑后经介桥严氏族人从水中捞出，置于介桥严氏宗祠。

图1-6　万年桥残迹和《万年桥记》古碑

　　本书的传主——严学宭，就出生于人杰地灵的分宜县介桥村。

　　据2013年严健主纂《介桥严氏族谱》，从严学宭开始上溯

---

① 参见分宜县地方志办公室编《钤山人物》。

十七代,即为赫赫先祖严孟衡。

严孟衡(1385—1446),字衡中,明永乐十三年(1415)进士。历任山西道监察御史、浙江按察司副使、四川按察司副使、四川右布政使,人称"严方伯"。严孟衡为官三十年,廉明峻洁,刚正不阿,为一代廉吏、名臣。因其日常鲜食肉类,多以青菜佐餐,因而时人称其为"严青菜"。明正统十一年(1446)严孟衡卒于四川任上,乘船归葬分宜。因行李太少过轻,船摇晃不已,船员只得抬一大石放在船上以镇风浪,后人留此大石以作纪念,称为"布政石"、"清官石"。

严孟衡生有五子,分别为介桥严氏毓庆堂下屋五房,即长房琏、二房瓒、三房瑛、四房琦、五房琥。长房严琏生严骐、严骥,严嵩支脉出自严骥,严学宭支脉则出自严骐。严嵩是严琏的第三代子孙,严学宭则是严琏的第十六代子孙。严学宭的烈祖,自严琏之后的世系依次为:严琏——严骐——严泗——严岗——严世美——严尧佐——严云煌——严一贯——严开宣——严宗贺——严秉迪——严思纶——严升宪——严为文——严澍甘——严寅旭——严学宭。

作为与严嵩同宗共祖的后裔,和从分宜介桥走出来的著名文史专家,严学宭在学术研究上与严嵩没有任何交集。但严学宭之于严嵩,难免有血脉相通、无法割舍的情感牵连,对史书上对严嵩的记述以及社会上对严嵩的认知、评价,严学宭保留自己的观点。严学宭在他的《八十自述》中,曾记述他在北京大学研究院文科研究所跟随罗常培先生读研究生时,与著名史学家胡适先生的一次交往,他说:

> 有一年冬胡适过生日,约了几个人到一个饭庄相聚,罗先生带我一同前去。在这些人面前,我只是一名小学生,也

不敢随便问话。因我年龄最小，又是罗先生的学生，所以胡先生特别关心我，主动和我说话。他知道我是分宜人，就跟我说："你是严嵩的后代，应该对严嵩加以研究，严嵩并不像史书上说的那么坏，过去的评价不公正，说他坏，证据不足。这里面可能另有原因。"胡先生颇有为严嵩辩诬的意思。……他希望我以客观的态度，拿出充分的证据，重新给予评价。①

精于历史考据而有"考据癖"的胡适，学术目光敏锐，洞悉历史加于严嵩的"奸臣"烙印，实在是一桩冤假错案，需要重新做出公正、客观的评价，希望严学窘对此有所作为。但严学窘终究没有像胡适替安徽同乡戴震校勘《水经注》案辩诬申冤的勇气和时间、精力②，终于辜负了胡适先生的期望，然而胡适先生对他的告诫却是至老未忘，并深刻地影响他对先辈严嵩的评价和感情。他像分宜乃至江西人一样，深信造福乡梓、"颇有清誉"的严嵩，不是史书和舞台上所塑造的样子。他说：

> 历史记载中和舞台戏剧里的严嵩，都是以反面人物的形象出现，其子严世蕃更是臭名昭著。……但是在我小的时候，江西人，尤其是分宜人，不相信史书记载和舞台上的形象就是历史上严嵩的真面目，并因此产生逆反心理，大有为严嵩鸣不平的意思。过去，湖南历来是江西老表做生意的主要码头，尤其在株洲一带，江西老表到处都是。听说株洲就曾因

① 严学窘《八十自述》，第12页。
② 戴震在四库全书馆中校勘《水经注》时究竟有没有抄袭赵一清的《水经注释》，是一场延续二百多年，至今未有定谳的学术公案。戴震的学生段玉裁以及部分学者认为"赵书袭戴"，杨守敬等大量学者则认为说"戴氏盗袭赵书，已成铁案"。胡适用了近二十年时间，以他特有的考据手法写了大量文章，反驳前人对戴震的指责，替同乡戴震申冤。

上演"三打严嵩"的戏,而受到江西人的冲击,所以有些地方从此再也不敢上演此类戏了。历史上的严嵩到底是个什么样子,值得深入探讨。①

"值得深入探讨"即去除历史加予严嵩"奸臣"的烙印,依据客观史实给予新的公正的评价。在20世纪80年代改革开放之后,国内外史学界涌现了一股重新评价严嵩的学术思潮。有位研究严嵩的美国华裔学者给严学宭写信,认为历史给严嵩的许多罪名都是"欲加之罪"。江西和上海的史学研究者曹国庆、赵树贵、刘良群为撰写替严嵩翻案的著作《严嵩评传》,也专程来武汉访谈过严学宭。严嵩故乡分宜县的地方学者更是广泛收集资料、证据为严嵩辩诬。他们大多找到出自分宜介桥的严氏后裔在当代最有声名的文史专家严学宭,征集史料,征求意见,严学宭都会转述当年胡适先生的观点,提供自己所知的史料,陈述自己的观点,为介桥严氏祖先的公正评价而尽绵薄之力。

---

① 严学宭《八十自述》,第1页。晚清和民国时期京剧传统剧目《打严嵩》在江南数省演得轰轰烈烈,处处叫好。但每到江西演出剧团就被轰出,扮演严嵩的演员还遭痛打。

第二章　家学渊源

严学窘，原名福蘅，又名上达，字华兴，号学窘，一号子君。后更名学窘，字子君。[①]清宣统二年、农历庚戌年十一月初五、公历1910年12月6日，出生于江西省分宜县介桥村一个世代书香家庭。

据《介桥严氏族谱》记载，严学窘十世祖严云煌为明清科举中的州郡附生；九世祖严一贯为州郡增生；八世祖严开宣为县邑庠生；七世祖严宗贺为县邑增生；六世祖严秉迪为州郡廪生，获岁贡功名，任训导官职；五世祖严思纶曾任登仕佐郎官职；四世祖（高祖）严升宪为县邑附生。[②]历七世书香阀阅，翰墨门风。虽然都

---

① "名福蘅，字华兴，号学窘，一号子君"据严健主纂《介桥严氏族谱》。萧家修、欧阳祁修纂《分宜县志》卷七《选举》第1140页"分宜县各种毕业简明一览表"："严上达，国立武汉大学文科。""名上达，字学窘"见于易大德《记分宜拔贡严寅旭（畏堂）师》和《清拔贡分宜严寅旭先生轶事》两文。更为今名"学窘"、字"子君"，当于中学毕业之后、上大学之前。名"学窘"与字"子君"在字形上关联，甚有雅趣。"窘"字冷僻罕见，今人常误"窘"为"窘"。

② 明清科举，经过县州级初考（即"童试"）而考中者称为"庠生"（又叫"秀才"）；考入府、州、县学而未能获得助学廪膳的叫"附生"；考取了正式廪膳的叫"廪生"；在廪生之外获得增补廪膳的叫"增生"。"登仕佐郎"是清代文官官衔，从九品，不是实职，是荣誉官爵。"训导"为清代基层文官官职，从七品，职能主要为辅佐地方知府、负责教育方面的事务。

没有获得显赫的功名，但是文脉从未中辍。自高祖严升宪之后，更是斯文郁郁，儒韵遐昌。

严学窘曾祖严为文(1824—1879)，字美秀，号省侬。县邑廪生，光绪元年(1875)获恩贡功名，后任江西省奉新县教谕。[1] 著有《寄园诗稿》《寄园杂草》等书稿，未刊行。生有一子、二女，子名澍甘。宣统元年(1909)严为文以孙严寅旭贵，诰命加四级，貤赠奉政大夫、七品小京官。妻张氏，继室李氏，亦以孙贵，貤赠宜人。[2]

严学窘祖父严澍甘(1854—1924)，字汝霖，号雨三。严澍甘幼时聪颖超群，二十岁为廪生，熟读经史，博览子集，能背诵《十三经》及其注疏。擅长骈文、诗、赋，学界谓其"才力富健"，在当地享有极高声誉。据传，一次江西省提督学政王仁湛按例巡视考试生员[3]，命题中有"冰壶先生"一语，全场愕然，不知所云，独严澍甘脱口而出曰："冰壶先生者，韭菜也！"[4] "冰壶先生"典出南宋林洪

---

① "教谕"是明、清县学的教官，主管文庙祭祀，教诲生员。

② 严健主纂《介桥严氏族谱》卷一九第一章《封诰》，载宣统元年十一月初四皇帝颁赐《陆军部七品小京官加四级严寅旭诰命二道》其一曰："奉天承运，皇帝制曰：宠渥朝章，锡类不遗于一命；祥开家庆，貤恩爱及夫重闱。尔严为文，乃陆军部七品小京官加四级严寅旭之祖父。弓裘衍泽，瓜瓞绵麻。作述相承，再世彰式其祖武，渊源有自，一经早裕夫孙谋。兹以覃恩，貤赠尔为奉政大夫。锡之诰命。於戏，旧德维昭，用广显扬之志；新纶特贲，允增泉壤之光。制曰：礼由义起，宏孝治于中闱；命自天申，贲荣施于大母。李、张氏乃陆军部七品小京官加四级严寅旭之祖母。德懋兰闱，光生槐里。珩璜作则，式垂淑慎之型；荇藻流芳，丕振光昌之绪。兹以覃恩，貤赠尔为宜人。于戏，鸾书焕彩，合彤史以扬休；象服增辉，荷云章而锡庆。"

③ "提督学政"亦称"督学使者"，简称"学政"，俗称"学台"，清代地方文化教育行政官。每省设一人，掌全省学校政令和岁、科两试。按期巡历所属各府、厅、州，察师儒优劣、生员勤惰。光绪三十二年(1906)改为提学使，辛亥革命后废。

④ 参见严健编著《中国传统村落：介桥》，第111—112页。

《山家清供》一书"冰壶珍"条:"太宗问苏易简曰:'食品称珍,何者为最?'对曰:'食无定味,适口者珍。臣心知齑汁美。'太宗笑问其故。曰:'臣一夕酷寒,拥炉烧酒,痛饮大醉,拥以重衾。忽醒,渴甚,乘月中庭,见残雪中覆有齑盎。不暇呼童,掬雪盥手,满饮数缶。臣此时自谓上界仙厨,鸾脯凤胎,殆恐不及。屡欲作《冰壶先生传》记其事,未暇也。'"《山家清供》本一僻书,不为学人所重,而严澍甘熟知该典,可见其博闻强识,故应试学人皆钦其渊博。

严澍甘虽博学多才,然而文憎命达,学优难仕,屡荐不售,至光绪二十一年(1895)四十一岁时始获县学岁贡功名。宣统辛亥年(1911)签分县丞,担任过短期的分宜县传学所所长以及某州州判。"传学所"即之前的"教谕",是主管全县教育的行政机构。"州判"是知州的佐官,位阶为从七品。后来严澍甘淡泊仕进,转任分宜县小学校长,以教授乡里为业,分宜知名之士,多出其门下。严澍甘家贫,然为人方正,言行不苟,热心赈贫恤弱,善行义举闻名遐迩。晚年地方官员将其事迹逐级呈报至民国政府,黎元洪大总统书授严澍甘"义声振国"匾额。严澍甘著有《冠石山房遗稿》,未刊行。今存著述,多保存在分宜各地族谱、村志中,有《圳头湖丘记》(1886)、《泰和训导钟公戬毅墓志铭》(1887)、《赠宋昌后姻翁序》(1905)、《姻伯秀丽先生序》(1906)等近十篇。① 宣统元年以子严寅旭贵,诰命加四级,封奉政大夫、七品小京官。妻林氏,继室袁氏,亦以子贵,诰封宜人。② 生有五子、七女。五子为赓(庚)

---

① 参见严健编著《分宜古诗文拾遗:介桥专辑》,第212—219页。

② 严健主纂《介桥严氏族谱》卷一九第一章《封诰》,载宣统元年十一月初四皇帝颁赐《陆军部七品小京官加四级严寅旭诰命二道》其二曰:"奉天承运,皇帝制曰:宣猷服采,中朝抒报最之忱;锡类殊恩,休命示酬庸之典。尔严澍甘,乃陆军部七品小京官加四级严寅旭之父。令德践修,义方久(转下页)

猷、寅旭、嗣遵、嗣光、嗣武。长子严赓（庚）猷，字梦白。江西省
法政学校毕业，民国元年任分宜县督学委员、分宜县议员，为人正
派，处事公道，在分宜县声誉极高，深受尊重、信赖，是分宜民间纠
纷有名的调解人，人称"大老爷"。次子严寅旭，即严学宭生父。①
幼子嗣武出继于他人。

　　严学宭父亲严寅旭（1885—1937），字钦修，号畏堂（一作威
邕，又作威棠）。袁州官立中学毕业，十六岁参加县试，名列第
一，取廪生案首，补弟子员。清光绪三十二年至宣统元年（1906—
1909）就读于省会南昌的江西高等学堂。②宣统元年（1909）获
分宜县学岁贡，同年参加江西优贡选拔考试，名列榜首，折桂优
元③，江西巡抚提督冯汝骙和提学使林开謩，共同为其书授"优

（接上页）著。诗书启后，用彰式谷之风；弓冶传家，用作教忠之则。兹以覃
　　恩，封尔为奉政大夫。锡之诰命。於戏，笃生杞梓之材，功归庭训；丕焕丝纶
　　之色，荣播天章。制曰：壸教凝祥，懋嘉猷于朝右；国常有惠，播休命于庭闱。
　　尔林、袁氏，乃陆军部七品小京官加四级严寅旭之母。勤慎宜家，贤明训后。
　　相夫以顺，含内美于珩璜；鞠子有成，树良材于桢干。兹以覃恩，封尔为宜
　　人。於戏，念兹令善之声，荣施勿替；食尔劬劳之报，庆典攸隆。"
①参见严健编著《中国传统村落：介桥》，第111—112页"义声振国——严澍
　　甘"，281页"和事大佬说二白"。
②江西高等学堂即原江西大学堂。晚清实行新式大学教育，1902年下诏在首
　　都设立京师大学堂，各省书院一律改设大学堂，江西大学堂即是1902年设
　　置的江西第一所实行新式教育的官办大学，1905年更名为江西高等学堂。
③在20世纪初分宜士子中最有希望考取进士的是张占鳌和严寅旭两位同窗。
　　光绪三十一年（1905）朝廷废科举，严寅旭情绪低落，郁闷患病。宣统元年
　　（1909）春在江西提督学政举行的拔贡考试中，严寅旭落选而张占鳌考中。
　　严寅旭赠张占鳌联云："三炮惊我，乃是拔贡榜头大书张占鳌三字；一语告
　　君，他日长安道上莫弃严寅旭一人。"不久全省优贡开考，在所取十六名中严
　　寅旭名列榜首。

元"牌匾。在严学窘出生的宣统二年(1910),严寅旭参加朝廷礼部举行的朝考,考取一等第十四名,钦点陆军部七品小京官[①],任军需司统计科员,后改任农工商部农务司科员。1911年任江西省议员,1913年任江西安仁县(今余江县)县长[②],后任温州南盐厂知事,不数月,引疾归。1919年任江西省立第八中学(后改为省立第七中学)国文教员,为诸生讲授经史百家之学。后擢升为省立七中校长,任职四年,颇有建树,成就甚众。国民政府成立后复出游,受宜春挚友杨翘新之邀,任湖北省财厅科员、南京民国政府实业部科员。[③]1937年病逝于介桥。妻朱氏。生有二子、二女。长子严福荃,次子即严学窘。

图 2-1　江西巡抚冯汝骙和提学使林开謩为严寅旭合立"优元"匾[④]

---

①据《清实录宣统朝政纪·大清宣统政纪》卷四○记载,宣统二年(1910)朝考录取一等者共一百四十五名,前三十五名授七品小京官,留京分至各部工作,其余由各省补任知县。
②民国三年(1914),江西安仁县因与湖南省安仁县同名,遂更为今名余江县。
③杨翘新先后任国民政府武汉、南京财政、税收及缉私等方面官员。
④右、左两旁小字为:"钦命江西巡抚部院提督军门冯、全省提学使司提学使林,为己酉科第一名优贡严寅旭立。宣统元年吉月穀旦。"巡抚提督是一省最高军事长官,属从一品。"提学使司"是各省掌管教育行政的官署,"提学使"是清末省级教育行政长官,属正三品。

严寅旭通贯经史，文思敏捷，善辞章，有七步成诗之才。生平著述甚多，然而令人遗憾的是存世者极少。其联语和诗作，多不存于世。严寅旭在省立八中任教时的得意门生，台湾军界、学界名人易大德，1968年在台撰写《记分宜拔贡严寅旭（畏堂）师》一文，回忆说：

> 严师寅旭字畏堂（一作威卺），分宜界桥人，清末秀才，肄业江西高等学堂，由拔贡典小京官，曾任百里宰。民国八年，继卢志鸿为省立第八中学国文教师。师天赋优越，国学造诣甚深，精训诂，善诗文，尤擅骈体联语，构思神速，每有所作，一挥立就。碑长北魏，帖长诸城，书法列江右第四。岁庚申，予以第一名考入八中，年少而有志于学，师期许甚高，堂课批有"心灵手敏，清雅绝伦，予眼中人也"及"春风杨柳，晓日芙蓉，文境似之，书法逼肖诸城，的是清才"等语。
>
> 迨予结褵，师有联见贺曰："有卓越才华，祖砚重磨，佳偶初成新眷属；当嘉平令节，孙枝连理，阿翁又学旧聋痴。"予先君早卒，赖先王父教养，至于成立，故师联中及之。师著作宏富，予曩所阅读，历久已忘；惟寿吾邑徐竹轩（茂松）丈五十诗，尚能忆及，诗曰："我方弱冠君三十，桦烛添樽共缀文；廿载光阴同瓠落，百年岁月竟瓜分。玉台咏出通风雅，骑省书成识典坟。城北园林客小集，琼筵檀板隔江闻。"师小竹丈十年，廿载交深，宜其情真语挚。又丈居袁城北山，亦精训诂，长诗文，久有"城北徐公"及"玉台"、"骑省"之誉，诗中云云，其典雅真切可知矣。
>
> 甲子秋，师继梁晓邨先生为八中校长，凡四年，建树颇多。戊辰秋至海上，劫后重逢，倍觉亲切。于其归也，予有诗赠之曰："诗人只合林泉老，何事风尘定潦倒？挟得羊裘归去

来，扬舲且趁秋风早！"师笑而颔之。己巳秋师任职湖北省财
政厅，予亦在焉。厅长为应城李子宽先生，主秘兼第一科科
长，则予之先岳镜初公也。先岳与师同为拔贡，是时在厅者，
尚有邑人潘和羹（瑞梅），分宜黄俞赓（秉钺）二丈，亦为拔贡。
科举久废，而能聚四贡于一厅，殊不易得，予以晚辈处四贡之
间，随时请教，获益良多，于师为尤然！

1986年，易大德又撰《清拔贡分宜严寅旭先生轶事》一文，回
忆说：

先师严寅旭先生，字畏堂，号威罄，分宜介桥（溪）人，有
明严惟中相国之后。清末拔贡，曾为七品小京官及江西县
令。文工骈，诗宗宋，书长魏碑并擅诸城体，淹通博雅，名噪
一时。民初任袁州学堂及省立第八中学国文教师，旋为省立
第七中学校长。……师辞七中校长后，民十八年，大德曾与
共事于湖北财厅。翌岁江西匪祸甚炽，师避地海上，予方就
读上海法科大学，暇日尚得于旅次请教；并承以诸城体书小
册见赠，甚秀腴，惜久已遗失。民二十一年师返分宜，从此遂
未复见，亦不知其何年归道山也。

以上易文提到的严寅旭《寿徐竹轩（茂松）五十诗》中，"玉台咏出"
用南朝徐陵所编《玉台新咏》典，"骑省书成"用南唐徐铉校订《说
文》事①，"城北园林"则源于《战国策·齐策》之"城北徐公者，齐
国之美者也"语，徐竹轩既为"徐公"，时恰家居袁州城北，用此典
故，尤为贴切。所用三典均以徐姓历史人文以赞徐竹轩，入神入

---

①徐铉字鼎臣，南唐、宋初著名学者，精小学，校订《说文解字》，世称"大徐本"，
为传世《说文解字》最权威版本。徐铉曾任散骑常侍，著《骑省集》三十卷，文
章淹博典雅，冠绝一时。

化,含蓄隽永;又用"百年岁月竟瓜分"形容五十之寿尤为精妙。
这是严寅旭目前唯一可见的一首格律诗,在结构和措辞上确有宋
诗风格,十分典雅,即易文所谓"诗宗宋"。至于"文工骈",相传严
寅旭当年任江西省立第八中学校长时,为其父去世所作祭文,即
一万余言之骈文,轰动宜春学界①,今已不存。严寅旭现今存世
的骈文,有1933年他为姻翁卢璧城及其妻黄夫人所作的《卢璧城
姻翁先生暨德配黄夫人五龝双寿序》②,文辞十分典雅古奥,今录
其首段以见一斑:

　　盖闻赁府鸿光,嘉偶励霸陵之节;闕宫燕喜,令妻飏鄹绎
之芬。夷考往宬,实多遗轨。况乎谐蛮駏以纙影,谱鸳鸯于
双声。京兆退食之余,黛眉亲画;潘令闲居之暇,纤手同携。
此诚家室之祯祥,神仙之眷属也。又况锡繁釐于葛鲍,寿越
中年;膺景福于刘樊,筵开大衍。圆峤与方壶并峙,寿宇同
登;木公与金母齐眉,期颐巧合。壶公酒熟,倒来万斛琼浆;
云母屏开,吹彻九霄璇韵。③

严寅旭的书法更是一绝。上引易大德文称其"碑长北魏,帖
长诸城,书法列江右第四",于篆书、隶书、魏碑体、行书、草书无一
不精。当时南昌、武汉、南京许多店铺、名人向其索讨墨宝,据传时
任江西省主席的熊式辉曾以八百银圆的润笔请严寅旭写一匾额。
在严寅旭重病卧床时,宜春不少好友去看望,言谈中有未得其字画
的遗憾,严寅旭即扶起坐床,书写字幅予以留存。今介桥村五房祠
堂的对联和洋屋下的"勉思"、"桂馨一山"、"御史第",以及宜春的

---

①参见严健编著《中国传统村落:介桥》,第279页。
②卢璧城及其妻黄夫人是严寅旭大儿子严福荃的岳父母。
③引自严健编著《分宜古诗文拾遗:介桥专辑》,第231页。

"张天成药号"等题额和牌匾,均为严寅旭之手笔①,然今遗存墨宝已十分罕见,即其子孙亦无保留。严学宭曾非常遗憾地说:

> 父亲留下一些书法真迹,我当作先父遗留给我的重要财产,几十年的颠沛流离,一直保存着先父的手泽,可惜在"文化大革命"中全部被抄了。②

图2-2　介桥御史第厅门严寅旭书"桂馨一山"门额

严寅旭性情虚静、谦逊。或许是性格原因,加上介桥严氏家族诗礼传家的风习和书香家庭出身的局限,决定了他一生走的仍是中国传统士大夫所走的道路,靠闭门读书、经考试博取功名。但在19和20世纪之交的中国,正处于改朝换代的前夜,传统的封建社会日薄西山、摇摇欲坠,康、梁的维新变法运动和同盟会员、革命党人的反清复明活动此起彼伏。严寅旭就读三年的江西高等学堂,就是江西重要的革命策源地之一。其时同盟会会员张一

①参见严健编著《中国传统村落:介桥》,第280页。
②严学宭《八十自述》,第2页。

鹏任江西高等学堂教务提调的要职①，在师生中传播反清思想，密谋革命，以挽救民族危亡为己任。与严寅旭同时入江西高等学堂的同窗好友姜伯彰②，以及同学杨赓笙诸人③，均从江西高等学堂走上了革命的道路。后来担任过孙中山机要秘书的民国元老姜伯彰在1968年回忆说：

　　　　严畏堂先生，清光绪卅二年（1906）间在江西高等学堂同学也。宿舍相联，交谈甚好。善书法，曾为予与先君书过名片，记忆犹新。嗣彼赴京应试，予奔走革命，彼此不通闻问，拜读易作，方知畏堂同学早作古人矣。缅怀故旧，感慨万千！④

严寅旭和姜伯彰这一对江西高等学堂的同学，毕业后前者"赴京应试"，后者"奔走革命"，殊途异路，正好代表了这一时代读书人两种典型的前途和命运。严寅旭虽然作过民国政府的县令和省、部机构的科员，但却无甚建树，一生所司仍以文书词翰之事为多，而与革命无缘。严学宭回忆说，其父"清末时考取全省优

①教务提调为清末各学堂负责教务之职官，又名教务长，光绪二十七年（1901）后在全国各类中、高等新式学堂及大学堂普遍设置。
②姜伯彰（1885—1971），字信暄，江西鄱阳县人。革命家，国民党党员。1906年入江西高等学堂学习，加入同盟会。武昌起义后东渡日本，加入中华革命党，1922年任孙中山机要秘书。1949年去台，任"立法委员"、主席团成员、文史组召集人。1969年聘为国民党中央评议委员。逝世后蒋介石题挽"永怀耆宿"，孙科、严家淦、蒋经国参加祭奠，获蒋介石、严家淦"褒扬令"。
③杨赓笙（1869—1955），号咽冰，江西湖口县人。在江西大学堂学习期间加入同盟会。辛亥革命后任江西都督府高级顾问、省参议员，江西讨袁总司令部秘书长兼参谋长，孙中山总统府咨议、元帅府参议。后任江西省民政厅厅长、国民党中央军事委员会高级参议、江西省主席、国立江西中学校长、江西省政府顾问。新中国成立后聘任江西文史馆馆员。是中国科学院院士、华中科技大学前校长杨叔子的父亲。
④易大德《记分宜拔贡严寅旭（畏堂）师》后附"姜伯彰识"。

贡第一,当了七品小京官,但趋向新学,赞同康有为、梁启超的维新变法"①,说明严寅旭与前朝的遗老遗少还是有所不同,能接受一些新鲜事物。只是这种趋向新学、赞同变法的思想倾向并不强烈,既没有付诸投身变法或从事革命的实际行动,在其文书词翰中也不见任何"维新"的痕迹。

　　家庭出身对严学窘少年时期的成长产生了深刻影响。严学窘父亲兄弟四人(幼弟嗣武出继于他人除外),祖父、祖母在世时都没有分家。这是一个封建式的大家庭,祖父、祖母是一家之主,家庭的收支全都交由祖父、祖母统一管理。父辈虽然都已成家立业、生儿育女,但没有独立自主的权利。全家共有四十余亩薄田,数间房屋,父子祖孙以耕读为业。严学窘兄弟姐妹四人,严学窘排行第三,上有兄长、姐姐,下有妹妹。兄长严福荃(1902—1960),字宾馨,江西法政学校毕业,后在家以务农为业。嫂子卢家春(1904—1984),是江西省议员、分宜候补县丞卢梦奎(璧城)之女。卢家是分宜县第一富贵之家,因慕严家世代文名、家声而出嫁严家。由于长辈重男轻女,姐姐严福萱和妹妹严福华都没有读过书。姐姐嫁给分宜县拔贡、湖南候补州判黄俞赓(秉钺)之子,后遭遗弃。妹妹出嫁分宜上松村黄希郊,后离异,无子嗣,晚年依严学窘生活。在四位兄弟姐妹中严学窘是最幸运的。他天资聪颖,有悟性,记忆力强,祖父母、父母都特别疼爱他,悉心教育、培养,对他寄托了"诗书传家"的唯一希望。

　　在家庭教育方面,母亲朱氏对严学窘的影响最大。朱氏乃分宜白路塅大学生朱杨德之女,亦未读过书,为家庭妇女,恪守传统的"三从四德"。她性情温顺和蔼,平日居家相夫教子,从不疾言

---

① 严学窘《八十自述》,第2页。

厉色、打骂儿女,而是耐心启发、教导儿女做人的道德、道理,要求儿女忠厚善良、诚实无欺,凡事要推己及人,做事要问心无愧。母亲的教育对严学宭一生产生了深刻影响,他在晚年回忆小时候受母亲教诲时说:"直到现在,我哪怕是说了一句违心的话,尽管这句话于人无害,也终日里感到不舒服、后悔。"①

　　严学宭四岁时,祖父严澍甘即开始对他进行家庭启蒙教育。祖父教育他的方法很特别——从读小说开始。先读半文半白的《三国演义》,再读语言难度略大一些的浅近文言小说《东周列国志》,然后读语言难度较大的短篇文言小说《聊斋志异》,最后才教读《论语》等入门经书。那些有情节、有故事的小说,兼具知识性和趣味性,特别适合儿童的兴趣爱好。语言上从半文半白到精炼纯粹的文言,由浅入深,循序渐进,培养了严学宭对文言的阅读理解能力,为今后的文言写作能力打下了良好基础。

　　1918年,严学宭八岁,入泮就学,进入介桥士绅严嗣遵新创办的介桥村私立小学读书。虽然已届民国七年,但这所新式小学的创办人,以及校长严效英,却并不知道怎样办新学,学校实际上还是类似于旧时的私塾,但学生又没有读到旧时私塾教授的经书。没有正规、统一的课本,启蒙先教认"人、手、足"之类的常用字,再读《三字经》、《百家姓》、《千字文》之类识字性质的短句韵文。学生来去自由,老师也不怎么管教,学习很松散。小学阶段严学宭断断续续、时读时停,并没正儿八经地上学。童年主要是由祖父在家教他读书识字,父亲则着力教他练习书法。

　　古代读书人非常重视书法,视书法为文章之表,是装饰学问的门面,所以学者往往都擅长书法。分宜严氏自古以书法传世,

---

①严学宭《八十自述》,第2页。

严嵩就是赫赫有名的书法大家，严寅旭也以书法名世。严寅旭对严学宭的书法训练十分严格，逼他每天练习书法，完成规定的字数，不得有丝毫懈怠。教学方法上也打破描、摹、临、背的一般程序，先教读帖，从揣摩汉字的笔画、认识汉字的偏旁结构入手，一边读，一边内心默记每个字的间架结构，然后跳过描、摹的阶段直接临帖。严寅旭教他练的主要是唐代楷书四大名家之一欧阳询的欧体楷书。先练寸楷，在寸楷的基础上再练大楷和小楷。这样练了三四年，十二岁时离开家乡随父到宜春县上中学，就较少练字了。但经过这一时期的刻苦训练，严学宭已培养出坚实的书法功力。他擅长欧体小楷，尤其是蝇头小楷，字细如蝇头，峻峭严整，气势秀健，而且愈老愈精，观者无不称奇。严学宭不仅精于书法，也擅长书论，对中国的书法理论颇有研究。在他晚年的著述《中国汉学导读》一书中，就有《练好软、硬笔书法》一节，阐述传统的书法理论，评骘唐宋各大书法名家的艺术风格。他认为"汉字书法是举世公认的东方艺术瑰宝。书法如同绘画、雕塑、舞蹈一样，同属造型艺术的范畴，它通过笔法、墨韵、间架、行气、章法来反映、表达书法家的精神境界和思想感情"[1]。在他遗留的文稿中也不乏关于书法理论的札记、笔记。

1922年8月，严学宭十二岁，进入父亲严寅旭执教的江西省立第八中学读书。这是一所历史悠久的中学，位于宜春县城，前身是创建于1902年的袁州中学堂，民国三年（1914）改为江西省立第八中学，校址设在明嘉靖二十八年（1549）为纪念韩愈任袁州刺史而创办的昌黎书院。江西省立八中办学声誉卓著，有"赣西文化摇篮"的美誉。当时省立八中是四年学制，不分初中、高

---

[1] 严学宭《中国汉学导读》，第4页。

中。严学宭从小在父亲培养下偏爱文史,进入中学后对国文兴趣最浓,成绩也十分优秀,考试总是最高分。当时八中所用的国文教材是清人李云程编的《古文笔法百篇》,该书选取短小精炼的古代名文一百篇,按照"笔法"(即写作技法)分为二十类,每类笔法以几篇古文为例,每篇古文都有解读和赏析。《古文笔法百篇》将文言的学习与创作融为一体,通过探索古文的写作技法,学习古人的文章之道,以指导后人的文言创作,是很有特色的国文教材。严学宭对该书印象尤其深刻,至老不忘。书中的百篇古文都能背诵,他沉吟其中,含英咀华,揣摩文意,由此培养了良好的文言写作能力,能写一手十分典雅的文言文。但是受传统思想以及家学的深刻影响,对数学、物理、化学等新学课程却缺乏兴趣,"认为学好国文才是'道',至于数理化,不过是'技'而已"。[1] 这是他后来走上语言文字研究道路的重要动因。

在小学和中学时代的老师和同学中,毕业后与严学宭仍有往来的,在目前所见史料中,只有中学同学易大德和陈远聪。

易大德(1908—1996),江西宜春人,1920至1924年在江西省立第八中学读书。毕业后就读武昌私立中华大学,私淑于国学大师黄侃。后毕业于上海法科大学,又卒业于南京中央陆军学校第六期、参谋大学将官班第五期及国防研究院第六期,转入军界、政界,曾任国民党国防部二厅政工部少将主任、"军事委员会政治部"第一厅副厅长、台湾国防研究院中将副教育长、第一届"国大代表"。1949年去台湾,先后任"国防部"总政治部政治作战计划委员会主任委员、国民党中央党务顾问等职,并参与创办台湾文化大学,任副校长。又任台湾文艺界联合会会长,1970年代获国际桂冠诗人称号。严寅旭对易大德有知遇之恩，易大德视严寅旭为中学时代得其赏识、获其教诲的恩师。毕业后与严寅旭交往甚密，时有诗文唱和，又曾与严寅旭在湖北省财厅共事，对严寅旭终身感念不已。易大德是比严学宭早两届的同学，他在缅怀恩师的《记分宜拔贡严寅旭（畏堂）师》一文中说：

> 季君上达，字学宭，为予八中同学，后毕业于国立武汉大学及北平大学研究院，习中国文学与音韵学，皆有颇深造诣。抗战胜利后，任教广州国立中山大学。得此传人，师可无憾九原矣。

又在《清拔贡分宜严寅旭先生轶事》一文中说：

> 哲嗣上达（号学宭），为予八中后期同学，离校后毕业于武汉大学中文系，精研小学，克承父志，民三十七年任教于广东国立中山大学，距今三十八年，铁幕沉沉，死生休咎，不可问矣！

从中可知易大德与恩师之子严学宭在中学时就十分熟识，毕业后也互为关切，有密切的交往，在他任国民党军界、政界高官后与严学宭还有联系。直至1949年后神州易帜，两岸阻隔，彼此路殊，"铁幕沉沉"，遂致"死生休咎，不可问矣！"

另一位中学同学陈远聪，也是严寅旭的学生，在严学宭的《八十自述》中也有提及。严寅旭1937年从南京回宜春养病时，陈远聪特地在宜春城内的宜春台整修了两间房子给严寅旭居住，早晚请安，敬重备至。1938年初严学宭失业在家时，陈远聪在宜春乡村师范学校任教，介绍走投无路的严学宭到该校任教，把自己承担的课匀出部分给严学宭。严学宭到晚年还念念不忘，感念在自己落魄潦倒之时陈远聪帮了自己一把。①

────────────

① 参见严学宭《八十自述》，第29—30页。

第三章　负笈江夏

　　1926年7月,严学窘从江西省立八中毕业,父亲鼓励他考大学继续求学。当时江西没有大学,只能到外省求学。8月下旬,严学窘和几位同乡、同学结伴来到湖北武汉,投考国立武昌大学预科。当时武昌大学地处武昌城内的东厂口,南临紫阳湖,北倚蛇山,西连长江和阅马场,东接大东门。入学考试虽然很严格,但严学窘感觉考得不错。在考试结束后,他就跟同乡、同学一起,住在蛇山北边,离国立武昌大学不远的粮道街一家小旅店等待发榜。

　　讵料严学窘的第一次异地求学,差点成了他的夺命之旅。

　　这时正值国民革命军第一次北伐。北伐军在攻占湖南长沙之后进军鄂南,一路势如破竹,8月底兵临武昌城下,9月1日包围武昌城,北洋守军封城固守。严学窘等人来不及出城,被困于武昌围城之中近四十日,经历了生死煎熬,也目睹了这段不平凡的历史。

　　当时北伐军第八军(军长唐生智)在9月5日和7日就轻而易举攻下了武汉三镇的汉阳和汉口两镇,唯有长江南岸的武昌,守城部队司令是北洋军阀第八师师长刘玉春,和湖北督理兼中央第二十五师师长陈嘉谟,都是吴佩孚的悍将,城墙坚固,火力强大。负责攻打武昌的北伐军第四军(代理军长陈可钰),并配属第一军第二师(师长刘峙),和第七军第七旅(旅长胡宗铎)、第八旅(旅长钟祖培),先后于9月3日、5日两次攻城,均未奏效,伤亡惨重,遂对武昌改攻为守,封锁围困。

在武昌围城期间,城内商店、餐馆大都关闭。严学宭与同乡、同学互相帮助、彼此周济,想方设法解决吃饭问题。到后来城内粮食奇缺,他们捡梧桐子、芭蕉叶,扯马齿苋等凡是可以入口的东西充饥。晚上守军严禁灯火,他们黑夜枯坐,就像囚徒,十分无助。到10月上旬,街上已很难买到粮食和蔬菜,地上能吃的野菜、野草也差不多采光,城内已有不少百姓饿死。严学宭本来身体羸弱,此时已饿得皮包骨头,四肢无力,奄奄一息。幸好到10月5日,城内守军已自知难支,始放城内居民出城。难民们争抢出城,街上扶老携幼,水泄不通,混乱不堪,有的被活活挤死、踩死。严学宭等人在红十字会的帮助下,从武昌白沙洲坐小船渡过长江,在汉阳的鹦鹉洲上岸,终于挣脱围城,重见天日。岸上北伐军夹道欢迎难民,还有各省同乡接引队、红十字会、救济会等接待难民,帮助难民转移。码头上还有免费的救济粥,严学宭就像从饿牢之中放出一般猛喝稀粥,竟至腹泻。这时父亲已派严学宭的叔叔到武汉接他,严学宭即随叔叔辗转回到了江西分宜老家。10月10日北伐军攻克武昌城,活捉刘玉春和陈嘉谟,历时四十余天的北伐武昌战役始告结束。

图3-1　国立武昌中山大学校门

北伐军攻下武昌后，国民政府从广州迁至武汉。武汉国民政府对全国的高等教育进行重大改革。1926年12月28日，国民政府以国立武昌大学为主体，合并国立武昌商科大学、湖北省立医科大学、省立法科大学、省立文科大学、私立武昌中华大学等，组建为国立武昌中山大学，又称国立第二中山大学，是当时五大国立中山大学之一①，学校的主校区就在原国立武昌大学校址东厂口。

1927年2月，国立武昌中山大学正式开学，严学宭接到武昌中山大学的入学通知，第二次来到武汉入学，就读预科一年级。然而时局并未拨乱反正，学校也未恢复正常的教学秩序。董必武、陈潭秋、李汉俊、李达、钱亦石、周佛海等共产党人任教于武昌中山大学，积极鼓动革命活动。严学宭与一批青年进步学生一起上街游行，要求收回外国租界，打倒列强、清除反动军阀，并与国立武昌中山大学学生一起集体加入国民党。但在当年4月12日，以蒋介石为首的国民党新右派在上海发动武装政变，在全国各地大肆屠杀共产党人、国民党左派以及革命群众。紧接着蒋介石在南京成立"国民政府"，与武汉的汪精卫"国民政府"形成宁、汉分立的局面。不久又是宁、汉合流，武汉国民政府迁往南京。之后国民党桂系军阀占据湖北，实行"鄂人治鄂"政策，由湖北籍之桂系骨干将领胡宗铎（湖北黄梅县人）、陶钧（湖北浠水县人）统治湖北。胡、陶二人以铁血手段实行恐怖统治，以"清共"为名大开杀戒，湖北处于残暴的刀光剑影之中。国立武昌中山大学被反动派

①五大国立中山大学即国立中山大学（今中山大学）、国立第二中山大学（今武汉大学）、国立第三中山大学（今浙江大学）、国立第四中山大学（今南京大学）、国立第五中山大学（今河南大学）。

视为眼中钉,许多进步教师和学生被捕或遭杀害。1927年12月,武昌中山大学被强行解散,师生被勒令离校,严学宭即自动脱离国民党,再次逃离武汉。这时他父亲已在上海谋生,严学宭随叔父从武汉来到上海,在父亲督导下自学。

图3-2　武汉大学首任校长王世杰

20世纪一二十年代,一批留学欧美的湖北籍学生——王世杰、李四光、石瑛、刘树杞、黄建中、涂允檀等人先后回国。他们有留学的体验,深知中国的大学教育与西方差距巨大,希望发展家乡的大学教育,为中国高等教育的振兴做出示范和贡献。在20年代后期,曾经留学法国的南京国民政府大学院(1928年10月恢复为教育部)院长蔡元培,决定效仿法国的大学区制,在全国几个大的区域,每区设立一所国立大学。1928年5月,国民政府大学院决定在中国的中部地区,以原国立武昌中山大学为基础,以湖北籍学者为主要的师资和管理力量,筹建新的国立武汉大学。国家的意志与湖北籍留学归国学者的意愿一拍即合,新型的武汉大学就水到渠成、呼之欲出了。1928年7月武汉大学正式成立,蔡元培对这所新创办的大学寄予厚望,亲临武汉大学开学典礼。

1928年8月,严学宭第三次来到武汉,入学新建立的武汉大学。因为中间的停学,所有新生都得参加武汉大学重新编级考试。严学宭报考的仍然是武汉大学预科。预科分文、理,学制两年,严学宭报考的是文预科。1928年武汉大学文预科招收了一百四十五名学生①,严学宭由于考试成绩优秀,跳过预科一年级,就读预科二年级,成为新组建的武汉大学的首届预科生②,终于历尽艰难曲折,在武昌蛇山南麓的东厂口校区正式开始了他的大学生活。

从国立武昌大学,到武昌中山大学,再到武汉大学,学校的地方色彩都十分浓厚,校长或主持校务者都是湖北人。1924年至1925年担任国立武昌大学校长的是湖北阳新县人石瑛,1926年担任武昌大学校务维持会主任的是湖北潜江县人李汉俊和湖北蕲春县人黄侃。1928年7月至1929年1月担任武汉大学筹备委员会主任、代理校长的是湖北蒲圻县(今赤壁市)人刘树杞。1929年2月,湖北崇阳县人、著名法学家王世杰担任武汉大学首位正式校长,聘请湖北以及华中、中南地区的著名学者石瑛、李四光(湖北黄冈县人)、闻一多(湖北浠水县人)、王星拱(安徽怀宁县人)、周鲠生(湖南长沙县人)、皮宗石(湖南长沙县人)、梁明致(广东梅县人)等一批同仁任职武汉大学,执掌要枢。在当时的文、法、理、工四院中,石瑛任工学院院长、闻一多任文学院院长、王星拱任理学院院长、皮宗石任法学院院长。另外梁明致任预科主任代理图书馆馆长,李四光任新校舍建筑设备委员会委员长,周鲠生任法学院政治系和法律系主任。他们志在服务桑梓,按照教育部长蔡元培的办学精神,模仿北京大学,革新武汉大学办学格局,扩大办学规模,建设新的校址,在"惟楚有才"的中国中南和华中地区,长江中游、九省通衢的首义圣地武汉,办一所"有崇高理想,一流水准,规模宏大",和具有"巨大的校舍、良好的设备、独立

①参见涂上飙《国立武汉大学初创十年(1928—1938)》,第88页。
②武汉大学预科仅招收1928、1929两届学生,1930年停止招生。

的经费、优秀的教授、严整的纪律",能媲美于北京大学的区域性新式大学。1932年3月,学校由武昌东厂口迁入东湖之滨新建的珞珈山校舍,蔡元培再次亲临武汉大学,参加新校舍的落成典礼仪式。

图3-3　1932年国立武汉大学全景

1929年,严学宭与宜春县富商张天成之女张志远结婚,时年十九岁。从1929年8月至1930年7月,严学宭因病在家休学一年。

1930年8月,严学宭读完预科后,通过了武汉大学规定的党义、国文、英文、算学、历史、地理六门课程的考试[1],从预科升入文学院中文系本科学习。

当时文学院下属中国文学、外国文学、哲学教育、史学四系,名师济济,盛极一时。仅在中文系就荟萃了闻一多、王葆心、刘华瑞、周贞亮、游国恩、谭戒甫、刘永济、刘赜、刘异、徐天闵、李笠、骆鸿凯、陈登恪、朱东润、苏雪林、凌叔华等当时或后来享有盛名的学者。中文系的课程设置,除英文、国文、作文等必修的基础课程外,有文字学、声韵学、训诂学、古文字学(金文、甲骨文)、中国文

_____

[1]参见涂上飙《国立武汉大学初创十年(1928—1938)》,第87页。

学史、中国文学批评史、中国小说史、新文学研究、经学概论、经学专书研究、诗论、诗经学、古今诗选（一、二）、诗专家研究、楚辞学、汉魏六朝文、先秦文、宋词、元曲、诸子概论、诸子专家研究、老庄研究、目录学等专业必修和选修课程。[1] 严学宭在学期间，主要修学了闻一多的新文学研究，游国恩的中国文学史，谭戒甫的诸子概论和诸子专家研究，朱东润的楚辞和中国文学批评史，刘永济的宋词，刘赜的文字学、声韵学、训诂学，以及史学系吴其昌开设的古文字学和中国文化史等课程。

　　王世杰在就任武汉大学首任正式校长时，志存高远，锐意改革中国旧的教育思想和体制，建设一所现代化的新型大学。王世杰在学校欢迎他的集会上说："我不是来维持武汉大学的，而此行的目的是要创造一个新的武汉大学。"[2] 但是武汉大学似乎并未达到王校长及其同仁们当初期待的办学目标。在新型的武汉大学，年轻的文学院，尤其是在中文系，传统保守的旧学势力很大，一度被视为中国学界文化保守主义的堡垒之一。用当时属于"新派"的教师朱东润后来在《自传》中的话说："三十年代左右的武汉大学中文系真是陈旧得可怕。""闻一多的主张是把中文系办成一个现代化的中文系。这在当时是具有一定眼光的。但是当时的中文系只是一个封建社会的中文系。说来也很稀奇，尽管一个大学里各系都向前看，惟有中文系是向后看。"[3]

　　在中文系教师中，"旧派"阵营的代表人物当推"二刘"——刘赜和刘永济。刘赜是章（太炎）黄（侃）学派的嫡传弟子，在中文

①参见涂上飙《国立武汉大学初创十年（1928—1938）》，第91页。
②王世杰《我不是来维持武汉大学的，而此行的目的是要创造一个新的武汉大学》，徐正榜、陈协强主编《名人名校武汉大学演讲录》，第109页。
③《朱东润自传》，第188、172页。

系教授文字、音韵、训诂学,并任中文系主任。刘永济则属于"学衡派",是《学衡》杂志的主要撰稿人之一①,在中文系教授古典文学。"二刘"在当时学界风头劲健,在文学院具有崇高的地位,在后来也一同被评为国家一级教授。此外还有刘异、谭戒甫、徐天闵、骆鸿凯等,都是"旧派"阵营中的骨干。这些"旧派"学者个个国学根底深厚,在他们眼中,只有乾嘉以来的朴学、"小学"(文字、音韵、训诂之学)和传统的中国文学才算学问,"五四"之后"引车卖浆者流"的白话和白话文学都算不得学问。据朱东润回忆,刘永济曾在中文系教师会上公开昌言"白话算什么文学!"②鄙夷之情溢于言表。在人多势众、位尊权重的"旧派"学者挤压下,"新派"教师的处境相当艰难,连武汉大学创校人之一、文学院院长闻一多,也因属于"新派"而遭排挤,于1930年8月愤然离开武汉大学。朱东润、苏雪林等人轻言微的"新派"学者更是备受压制,喘息艰难。严学宭晚年回忆说:

> 如果用现代的要求给我的母校做一番评价,那时的她却又过于注重传统,虽以章、黄学派传人自居,但旧学功底实不能望章、黄项背,又固步自封,排斥新的学术思想。讲音韵不讲语音,只讲类别和通转;讲古文字不注意金文、甲文,只死守《说文》;讲诸子不分析思想,只侧重考证;讲《春秋》不考察史实,而看重《公羊传》,阐发"微言大义"。……考试考查着重在具体知识的积累,而不注重创造力的发挥。比如《公羊传》,是对《春秋经》的发挥,但是在做考查《公羊传》的题目

---

① 刘永济的学生程千帆说:"刘永济先生就是学衡派,他和吴宓先生很好,所以对于新文学不太看重,对于胡适一派的学问也看不上。"见程千帆《桑榆忆往·劳生志略》,第20页。
②《朱东润自传》,第188页。

时,学生就不能再发挥,而只能以《公羊传》的发挥为准。为此,我曾经下过很大力气背诵《公羊传》。①

严学宭对母校武汉大学的评价,虽有言辞过激之处,却以一个学生亲身经历的体验,较为真实地反映了当时笼罩、弥漫武汉大学文学院、中文系的"旧学"浓雾,也印证了朱东润站在教师角度而言的"陈旧得可怕"的中文系。严学宭回忆,一些旧派教师自认为继承清代乾嘉之学的衣钵,老子天下第一,十分自负,不光是闻一多不在话下,就是胡适也不放在眼中。讲唐宋文学不看重李白、杜甫而看重苏东坡、柳永。又很少分析讲解,多是咏唱,难以启发学生的思辨能力,学生鲜有兴趣。尤其是讲《公羊传》之类的课程,老师讲老师的,学生在下面看自己的书。武大的考试特别严格,为了应付考试,考试前就昏天黑地死记硬背。严学宭到老了都记得一些当年背过的《公羊传》。②

严学宭虽然对这种学术氛围十分不适,但还是受传统学问的影响较深,较为系统地接受了以文史哲为基本内容的传统国学的熏陶。或许是受小时候练习书法读帖时对汉字偏旁结构认知的影响,严学宭在大学期间对传统的文字、音韵、训诂学产生了浓厚兴趣,并从此走上了研究语言文字之学的道路。而引导严学宭走上语言学研究之路、并产生毕生影响的两位老师,恰恰就分属于水火不容的两个阵营——一位是文学院中文系"旧派"旗手之一的刘赜教授,另一位就是文学院史学系的"新派"学者吴其昌教授。

刘赜(1891—1978),字博平,号"牛鼻滩生",湖北广济县(今

---

① 严学宭《八十自述》,第5页。
② 严学宭口述自传、刘宝俊记录(稿)。

图3-4　刘赜

图3-5　吴其昌

武穴市）人，著名的文字、音韵、训诂学家。1913年考入北京大学，师从黄侃，接受文字、音韵、训诂之学。毕业后游学日本东京，拜于章太炎门下，归国后继续跟随黄侃研究文字、音韵、训诂学。1929年经黄侃推荐至武汉大学文学院中文系任教，直至1978年逝世，在武汉大学工作凡五十年，民国时期曾担任中文系主任多年。刘赜是章、黄学派的主要继承人之一，是1956年由教育部评定、国务院公布的一级教授，也是武汉大学中文系历史上著名的"五老"之一。

吴其昌（1904—1944），字子馨，浙江海宁县（今海宁市）人，著名的文史学家。1920年入无锡国学专修馆，受业于著名教育家、文学家唐文治，与王蘧常、唐兰合称为"国专三杰"。1925年考取清华大学国学研究院首届学生，从梁启超治文化学术史及宋史，又从王国维治甲骨文、金文和古史，于文字形、音、义颇有研究，深得梁、王以及陈寅恪诸师的器重。历任南开大学、清华大学教师，1932年任武汉大学文学院史学系教授，曾任史学系主任，1944年病逝于西迁至四川乐山的武汉大学，年仅四十岁。是著名红学家吴世昌的胞兄。

　　严学宭受刘赜的指导最多、影响最深。他系统地学习了刘赜
讲授的文字学、音韵学、训诂学课程。当时听课的学生不到十人，
师生之间非常熟悉、了解，交流十分方便、频繁。刘赜要他先读张
之洞的《书目答问》，以了解读书的方法和治学的门径。然后指导
他研读东汉许慎《说文解字》，先从《说文》中的"初文"——即汉字
的字根（主要是部首）入手，将五百四十个部首依"六书"进行分
类，详析汉字部首形体结构，以窥"小学"门径，使他童年从父习字
时所获汉字偏旁结构知识得以发展深化并产生浓厚兴趣，从而走
上了语言文字研究之路。除接受中文系刘赜的指导外，严学宭还
修学了吴其昌的古文字学。吴其昌以容庚《金文编》为课本，要求
他先摹写金文偏旁，再摹写、释读整个金文字形，继而摹写、释读
甲骨文字形，使严学宭掌握了古文字的基本知识。

　　在文学院，刘赜和吴其昌都教授文字学、音韵学和训诂学，但两
人分属于完全不同的学派和师承。刘赜是章、黄的嫡传弟子，授课
专守《说文解字》、《广韵》和《尔雅》等传统"小学"的经典要籍，教学
方法也是采用传统的"授之书而习其句读"之法，特别看重既无句读
更无注释的嘉庆藤花榭本白文版《说文》，要求学生自己标点断句、

领会其意，而不主张参
看清代段玉裁、桂馥、
王筠、朱骏声等对《说
文》所作的注本。而吴
其昌毕业于清华大学
国学研究院，是梁启
超、王国维的学生，接
受的是新学，于文字学
的研究特别注重先秦

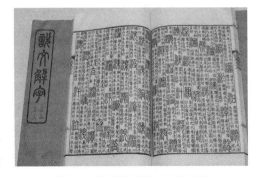

图3-6　藤花榭本《说文解字》书影

甲骨文、金文以及汉代简牍等地下出土材料。在刘赜和吴其昌两位老师的指导下，严学宭旧学和新知并有所获，在传统"小学"和现代语言学两方面都奠定了良好的基础，并获得了初步的学术研究能力，撰写了《〈广韵〉解题及其读法》、《〈名原〉校补》等著述。

在大学中文系课程中，严学宭"雅好文字之学"，对甲骨文、金文等古文字"心焉喜之"。他仔细研读了清末著名学者孙诒让研究古文字的代表作《名原》一书，对孙诒让打通甲骨文、金文与《说文》小篆之间关系，探索汉字原始状况及演变原因，考察分析字形变化的方法深为赞赏。他将《说文》中五百四十个部首的小篆字形，与甲骨文、金文等古文字字形对照比较，从而对《说文》部首小篆字形有异于甲骨文、金文者产生怀疑，认为"用部首之方法，不足以明了古文字之演变；用六书之方法，不足以分析古文字之构成"。进而"遍读诸家释古文字之说"，进行"上溯甲骨刻辞商周金文，以索形体之原始，且推篆文讹变及其孳乳之迹"的研探。在大学四年级，他拜刘赜教授为毕业论文导师，同时又寻求吴其昌教授的诸多指导，采用孙诒让的研究方法，"单考初文，作《初文钩沉》八卷"为毕业论文，"统计卜辞金文小篆所见到之初文，藉观原始字母逐渐孳乳之痕迹，与字音字义变迁之条理"①，在第四学年上学期，1933年11月前完成了毕业论文初稿，在第四学年下学期，1934年4月前，提交给指导老师刘赜评定，并经中文系教务会议考查通过。② 严学宭所谓"初文"，即章太炎在《文始·叙例》中

①严学宭《读中岛竦〈书契渊源〉后》，《考古学社社刊》，1935年第2期。
②按学校当时的规定，论文初稿应在毕业年度上学期11月底前完成，论文字数以一万至三万为度。需在毕业年度下学期4月底以前提交指导老师评定，并经中文系教务会议考查通过。参见涂上飙《国立武汉大学初创十年（1928—1938）》，第125页。

说的"刺取《说文》独体,命以初文;其诸省变及合体象形指事,与声具而形残,若同体复重者,谓之准初文",亦即孙诒让所谓之"名原",是指汉字中最小的、能独立运用的音义单位,是孳乳、派生其他汉字的原始、基础汉字,也叫"字根"或者"根字"。《初文钩沉》试图打通《说文》与甲骨金文的界限,研究最根本、最原始的汉字,从形、音、义三方面来阐述汉字的源流及音、义的孳乳之迹。

　　严学宭在大学期间撰写的上述三部著述,能融刘、吴二师不同的学术观点于一体,并十分难得地得到了他们的一致好评,已显示出严学宭不限门户、转益多师、各取所长的学术品格。尤其是毕业论文《初文钩沉》(八卷),走的完全是"新派"学者研究文字学的路子,学术观点和研究方法与导师刘赜大相径庭①,但却能得到固持《说文》,不越雷池一步的刘赜先生首肯,得以通过。这在门户森严、党同伐异的中文系不能不说是一个奇迹。令人遗憾的是,《初文钩沉》及其之前撰写的《〈名原〉校补》、《〈广韵〉解题及其

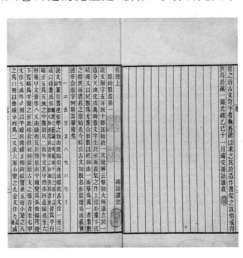

图3-7　孙诒让《名原》书影

----

① 刘赜也研究初文,著有《初文述谊》遗稿,逐字阐述四百多个初文的形体旨趣及其音义关系。但他选取的初文仅限于《说文》小篆,不涉及更早的甲骨文和金文。

读法》——这些严学宭学术生涯中最早的著述,在1937年"卢沟桥事变"他仓皇逃离北平时,连同其他的很多书籍、文稿一起都丢失了。①

　　在武汉大学学习期间,除了刘赜、吴其昌外,游国恩、谭戒甫、朱东润、骆鸿凯等先生都是严学宭的授业老师,都给了严学宭许多的教诲,产生了深刻的影响。严学宭对他们终身执弟子礼,在后来的岁月里,严学宭在撰写的学术论著中,时常提及、感念这些恩师在学术上对他的深刻影响,以示渊源有自。

图3-8　游国恩

　　游国恩(1899—1978),字泽承,江西临川县(今抚州市临川区)人。1926年毕业于北京大学,1929年受闻一多之聘任教武汉大学文学院。1932年后历任山东大学、华中大学、西南联大和北京大学教授。严学宭在武汉大学时上过游国恩的"中国文学史"课,那时游国恩还是一位普通的讲师,后来赫然成为中外著名的楚辞研究专家、文学史家、北京大学一级教授。游国恩与严学宭都是江西人,那时武汉大学江西籍老师不多,因此严学宭对游国恩印象很深。游国恩与严学宭后来的研究生导师罗常培同庚,是非常要好的朋友。罗常培研究方言的著作《临川音系》,就是以游国恩作为主要的发音人。在新中国成立后严学宭曾多

①以上三文题名均仅见录于1935年出版的《考古学社社刊》第3期登载的《第二期社员名录》第240页"严学宭"条下。

次趁去北京出差之机,前往北京大学拜候游国恩先生。

谭戒甫(1887—1974),名铭,字戒甫,又字介甫、介夫,以字行。湖南湘乡县(今湘乡市)人。1914年任教湖南省立第一师范学校,是毛泽东、蔡和森等人的老师。谭戒甫对《墨经》很有研究,在湖南省立第一师范学校讲授《墨经》,对毛泽东等组织的新民学会确立不虚伪、不懒惰、不浪费、不赌博、不狎妓和艰苦节俭的宗旨深有影响。1928年任教武汉大学中文系。1938年后历任西北大学、贵州大学、之江大学、湖南大学中文系教授、系主任,1953年重回武汉大学任历史系教授。主要研究先秦诸子和楚辞,其成果深受毛泽东主席和周恩来总理的重视。严学宭听过谭戒甫的先秦诸子课,获益良多,毕业后一直与谭戒甫保持着联系。20世纪40年代严学宭任教中山大学,还特地邀请谭戒甫先生前往广州讲学。新中国成立之后严学宭在武汉工作,时常前往拜见仍在武汉大学执教的谭戒甫先生。据严学宭回忆,谭戒甫在民国时期很富有,月有三四百大洋的收入,家里请有保姆、厨师,开支很少,剩下的钱大都用来买了名人字画。但他很外行,买的大多是赝品。1952年12月谭戒甫给他的学生毛泽东写信叙旧,有干仕之意。毛泽东于1953年1月25日覆信谭戒甫:"去年十二月三十日惠书收到,备悉教学勤恳,嘉惠后学,极为感谢!"①严学宭在谭家见过这封信。后来谭先生去北京见了毛泽东,毛泽东派人陪同谭先生周游天下名山大川,但没有封他一官半职。②

朱东润(1896—1988),名世溱,字东润,后以字行。江苏泰兴县(今泰兴市)人。1913年赴英留学,次年进入伦敦西南学院

---

①中共中央文献研究室编《毛泽东年谱:1949—1976》第2卷,第15页。
②严学宭口述自传、刘宝俊记录(稿)。

图3-9　朱东润

读书。1917年应聘至广西省立第二中学、南通师范学校任教。1929年任武汉大学预科英语讲师，其后受闻一多之聘任文学院中文系讲师，开设中国文学批评史课程，后晋升为副教授、教授。抗战爆发后任教于重庆中央大学、无锡国学专科学校、江南大学。新中国成立后任齐鲁大学、沪江大学教授。1952年调任复旦大学中文系教授直至去世。严学宭读预科时朱东润是他的英文老师，读本科时又上过朱东润的楚辞和中国文学批评史课程，师生两人十分熟稔。1960年代严学宭出差上海时去复旦大学看望朱东润先生，朱先生十分高兴，设宴款待这位三十多年前的学生。

　　至于刘赜和吴其昌两位业师，严学宭更是终身感怀不已。他一直尊称刘赜先生为刘博老、博老，经常在自己的论文中提及刘赜对他的教益。新中国建立后严学宭在武汉工作，更是经常前往武汉大学看望刘赜先生。而对毕业后再也无从得见、英年早逝的恩师吴其昌先生，严学宭尤为忆念，在他后来的著述和教学中，时常提到这位引导学业、指示前程，与他有忘年之交的恩师，晚年在他的《八十自述》中也流露出深切的缅怀之情。

　　严学宭在1930年升入武汉大学本科时，中文系只招收了七名学生，到1934年毕业就只剩下五位同学了。[1] 他们上课的教室只有寝室大小，两位同学共住一间房子。在他的同届同学中，

①参见涂上飙《国立武汉大学初创十年（1928—1938）》，第88、128页。

与严学宭过从甚密的有沙少海。他们一同上刘赜先生的文字、音韵、训诂课程，两人同声相应、同气相求。后来沙少海主要研究古代汉语，任广西大学中文系教授、汉语史专业硕士研究生导师，跟严学宭仍有学术上的往来。在20世纪80年代初期严学宭创办中国音韵学研究会并任会长期间，还邀请老同学沙少海来武汉参加学会活动，共襄学术大计。在80年代，严学宭为出版陈独秀的遗著《小学识字教本》而奔走呼号时，沙少海曾为出版社贡献出自己珍藏的陈独秀《小学识字教本》油印本，以与老同学严学宭的手抄本相对勘，为该书的顺利出版提供了极大的帮助，这已是后话了。

1934年7月，严学宭从武汉大学毕业。当时他已生育了严鄂、严武两个儿子，分别以出生地"鄂"（湖北）、"武"（武汉）命名。① 毕业后的就业十分困难，由于严学宭在湖北武汉人生地不熟，不可能在此就业。想回江西教书，但江西的中学多为国立东南大学（后来改名国立中央大学）的毕业生所垄断，武汉大学的毕业生很难打进这一圈子，去其他地方找工作更是无望。此时严学宭对学术研究的兴趣正浓，极想得到进一步的深造，但当时武汉大学还没有开始招研究生。② 在这彷徨无路的关键时刻，吴其昌老师给他指点迷津，建议严学宭去北平师从著名的古文字学家唐兰先生读研究生。妻子张志远也深明大义，积极鼓励、支持他继续深造。这样严学宭痛下决心北上求学。吴其昌修书两封，一

①长子严鄂，出生于1931年7月，毕业于西北大学函授本科，曾任苏联专家俄语翻译，后为葛洲坝水利工程教授级工程师。次子严武，出生于1934年3月，毕业于中央民族学院历史系本科，后为中南政法学院（今中南财经政法大学）历史学副教授，卒于1995年。

②武汉大学招收研究生是从1935年开始的。参见涂上飙《国立武汉大学初创十年（1928—1938）》，第144页。

封写给他在无锡国学专修馆读书时的同窗好友、燕京大学讲师唐兰,另一封写给他在清华大学国学研究院读书时的同学、清华大学教授王力①,请托他们予以关照。严学宭于是将大儿子严鄂送回江西老家交给母亲朱氏看管,自己与妻子带着刚出生不久的小儿子严武,踏上了前往首善之区北平的求学之旅。

---

① 吴其昌、王力分别是清华国学研究院1925级、1926级学生。

第四章　立雪罗门

　　1934年7月,严学宭离开武汉,带着妻儿一家三口前往北平,揣着吴其昌先生的介绍信,以大学毕业论文《初文钩沉》八卷为贽,拜见当时任职燕京大学的著名古文字学家唐兰先生,欲拜唐兰先生或同在燕京大学任教的《金文编》作者容庚教授为师,继续从事自己钟爱的古文字学研究。唐兰看了严学宭的《初文钩沉》和同学、挚友吴其昌的推荐信后,对严学宭十分中意,认其为可教之才。但宅心仁厚的唐兰先生见严学宭挈妇将雏,一家三口没有收入,生活艰窘,"长安米贵,居且不易"。更何况古文字学是一门十分高冷的富贵学问,光是图书资料的价格就十分昂贵,一套罗振玉的《殷虚书契》前编、后编就需八百银圆,一般的人都难以负担,更难以跟随当时在古文字学界流行的甲骨、青铜等古董器物的收藏、品鉴风习。于是唐兰建议严学宭改而投考北京大学刘复(半农)先生的语音学专业研究生。

　　北京大学在1916年至1927年蔡元培长校期间,开"学术"与"自由"之风气,往日传统、守旧的"京师大学堂"一变成为全国新思想和新学术的先驱和引领者,成为新文化运动的中心、五四运动的策源地。此后北京大学一直坚持"兼容并包"的治校方针和"学术自由"的优良校风,成为全国名师通儒的荟萃之所、青年学子梦寐以求的中国最高学府,也是严学宭心仪已久而不得窥其门

图4-1　北大文学院旧址沙滩红楼

墙的学术圣地。严学宭久闻刘半农的鼎鼎大名，十分仰慕这位在新文化运动中摇旗呐喊、冲锋陷阵、功勋卓著的文坛健将，和在语言学诸多领域都卓有建树、著作宏富的著名语言学家。严学宭欣然听从唐兰先生的指点，忍痛牺牲对古文字学专业的爱好，改而报考北京大学研究院文科研究所语音乐律实验室主任刘复（半农）先生的研究生。经唐兰先生对《初文钩沉》的审查和推荐，严学宭顺利被录取为刘复教授的特别研究生①，成为武汉大学1934届一百七十位毕业生中，考上北京大学研究院研究生的三人之一。

　　谁知天意难测，世事无常。1934年6月下旬，刘复为完成《四声新谱》、《方音字典》和《中国方言地图》的编写，带着语音乐律实

①民国时期，一些著名高校规定，大学本科毕业生如有论文和著作，经审查合格，可不经考试录取为特别研究生。

验室的助教白涤洲、沈仲章、周殿福等人，冒着酷暑深入绥远、内蒙古一带考察方言、记录方音，不幸染上急性传染病"回归热"，旋即返回北平，经医治无效，于7月14日不幸逝世，年仅四十四岁。这位"五四"新文化运动中叱咤风云的人物，中国著名的文学家、语言学家，中国实验语音学的开拓者和奠基人，从此风流云散、音沉响绝。严学宭还没来得及跟导师刘复见上一面，就痛失机缘。他为此失望至极，悲伤不已。更是惶恐茫然，不知依怙。

图4-2 刘复（半农）

然而有幸的是，在刘复去世之后，北京大学紧急聘请中研院历史语言研究所研究员罗常培先生兼职文学院教授，接任刘复的工作。不久之后罗常培即全职任教北京大学，而兼职中研院史语所研究员。严学宭自然转而成为罗常培的研究生。从此，严学宭立雪罗门，拜罗常培先生为师，学习汉语音韵学，成为著名语言学家、音韵学家罗常培的第一位研究生拜门弟子。

在此之前，罗常培曾于1923年应聘西安国立西北大学教授兼国学专修科主任，讲授"中国文字学"和"中国音韵学"等课程。时有刘文锦（1900—1932），字仲绣，陕西咸阳人，任西北大学图书馆馆员。刘文锦爱好音韵训诂学，问学于罗常培，刻苦力学，最为勤勉，深得罗常培喜爱。1928年罗常培推荐刘文锦任职中研院史语所,佐助罗常培治学约一年,成绩斐然。1930年刘文锦因患肺疾辍职养病,1932年不治早逝。刘文锦去世后,1933年,《史语所集刊》发表其遗作《记咸阳方音》,罗常培专门撰写了《作者略传》附于文后,十分痛惜地说:"天假之以时日,其成就当不止此也!"这是在严学宭之前罗常培的第一位及门弟子,之后就数严学宭了。

图4-3　罗常培

严学宭的业师罗常培(1899—1958),字莘田,又字心恬,号恬庵。出生于北京一个没落贫寒的正黄旗满族家庭,满姓萨克达氏,是觉罗氏的一支。1919年毕业于北京大学国文系,又到北京大学哲学系学习两年,系统接受了西方学术思想和治学方法。毕业后历任北京市第一中学校长,西北大学、厦门大学、中山大学教授。1928年傅斯年成立中研院史语所并任所长,罗常培与赵元任、李方桂一起,被聘为该所语言组的第一批研究员。1934年后,任北京大学和西南联大教授兼中文系主任。1944年赴美讲学,任朴茂纳大学和耶鲁大学访问教授。1948年回国后续任北京大学教授,兼文科研究所所长。1950年受命筹建中国科学院语言研究所(今中国社会科学院语言研究所),并任第一任所长,兼任中国科学院哲学社会科学部学部委员、《中国语文》总编辑、中国文字改革委员会委员、普通话审音委员会委员和召集人、《语言研究》常务编委,以及1954、1958年两届全国人大代表。罗常培毕生从事语言学研究,与赵元任、李方桂同称为早期中国语言学界的"三巨头",其学术成就对当代中国语言学、音韵学研究影响极为深远,被学术界誉为"继往开来"的语言学大师。

1934年严学宭进入北京大学研究院时,北大设有文、理、法三个学院和一个研究院。研究院下设文科、理科、法科三个研究所,三个研究所的所长分别由三个学院的院长兼任,研究院院长则由北大校长兼任。当时的校长蒋梦麟兼研究院院长,文学院院长又兼任中文系主任的胡适兼文科研究所所长。罗常培到职后,接替刘复的职位和工作,任文科研究所语音乐律实验室主任,同时兼任文学院中文系教授,次年又接替胡适担任中文系主任。

北京大学研究院位于北京沙滩后面的成王府,是根据1934年5月国民政府教育部颁发的《大学研究院暂行组织规程》设置的、从事高端人才培养和学术研究的机构。它与清华大学研究院和中山大学研究院一起,成为近代中国开展研究生教育的第一批研究院。北京大学研究院下设的文科研究所,是培养语言、文

图4-4　北大文科研究所旧址成王府

学、历史、考古、哲学等专业研究生，并从事相关学术研究的专门机构。它的前身是1918年蔡元培设立的北京大学研究所，1921年改称北京大学研究所国学门，后改称北京大学研究所文史部，1934年最终定名为北京大学文科研究所，一直保留至1952年停办。文科研究所历任所长有胡适、傅斯年、汤用彤、罗常培等。北大文科研究所的性质、地位和影响，类似于当时傅斯年领导的中研院史语所，它聚集了一大批在语言文学、历史考古和哲学等学科负有盛名的一流专家教授，办有与《"中央研究院"历史语言研究所集刊》齐名的大型学术刊物《国学季刊》，在民国时期的研究生人才培养和学术研究领域享有盛名，成就卓著。严学宭是定名之后的北大研究院文科研究所招收的第一届研究生。1937年因"七七事变"，北大南迁长沙、昆明，文科研究所停止招生。1939年傅斯年在西南联大恢复北大文科研究所招生，语言学界许多著名的学者，如傅懋勣、马学良、刘念和、陈三苏、周法高、高华年、李孝定、李荣、殷焕先等，都是西南联大时期北大文科研究所培养的研究生，其中大部分都出自罗常培门下。

　　罗常培一生从事语言学教学和研究，罗门弟子遍天下，严学宭是罗常培门下的第一位研究生弟子。罗常培特别看重这位开门弟子，对他悉心培养、特别关照。严学宭第一次拜见罗常培先生，他身材高大，庄重、慈祥而又亲切，知道严学宭拜他为师后，十分高兴，邀严学宭去家中，详细询问、了解他的学习经历和家庭生活情况，并留严学宭在家进餐。那时罗先生家里有厨师，做好的饭菜从一个窗口递到客厅，就师生两人吃，师母黄婉如是不露面的。罗常培在详细了解到严学宭以前所学之后，见其所学知识中传统、封建的旧东西太多，就送给他一本北大中文系古典文学教授罗庸先生撰写的《治学态度及其方法》一书，嘱其认真学习、深入领会，以清洗充满旧学的脑子，腾出空间接受新的知识。

《治学态度及其方法》是罗庸教授1929年任教中山大学时撰写的油印书稿，是一部指示治学门径的名著。它高屋建瓴、鞭辟入里而又逻辑绵密、深入浅出，力矫寻枝逐末、饤饾琐屑之弊，严学宭深深被它吸引。读后深感与当年初进大学时所读张之洞《书目答问》有天壤之别，顿觉头脑清醒、目光清晰、眼界开阔，见识了什么才是真正的一流学者，什么才是现代科学的治学之道。这是严学宭第一次得知罗庸其人，但却从此将自己的学术生涯与无限景仰崇拜的罗庸先生紧密地联系在一起。他在北大读书时以及离开北大后，一直不断亲聆罗庸先生的殷切教诲，与罗庸先生结成十分相知相得的忘年深交，一生念念不忘。1950年罗庸先生去世后声名寂寞，严学宭曾多次撰文阐述、传播罗庸先生深不可测的学术，并为罗庸先生学术遗著的出版奔走呼号。这部《治学态度及其方法》书稿，严学宭十分珍爱，在后来颠沛流离的岁月里，大部分的书籍、文稿都丢失了，而《治学态度及其方法》一直完好地保留在身边，伴其终生。1981年，严学宭在香港

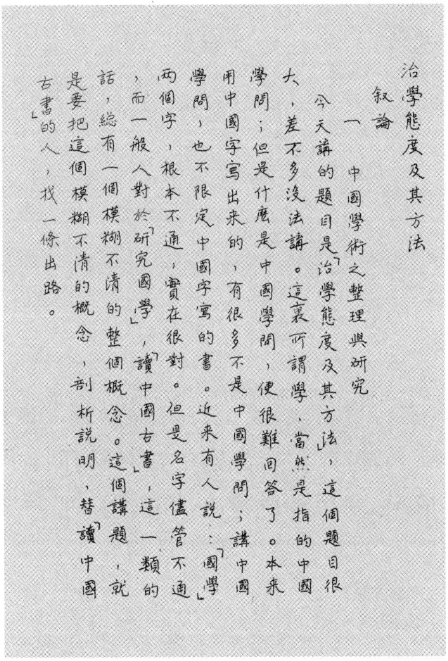
治學態度及其方法
敘論
一　中國學術之整理與研究
今天講的題目是「治學態度及其方法」，這個題目很大，差不多沒法講。這裏所謂學，當然是指的中國學問；但是什麼是中國學問，便很難回答了。本来用中國字寫出来的，有很多不是中國學問；講中國學問，也不限定中國字寫的書。近来有人說：「國學」兩個字，根本不通，實在很對。但是名字儘管不通，而一般人對於「研究國學」，「讀中國古書」，這一類的話，總有一個模糊不清的整個概念。這個講題，就是要把這個模糊不清的概念，剖析說明，替「讀中國古書」的人，找一條出路。

图4-5　罗庸《治学态度及其方法》书影

《中国语文研究》杂志上发表《治学态度及其方法——罗膺中师说述闻》一文,将《治学态度及其方法》摘其要点发表,云"(罗庸)师早已谢世,但教导永铭我心,谨志之以寄缅怀之情"。

在严学宭读完《治学态度及其方法》一书后,罗常培就给他上了《研究工作的性质》一课。对于老师的开学第一课,严学宭全神贯注"洗耳恭听",边听边做笔记,几乎将罗先生所讲全都记录下来。这一听课笔记,严学宭也一直珍藏在身边,用作毕生从事学术研究的指导,和对恩师永恒的纪念。在严学宭晚年的《八十自述》一书中,还将《研究工作的性质》摘其大部写入书中。

罗常培《研究工作的性质》具有十分重要的学术价值,至今仍可用作研究工作者治学的指导和参考。根据严学宭《八十自述》一书所记,略述要点如下:

关于学术研究工作的性质。学术的生命在创新和展拓,避免旧地盘旋和无甚效益的重复,从第一手资料直探本源,发现规律。这就要求研究者有探讨的精神、谨慎的态度和本来不转手的资料。"不转手的资料"并不限于地下发掘、敦煌石室发现或自己直接调查所得。就是别人看见过,但没有研究成品的都是不转手的资料。研究工作者只有充分利用不转手的资料,才能有所创新。切忌从教科书里辗转抄袭。大纲、概论、通史、述评之类,如果编得好,有时也可以指示探索课题的门径,但不能作为研究的根据。凡是没有经过亲手审核的材料,都不能轻易信赖。

关于学术研究的标准。下列情况都不能算是真正的学术研究:

1.长编或资料之类,不是学术研究;

2.未经国家鉴定的一般的教科书或讲义之类,不算学术研究；

　　3.索引或引得之类,不是学术研究；

　　4.标点古书,不算学术研究；

　　5.集解或校注之类,杂陈众说,案而不断,或拘泥版本,墨守类书,不能融会贯通文字的形、音、义,使古书涣然冰释的,不算学术研究；

　　6.只是有闻必录的调查报告,而未加分析,求出结论的,不算学术研究；

　　7.没有证据的臆想,只是猜想,不算学术研究；

　　8.剽窃陈言,无创见,甚至掩蔽出处的,不算学术研究。

　　真正的学术研究,应该是丰富学术,发展学术,使现有的水平得到提高和拓进,能解决历史和现实的学术问题。研究成品必须要有足够的事实根据,经过周密的论证,提出一种有系统的创新的见解或意见。从语言研究来说,不仅要收集、记录、描写客观素材,而且更重要的是必须揭示这些素材所构成的体系、结构、模式和规律,这才是真正的学术研究。

　　关于研究工作的步骤。一个有系统的研究,至少要经过下述四个步骤：

　　1.要有问题。读书要会发问,然后才想钻研,才会深入思考。一切研究工作都由问题而起。问题的产生或者从精确的观察引起,或者从"读书得问"而来。凡是浮光掠影、含糊颟顸的读书人,一辈子也走不上研究的路。问题的提出必须由自己体验而来,才不会隔靴搔痒,捉摸不定。提出的问题越具体越好,范围越窄越好。写论文要小题大做,教书要深入浅出。

　　2.要有见解。有了问题,就要着手搜集资料。一九二八年历史语言研究所创立时有两句话,就是"上穷碧落下黄泉,动手动脚找东西",据说这是傅斯年先生提出来的。这两句话仍适用于今天,具体数量的事实和资料是一切研究工作的张本。不过,材料的积累和剖析需要功力,材料的组织和融贯需要理解,通过理解,在观察若干事例或搜集材料以后,就会产生自己的见解,提出解决的途径和方案。根据这条途径和方案再去搜集资料,如果这些资料跟原来的见解相反,便可立刻改变或者抛弃这种见解。科学的精诣,就在于研究者要有一点有价值的见解。

　　3.要有证据。见解能不能成立,能不能形成规律,那就要看证据是不是充分。牵强附会、主观臆造、胡猜乱想,那见解是不能成立的。

　　4.要有结论。单有材料而没有意见,就会流于破碎;单有意见而没有证据,就会流于空疏。从材料提出假设,拿证据证成规律,自然会得出顺理成章的结论。一种学术的研

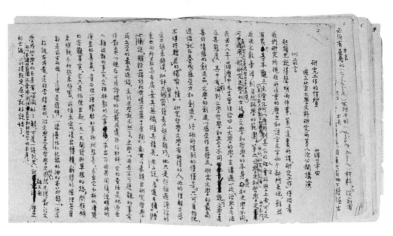

图4-6　罗常培《研究工作的性质》手稿

究，如果没有果断确切的结论，那就像是画龙没有点睛。①

罗常培十分推崇罗庸的《治学态度及其方法》。他的《研究工作的性质》（一）"前言"，基本上引自于罗庸的《治学态度及其方法》。②《研究工作的性质》和《治学态度及其方法》都是指示初学者治学门径之作，互为补充，相得益彰。

以上就是严学宭入学"清洗脑子"的功课。罗庸的《治学态度及其方法》和罗常培的《研究工作的性质》，对于当时的严学宭而言，就像醍醐灌顶、大梦初觉，把他引向一条全新的学术道路："使我看到自己以前的学习，大多是劳而无功、旧地盘旋，白白地耗费了许多精力和时光！"③

罗常培到北京大学后，即为研究院文科研究所的研究生和文学院中文系的本科生开设了"语言学"、"语音学"、"语音学实验"、"音韵学"、"域外音韵论著述评（高本汉之《中国音韵学研究》）"等数门课程。学生听课自由，给研究生和本科生开设的课没有严格的学生界别限制，研究生可以听本科生的课，本科生也可以听研究生的课，还可以跨年级、跨专业听课。据严学宭回忆，罗常培先生讲课很认真、很准时。对上课时间的掌握十分精准。上课钟一响，罗先生正好走上讲台，随着他最后一句"这堂课就到这儿"，正好下课钟也响了。板书从右到左，一丝不苟，十分认真。一堂课

---

① 参见严学宭《八十自述》，第7—8页。罗常培的《研究工作的性质》，在严学宭晚年撰著的《中国汉学导读》一书的"方法"章第十五节"怎样作点研究工作"中，参以己见，有更加完整和全面的记述和阐发。

② 罗常培"前言"中记罗庸书名《治学方法及其态度》，据该书1929年油印本，当为《治学态度及其方法》。

③ 严学宭《八十自述》，第8—9页。

下来,章节要点就清楚完整地反映在黑板上。①老北大的传统,一些有资历的教授以名士自居,上课率性而为、不太讲究。敲了上课钟,还要故意晚来几分十几分钟;还没打下课钟又提前走掉,或者打了下课钟又不下课,以此显示不受约束的大腕范儿。罗常培在这些教授中别具一格,是个不多见的另类。罗先生讲课条理清楚、引人入胜、深入浅出、举重若轻,枯燥艰深的语言学专业课程,甚至一向被视为"绝学"的汉语音韵学,也被他讲得十分生动、有趣。罗先生对教学的认真态度和高超的艺术、水平,严学宭十分惊叹、钦佩,在后来他的教学生涯中努力学习、模仿罗先生的讲课态度和风格,力求讲课条理清楚,注重声音的抑扬顿挫,把握节奏的轻重缓急,但总感觉无法达到罗先生那种炉火纯青的程度。

罗常培初到北京大学,以其认真负责的态度和深厚的学养,讲课的水平和效果不胫而走,闻名遐迩,有口皆碑,很快就立住阵脚,荣踞讲席,使北大同仁刮目相看,也吸引了中文系甚至外系、外校的本科生以及青年教师前来听课。这样给严学宭带来一个莫大的好处,就是让他走出了研究生这个狭小的圈子,结识到了大量从事语言学、音韵学学习和研究的青年教师和本科生。严学宭的好友,著名语言学家张清常先生回忆说:

　　当时北京大学新一代英才济济,仅就我所知,例如青年

---

① 参见严学宭《八十自述》,第9页。像罗常培一样讲课认真负责的,北大文学院还有罗庸先生。据刘又辛回忆:"他上课,总是神采奕奕,语调铿锵,一手令人赞叹的欧体板书,两个小时把黑板写得满满的,纲目清晰,一笔不苟,简直像一副绝佳的艺术品,害得专管擦黑板的工友老吴同志久久不忍擦去。后来我们得知,他备课经常通宵不眠,天亮了,擦一把脸,吃点早点,就带着备课的笔记来上课。他说,我是采了花粉酿成蜜才交给你们的。"见《怀念罗庸先生》,《治学纪事》,第59页。

教师有陆宗达、袁家骅(在英文系),助理研究员有丁声树(在"中央研究院"历史语言研究所),研究生有严学宭,本科生有周祖谟、刘又辛(本名锡铭)、傅懋勣、马学良、詹锳、陈士林、吴晓铃、杨佩铭、俞敏等等,工作人员有郁泰然、周殿福诸君。①

张清常当时是清华大学研究院中国文学部杨树达先生1934级研究生,因慕罗常培、魏建功等先生之名而来北大旁听。用他的话说,"我是清华研究生、北大偷听生"②。严学宭与他们一起跟随罗常培和其他先生学习而相识,其中大多后来都成为严学宭学术和人生历程中志同道合、意趣相投的朋友和终生不渝的至交。

罗常培讲语言学和音韵学,除了认真的态度、高超的技巧外,更重要的是充分运用现代语言学科学的理论和方法。给严学宭影响最深的是,他用欧洲语言学、语音学的理论、观点、方法和工具,分析现代汉语方言语音,讲述传统汉语的音韵问题。他以语音学作为音韵学的先导,许多传统音韵学含糊不清、混淆已久的问题,一经他从语音学角度作出分析,无不涣然冰释,令人顿悟。严学宭因而迅速地把研究的兴趣从古文字学转向了音韵学,从以前的传统音韵学转向了现代音韵学。

在罗常培的悉心培养下,严学宭在北京大学研究生三年,主要获得了三个方面的专业基础、学术素养和研究成果,这三方面也反映了严学宭北大求学深造的三部曲。

第一个方面,严学宭学会了现代科学的方言研究方法,学会了用现代语言学理论和工具——国际音标记录、分析、整理、归纳

---

① 张清常《立德·立功·立言——〈魏建功文集〉序》,《张清常文集》第五卷,第230页。
② 张清常1995年6月4日致唐作藩信,《张清常文集》第五卷,第425页。

汉语方言音系,写成了一部《记分宜方音》书稿。

罗常培教学生语音学和音韵学,首要就教学生运用国际音标辨识、记录自己的方音。他利用文科研究所"语音乐律实验室"的仪器设备,教学生自己操作,识别各自方音中的声母、韵母和声调的类别,用

图4-7　刘半农在"语音乐律实验室"作语音实验

国际音标记录声、韵、调的音值,同时用仪器设备检测、核对所记声、韵、调的音值。这是严学宭第一次接触国际音标。罗常培先根据严学宭的分宜方音,为他记录出一个大致的声韵调系统,然后要他自己利用实验仪器核对、校正,作进一步的分析、归纳和比较,再交给罗先生修改。把这个方音系统整理出来后,就拿它跟北京音和中古音进行比较,明其共时的差异和历史的来源,这是赵元任先生发明的方法。最后写成《记分宜方音》一书。该书后来以《分宜方音述略》为题摘要发表,严学宭在该文序言中说:

中华民国二十三年秋,余获从罗莘田(常培)先生治音韵,猥荷恳挚指导,启诲良多,因草《记分宜方音》一书,以作审音之助。体例排比,多承师命。后以从事于音韵沿革之考证,此稿遂置箧中。不意七七变作,北平失守,余即只身逃出。罗先生稍后亦南下赴湘,竟于万分困难中携出此稿,后辗转至滇,复细为修订,邮寄于余。初意欲刊成册,奈适逢时艰,印刷非易,故今节缩成篇,非敢以言流传也。

在严学宭离开北京大学后,1938年漂泊江西时,对该书稿仍在作进一步的修改完善。他对书中的一些韵母方面疑而未决的问题,一一提出,担心"当草文时生一则审音未精,一则恐乡音稍改,不敢十分决定,致有乱七八糟之处。今特约同乡数人至寓详审,决定读音于下"。对当年在北大语音乐律实验室用浪纹针记录下来的声调调值和连音变调,也作了进一步的核对和补充。这些修订和存疑的问题,写成《分宜方音释疑》信札一封,寄给当时已在云南西南联大的罗常培先生,征求老师的意见。① 一直到1941年,师生两人都有频繁的书信往来,交流对书稿修改的意见。1941年3月,罗常培始将他对书稿修改的定稿,从昆明北郊的新泉镇宝台山北大文科研究所,邮寄给江西宜春县严学宭岳丈开设的"张天成药号",转交给严学宭。严学宭对罗先生的反复修改十分感激,对留有罗先生朱笔修改的书稿十分珍重,一直保留至老,以作永久的纪念。《记分宜方音》的体例跟罗常培的方言研究著作《厦门音系》和《临川音系》类似,既有对分宜方音声、韵、调的共时描写,又有分宜方音与中古《广韵》音系的历史比较,以及用国际音标记录下来的语法例句和长篇语料。在民国时期对赣方言单一方言点的研究,除罗常培先生所著《临川音系》一书外,即以《记分宜方音》最为深入全面。据著名语言学家王均的回忆,他在昆明西南联大读书时,就曾听到罗常培先生说他最早的研究生严学宭如何在他的论文《记分宜方音》里进行方音与北京音和中古音的比较研究。② 由此可见罗常培先生对该项研究的看重和所费心血。后来罗常培在《域外中国声韵论著述评》第三章《高本汉

---

① 见严学宭1938年7月6日给罗常培的信所附《分宜方音释疑(附原句)》。
② 参见王均《怀念严学宭先生》,《音韵学研究通讯》(内刊),1992年总第16期。

的〈中国音韵学研究〉》中,谈到高本汉利用方言研究中国音韵学时,还特别提到他和严学宭师生两人共同心血写成的《记分宜方音》一书,说:"近十年来国人研究方言的著作逐渐增多,已刊行的有:……刘文锦的《记咸阳方言》……严学宭《记分宜方音》。"①不过因为"适逢时艰,印刷非易",《记分宜方音》书稿一直都未能刊行,刊行的仅是摘录《记分宜方音》书稿而成的《分宜方音述略》一文,1942年发表于《国立中山大学师范学院季刊》第1卷第1期上。

《记分宜方音》是严学宭研究生第一学年的学年论文。通过这部书稿的撰写,严学宭一是掌握了将方言的共时描写和历史比较结合起来的立体坐标式研究方法,二是熟练地掌握了现代语言学研究必不可少的记音工具国际音标。这一学术锻炼对严学宭后来研究汉语音韵学、调查研究汉语方言和少数民族语言,奠定了坚实的基础,发挥了永久的作用。对于罗常培的这种教学和研究方法,后来王力先生评价说:

　　　　有人说罗先生是"继往开来",我认为"继往"不难,难在"开来"。他的成就是划时代的。用语言学理论指导语言研究以他为最早,当时这是新的道路。因此有些老一代的人对他不满意,说他是"国际音标派"。这样说时带有贬义。我们今天认为还可以这样说,但应该是有褒义。罗先生培养了大批的人才,"国际音标派"满天下。②

罗常培培养的学生,像严学宭以及后来的罗门弟子,在音韵学的研究中都是须臾离不开国际音标的,都是"国际音标派"。这

①罗常培《域外中国声韵论著述评》,《罗常培文集》第六卷,第532页。
②王力《纪念罗常培先生》,《罗常培纪念论文集》,第379页。

是现代语言学的标志特征之一，不懂国际音标、不用国际音标，才落伍于时代。

　　第二个方面，严学宭学会了运用"反切系联法"研究中古音，开始了罗常培先生所倡导的对汉语音韵史进行"专题结账式"研究的工作，写成了《大徐本〈说文〉反切的音系》一文。

　　《大徐本〈说文〉反切的音系》是严学宭在研究生第二学年撰写的年度论文，发表于1936年北京大学《国学季刊》第六卷第一号。这是一篇占九十八个页面，长达六万余字的重量级论文。严学宭在文中写道："我们要想完成中国音韵沿革史，谁都知道先要把各时代音韵的实际情形弄清楚。"反映中古时代音韵实际情形的，除了《切韵》系的韵书外，还有其他一些专书中的反切，大徐本《说文》中的反切即为其一。严学宭把大徐本《说文》中的反切和被切字，用卡片一一抄录下来加以董理，用"反切系联法"进行声类、韵类的系联，得出大徐《说文》反切音系四十五个声类和二百六十二个韵类，比较这一反切音系与《唐韵》、《广韵》音系的异同，分析徐铉反切音系的特点及其性质。严学宭这一针对徐铉反切音系的研究，迄今

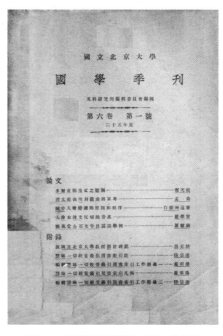

图4-8　《国学季刊》第六卷第一号书影

仍是这一"专题"研究标志性的成果,也是一次真正"结账式"的研究,其结论至今仍为学界所认可。严学宭在该文文后注曰:"中华民国廿五年六月初稿,十月重订。""本文承罗莘田(常培)、魏建功二位先生恳挚指导,周燕孙祖谟匡助谠正,谨此郑重致谢!"

这一年北大文科研究所第一次举行了研究生研究报告会,由研究生提出研究报告,所长、导师及其他专家提出批评。据文科研究所所长胡适的日记记载:1937年1月9日"第一次文科研究所文学部研究生报告。报告人三人:李棪,高庆赐,严学宭"。①三人中高庆赐与严学宭是罗常培先生的同届学生,李棪则晚一届,应是唐兰先生指导的古文字学专业研究生。严学宭报告的即《大徐本〈说文〉反切的音系》。报告会由文学院院长、文科研究所所长胡适主持,评审报告的除了严学宭的业师罗常培先生外,还有时任中研院史语所所长兼北京大学文学院教授的傅斯年先生,以及北大文学院马裕藻、魏建功、唐兰诸先生。严学宭的论文获得了一致好评,不过胡适先生批评论文不够通俗,太艰深,说:"你的论文虽然专门化有成就,可是不能行文通俗化,则是缺点。你看,我们这些全国第一流听众,还听不明白。"②但"术业有专攻",音韵学素称"绝学",尽管胡适是一流学者、顶级专家,但他非专攻音韵学,听不懂也是难免的。不过胡适先生的批评一直激励着严学宭,在后来他的著述中尽力做到深入浅出,但还是曲高和寡,非专业学者仍是难以看懂。

第三个方面,严学宭学会了用"丝贯绳牵法"研究上古音。

①《胡适的日记》(下),第522页。
②严学宭《"五四"七十周年感念胡适先生》,《华中理工大学学报》(哲学社会科学版),1989年第1期。

"丝贯绳牵法"又称"一贯珠法"，是串联韵文中在一起押韵的韵脚字，以归纳、整理出相同韵部和划分不同韵部的研究方法，是研究上古音韵部的一种主要的、传统的方法。严学宭与丁声树、周殿福、吴晓铃一起参加了罗常培先生组织的《两汉三国南北朝韵谱》一书初期资料的收集、分析工作。这是罗常培在1933年就着手进行的一项庞大的集体研究项目，原计划根据汉魏晋南北朝时期的诗文押韵和其他方面的语音资料，论述汉魏至陈隋八百二十多年间韵部演变的过程，把上古到中古时期汉语韵部演变的历史接续起来。拟分为（一）两汉时期、（二）魏晋宋时期、（三）齐梁陈隋时期、（四）总论四个分册。但后来因"七七"变作，合作工作中断，收集的部分材料交给周祖谟整理。一直到1958年11月，才由罗常培、周祖谟完成原计划中的第一分册，以《汉魏晋南北朝韵部演变研究》的书名在科学出版社出版。《汉魏晋南北朝韵部演变研究》是上古后期两汉时期韵部研究的经典之作，具有重大的学术价值。它在罗常培同年12月13日去世之前出版，也算是对罗先生此项未竟事业的一点安慰。而原计划中后面的三册，则随着当年参与者的离世，已经无法实现计划。这在汉语音韵学研究领域，留下了一个大大的缺憾，至今仍然未能弥补。①罗常培1954年2月20日下午在中国科学院语言研究所给青年研究人员做的报告《我是如何走上研究语言学之路的》说："《两汉三国南北朝韵谱》，一九三三年已开始作，参加工作的有丁声树、周殿福、严学宭、吴晓铃，后来交给周祖谟。昨天周把稿子交来，但第二、三、四章没

---

① 后来台湾学者丁邦新1975出版的《魏晋音韵研究》（中研院史语所专刊），庶几可以弥补魏晋这一阶段的空白。

有写完,如何校对很成问题。"① 严学宭在该项目中所作的工作,主要就是用"丝贯绳牵法"系联两汉时期韵文中的韵脚字,划分两汉时期的韵部。

罗常培教授音韵学,在研究方法上最注重"审音、明变、旁征、祛妄"。所谓"审音",就是要有现代语音学的知识,能用国际音标记录、分析古代音韵;所谓"明变",就是要注意语音在时间、地域上的差异,明了音韵演变的条理;所谓"旁征",就是要向现代汉语方言以及汉藏语系亲属语言寻求古代汉语语音的证据;所谓"祛妄",就是要革除传统音韵学"玄虚、含混、附会、武断"四大毛病,使音韵学成为真正的现代科学。1949年北京大学出版的《中国音韵学导论》,1954年由中华书局再版时改名为《汉语音韵学导论》,就是罗先生当年给严学宭讲授音韵学课程讲义的提炼,至今仍是研究音韵学的必读书。该书即以"审音、明变、旁征、祛妄"作为"音韵学研究法"。但是罗常培先生对这部讲义并不满意,在课程结束后,希望严学宭能对其加以修改、扩充,写出一部新的《音韵学》教材。他命严学宭先拟出一份详细的撰写提纲。严学宭拟好提纲后,罗常培先生做了认真的批改,嘱他按照提纲撰写。但是后来由于战乱以及其他研究工作,罗先生交给严学宭的这一任务,严学宭却始终未能完成,因而深感遗憾和不安。这份留有罗先生朱笔修改笔迹的提纲原件,严学宭一直保留终身,并将其主要类目列入他晚年的《八十自述》。②"提纲"共分为六讲、二十一章、一〇七节,每节下再分为若干小节。今据"提纲"原件列其要目如下。

---

① 罗常培《我是如何走上研究语言学之路的》,《罗常培文集》第十卷,第339页。
② 严学宭《八十自述》,第14—16页。

《音韵学》

第一讲　引言

第一章　音韵学之封域：一、音韵学之名称及定义；二、中国音韵学非玄学亦非绝学。

第二章　音韵学之功用：一、音韵学与语言学；二、音韵学与文字学；三、音韵学与校雠学；四、音韵学与历史学；五、韵学与文学。

第三章　音韵学研究法：一、审音（详下第二讲）；二、正名（详下第三讲）；三、明变（详下第四讲）；四、旁征（详下第五讲）。

第二讲　审音

第一章　通论：一、音韵学与语音学；二、音韵学与等韵学；三、音韵学之符号；四、音韵学之仪器。

第二章　音理论：一、普通之声音；二、言语中之声音；三、语音之生理基础；四、语音之物理基础。

第三章　音素论：一、元音与辅音之区别；二、辅音总论；三、元音总论；四、音素的结合；五、音调总论。

第四章　伦敦之国际语音学会。

第五章　日本的音声学会。

第六章　关于审音之重要参考书提要（内容1.作者及年代2.书中内容3.优点和缺点。下同）。①

第三讲　正名

第一章　中国旧韵学书中之同名异实与异名同实例：一、同名异实例；二、异名同实类。

第二章　中国音韵学术语之标准名称：一、汉字之音韵

---

① 原稿本章下分八节介绍中外学者的研究著作，今省。

成素；二、声母；三、韵母；四、声调。

第三章　关于正名之重要参考书提要：一、罗莘田先生释轻重；二、罗莘田先生释内外转；三、罗莘田先生释等呼；四、罗莘田先生释广通局狭；五、罗莘田先生释清浊与阴阳；六、罗莘田先生释发送收与戛透轹捺；七、大矢透韵镜考中关于等韵名词之解释。

第四讲　明变（中国音韵学史之四时期）

第一章　上古音期：一、明清以来研究上古音之经过；二、清人以前研究古音之缺点；三、近人研究古音之贡献；四、关于上古音之重要参考书提要。

第二章　韵书前期：一、反切肇兴；二、韵书蜂出；三、始定四声；四、此期韵书缺点；五、此期进行中之问题；六、关于韵书前期之重要参考书提要。

第三章　韵书后期：一、切韵；二、切韵系之韵书；三、切韵系韵书之流变；四、切韵系韵书之部次先后；五、广韵韵部与隋唐诸书之异同表；六、广韵四十七声类与三十六字母；七、集韵之声类；八、切韵之一九三韵；九、广韵之二〇六韵、十、集韵之韵部、十一、关于韵书后期之重要参考书提要。

第四章　北音期：一、中原音韵之缘起；二、中原音韵之价值及特色；三、中原音韵系之韵书；四、中原音韵之声类；五、中原音韵之韵部；六、中原音韵与切韵之比较；七、中原音韵与现代国音之比较；八、关于北音期之重要参考书提要；九、关于以上四期通论参考要籍。

第五讲　旁征

第一章　现代方音：一、由方音实例以拟测古音之读法；二、由方音变化以解释古音之读法；三、由方音错综以推寻民族迁徙之踪迹；四、由方音词汇以开辟训诂研究之新路；五、关于现代方音之重要参考书提要。

第二章　借字及译音：一、各时代音系之借字及译音；二、关于借字及译音之重要参考书提要。

第三章　西洋人关于中国音韵学之著作：一、金尼阁西儒耳目资；二、武尔披齐利的中国音韵学；三、商克的古代汉语发音学；四、马伯乐唐代长安的方音①；五、高本汉中国音韵学研究；六、高本汉中国古音之拟测；七、高本汉汉语及日译汉字音之分析字典；八、高本汉上古中国音韵中的几个问题；九、高本汉诗经研究；十、高本汉老子韵考；十一、高本汉

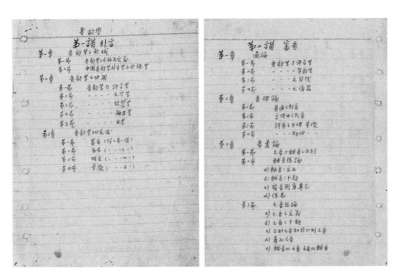

图4-9　严学宭《音韵学（提纲）》手稿

①原稿"长安"误作"唐安"，应是受作者分宜方音的影响。分宜方言"长"、"唐"同音。

汉语中的词系；十二、高本汉中国文法。

第六讲　总结

第一章　中国音韵学的外来影响：一、印度梵语的影响；二、罗马字母之影响；三、满文字头的影响；四、近代语音学的影响；五、尾语。

第二章　今后中国音韵学的新出路：一、古声母的研究；二、古韵音读的拟测；三、古韵通转现象之解释；四、印度支那语系之比较；五、完成音读系统；六、创拟原始汉语；七、扩大研究范围；八、形音义一贯研究以完成中国语言史。

从以上提纲来看，全书六讲除"导论"和"总结"两讲外，中间的"审音"、"正名"（即"祛妄"）、"明变"、"旁征"四讲，完全因仍罗常培《汉语音韵学导论》中四大研究方法的名目，在次序上也更为科学合理，体例调整极大，内容也有较大不同，脉络更为清晰、逻辑更为严密、内容也更加完整、完善。尤其第六讲第二章"今后中国音韵学的新出路"，即隐含了严学宭对上古复声母研究的意识，强调了汉藏语系亲属语言的历史比较，凸显出现代音韵学对古音音值的构拟，提出了"创拟原始汉语"的超前观点，基本上体现出严学宭后来从事音韵学研究的几大显著特征。若能按此撰写完成，至少在民国时期的音韵学著作中，当是一部十分新颖、别致的音韵学教科书。

与此同时，罗常培还命严学宭拟出一份《广韵》研究的著作提纲。严学宭拟好了一份《广韵讲话（节目）》，分全书为十章、四十五节，节下再分若干小节，呈交罗常培先生修改。罗常培对《广韵讲话》作了二十多处批改，提供了一些章节的参考书目，删除了一些小节。这份留有罗先生朱笔修改笔迹的提纲原件，严学宭也一直保留终身。今据其原件列其要目如下：

广韵讲话（节目）

第一章　叙论：一、音韵学之封域；二、音韵释词；三、中国音韵沿革小史。

第二章　广韵之源流：一、广韵音系之源流；二、广韵之名称及其根据；三、广韵之作者及其年代；四、广韵之价值及其特色。

第三章　广韵之版本：一、详注本（北宋本）；二、略注本；三、平上去详入略本。

第四章　广韵之声类：一、三十六字母之缘起；二、切韵之声类；三、广韵之声类；四、广韵声类与三十六字母之异同。

第五章　广韵之韵部：一、广韵二〇六韵；二、韵类之考订；三、广韵分韵之条件；四、广韵与等韵之学；五、广韵韵部与隋唐诸韵书之异同（附表）。

第六章　前人研究广韵之著作：一、江永音学辨微；二、戴震声类考；三、陈澧切韵考；四、吴麦云广韵说；五、邹汉勋广韵表叙；六、潘耒重刊古本广韵序；七、顾炎武音论（上）；八、黄侃音略（补王国维唐宋韵谱异同）；

第七章　今人研究广韵之著作：一、罗常培切韵序校释及切韵探赜，及中国语言学沿革，及其他各论文；二、魏建功古音系研究及唐宋韵书体制之演变；三、张世禄广韵研究。

第八章　西洋人研究广韵之著作。①

第九章　读广韵的初步方法：一、高本汉所拟测声母之音值及陈氏所考切语上字四百五十二之熟诵；二、广韵下字依陈黄所考之韵类列为一表并详记之；三、熟记四声相承之

①原稿分四节，今略。

序、韵部排列次序，并辨清各韵之音值；四、将各韵中每条反切逐一辨析声类之清浊戛透轹捺，韵类之开合等第。

第十章　读广韵之进步方法：一、广韵分部研究；二、广韵与方音；三、广韵声系（举辅仁为例）；四、广韵的又音；五、广韵的声类研究；六、广韵之连绵词研究。

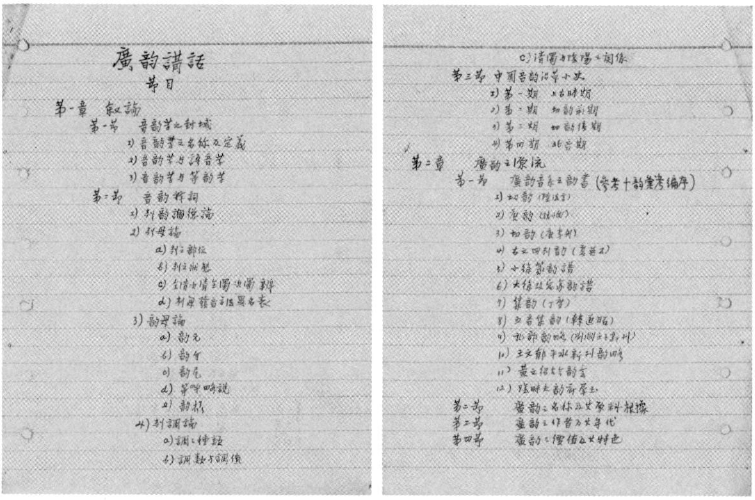

图4-10　严学宭《广韵讲话（节目）》手稿

罗常培在批阅了《广韵讲话（节目）》后，嘱严学宭照其撰写专著。但后来严学宭还是没有能完成这部专著的撰写。不过这份《广韵》研究的提纲，在严学宭后来的教学和研究中发挥了重要作用。在他后来教授本科生、研究生和1980年代开办音韵学研究班讲授“音韵学”课程时，明显具有这份提纲的影子；在他1989年出版的《广韵导读》一书中，也明显体现出这份提纲的内容。

严学宭跟罗常培先生学习音韵学，除了上课外，罗先生要他以自学为主，碰到问题就记在本子上，到一定时候再找罗先生专门辅导、答疑。因而严学宭成了罗常培家的常客,经常出入罗门请教罗先生,也经常在罗先生家吃饭。按当时规矩,过年过节严学宭都要带着礼物上门拜见罗先生,先生接受学生拜门,学生接受先生授业,这就是"业师"和"受业"的师徒关系,而不仅仅是一般的师生关系。所以严学宭给罗先生写信,落款从不写"学生",都是写"受业"。

北京大学的学风跟武汉大学截然不同。学习非常自由,学术非常自由,考试也形式多样,不要求死记硬背。一门课往往有几个老师讲,学生可以自由选听。讲得好人满为患,讲不好门可罗雀,就相当于"教学竞赛",迫使老师们提高自己的学术水平、授课质量。学生听课也十分自由,上课既不点名,也不查问,听不听课都可以,只要能通过考试就没人过问。而考试又多为开卷,可以看讲义、看书。但是严学宭总是充分抓住难得的学习机会,尽量听课,面聆老师教诲。研究生导师考查学生的方式主要是让学生写读书报告,有时也作口头汇报。罗先生对学生的考查十分认真,指定看的书籍要是没有及时看完就要挨骂。布置的读书报告、小论文都丝毫不能马虎,他会拿研究工作的性质来衡量,要有假设、有证明、有结论才行,否则会不及格,还要挨骂。有一次罗先生要严学宭读劳乃宣的《等韵一得》,严学宭粗略看过后并未发现十分精彩的内容,所以在口头汇报中就流露出一点轻视、不屑的态度。罗先生察觉后严厉地批评了他,要他认真重读,并要他写出书面报告。从那以后,严学宭就再也不敢马虎对待老师布置的学习任务了。

严学宭在北京大学期间,除了从事音韵学专业的学习和研究之外,并未完全割舍自大学以来对古文字学研究的爱好。用他自己的话说:"余自肄业上庠,雅好文字之学。"①1934年他入北京大学之后不久,就经罗常培、唐兰、魏建功等的介绍,以在读研究生的身份加入了名儒耆宿荟萃的北平燕京大学考古学社,与杨树达、于省吾、张世禄、吴其昌、胡鸣盛、胡朴安、沈兼士、丁山、容肇祖、罗福颐等等,成为该社第一期社员。考古学社是20世纪30年代"以我国古器物学之研究纂辑及其重要材料之流通为主旨"的著名学术社团,1934年6月由容庚、徐中舒、董作宾等人筹备发起,同年9月1日在北平大美餐馆召开成立大会。叶恭绰任会长,容庚、徐中舒、刘节、唐兰、魏建功五人为执行委员,社址设在燕京大学。考古学社编辑印行《考古学社社刊》半年刊,1934年12月出版创刊号,1937年因"七七事变"考古学社停止活动,社刊也出至当年6月总第6期而停刊。严学宭积极参与考古学会的年会、撰写论文、缴纳会费等各项活动。唐兰在1935年写给容庚的信说:

> 希白兄鉴:顷文奎堂来,得尊示,敬悉。考古学社交费者为严学宭君,弟于月前已托思泊兄转交矣,恐渠未晤兄,故未能交去也。拙著《古文字学导论》以时局故,提前出版,特价二元。一月二十日止,社友可八折,惟限于向社中接洽,或径寄至弟处耳。(因首批已发完,二批未印出也。)奉呈兄及子植兄各一部,容三数日内寄上请政。专此,敬请近安。弟兰顿首。②

考古学社《社章》规定,凡社员须每年缴纳会费两元即予注册,未缴纳即视为自动退社。当年严学宭缴纳的会费是通过唐兰先生转给于省吾(思泊),再由于省吾转交容庚(希白)的。容庚是总理考古学社社务的执行委员,相当于社团的秘书长。在考古学

---

①严学宭《读中岛竦〈书契渊源〉后》,《考古学社社刊》,1935年第2期。
②《唐兰全集》第12册,第40页。

社存世的1934年至1937年三年间,严学宭都是注册会员。

1935年6月,严学宭在《考古学社社刊》总第2期发表了《读中岛竦〈书契渊源〉后》一文,对刚刚出版的日本学者中岛竦所著《书契渊源》一书①,和唐兰先生打破传统"六书"观念、用新的方法理论研究古文字的精神深表赞赏。他在文中说:"客夏得诵中岛氏之书,甚惬余意。"中岛竦"独创新法,标示义例,废部首而不言,顺文字自然发展之程序,……颇能明文字创造之程序,及其演变之渊源"的观点和研究方法,与严学宭的《初文钩沉》颇为近似,因而撰写此文,认为"夫古文字乃建设中国上

图4-11　《考古学社社刊》第2期书影

古史之奠基工作,在未整理完毕之前,何足以言考古",提出研究古文字"不必执一二字以为新说,须先视是否在整个文字演变系统中相合"的观点,主张用精密的方法对汉字的构成和衍变作系统的解释,并藉以建立科学的理论,认为"诚如是,则就字考古,熔经铸史,亦渐可徵矣"。这是严学宭公开发表的第一篇学术论文,体现了他对古文字研究的学术敏感、深刻见解和开阔的视野。

罗常培训导学生有一个特点,就是让学生不拘守一家之言,

①中岛竦《书契渊源》初版线装17册,1934年由日本东京专营汉籍的文求堂书店出版。

而众采各家之长。他常以"多闻阙疑,慎言其余"、"遭人而问,少有宁日"的格言教导学生,把严学宭介绍给所内外、院内外以及校内外许多知名学者,要他多向这些专家教授请教。据北大中文系1934级本科生刘又辛回忆,当时"在中文系任课的老师有胡适、沈兼士、唐兰、闻一多、魏建功、罗庸、郑奠、钱穆、顾随、何容、陈绵、马裕藻、余嘉锡诸先生"。①严学宭回忆说:

> 北京大学提倡并鼓励教学和学术研究自由竞争,同一门课,可以有几位老师同时讲授,学生可自由选择去听。如"音韵学"这门课,就有钱玄同、马裕藻、罗常培、魏建功等先生同时讲授。"文学史"课就有胡适、闻一多、罗庸等先生同时开。上课时老师也不点名、不查问,只要来听,都发给一份讲义,不管你是哪个班级,也不问你是哪个系的学生。有时还有外校的甚至社会上的自学青年。这就形成了"学生可以自由选择老师,老师却不选择学生"的局面。不过,我没有看到哪位老师被竞争下去,反而个个有特色,所以往往同一门课,学生听了一次又一次,次次都有新收获。②

在这样一种自由活泼的学术空间里,严学宭除了接受罗常培先生的亲炙外,在导师的督导下,严学宭还先后师从罗庸、唐兰、魏建功、胡适、沈兼士、马衡等先生,接受文、史、哲等多方面知识的熏陶。在这一时期,傅斯年、赵元任、李方桂、王力、丁声树等著名学者对他都有多次指教并具终身影响。

在北京大学对严学宭影响最大的老师,除了业师罗常培之外,就数罗庸了。

---

① 刘又辛《我和文字训诂学》,《治学纪事》,第2页。
② 严学宭《八十自述》,第6页。

罗庸（1900—1950），字膺中，号习坎，清初扬州八怪之一"两峰山人"罗聘的后人。1917年入北京大学文科国文门学习，后入北京大学研究所国学门进修研究生。1924年毕业后任职教育部，与鲁迅同事且关系密切。1927年应鲁迅之邀任广州中山大学中文系教授兼系主任。1932任教北京大学中文系，讲授"中国文学史"、"诗经"、"楚辞"、"李白与杜甫"、"宋词"等课程。后随北大南

图4-12　罗庸

迁，任西南联大教授。西南联大结束后，罗庸留任昆明师范学院国文系教授兼系主任。1949年赴重庆北碚，在梁漱溟创办的勉仁文学院任教，1950年病逝，年仅五十岁。罗庸与罗常培长期共事于北京大学和西南联大，亲如兄弟、情同手足。因罗庸比罗常培小一岁，所以学生们都称罗庸为小罗老师、罗常培为大罗老师。严学宭入学之初通过罗庸《治学态度及其方法》一书得以结识罗庸，后来聆听了罗庸讲授的"中国文学史"课程①，对罗庸淹博精湛、莫知涯际的学术水平钦佩至极，一生保留着当年的听课笔记。罗庸写过不少有关文学史论的著作，但不自珍惜，流传于世者稀。严学宭一生有个愿望，总想把罗庸先生的著述披露于世，曾拟征集罗庸先生文稿整理付印，可惜未能如愿。但他先后撰写了《竟委穷源——

①刘又辛回忆："当时的分段文学史共分先秦、秦汉、魏晋南北朝、唐宋、元明清五段，分为五个课，先秦段由傅斯年先生讲授，秦汉段由郑奠先生讲授，后三段由罗庸先生讲授，但傅斯年先生并没有到校讲课，也曾改由罗先生讲授，因而罗先生成为分段文学史研究的奠基人。分段文学史是文学组的必修课，语言组的选修课。"见《怀念罗庸先生》，《治学纪事》，第59页。

罗膺中师说述闻之一》、《横断与纵剖——罗膺中师说述闻之二》、《中国文学史分期研究——罗膺中师说述闻之三》以及《治学态度及其方法——罗膺中师说述闻》等文章，分别发表于1961年5月7日、9日、26日的《光明日报》，和香港《中国语文研究》1981年第3期上，以推阐、传播罗庸的学术。可以说，罗常培和罗庸两位，是严学宭一生最难忘怀和最为感恩的人生导师和学术导师。

　　罗庸先生一生在政治上无党无派，晚年信奉佛教密宗。但在"一二·九"学生运动中却有过救助学运领袖、共产党人齐燕铭、陈伯达等人的惊人之举。严学宭回忆说：

　　　　一九三五年北京爆发"一二·九"学生运动时，学运领袖齐燕铭等人曾藏匿于小罗先生家中，有的扮成厨师，有的扮成仆人，躲过了反动派的追捕。齐燕铭的父亲与小罗先生是好朋友，齐燕铭又是大罗先生在北京教中学时的学生，所以齐燕铭对大、小罗先生都有晚辈、学生之谊。解放后，我为收集、整理小罗先生的未刊遗著专门找过齐燕铭，齐燕铭嘱我开列出小罗先生著作目录，写成卡片交给他。我到过齐家，时齐燕铭身为国务院秘书长，地位极高。他的书房中有一书架专门摆了很多小罗先生的著作，其中有一本就是我久觅而不得的讲楚辞的著作稿。①齐很相信我，说这些若需要就拿

────────────

①引者按：据吴晓铃《罗膺中师逝世三十七周年祭》云："1962年，我到昆明访书，行前，学长齐燕铭兄谆谆嘱我搜集先生遗稿，他说先生的人品和学识可并顾炎武和黄宗羲。燕铭何许人也？他是从来不乱说的。我在昆明，李广田兄邀约好多位罗门俊彦座谈，大家纷纷把珍藏的讲义、笔记、函札和剪报找了出来，我抱了两大包回北京，交给燕铭兄。不想工作尚未就绪，风声便杂杀气，燕铭兄把先生遗稿转移我家，我又送到居乡的阴少曾（法鲁）处，幸未遭遇'浩劫'中丙丁及壬癸之厄。"见《吴晓铃集》第4卷第38页。严学宭此说齐燕铭家所藏罗庸遗稿，应与吴晓铃所记有关。

去。但我不敢要，怕一时遗失或损坏，还是放在齐家保险些。后来这些书稿都不知下落了，现在回想起来，真是可惜、后悔。①

严学宭回忆中所说的"学运领袖齐燕铭等人"中，就包括后来中共历史上的另一著名人物——陈伯达。陈伯达和齐燕铭20世纪30年代都曾任北平中国大学教师，都是"一二·九"学运中学生总罢课的领导人，同时藏匿于罗庸家而躲过了反动派的追捕。

齐燕铭（1907—1978），蒙古族，北京人，是中国现代政坛上的名人。30年代曾从著名学者吴承仕治训诂学。1938年加入共产党。1945年后任中共赴重庆、南京代表团秘书长，中共中央城市工作部和统战部秘书长。新中国成立后历任中央人民政府办公厅主任、政务院副秘书长、中共中央统战部副部长、总理办公室主任、国务院专家局局长、文化部党组书记兼副部长、济南市副市长。"文革"中遭受迫害，被监禁七年。复出后历任第五届全国政协秘书长、中共中央统战部副部长。齐燕铭视罗庸为恩师，新中国成立后他身居高位时，仍恭称"罗膺中先生是我的受业先生"②。据刘又辛回忆，1949年罗庸在重庆北碚勉仁文学院任教，患脑溢血，半身瘫痪，生活十分艰难困顿。1950年齐燕铭任政务院秘书长，曾给西南军政委员会主席刘伯承、副主席邓小平发去了长达五六百字

---

① 严学宭《八十自述》，第93—94页。

② 齐燕铭1950年8月9日复巨赞法师信："巨赞先生：示悉。罗膺中先生是我的受业先生，但他的夫人赵纫秋先生则不熟识。尤其最近十余年他们都住在昆明，生活情形更不熟悉。罗先生的长子罗式刚同志现在北京青年剧院工作，如市级同志希望了解可找他问。特致敬礼！齐燕铭一九五八年八月九日。"见《巨赞法师全集》第三卷，第1293页。

的电报,陈述罗庸先生的道德学问,希望尽力加以照顾。①

　　1950年罗庸先生去世后,其夫人赵纫秋和儿子罗式刚生活在北京,严学宭一直到80年代中后期与他们都保持着联系,去北京时总要带好多东西去看望小罗师母。

　　著名的古文字学家唐兰先生是严学宭进入北京大学的引路人和深受影响的老师。

　　唐兰(1901—1979),字立厂(庵),浙江嘉兴县(今嘉兴市)

图4-13　唐兰

人。1920年就学于无锡国学专科学校,后任教于东北大学、辅仁大学、燕京大学,讲授古文字学及诗、书、三礼。1935年起任北京大学讲师兼故宫博物院专门委员。1949年后先后任故宫博物院研究员、学术委员会主任、副院长,中国科学院历史研究所研究员、学术委员等职。唐先生是中国语言学界的一位奇才,他没有受过正规的高等教育,其学问都从自学得来。他在古文字学和音韵学、训诂学、古代史学等诸多领域都造诣很深,学术贡献巨大,著述之丰罕与伦比。唐兰刚去北京大学时还是讲师,但已名满天下。严学宭上过唐兰开设的"古文字学导论"、"甲骨文字研究"、"钟鼎文字研究"三门课,对唐兰将传统"六书"整合为"三书"的理论十分服膺。严学宭在北大除了听罗常培的课外,就算唐兰的课听得最多。虽然严学宭未跟唐兰正式拜门,但唐兰仍把他当授业弟子看待。他

①参见刘又辛《怀念罗庸先生》,《治学纪事》,第78页。

有疑难随时向唐兰请教,唐兰也总是热情耐心地给予解答。在严学窘的印象中,唐兰一心致力于著述,日常不修边幅,穿一幅长褂,头发长长的也不理,胡子拉碴也不剃。严学窘常去北平外交部街甲2号唐兰家中求教,总见桌上、桌下、床上、床下遍地是书,无立足之地。唐兰的讲稿总是一边写,一边送学校石印,然后发给学生。讲课时不看讲稿,滔滔不绝,如数家珍,旁征博引,结论却水到渠成。①但后来唐兰到故宫博物院后,就完全潜心于学术研究,跟过去的学生很少联系了。

严学窘在北大时,钱玄同、罗常培、魏建功、马裕藻、赵荫棠先生都教授音韵学,但各有师承,风格不一,讲授内容也各有侧重。除了罗常培先生的音韵学外,严学窘还上过魏建功的音韵学课,并接受魏建功的诸多指导,与魏建功先生的关系十分亲密。

魏建功(1901—1980),字国光,笔名天行、文狸、山鬼,江苏海安县人。1919年考入北京大学,是钱玄同的得意门生。1925年毕业后,任教于北京大学、中法大学、朝鲜京城帝国大学、西南联合大学、四川白沙国立西南女子师范学院讲师、副教授、教授。抗战胜利后赴台任"台湾国

图4-14　魏建功

语推行运动委员会"主任委员兼台湾大学中文系特约教授。1948年回到北京大学任教,兼任中文系主任。1950年调任新华辞书社

---

① 参见严学窘《八十自述》,第6页。

社长，主持编纂《新华字典》。其后历任北京大学教授、副校长，中国科学院哲学社会科学学部学部委员。严学宭在读时，魏建功是文学院的副教授，兼教育部国语推行委员会常委，住在北平朝阳门大街83号。严学宭晚年回忆说：

> 魏先生也是我在北大时的音韵学老师。魏先生学问很高，而且对学生非常关心爱护。但是有一次，我因眼睛近视，路上碰到魏先生未看见，没跟他打招呼。后来罗先生知道了这件事，特意把我叫去办公室，非常严厉地批评道："魏先生是我们大家非常尊敬的老师，你一个学生，碰到魏先生还不打招呼，好大的架子！什么了不起？"我还从未见过罗先生如此动怒，当时真是战战兢兢，虽然冤枉，却一句话也不敢申辩，老老实实听罗先生训完。……后来魏先生知道我那次并非故意不跟老师打招呼，所以仍跟从前一样关心教导我，还把他的《古音系研究》底本送给我，上面有魏先生的亲笔校语。①

《古音系研究》是魏建功先生音韵学研究的代表作，北京大学出版组1934年5月首次印行。魏建功赠送给严学宭的《古音系研究》是刚刚出版、魏先生自用的本子，书中有不少魏先生亲笔手写的批注和校勘修改之处。这一珍贵版本的《古音系研究》，严学宭珍藏一生。在该书的首页，严学宭题记："魏先生手赠于古都，一九三四，十。朴学斋藏。"在该书中，严学宭亦以实点、单圈、双圈等符号丹笔标记重点、要点，并时以"宭按"的方式在页眉和页脚处书写批注，记录心得体会。例如在原书第二十五页，在"得将谐声字发生的时代给划定，不能先后笼统混合。许慎说文解字所指明的谐声字是基础材料，而又必须与甲骨文金文对照审查"的

①严学宭《八十自述》，第13页。

原文下，就工笔书写有"宧按可作一卜辞之形声考金文之形声考及其与说文中形声考其时代先后之转变论"的笔记。甚至指出书中某处"此句长43字"，可见严学宧对该书的细读和深思。魏建功先生生性老实，后来在"文化大革命"时期忠奸莫辨，以至上当，事过之后才恍然大悟，但已追悔莫及。一代硕儒，郁郁而终，实在可惜。

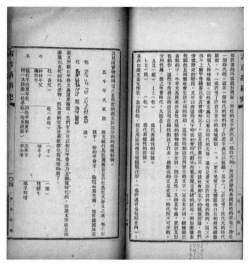

图4-15 魏建功赠严学宧1934年
初版《古音系研究》书影

严学宧在北大时，胡适身兼文学院长、中文系主任、文科研究所所长三职。1935年始将中文系主任一职交给罗常培担任，但教学、科研、行政管理工作和其他社会活动仍然十分繁忙。严学宧上过胡适的"中国哲学史"课程。这是北京大学文学院的公共基础课，听课学生常达一两百人，有时连街上的黄包车夫也慕名前来旁听。北京大学教师流行周六、周日在家接待问学来访者，像胡适、钱玄同、沈兼士等大学者，周末都在家等着问学者来访。胡适是罗常培的老师，师生情谊甚重。在罗常培鼓励下，严学宧多次在周末前往北平米粮库胡同4号的太老师胡适先生家中拜谒求教。每次胡适家中都是门庭若市，大家可以随便提问，胡适都给予热情的解答，有时还进书房拿出书出来给大家参考。在严学

宭看来,胡适先生是学贯中西、无所不通而又平易近人的大学者,
"谈学问就像讲故事一样生动而有趣","说话幽默风趣,妙喻连
篇,深入浅出"①,令其十分敬佩仰慕。严学宭对中国史学、哲学
以及文化史方面的知识,很多都来自胡适先生的教诲,并体现在
他后来的教学和研究工作之中。到1989年,严学宭在七十九岁的
垂暮之年,仍撰写了《"五四"七十周年感念胡适先生》一文,"感慨
万端地怀念我的师长胡适先生"②。

　　严学宭在北大的老师,还有著名的文字、音韵、训诂学家沈
兼士。

图4-16　沈兼士

　　沈兼士(1887—1947),祖籍浙江
吴兴县(今湖州市),出生于陕西汉阴
县。早年游学日本,加入同盟会,与鲁
迅等人从章太炎问学。1922年在北
京大学创办研究所国学门,任主任。
1926年随鲁迅先生同赴厦门大学国
文系任教。1929年任辅仁大学教授、
文学院院长。严学宭在北大时沈兼士
在辅仁大学任职,兼任北大中文系名
誉教授、文科研究所研究生导师,又兼
故宫博物院文献馆馆长。沈兼士在北大开设"中国文字学概要"、
"中国文字及训诂"等课程,严学宭上过他的训诂学课程,并时往
沈先生家中问学。严学宭回忆说:

①严学宭《八十自述》,第12页。
②严学宭《"五四"七十周年感念胡适先生》,《华中理工大学学报》(哲学社会科
　学版),1989年第1期。

　　沈先生的书斋与唐兰先生的不一样，非常整洁，显得有条理、严谨、舒适。先生与晚辈接谈也彬彬有礼，没有一点大学者的架子，让人感到十分亲切。我曾经请教过一些文字、训诂方面的问题，先生都耐心地讲给我听。①

　　许广平在《鲁迅和青年们》一文中写道："北平文化界之权威，以'三沈'、'二周'、'二马'为最著名。""三沈"即沈士远、沈尹默、沈兼士三位同胞兄弟。昆仲三星齐辉，先后都任教于北京大学，是中国近现代文化史上的一个奇观。严学宭关于训诂学方面的学问，很多都来自沈兼士先生。

　　严学宭在北大期间，还因唐兰先生的引荐，得以结识马衡先生。马衡（1881—1955），字叔平，浙江鄞县人，著名的金石考古学家。早年任北京大学研究所国学门考古研究室主任兼导师，1934年任故宫博物院院长兼北大史学系名誉教授，讲授"金石学"课程。许广平《鲁迅和青年们》一文中说的"二马"，就是马裕藻、马衡两位同胞兄弟，也都任教于北京大学。严学宭听过马衡先生的"金石学"课程，

图4-17　马衡

常向马衡先生问学。马先生学问高深莫测，书法亦颇有造诣，篆、隶、行、草皆擅，作品具商周金文遗韵，又深得碑刻法度，形成独特的风格，在海内享有盛名。马衡先生曾亲笔书写一条幅赠送严学宭，写的是陆游的一首爱国诗。严学宭一直珍藏到晚年，后不知

①严学宭《八十自述》，第12—13页。

所踪，诚为憾事。后来唐兰和马衡都到故宫博物院管理、钻研文物了，严学宭与他们就少有往来。

以上都是严学宭在读北京大学时的授业老师。下面讲到的是，虽然不在北京大学任教，但却是严学宭在北大期间问学求教、有老师之实的学者，他们对严学宭的学术影响，并不亚于他的任课老师。

首先要提到的就是赵元任先生。

图4-18　赵元任

赵元任（1892—1982），字宣仲，又字宜重，原籍江苏武进县（今常州武进区），光绪十八年（1892）生于天津。清朝著名诗人赵翼后人，现代著名语言学家、音乐家。1910年赴美国康奈尔大学学习数学，1915年入哈佛大学主修哲学。先后任教、任职于美国康乃尔大学、哈佛大学，中国清华大学、中研院史语所，美国夏威夷大学、耶鲁大学、哈佛大学、密歇根大学，1947年后任教于美国加州大学伯克利分校。1945年任美国语言学学会会长，1948年当选为中国首批中研院院士、美国艺术与科学院院士，1960年当选为美国东方学会会长。赵元任是中国现代语言学先驱，是现代中国最负盛名的语言学家，有"中国现代语言学之父"的崇高声誉，是罗常培在中研院史语所的亲密朋友和同事。赵元任在南京任中研院史语所语言组组长时，严学宭前往拜访他：

　　一九三六年暑假，我去南京看望家父母，通过罗先生的介绍，我特地到南京鸡鸣寺拜访赵先生。我走进他的办公室，第一眼看到桌上有一本打开的《广韵》，书角都卷了起来，书已经相当破旧了，可见赵先生对此书非常熟习。赵先生曾在清华国学研究院教授语言学，造诣极深，听说能背诵《广韵》，看来并非夸张之辞。抗战期间，我就音韵学问题写信向他求教，他在随中央研究院南迁途中，从长沙给我回了信，还附有一份标有高本汉（Karlgren）中古拟音的"汉语方言调查字表"。①

这段回忆中所说赵元任赠给严学宭的"汉语方言调查字表"，正确的书名是《方音调查表格》，严学宭也保留终身。《方音调查表格》是赵元任1930年设计、编纂的重要著作，中研院史语所首印，供调查汉语方音之用。这份根据《广韵》编制的新型"韵图"，在中国现代语言学方言调查研究和音韵学研究中作用深远，是汉语方言语音调查和分析不可或缺的工具书，自1930年至今流传极广，行用不衰。赵元任同时赠寄给严学宭的还有一份他编制的《方音调查简表》。这份《简表》最特别的是三页调查方言声、韵、调的典型例字，能使调查者迅速归纳出任一方言的声韵调系

图4-19　赵元任赠严学宭1930年初版《方音调查表格》书影

————————

① 严学宭《八十自述》，第13页。"汉语方言调查字表"即《方音调查表格》。

统。此外《简表》还涉及语法和词汇调查要点。

需要交代的一段历史是，1956年，中国科学院语言研究所因为汉语方言调查急需，未经赵元任授权，即在其《方音调查表格》基础上，删去国语罗马字，再把《方音调查简表》中调查方言声韵调的三页加进来，对原表格略作调整，酌量增删例字，改名为《方言调查字表》，以中国科学院语言研究所的名义刊行，后又有修订本，皆因政治原因不便提及原作者赵元任先生。大家心照不宣，赵先生也不在意，均能体谅，可见一代大师的宽厚胸襟。①

其次是李方桂先生。李方桂（1902—1987），籍贯山西昔阳县，出生于广州。1921年考入清华学堂医学预科。1924年留学美国密歇根大学、芝加哥大学攻读语言学，在著名人类学家、语言学家萨丕尔（Edward Sapir）指导下实地调查研究印第安语。1928年获芝加哥大学博士学位。1929年任中研院史语所研究员，1948年当选为中研院第一届院士。1949年赴美，历任西雅图华盛顿大学东亚语言系教授、夏威夷大学语言系教授，是国际语言学界公认的研究美

图4-20　李方桂与夫人徐樱

①参见张清常《赵元任先生所指引的》，《张清常文集》第五卷，第279—280页。

洲印第安语、汉语、藏语、侗台语的权威学者,有"非汉语语言学之父"之誉。1936年5月份,李方桂从南京中研院史语所来北京,罗常培先生在家设宴招待李方桂,特邀严学宭一人作陪。李先生为人严肃,不苟言笑,席间罗常培向李方桂介绍严学宭,令严学宭此后多向李先生问学质疑。李先生也不多言,心知肚明。可惜后来一直异地而居,严学宭未能陪侍左右,问学为艰。①但是这一次的结识,为四十多年后严学宭与李方桂再续前缘打下了基础。在1983年严学宭兼职华中工学院时,邀请李方桂及其家人访问武汉,日夜陪同李方桂讲学、参观、访问,整整八天,从李先生那儿获得了大量指导、教诲,这是后话。

1934年严学宭还未师从罗常培先生之前,就承王力先生在清华国学研究院的同窗好友吴其昌介绍,得以拜见了时任清华大学教授的王力先生。王力先生送给严学宭他正准备出版的《汉语音韵学》油印书稿,使严学宭获得了

图4-21　王力

有益的启迪。后来又经罗常培介绍,多次向王力先生求教,获益甚多。20世纪40年代严学宭在中山大学任教,又与王力先生一同共事于中山大学文学院语言学系,对王力先生的思想、人品、学

①参见严学宭《八十自述》,第79—80页。

问都十分景仰,是他崇拜、尊敬的师长,对严学宭的帮助、支持是终身的。严学宭认为:

> 了一先生外表淳厚,内涵端正,秉性中正,待人平和,有蔼然仁者之貌,颇似杨树达遇夫先生。……他学术渊博,功底深厚,在语言学各分支学科的研究中,多开风气之先。……其为人师表之立德,著作等身之立言,培养人才之立功,具有长存的社会影响。了一先生胸襟宽广,豁达大度,从不矜己之长,攻人之短,是治学为人的楷模。一九八〇年在武汉成立中国语言学会和中国音韵学研究会时,在职位的安排上了一先生不计个人的名利得失,真正体现了一位大学者的风度和修养。在华中工学院成立中国语言研究所时,了一先生出计出策,极力相助,这是值得我们永远怀念的。①

有一件关于严学宭和王力先生的轶事。严学宭生前曾告知笔者,1936年他与北大同学周祖谟先生合写了一篇书评——《评〈中国音韵学〉上册(王力)》,署名"朱晶明",发表于当年9月10日天津《益世报(读书周刊65期)》上。该文今存原稿,但非严学宭字迹。文后附注"二十五年写于蜗居,二十六年七月录于故都古译学馆乙巳楼斗室",并附有"劳燕分飞,重逢何日? 念君美意,能不感激"四句诗,用国际音标标有中古音,下有"26.7.18晚"。笔者推测该文原稿当为周祖谟抄写,稿后所附之诗亦当为周祖谟所作,盖感叹"七七"事变后他滞留北平而严学宭南奔江西,怀念往日朋友之间的深厚交情。王力的《中国音韵学》(上册)出版于民国二十五年六月,该文评价《中国音韵学》"最应表彰的有四端:(一)用语音学做出发点,(二)用语音学来解释中国音韵学的名

---

① 严学宭《八十自述》,第95页。

词,(三)举现代方音的实例讲解古音,(四)博引参考资料",同时也指出了该书存在解释、定义、分类、立论、解说、漏略等方面的不足,因涉及对师辈大著的批评,故以笔名出之。那时严学宭和周祖谟都是"初生牛犊",却敢于将王力先生的"虎须",正反映了他们"吾爱吾师,吾更爱真理"的求真精神。

1935年夏天,罗常培亲自带严学宭去北海公园静心斋丁声树的寓所拜见丁先生。罗常培把严学宭介绍给丁声树,要严学宭多向丁声树请教。其实丁声树出生于1909年,仅比严学宭大一岁,1932年才毕业于北京大学中文系,但当时已在中研院史语所工作,连罗常培都十分看重他。严学宭结识丁声树后,即以师辈视之,经常向丁先生当面或通信求教。民国时期北京大学中文系培养出来的人才,流

图4-22　丁声树

行有两句话:"前有魏建功,后有丁声树。"又一说"前有丁声树,后有周祖谟",其中都有丁声树。严学宭说,丁先生治学既精且博,不轻易发表文章,发则为不刊之论。赵元任、李方桂和罗常培三人合译瑞典汉学家高本汉的《中国音韵学研究》,要请一位精明能干的人校对,就请了丁先生。据说胡适的考据文章,也经常请丁先生校对,由此可见丁先生学问的精、博。①1957年严学宭去北京看望重病中的罗常培先生,刚好碰见丁先生看望罗先生出来。虽然几十年来未见过面,但两人都一眼认出了对方,一见如故,非常高兴,

----

① 参见严学宭《八十自述》,第13页。

丁先生又折回头带严学宭去见罗常培先生。几十年后严学宭在编撰《汉语大字典》时，又得到丁声树诸多的指点，严学宭关于字典审音的一些见解，很多师承于丁声树，这是后话了。

图4-23　1980年沈仲章（左）与周祖谟合影

除以上师辈之外，与严学宭经常一起切磋学艺的朋友、同学，则有沈仲章、周殿福、白涤洲、周祖谟、张为纲、罗季光、刘又辛、张清常、吴晓铃等，均为一时俊彦，文采风流，对严学宭的学术生涯均有很大的影响。

沈仲章（1905—1987），祖籍浙江吴兴县，出生于苏州。毕业于北京大学理科，曾师从中国民族音乐一代宗师刘天华学习音乐，后在刘天华的胞兄刘半农任职的北大文科研究所语音乐律实验室当助教，协助方言调查和语音实验分析。严学宭进北大后，沈仲章仍是语音乐律实验室的助教，协助罗常培的工作。严学宭与他经常接触，互相了解，交往十分亲密。据严学宭回忆，沈仲章博学多才，精通英语和德语，特别爱好摄影，又会拉二胡，有音乐天才，辨音能力很强，记录方音非常准确。他为人诚恳热情，乐于帮助他人，对严学宭、周祖谟等学生都非常照顾。严学宭在北京时，沈仲章知道他经济困难，就经常邀他上馆子吃一顿。周祖谟在沦陷后的北平生活困难时，也是沈仲章设法帮助、接济他。严学宭常去沈仲章

家,听他拉二胡。严学宭
在《八十自述》中说:

图4-24　严学宭照片,1935年12月
沈仲章摄①

　　"卢沟桥事变"
发生后,北京告急,
沈先生很关心地劝
我:"你不是北京人,
又没有正式工作,留
在北京很危险,不是
饿死就是当汉奸,还
是带着夫人和孩子
回家乡去的好。"后
来,我回到江西,沈
先生去了香港,又特
意给我写信,说香港比较好找工作,希望我去香港大学任教。
我因为家室在江西无处寄托,所以没去。听周祖谟先生说,在
最困难的日子里,他也曾得到沈先生的接济。沈先生在离开
北京时,还冒着危险,千辛万苦地带出了一批"流沙坠简",后
来这批坠简辗转到了台湾,沈先生为保护祖国文物立了一大
功劳。前些年,沈先生住在上海,我写信请他来武汉走走。他
终于没有来。我知道他是怕麻烦别人,虽然他十分乐意为了
别人而麻烦自己。②

沈先生的女儿沈亚明,是复旦大学中文系汉语专业1978级学

---

①严学宭在照片背面题记:"一九三五,十二月,摄于北平西北科学调查团沈先
　生仲章卧室中,摄影者:沈仲章助理。"
②严学宭《八十自述》,第27页。

生,毕业后留校任教。后严学宭写信给李英哲、郑锦全等美籍华裔语言学家,推荐沈亚明到美国工作、留学。后来沈亚明留学美国加州大学,工作很受欢迎,得到好评,她从美国写信给严学宭表示感谢。看到老友的女儿学业有成,严学宭感到高兴、欣慰,总算回报了朋友一点点帮助。

图4-25　周祖谟

严学宭在北京大学最要好的朋友,非周祖谟莫属。周祖谟(1914—1995),字燕孙,北京人。1932年考入北京大学中文系,1936年毕业后曾历任中研院史语所助理研究员,北京辅仁大学中文系讲师、副教授,北京大学中文系教授,是中国著名的文字、音韵、训诂、文献学家。1934年秋严学宭进北大读研究生时,周祖谟是大学三年级学生,但他们因在一起听罗常培先生的课而相识,又因共同爱好,志趣相投,而结为知己,自此交情终生不渝,历久弥深。周祖谟晚年追忆严学宭时说:“我们同时听罗莘田先生讲课,一见如故。我们常常在一起讨论语言方面的问题,课下接触也多,他那温和谦逊好学的态度感人至深。”①严学宭晚年亦回忆周祖谟说:

---

①周祖谟《德业超卓,永远为人所怀念——悼念严子君教授》,《音韵学研究通讯》(内刊),1992年总第16期。

　　他与我有近六十年的交情,从未中断,是难得的知己。我们在北大同学,他是莘田师的得意高足。当时北京大学流传着两句口头禅:"前有丁声树,后有周祖谟。"这是北大中文系培养的两位天才学者。……北大的老师都想把周先生收在自己门下。一九三四年秋,周先生读大学三年级,年仅十九岁,就在北大《国学季刊》上发表了《说文解字之传本》一文,得到了著名语言文学家沈兼士先生的嘉许,曾赠以"高轩谢车马,小学主昆鱼"一联,是沈先生用甲骨文写成,可见他对周先生的赏识。后来周先生考入"中央研究院"历史语言研究所,任助理研究员,对文字、音韵、训诂无所不精,同时擅长诗词歌赋。其特长是精于考据,长于校勘,治学特点是精、细。夫人余淑宜为著名学者余嘉锡之爱女,能赋诗填词,很有文采,为巾帼中少见。①

　严学宭与周祖谟一生患难与共、肝胆相照,在学术上互相切磋砥砺,在生活上互相支持帮助。哪怕在新中国成立前艰苦的战争年代,以及新中国成立后历次运动的动荡岁月,两人都没有中断过联系。周祖谟的治学具有典型的乾嘉学派学风,学术渊博,在文献语言的整理与考据方面,现当代罕有能与其相敌者。其为人有卓尔不群的性情,而与严学宭却是推心置腹的密友,有十分深厚的交情。1937年严学宭只身逃离北平时,将部分重要书籍寄放在周祖谟家。后来严学宭在中山大学任教时,周祖谟将这些图书资料都寄给了严学宭,而严学宭寄放在别处的图书却都丢失了。1979年8月,周祖谟有一首《动乱后寄老友严子君兄》诗,手书条幅寄与严学宭,可证他们经久弥深的友情:

----

① 严学宭《八十自述》,第28页。

宣南燕饮话襟期，一九三四年，君旅居宣武门南分宜会馆。四十余年久别离。江介风多春意老，塞垣霜重月轮低。南北动乱，不得相聚晤谈，徒然相念也。华年胜事惊虚梦，衰齿颓颜念旧知。海内乾坤如许大，感君高义动心脾。常见惠书，情义甚重。①

周祖谟诗中提及严学宭在北平求学三年时的居家之地为"宣武门南分宜会馆"，而且曾经前往严学宭家中"燕饮"，两人互吐襟怀、谈论志趣，亲密无间。但据考古学社社员提供的通讯地址，严学宭从1934年到1937年都居住于北平宣武区前门外板章胡同21号的袁州会馆而非分宜会馆。②袁州会馆靠近天桥、前门外、珠市口，是专为宜春、分宜、万载、萍乡等袁州籍贯的读书士子应考或求学设立的公共助学机构，一般做买卖的都住不进。馆内有很多的房子，设备也很齐全，可供严学宭免费居住，看报纸也不要钱。

---

① 此诗据周祖谟后来的修改定稿。最初的条幅为："宣南宴饮话襟期，四十余年久别离。江介春风花烂漫，塞垣秋雨叶离披。华年胜事惊虚梦，衰齿颓颜念旧知。海内乾坤如许大，感君高义动心脾。"并云："子君吾兄四十余年前订交于宣南，后各沦落天涯一方，江表塞上，惟介鸿雁通声气而已。忽忽之间君与我皆老矣！皓首颓颜，能不使人感慨系之乎？回首当年，兄之高义，犹如目前。因作此诗以奉教。己未秋十月，祖谟。"条幅尺寸长23×宽17.8cm，2017年流落拍卖市场，以15030元成交。

② "严学宭……通讯处北平前外板章胡同21号"是1934年《考古学社社刊》第2期第65页刊登的《第一期社员名续录》登记的社员通讯地址。据白继增、白杰著《北京会馆基础信息研究》，袁州会馆在板章胡同21号。板章胡同原有分宜会馆，建于清中期，位于板章胡同26号左近（旧为路南12号）。《京师坊巷志稿》第193页"板章胡同"条中，有"旧有分宜会馆"的记载，至光绪年间（1875—1908）已废。参见白继增、白杰著《北京会馆基础信息研究》，中国商业出版社，2014年，第318、591页。可见严学宭当居住于袁州会馆而非早已不存在的分宜会馆。

图4-26 北京袁州会馆旧址

据严学宭的回忆，当时他们一家人平日都是自己做饭，方便又节省。只有当严学宭要上课时，就骑自行车去沙滩红楼的北京大学。因路程较远，中午不能回家，就到附近马神庙一带的小饭馆、小吃店，花上十来个小铜板，吃一碗最便宜的面条或小米粥果腹。若舍得花上二三十个铜板，就能吃到一碗带菜、带点肉的米饭，外加一碗不要钱的汤。当时严学宭一家无人工作，维持生活的经济来源，一是罗常培先生经常给他找点校书之类的工作。罗先生就曾经要他校过在日本新发现的《玉篇》残卷，后因"七七事变"，没有校对完就交给了罗先生。另外还可以找一些其他零星的工作，取得一点报酬。再就是严学宭父亲严寅旭的好朋友杨翘新先生，当时在南京国民政府担任税收及缉私方面的要职，见严学宭读书生活困难，就在南京给他安排了一个不用到职上班的虚差，按月领取一点俸禄。加上妻子张志远十分善于持家，这样生活上还不感到十分困难。后来随着杨翘新的日渐失势，严学宭在南京的虚差没有了,生活就有些紧张,最后一年妻子只好卖掉自己首饰,才能勉强维持生活。①

给严学宭印象深刻的是,当时的北京大学还保留着一些京师大学堂的遗风。学校的学生就相当于前清的举人,所以学校的工役们对学生都非常客气、尊重。在红楼负责拉钟的年迈老人也是非常庄重有礼,准时悠悠拉响上下课的钟声。教室旁有教师休息室,上课的老师们平常难得一见,课间在休息室相聚,就谈笑风生,天南海北聊着各种见闻,这时就有工役送上一杯香片和一块热毛巾,胆大的学生也会趁机溜进去问上一两个问题。图书馆更是让人留恋,老馆员们对图书十分熟悉,要借什么书,哪怕是罕见的古籍,或者是丛书中的任何一种,只要说出书名来他就能很快给你找到。借出去的书也不用马上还,可借很多书,放在桌子上摆成一个小方城,天天放那儿也不会有人动。

严学宭在北平的三年,虽然物质生活较为艰窘,但是精神生活十分富足。这三年他在众多一流专家学者的训导下,获得了最良好的专业教育和学术训练,取得了丰硕的学术成果。同时还结交了众多的青年才俊,他们未来的成就、地位,为严学宭提供了学术发展的优渥资源。这三年让严学宭迈进了一个品质优良的学术圈子,给予了他很高的学术起点和最好的学术平台。能进入罗门,并成为其开门弟子,实在是严学宭意想不到之幸。唐代李白《与韩荆州书》云:"天下谈士相聚而言曰:'生不用封万户侯,但愿一识韩荆州。'何令人之景慕,一至于此耶!岂不以有周公之风,躬吐握之事,使海内豪俊,奔走而归之,一登龙门,则声誉十倍!所以龙蟠凤逸之士,皆欲收名定价于君侯。"罗常培在中国语言

① 参见严学宭《八十自述》,第13页。

学界的名望和地位,就像李白文中的韩荆州。严学宭既登其"龙门",就倍增身价,想不成名成才都难!

在北平学习之余,严学宭陶醉于古都的传统文化和世俗市井文化,特别喜欢逛年节时候厂甸儿的庙会。[①] 或者去北京第一舞台欣赏名伶的戏曲,或者去天桥观看各种杂耍。在生活上他还有一个新的收获——又新添了一个麟儿,他以北平的古称命名他的第三个儿子叫严燕。[②] 这三年是严学宭学术和人生道路上的第一个高峰,他浸润于这种学术环境和生活环境,艰苦自励,乐以忘忧,度过了三年清廉快乐的研究生学习生活。

[①] 周祖谟《德业超卓,永远为人所怀念——悼念严子君教授》谓:"那时他携眷住在北平宣武门外分宜会馆,很喜欢北平的生活,对年节时的厂甸儿尤其有兴趣,深深为古都的文化所陶醉。"见《音韵学研究通讯》(内刊),1992年总第16期。

[②] 严燕,出生于1936年11月,中南民族学院本科毕业,后为中南民族学院医院副主任医师,卒于1997年。

第五章　漂泊赣水

　　1937年7月7日,卢沟桥一声炮响,打破了古都学者平静的学术生活。7月底,北平沦陷,北京大学被日本宪兵占据。大部分师生先后撤离北平,或就近转入平西山地的游击区,在共产党领导下参加敌后抗日游击战;或奔赴国统区从事抗日救亡活动;或辗转南下,与清华大学、天津南开大学共同组成长沙临时大学,继而迁往云南,到昆明组成西南联合大学,在极端艰苦的条件下继续从事教学和研究,赓续中华文化的命脉。大多数的老师,包括罗常培、罗庸、闻一多、魏建功、唐兰等都在随校南迁长沙的行列中。严学宭是外地人,又有室家随身,只好带着妻儿回到江西宜春,打算先把妻儿安顿好,再从长计议。但是临行时又没有回家的路费,还是杨翘新先生寄来一百元才解了燃眉之急。

　　在"卢沟桥事变"之前,罗常培先生本已通过担任国立青岛大学(今山东大学前身)中文系教授的闻宥先生,介绍严学宭毕业后去青岛大学任教。"卢沟桥事变"后,整个华北笼罩在日寇凶焰之中,去青岛大学已不可能。罗常培先生对严学宭说:"你还是带上妻儿回江西去吧,即使找不到职业,在家乡种地糊口也比留下来好。我们也早晚得走,你我师徒不知何时见面! 如果有一天,你得知我们家门前不再挂有国旗,就说明我已殉难了!"临行时大家的心情十分沉重,师徒相对,凄然泪下。①

1937年8月初,严学宭泣别从学三年的恩师罗常培先生,带着妻儿,在沈仲章的帮助下,打扮成商人,随着逃难人群逃离北平到达天津,乘船南下上海,准备再从上海转陆路回江西。然而到上海时又遇"八·一三"大战,上海一片混乱,百姓生死难保。他们无法上岸进城,只得改乘英国商船,从上海继续南行,直到浙江宁波登陆,历尽艰辛,辗转回到江西宜春岳丈家中。

严学宭岳丈张天成,在宜春开了一家极有名气的"张天成药号"和一家丝绸店,是富甲一方的大户。说到"张天成药号",在中共党史上都十分有名,因为中共"袁州会议"就是在宜春的"张天成药号"后栋正厅召开的。1930年9月28日红一方面军进驻宜春县城,9月29日在宜春城内"张天成药号"召开了红一方面军总前委会议,参加会议的有毛泽东、朱德、朱云卿、杨岳彬、黄公略、蔡会文、林彪、罗荣桓、彭德怀、滕代远、邓萍、张纯清、吴灌之、袁国平等,会议记录李井泉。毛泽东在"袁州会议"上确定了红一方面军的行动计划,抵制了当时立三中央要红军攻打大城市南昌的命令,决定先攻打敌人防御较弱的吉安,在湘赣边界来回跨界作战歼灭敌军。同日下午发布了向吉安进军的命令。这就是中共党史中所称的"袁州会议"。可惜"张天成药号"在进入21世纪后被拆除了,宜春市正拟恢复重建这一重要的革命遗址。

回到江西初期,严学宭一家就住在岳丈家里。岳家生意兴隆,收入可观,养活严学宭一家不成问题。但严学宭不会经商,素餐无补,心神不定,除了看看小说之类的杂书打发时间外,还研读了钱大昕《潜研堂文集》、《十驾斋养新录》等经史小学金石之类的

---

① 参见严学宭《八十自述》,第29页。

图5-1　"张天成药号"恢复重建效果图（严兴河绘）

清人著作，欲探索清人训诂之法。又将小徐本《说文》反切抄录于卡片，为研究小徐本《说文》反切作准备。这样失业在家有半年多的时间。

1937年12月，严学宭父亲严寅旭因患胸膜炎医治无效去世，享年五十三岁。严寅旭的门生易大德《记分宜拔贡严寅旭（畏堂）师》一文记述：

> 民二十六（？）年，师以病卒于分宜故乡。弥留之际，嘱其季君曰："汝学已有成，无虑升合，乃兄久理家政，余力学文，成就不大，苟无恒产，恐难为生。家有薄田敝庐，悉与乃兄何如？"季君首肯，师遂溘逝。

文中"季君"即指严学宭。严寅旭经历两个朝代，以一文弱书生,在动荡的岁月里以操弄文墨维持生计,为养家糊口四处奔走。晚年家境尤为困窘,在南京任实业部科员时,"僦居隘巷,萧然无长物,人皆服其雅操"①。严寅旭去世时连棺材都没有置备,只得临时将严学宭岳丈张天成置办的棺材从宜春运到分宜,始得入殓,还是杨翘新先生帮助出的运费。

对于父亲的早逝,严学宭有深深的失怙之痛。他回忆父母晚年在南京生活时的窘状说:

> (父亲)在南京时收入很低,连住房都租不起。这时候,杨翘新老先生在南京买下一些地皮,修建了一些房子,专用来出租。他看我父亲租不起房子,就特意腾出两间给我父母住。我父亲就选了两间比较偏僻、出租率比较低的房子住了下来。由于房子地势低,又靠近菜地,屋里比较潮湿。有一次,爬进来一条大蛇,险些伤了人。杨老先生知道后,要我父亲移到正房去住。我父亲执意不肯。父亲因写得一手好字,所以常给人写点贺联寿品挽联之类,以补贴家用。不想他老人家一生劬劳,竟以小恙而终! ②

因为祖父和父亲对严学宭从小就寄予厚望,希望他读书有成,所以也没打算他日后回介桥生活。而他哥哥一直居家以耕种为业,父亲临终时虑其"苟无恒产,恐难为生",希望严学宭将家中的"薄田敝庐,悉与乃兄"。本来家里也没啥产业,敝庐几间和薄田几亩,都已由兄长居住和耕种多年,严学宭哪能再染指家业呢? 他答应了父亲,将家中微薄的产业全都让给了兄长,自己与妻儿就一直寄居于宜春县的岳丈家中。

---

① 严健编著《中国传统村落:介桥》,第112页。
② 严学宭《八十自述》,第29页。

1938年2月,严学宭通过中学同学陈远聪的介绍,到陈远聪任职的宜春乡村师范学校任教。该校是一所职业中学,前身就是严寅旭曾经任教、任职的江西省立第八中学,是严学宭的母校,1933年改为乡村师范学校。严学宭先在初中部、后在乡村师资训练班教国文。

严学宭虽然获得了一个职业,暂时有了立足之地,但是仍然十分失落,心绪难平,终不能释念于学术研究,系心于天荒地远的各地师友。在他1938年7月写给罗先生的一封信中,可见当时教学的情形,寥落凄凉的心境,对老师和朋友的关切,对时局的悲观,以及对学术研究的难以忘怀——

莘师函丈:

昨午接诵教谕,敬悉福躬安康,快慰奚如! 承推荐请求庚款科学研究补助金,生于铭感之余,惟有克勤克慎,努力钻研,以冀图报于万一耳。生以钝铅之质,一割且难,乃屡蒙训诲,谬加赏拔,抚衷自问,深自滋惭。今又荷远赐南针,示生以治学得失之点,及应改进之处,自当遵行不渝,奋勉有加。生何德何能,而得逢恩师若此,殆天之降福于余欤?!

分宜方音记蒙于暑天中挥汗改正,感何可言! 数问另纸奉答录呈。

生执鞭半载以来,以授课改文之事甚忙,致研究工作未能如常进行,至堪痛心! 差幸略得教学经验而已。在此虽无特殊成绩,而颇能得同事与同学之信仰,尤以国音一项,甚得当道赞赏,然此皆吾师所赐也。现暑期虽届,以生颇能尽职之故,各校暑期补习班之国文亦须生担任。为人情及生活计,则又不能与不便推却,奈何。设请求庚款补助金如得以成功,则当毅然辞去也。

　　赵先生想即将赴美讲学。仲章兄已来信多日,据云为印木简事,在港尚有数个月之勾留。燕孙六月中尚有信来,意在言外,阅之颇为抑郁。生甚愿其补助费早日成功,俾便南行,而得痛吐积怀也。

　　近日战局深入内地,江西恐将沦为战区,此处位于赣西,而为湘赣要道,殆难免波及。届时或须流亡川滇,生命又无保障,言念及此,心惊胆寒,曾经沧桑,岂可得再!

　　匆匆草此,不恭之处,恳乞原宥。肃此敬叩

福绥!

　　　　　　　　　　　　　受业严制学宭谨禀。廿七,七,六。

　　附呈者:忽忆起商务出版之"《全国专科以上学校教员研究专题概览》"(民26年1月出版,共二册,编者教育部,＄3.00)一书中有张世禄之《朱翱反切考》一题,正与生之《小徐说文反切考》一题旨趣相同,生所研究之结果虽不能预言若何?但甚觉此书材料之分辨真伪,则为一严重问题。按小徐书中羼入大徐音切不少,约言之凡训释相同及切字相同者皆大致可认为大徐音切,经此审定之后,小徐反切用字不到八千,小徐反切用字与切韵系统用字太不相同(包字异音同而言),第不知张氏于此等处曾谨严取去否?然则生之所考是否多事?兹将其计画照录于下,乞师审阅决定之。

在"数问另纸奉答录呈"中,严学宭就他在北大所作《记分宜方音》中存在的问题提出了三问,请求罗常培先生释疑。其后又云:

　　草此既竟,有感数言,藉填空白。忆赵先生曾有一文,内举几种未成熟的方音。分宜方音生亦认为尚未十分成熟,观其音变无条理之处颇多及同化异化显著之点,即可见一斑。

设能假以时日，将全部有关材料一一研究之，则于语言学音变原理方面，或有可发明之处。生自客岁由平返此后，稍为整顿家事毕，即进行研究工作，至先父逝世时止，除将小徐反切抄竣外，对于训诂书籍之读法曾亦拟有计划，并曾读潜研堂文集、十驾斋养新录等书，觉与所蓄积之问题，不无启示之处，待暇时录呈一二，今蒙师再训以多读书籍，从悟性上用力，诚非虚语也。自本年二月担任教职后，即未能如常进行研究工作，但于国文读写方面，或有些少微进，自审若此，未知吾师以为然否？

词汇调查表乞寄下一本，以便记录分宜词汇，此次约同乡数人在寓读音，足证生乡音并未改变，则分宜方音记中之材料，当为可靠也。

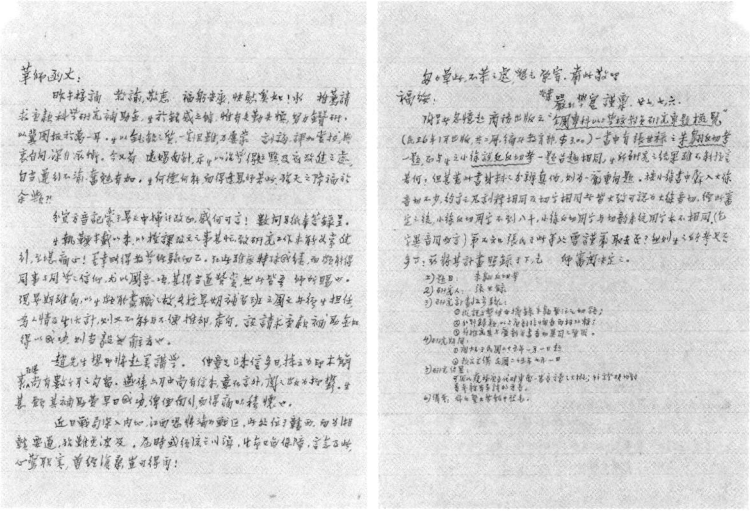

图5-2　1938年7月6日，严学宭致罗常培信

　　信中所言"赵先生"即赵元任，"仲章兄"即沈仲章，"燕孙"即周祖谟。"庚款科学研究补助金"是用美国返还中国的庚子赔款资助中国学人出国深造，1938年罗常培先生曾为严学宭申请了到美国留学的庚款补助金，严学宭也通过了相关考试，做好了充分的准备。可惜的是，由于抗战方殷，各地通讯阻滞，当万事俱备之后，却错过了报名的时间，最终痛失了这一非常难得的出国深造之机，给严学宭的一生留下了一个极大的遗憾。假如这次赴美留学成功，会给正处于落魄潦倒境况中的严学宭带来什么样的命运呢？至少在学术研究上，会开辟一个更有发展广度和深度的前景。此事未获成功，对于严学宭是一个重大的挫折，多年后仍令他和家人痛惜不已。

　　严学宭在宜春乡村师范学校任教至1938年底，刚满一年时，1939年春父执杨翘新先生在宜春创办私立袁山中学，邀约严学宭去袁山中学任教。于是严学宭辞去宜春乡村师范学校教职，去袁山中学任国文教师兼班级导师（相当于班主任），并兼任该校校务主任。

图5-3　杨翘新

　　杨翘新（1886—1957）是严学宭父亲严寅旭的至交、挚友，对严寅旭和严学宭多所接济、帮助。他是民国时期的江西名流、全国名人。辛亥革命后曾任同盟会宜春分部副部长、国民党宜春分部组织部主任等职。1913年江西都督李烈钧发动"二次革命"举兵讨伐袁世凯，杨翘新与本县进步人士联名通电响应，"二次革命"失败后被捕入狱。1918年当选江西省议员，两年后任上海国民党本部干事。后历任许崇智东路讨贼军司令部秘书，粤军总司令部参议，南京、沙市、武汉等地财政、税收及缉私官员。后投资实业，在南京经营房地产，获利甚丰。"八·一三"抗战爆发后返回宜春，出资创办江西私立袁山中学，自任校长。他说："民国二十七年春，寇氛正炽，东南骚然，失学青年踯躅宜春。余既不能荷戈卫国，乃创办斯校，期有裨于国家社会也。"①抗战胜利后国民政府为褒扬杨翘新协助抗战、热心办学，授予他"胜利勋章"，1947年当选为国民政府国大代表。1949年后任江西省文史馆馆员。

袁山中学建校之初借宜春县城西第一区中小学校教室上课，后在城东的合浦镇建立校区。杨翘新请时任南京国民政府司法院院长兼任最高法院院长的居正为该校题写校名。为保证教学质量，杨翘新高薪延聘名师执教，初期仅聘五位教师，严学宲即为其中之一。杨翘新委任严学宲为校务主任，总揽学校全盘教学管理工作。学校教学质量饮誉赣西，各地学子纷纷负笈涌至，弦歌不辍，极一时之盛。

严学宲在袁山中学任教时的史料世不多见，下面谨列出三则。

长秋在《忆杨翘新办袁山中学》一文中说：

> 杨（翘新）对负责人的遴选很慎重，他委托的负责人李中纯（宜春人）、严学宲（分宜人）、傅超寰（高安人）、叶沧林（浙江余姚人）等都是较得力的，曾为治校作出较好的成绩。当时学校形成了国文以严学宲、史幼安为主……的整齐的教学阵营。②

汪如高在《抗战时期在宜春的外乡教师》一文中说：

①杨翘新《袁中首届毕业同学录序》，引自长秋《忆杨翘新办袁山中学》，《宜春市文史资料》（内部编印），1987年第2辑。

②长秋《忆杨翘新办袁山中学》，《宜春市文史资料》（内部编印），1987年第2辑。

（严学宭）教学认真负责，批改作文详细，很受同学们欢迎。学校远离城区，生活条件较差，在艰苦环境里除了搞好教学工作，还挤出时间钻研语言学。①

杨程远在《抗日战争期间中学生的学习与生活》一文中说：

我于1939秋天进入袁中初一年级，编在甲班学习，这是个男女混合班，全班五十多人，女生约十七八人，教师很多，其中对我印象最深的是严学宭（分宜人）、李中纯（宜春人）两位老师。严老师是我班的导师（即今班主任）兼国文教员，他慈祥和蔼，对古文、语体文、诗、词的讲课能深入浅出，容易理解，常使我们听得津津有味，甚至忘记已敲下课钟。他对我们写的作文很认真的改、点、圈、批，如果把经他改过了的作文，自己再仔细的阅读，似乎会感到这篇文章既不需要多加一个字，也不可以少一个字，真是恰到好处。对我们写的作文有特殊好的，常批上"传观"两字，让全班同学看，以启发他人，鼓励作者。②

由以上回忆，可知严学宭在袁山中学享有较高地位，发挥了重要作用，工作认真负责，教学有方，深受学生欢迎。尤其是对学生作文的评点，深得乃父严寅旭的真传。

袁山中学是一所在抗战烽火中诞生的学校，或者说是一所为抗战而建的学校。它有一首刘准先生创作的校歌歌词，水平极高，是一首不可多得的歌词佳作。歌词充分体现了特定的时代背景，词句精炼凝重，慷慨激昂，颇有燕赵易水之风，至今颂之仍令

---

① 汪如高《抗战时期在宜春的外乡教师》，《宜春市文史资料》（内部编印），1988年第3辑。
② 杨程远《抗日战争期间中学生的学习与生活》，《宜春市文史资料》（内部编印），1986年第1辑。

人血脉偾张——

　　　　大袁山,小袁山,我赣三山第一山,高士风犹在,忠毅照
　　人间。愿同学,先烈攀,古今事业必相袭,今日好把甲胄擐,
　　疆场上,争取河山还。

　　歌词以乡贤袁京和民族英雄袁继咸等袁州先贤的高风亮节
和爱国情操激励学生发奋学习①,随时准备奔赴疆场,驱除敌寇,
报效祖国。

　　杨翘新尤其重视对学生的爱国主义教育,在各种集会上常常
慷慨激昂历数日寇暴行,激发学生对敌人的仇恨。1939年秋,国
民党第九战区副司令兼第十九集团军总司令、蒋经国赣南"青年
军"总监罗卓英将军,向宜春各界人士作抗日形势报告。杨翘新率
全校师生冒雨进城聆听,赢得了罗卓英的好感,次日特地来袁山中
学视察。严学宭以校务主任身份陪同罗卓英视察。罗卓英十分赞
赏袁山中学的教学和管理,对严学宭有深刻的印象和好感。后来
严学宭跟杨翘新先生一同回访罗卓英时,罗卓英对严学宭说:"你
这个校务主任干得不错。我在家乡办了一所中学,请你去,愿不
愿意?"原来罗卓英是广东大埔人,想要严学宭去他办的大埔中学
任职。当时严学宭已得到泰和国立中正大学的聘请,所以没有答
应罗卓英。后来严学宭从泰和中正大学去广东坪石的中山大学就
职时,还得到了罗卓英在赣南办事处的帮助。② 严学宭与罗卓英
的这些交往,为1940年代后期严学宭在中山大学任教时,为营救
被捕师生而向时任广东省政府主席的罗卓英陈情埋下了伏笔。

──────────

①袁继咸(1593—1646),字季通,号临侯。江西宜春县(今江西宜春袁州区)
　人,明末大臣。因拒绝降清,以身殉国,清廷于乾隆四十一年(1776)追谥为
　"忠毅",与文山(文天祥)、叠山(谢枋得)并称为"江右三山"。
②参见严学宭《八十自述》,第39页。

严学宭在袁山中学期间,深受校长杨翘新的重用,心情稍微舒展,生活条件也有所改善。1939年7月,他们又喜添了家中唯一的一个千金——女儿严汶。①严学宭在袁山中学任职一年半,到1940年8月,罗常培先生通过他朋友的关系,介绍严学宭去新成立的位于江西泰和县的国立中正大学任教,严学宭遂辞去袁山中学教职,前往泰和中正大学任文法学院国文讲师,与著名社会学家、时任文法学院政治系教师的雷洁琼同事。②中正大学刚成立时设文法学院、工学院、农学院三个学院,下设九个学系,其中文法学院下设政治、经济、教育三个系。由于校长胡先骕对中国文史极有研究,十分重视文史的教学,同时文法学院文史专业的教授特别多,所以到1941年8月,文法学院就增设了文史系,严学宭任文史系讲师,讲授国文、先秦哲学等课程。

中正大学是江西历史上第一所国立综合性大学,是在蒋介石要办一所"政教合作,文武兼修"大学的指示下,由时任江西省政府主席熊式辉亲自操办成立的。熊式辉是江西安义县人,他1931年开始主政江西时,极想为高等教育落后的家乡创办一所高水平的大学。1935年熊式辉向中央政府提请在江西开办以蒋介石之字为校名的中正大学,获得许可。经过五年的筹备,1940年10月31日——蒋介石的生日,国立中正大学在江西省临时省会所在地

---

① 严汶,1962年毕业于武汉医学院(今华中科技大学同济医学院)本科,后为珠海市人民医院主任医师、科主任、教授。

② 雷洁琼(1905—2011),广东台山县(今台山市)人。1924年赴美留学,1931年获南加州大学社会学硕士学位,当年回国,先后在燕京大学、中正大学、东吴大学、北京大学等校任教。时任中正大学筹备委员会委员、文法学院政治系教师,1941年离开中正大学。新中国成立后曾任政协第六届全国委员会副主席,第七届、八届全国人大常务委员会副委员长。

赣南泰和县的杏岭村正式成立，举行中正大学奠基典礼、开学典礼和蒋介石生日祝寿仪式。蒋介石和教育部长陈立夫为学校开学发来训词，熊式辉在开学典礼上做了长篇演讲，并为中正大学奠基碑石撰书了碑文。碑文云：

> 本大学敬奉我民族领袖之名而名之，开创于战时，建立于战地，断垣破瓦中留此轰炸不烂之石奠其基。巍巍乎我民族复兴之精神堡垒，庄严伟大，百世光辉！

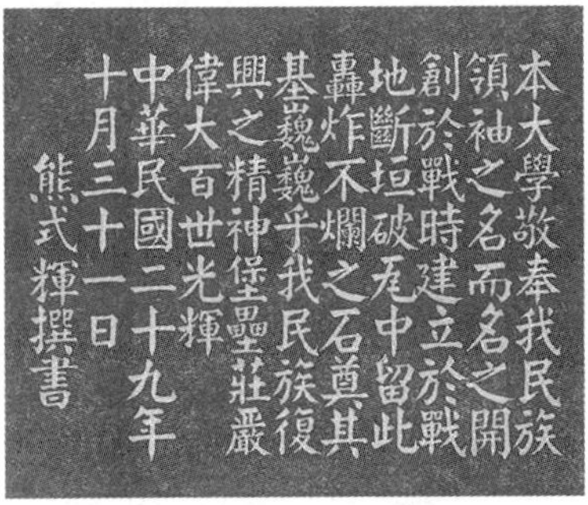

国民政府任命胡先骕为国立中正大学首任校长。胡先骕（1894—1968），字步曾，江西新建县（今南昌市新建区）人。曾留学美国加利福尼亚大学、哈佛大学，是著名的植物学家和教育家，中国植物分类学的奠基人。1948年入选中央研究院院士。胡先骕还有另外一个文化标签——他是"五四"新文化运动中，与新文化相对垒的南京高师"学衡派"三巨头之一。这就决定了中正大学文化上的传统性、保守性。

文史系的系主任是著名学

图5-4　国立中正大学奠基石文

图5-5　中正大学校长胡先骕

者王易（1889—1956），字晓湘，江西南昌市人。1912年毕业于京师大学堂。20年代先后执教于北京师范大学、中央大学。在中央大学期间，王易和黄侃、汪辟疆、柳诒徵、汪东、王伯沆、胡翔东同称"江南七彦"。1940年任中正大学文史系教授，兼文史系主任。精于宋诗，擅长旧学，属于"学衡派"的"编外人员"。

中正大学学校虽然名曰"国立"，但是教师中大多都是赣籍人士，体现了省主席熊式辉"赣人治赣"的特点。文史系教师阵营十分强大，教授就有王易、程臻、欧阳祖经、胡光廷、姚名达、刘永臻、吴宗慈、黄邦辉、谢康①等十余人，皆硕学宏才之士，均擅旧学。仅有严学宭、王伦②等少数年轻的讲师，资历浅，所处地位可想而知。

严学宭对这些资深的教授们心怀敬畏，他们也视严学宭为初出茅庐的小年轻，讲什么课都要由他们决定，严学宭没有话语权。

---

① 程臻字撷华，江西南昌人。毕业于北京文科大学，通经史，工诗词。曾任国会议员。欧阳祖经字仙贻，江西南城人。1908年求学日本，参加同盟会。归国后历任北京女子师范大学教务主任、心远大学教授。精于文史诗词、佛典研究。胡光廷，江西南昌人。早岁游学英国，精通外国文学。归国后历任心远大学、武汉大学教授，后任中正大学教务长、文史系教授。姚名达字达人，江西兴国人。清华大学国学研究院毕业，受业于梁启超，专攻中国史学史。历任暨南大学、复旦大学教授。1942年倭寇侵入江西腹地，姚名达组织中正大学学生为战地服务团，奔赴前线，不幸殉国。刘永臻字集雨，江西安福人。1903年中举。精通经史诸子百家之学，尤精《说文》、《目录学》。吴宗慈字霭林，江西南丰人。抗战初期任中山大学师范学院历史系主任。1940年应江西省政府主席熊式辉之召，返江西纂修《江西通志》，兼任中正大学文史系教授。黄邦辉，江西清江人。早年游学日本，专攻佛典研究。谢康，字未之，湖南人。早年游学日本，专攻历史考古学。
② 王伦字子经，安徽黟县人。早岁毕业于南京高等师范，在国立东南大进修一年，受学于章炳麟之门。

文史系用的国文教材都是自编，由王易主编，挑选出来的文章严学宦都未读好甚至没读过，却要去给学生讲，对严学宦是极大的压力和考验。这些老先生们对学生的作文所作的眉批、尾批等，就像金圣叹点评《水浒传》、脂砚斋评点《石头记》一样，能信手而出、各不相同。严学宦没有这种功力，就采用了一种偷懒的办法，把清代桐城派古文家姚鼐编的《古文辞类纂》和曾国藩著的《经史百家杂钞》中对文章的批点分门别类抄了一大本，然后给学生写批语，也能做到人人不同、字字不同。①

　　除了教国文外，王易还要严学宦讲授西汉司马谈评论先秦各派学说的著作《论六家之要旨》。所谓"六家"即先秦阴阳、儒、墨、名、法、道六个哲学流派。对于非从事哲学研究的严学宦来说，要讲好任何一家都得准备半年才行。但是为了不丢介绍人罗常培先生的面子，严学宦壮着胆子接受了这门十分陌生的课程。准备讲稿已来不及了，只能按照自己的思路讲出一点新意，让学生感到新鲜、满意，才有可能站稳讲台。于是严学宦拿六家跟西方哲学流派相比较，这时他在北京大学接受胡适等人熏陶所获知识就派上了用场。又拿六家跟历史和现实文化相比较，使学生感觉"六家"并不玄虚遥远，还存在于现实生活中。讲课时又经常穿插一些有关六家的小故事，使学生有兴趣听下去。然后就是尽量用口语，也允许学生用白话做作业、写文章，结果深受学生欢迎。

　　由于严学宦出身于经过新文化运动洗涤的北京大学，在中正大学老先生们的眼中是"非我族类"。加上严学宦允许学生用白话作文，更使老先生们看不顺眼。一次胡先骕校长把严学宦叫

①严学宦口述自传、刘宝俊记录（稿）。

去，说："学生对你的课反映不错，你年纪轻轻，第一次就能站稳大学讲台，确实不容易。但是，你叫学生作文写白话，我却不赞成。以后再不可这样！"①

为了保住饭碗，严学宭只好不再鼓励学生写白话，但也坚决不主张学生写文言。这是严学宭经历的一个苦难岁月，那时找事做太难，保住饭碗不容易。初到中正大学，人生地疏，工作压力很大，所幸妻子张志远总是鼓励他树立信心，帮他抄写卡片和笔记，还要带孩子、操持繁重的家务。严学宭能在中正大学站稳脚跟，在很大程度上要归于夫人的支持、鼓励和关心。

严学宭在中正大学时，他的北京大学同学、亲密好友张为纲也在泰和的江西省通志馆负责《江西省志·方言志》的编纂兼采访，严学宭时常去他那儿寻找一些精神的慰藉和心理的温暖。当时中正大学文史系教授吴宗慈兼任《江西通志》馆馆长兼总纂、江西省文献委员会主任委员。吴宗慈是张为纲的老乡、前辈，他请张为纲任职《江西通志》馆，又请自己的同事、张为纲的好友严学宭一同调查江西方言，并主持编写江西方言沿革及现状。编写《方言志》需要做很多田野调查工作。但因中正大学的课不能丢掉，所以严学宭实地调查方言就很少，主要是同张为纲讨论拟订编写纲目、体例和方法。在这一时期，严学宭发表了两篇跟编修《方言志》有关的小文章。一篇是《泰和人学习国音法志要》，另一篇是《纂修省志中方言略刍议》。《志要》的目的是想找出"国音"和泰和方音的同异，以及相互间的对应规律，以帮助泰和人掌握"国音"，同时也为编写《方言志》的人提供一点参考。《刍议》则纯为编修《方言志》而作，是严学宭的一些设想和意见，

---

①严学宭《八十自述》，第31页。

也是他与张为纲共同切磋的结果。这两篇文章分别发表在1941年《文史季刊》第一卷第1期和第2期上。①

严学宭在江西的唯一知己张为纲(1914—1964),字冠三,号嶔坡、康坡,江西省南丰县人。1914年生于日本东京,次年随父回国,寄居南昌。1932年考入中山大学中文系,师从岑麒祥等。1936年毕业后考入北京大学文科研究所,师从罗常培先生攻读研究生,遂与严学宭为先后同学。1937年

图5-6　《文史季刊》书影

"卢沟桥事变"后,张为刚回故乡江西南丰,潜心调查和研究江西方言和歌谣,1941年任江西省通志馆编纂兼采访。1942年到中山大学任讲师兼文科研究所研究员。1944年又回江西任省通志馆协纂兼方言调查专员。1946年再任中山大学文学院语言学系副教授,又与严学宭同事。1951年与严学宭一起参加中央少数民族访问团中南分团,到粤北和海南岛进行了为期半年的考察访问,访问结束后任教华南师范学院中文系教授,兼任学校工会主席。可惜在1957年被打成右派。1964年完成《汉语同族词谱》书稿,同年9月因患结肠癌不幸早逝,年仅五十岁。

---

①《文史季刊》是由中正大学文法学院编辑的学术杂志,胡先骕题写刊名,王易任主编。1941年春季创刊,1942年夏季停刊。

严学宭在晚年详细而动情地回忆张为纲说:

张先生有家学渊源,其父为法律学家,早年留学日本,对《说文》颇有独到见解,释说多与众不同。其母为日本人,会说汉语,但在家常说日语,故为纲的日语也很流利。为纲博闻强记,仰承其父之学风,研究古汉语自成体系,构拟有上古、中古音系,能以此说明现代汉语方言的演变规律,著有《汉语同族词谱》书稿,但是不明其体系的人则不容易读懂。

为纲对于现代汉语方言颇有研究,遗著有《方言辨正》一书,可以体现他精深的水平;又有《现代方言训读的分析》一文,对我有所启迪。为纲又精研汉语同族词之学,对音义相通有深刻的研究。为纲父亲晚年双目失明,闲居在家,脾气暴躁,经常在家里叫骂,为纲母亲总是忍气吞声,从不还嘴。他的母亲有典型的日本女子的品性,非常温柔善良,还能说一口纯正的南昌话。我经常到为纲家玩,叫他母亲干妈,我没有见过像他妈那样贤惠的好母亲。为纲治学想象力特别丰富,因此常常难免于主观,在这一点上他深受其父的影响。他在性情上待人诚恳,和蔼亲切,有其日本母风。为纲又豪爽大方,活泼开朗,从不知说假话欺骗别人;为人坦率,喜高谈阔论,有点魏晋名士的风度,不拘小节,因而常常惹得罗先生不满,总对我说"为纲这个人是怎么搞的呐!"我们在中山大学共事时,他还没结婚,经常到我家玩。时他很穷,但每次来时总要带点吃的东西,哪怕花生米也要买一点带来。解放后他到华南师范学院任教,在反右运动中被划为右派,不久就得病郁郁而终。他去世后我写信给他妻子,要她好好保存为纲的遗著,特别是他在《说文》中的批注,是弥足珍贵的。但后来没有音讯,遗著不知散失何方,实在是学术很大的损失。为纲去世已有二十多年了,直到现在我仍经常想起这位难得的朋友。①

严学宭与张为纲既是同乡,又是先后同出罗门的师兄弟,还是多年共事的同事,是情同手足的患难之交。1991年南丰县政协编辑专辑《南丰文史资料》(第5辑)纪念张为纲,约稿严学宭,严学宭以1979年为张为纲遗著《汉语同族词谱》撰写的"前言"交其发表,文中高度评价张为纲的《汉语同族词谱》以及他"胸怀坦白,光明磊落"的为人,深切怀念这位壮志未酬、英年早逝的至交好友。

1940年代初,严学宭从音韵学的研究进而属意于训诂学,欲打通音韵与训诂的关系。但在当时执教的中正大学,地处赣南山区,地僻人稀,消息闭塞,同僚中治语言文字学者甚少,可谓"浔阳地僻无音乐,终岁不闻丝竹声"。严学宭求教无门,苦于不得与同道一吐蓄积之疑,只得多次函请在昆明西南联大任教的罗常培先生,把平日积累的问题,一一列出请教。因所提问题过多,竟招致罗先生大发雷霆,来信将他狠狠训斥了一番,要他少找一些问题

---

① 严学宭《八十自述》,第27、96页。据《南昌晚报》2014年8月18日《张为纲:蹲守乡里5年,只为研究方言》一文,张为纲父亲张善猷是南丰县人,早年留学日本早稻田大学。日本房东(东京某商会会长)赏识他才华出众、仪表堂堂,将女儿佐久间荣子许配给他。1914年一家回到中国,定居南昌。抗战爆发后佐久间荣子看到日本同胞在中国烧杀抢掠,深感羞愧自责,遵照中国习俗给丈夫物色了二房后,带着两个女儿——张为纲的姐姐和妹妹回到了日本。抗战结束后佐久间荣子又只身返回中国照料丈夫。1947年10月张为纲与毕业于江西医专的赵细梅结婚。1964年张为纲发现结肠癌,更是夜以继日地写作,终于在去世前完成《汉语同族词谱》。张为纲恩师吴三立教授说:《汉语同族词谱》,正是在攻克语言学上的'哥德巴赫猜想'。他的早逝对我国这方面的研究是巨大损失,国内很少有人能取代他的地位。"

来麻烦自己。大概罗常培等大教授们，都习惯了战前北平富足安定的生活，在昆明的时候压力山大，心情都不太好。但过后不久，罗先生又给严学宭写来一封长信，解释自己发脾气的原因，请严学宭原谅，并一一回答严学宭几次去信的所有问题。这是一封极有文献价值的信件，严学宭一直随身珍藏。现谨全文抄录如下以传世留存：

　　学宭：不是我不答你的信，实在是你所需要的太多，而我又太忙的缘故。你想，在北平的时候，我大大小小共有七个助手，心境是如何的舒适，生活是如何的安定。现在呢，什么事都得自己动手，搜材料，起草，誊清，校对，教书，办公，应酬朋友，训导学生，跑警报，料理日常生活，甚至于洗衣服缝破绽，都得自己去做！这样一来那里还有工夫给你们这些渐渐可以独立研究的人去作高等助理员？在一块儿常见面，几分钟，几句话，也许指示你一条明路；写起信来就没那么简单，一来就得半天，请问在昆明现状之下，半天的闲暇，是多么难得？所以希望你原谅我以前，并希望以后再发问时，应该顾虑到我的时间。现在把几次信里可答的条答如下：

　　一、在教厅所拟研究计划太大，我看只是小徐反切和全唐诗韵谱就够你作五年，要作就得快作，这两题张世禄都在着手了。

　　二、赣人对于小学之贡献可参考谢启昆小学考，另外只好翻县志和本省已刊各家著述。

　　三、上古音拟测表因非定论，故不愿寄出。两年来在联大并未印新讲义。多系口说由听者笔记。又前曾寄分宜音原稿（挂号）至张天成号，复信迄未提及，不知失落否？故感邮递颇不便。

四、上年度我曾开训诂学,感觉《释例》并不重要。兹列其纲要如下。(一)叙论,训诂学的定义,训诂学与其他学科的关系。(二)何谓意义。(三)意义变迁的类型。(四)词汇之性质与范围。(五)历代训诂书述要。(六)训诂释例。(七)汉语词序研究。(八)编纂经籍字典的计划。(九)语义的历史研究。(十)总结。一年勉强讲完,但不自惬意。说来话长,决非短纸所能赅述。兹录释例目录以见一斑。(一)同字为训(二)形训(三)声训(四)义训(五)互训(六)递训(七)反训(八)一字异训异用(九)两字同训异用(十)诠释(十一)比况(十二)今古文异训(十三)以今语释古语(十四)以雅言释方言(十五)共名别名相训(十六)单名兼名相训。折衷众说参以己意,在时贤中尚无此周洽者。

五、读若、周礼汉读、声训均可考汉音,但须参用活用。

六、联大国文读本每年一换,并无注释,选材大约文言、白话、诗各三分之一,如可寄当嘱系中赠寄一册。

七、语言志序例尚妥当,晤为纲时为道候,他也屡次有信来,我好久没给他写信了。

八、我近拟写一文,名《民族迁徙与方言演变》,登重庆文史杂志,大部分即以江西话作例,你们可注意看。

九、马学良已不作广雅义例,改作《路南俸俸语研究》,他和丁先生(引者按:即丁声树)都在四川南溪李庄历史语言研究所。给丁先生写信不可太罗嗦,他也很忙。除马君外我新指导出来的学生可以通讯商讨的开列于下:(一)刘念和,作史记汉书音切,住李庄史语所。(二)周法高,作玄应音义的反切,住昆明新泉镇宝台山北大文科研究所。(三)傅懋勣(兹嘉),大理喜洲华中大学中国文学系,研究西南语言,所作有蒙自傈傈语,成绩甚好。(四)陈三苏(女),贵阳花溪朝阳村亦庐,已成《台山音系》,现研究苗语。我流亡三年以来虽没写多少文章,可是这些位都是我的活成绩。

好久没写这么长信了,你应该谢谢我! 再者以后凡引用师说处都该声明,这是治学的态度。

替我候候大年先生、炳之先生和为纲、宝榘、树人。宝榘结婚我没写信贺他们,并为我致歉!

心恬　三十年三月十五日在新泉镇宝台山北大文科研究所

罗常培给严学宭的这封信,涉及了很多的人事,记录了抗战时期诸多西南联大师生教学和生活的信息,是弥足珍贵的史料。

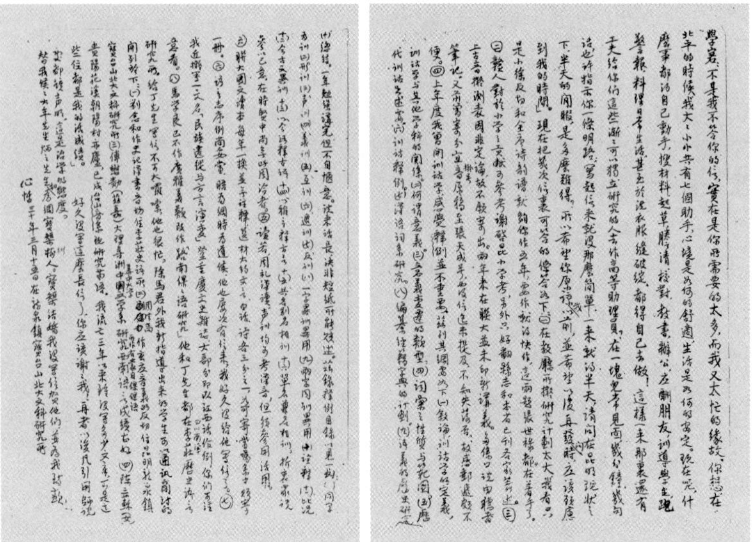

图5-7　1941年3月15日,罗常培给严学宭的信

信中提及的"教厅所拟研究计划"，是当时江西省教育厅给严学宭提供的一笔研究经费，严学宭拟定了一个研究计划，内容大致包括调查江西各地方言，整理小徐本《说文》反切音系以及《全唐诗韵谱》。后两项计划是严学宭在北平从罗先生读研究生时早就制订好的。罗常培曾对严学宭说，若能把《全唐诗》的韵谱整理出来，就是一项了不起的有价值的研究工作。所以在北京时，其妻张志远卖掉首饰为严学宭买回一套巾箱本《全唐诗》，本想用它来做《全唐诗韵谱》的，可惜在逃离北平时丢失了。

"分宜音"就是严学宭在北平时所写的《记分宜方音》书稿，经罗常培精心修改后寄回江西宜春严学宭岳丈张天成的药号，后来才收到。

"语言志序例"是严学宭与张为纲一起为《江西省志·方言志》所拟的条例。

按西南联大北大文科研究所制度，每位研究生配正、副导师各一名。马学良的导师是李方桂、罗常培，周法高的导师是罗常培、丁声树，刘念和的导师是罗常培、魏建功（未就聘）。傅懋勣1939年毕业于西南联大中文系，是罗常培的本科学生，《蒙自附近的一种㑩㑩语意见》是其本科毕业论文，罗常培、魏建功指导。傅懋勣毕业后入北大文科研究所读研究生，后因贫辍学，任职华中大学。陈三苏是罗常培的本科生和研究生，《台山音系》是她的本科论文，罗常培、王力指导[1]，后亦辍学，旅居美国，任路易斯安那大学教授。

《民族迁徙与方言演变》即后来公开发表的《从客家迁徙的踪

---

①参见张思敬等主编，北京大学等编《国立西南联合大学史料3：教学、科研卷》，第107页。

迹论客赣方言的关系》一文,附于罗常培《语言与文化》一书之后。

罗常培治学最不能容忍引用别人材料、观点而不交代、说明,认为这不是治学的态度。以前严学宭在北京读书时就因为引用老师的观点未加说明而受到罗常培先生的痛骂,骂得他狗血淋头,低头站着动都不敢动。这次不知是引用了老师的什么观点而没有说明,又顺带着挨了一句批。

"炳之"即罗廷光(1896—1993),字炳之,江西吉安县(今吉安市)人。著名教育学、教育史专家。曾留学美国斯坦福大学、哥伦比亚大学。1931年回国,先后任中央大学、河南大学教授兼教育系主任,1937年起任教于长沙临时大学、国立西南联合大学,与罗常培熟识。1940年回江西服务乡梓,任中正大学筹备委员会委员、教务长兼社会教育系主任。

"大年"是邱大年(1897—1966),名椿,江西省宁都县人,也是著名的教育学家。清华大学毕业后留学美国、德国,1925年回国,历任清华大学、厦门大学、北京女子师范大学、北京师范大学、北京大学、西南联合大学教育系教授。1939年应熊式辉之邀回江西协助筹建中正大学,任中正大学筹备委员会委员,兼任江西省政府委员,是罗常培在北京大学和西南联大的同事、熟识的朋友。

严学宭到中正大学任教,就是罗常培通过罗炳之和邱大年介绍的。

"宝槩"是于宝槩(1910—?),别名千之。江苏江都县(今扬州市江都区)人。1936年毕业于北京大学西语系英文组,历任北大西语系助教,北京大学、西南联大、中正大学图书馆馆员。是著名的翻译家,晚年曾任外文出版社英文组负责人,参与过《毛泽东选集》的英译工作。是罗常培的学生辈、同事,也是严学宭在北大的同学。

　　"树人"即周树人（1912—2000），名世棠，江西乐平县人，1939年毕业于西南联大教育系，任西南联大师范学院公民训育系助教，1940年任中正大学研究部讲师兼附属实验学校校长，是罗炳之的助手。他与鲁迅姓名完全相同，人们平时开玩笑，都叫他"鲁迅先生"。[1]

　　罗常培一生致力于汉语音韵学的研究，而较少涉及训诂学和文字学。他在写给严学宭的信中，列出了他在西南联大讲授训诂学的提纲，这是罗先生一生学术的组成部分，十分重要但鲜为人知。当年北京大学中文系以及后来西南联大中文系罗常培的学生刘又辛回忆说：

　　　　罗先生从1942年开始，在西南联大中文系讲授训诂学，曾拟订了比较详细的讲授提纲。1944年因赴美国讲学，这个提纲交给殷焕先继续讲授。我当时曾听过几次课，可惜没有把这个提纲抄下来。前几年老友王均先生撰写罗先生的学术成就，我曾给焕先先生写信，问他这个提纲的下落。他说罗先生回国后，已经将所有这方面的资料全都交还给罗先生了。[2]

　　刘又辛不知，罗常培的训诂学讲授提纲，竟完整地保存在他给严学宭的这封信中。严学宭去世后，当年罗常培先生在西南联大教过的学生王均先生，在《怀念严学宭先生》一文中说：

　　　　我是严老的后辈和学生，我从他那里受惠甚多。仅举一件小事为例。1989年，我应《中国语文》编辑部之约，为纪念罗常培先生诞辰90周年写一篇追述先师生平事迹的文章。

----

[1] 严学宭《八十自述》，第79页。
[2] 刘又辛《罗莘田先生的训诂学研究》，第33页。刘又辛是1943年到西南联大继续学业的，对罗常培开设训诂学的时间记忆有误。据罗常培给严学宭的信，开课的时间是1941年上半年。

我把文章初稿分寄各位前辈和学长指正。严先生为我核对每一个细节,查阅了他的日记和信札,并为我补充撰写了整节内容和文字(《语言学界一代宗师》中的第三节:《为训诂学建构了新体系》)。这既体现了他对恩师的永怀不忘,也体现了他对后辈学生一丝不苟的切实帮助。①

严学宭查阅信札为王均补充的整节内容,就是罗常培给严学宭信中所列的训诂学讲授提纲。王均根据严学宭为他补充的内容,将其写入《语言学界一代宗师——纪念罗常培先生九十诞辰》一文中,并注明说:"这一节是严学宭先生根据先生1941年3月15日从迁到昆明市的北京大学文科研究所给严先生所写的信提供给我们的。"②

严学宭在中正大学期间的学术成果,除上文提到的两篇论文外,据史料记载,当时中正大学主编了"本大学丛书"和"本大学地方建设丛书"两套,由有关出版社出版发行了一批著作和译作,其中"文科有……严学宭的《中国音韵沿革》、《训诂学纲要》"。③"当时有一定影响的学术成果有刘泳溱的《说文段注例辑述》、王易的《岁差考实后序》、姚名达的《日本国名探源》、欧阳祖经的《日本儒学师承记》、严学宭的《中国音韵沿革》等"。④ 这里记载的严学宭所著《中国音韵沿革》、《训诂学纲要》两书未见严学宭提及,也查不到任何出版信息,所提到的其他人的著述也查不到出版信息,推知上述著述可能只是出版计划而后并未出版,或者只是编撰计

①王均《怀念严学宭先生》,《音韵学研究通讯》(内刊),1992年总第16期。
②王均《语言学界一代宗师——纪念罗常培先生九十诞辰》,《王均语言学论文集》,第459页。
③江西师范大学校史编写组编《江西师范大学校史》,第14页。
④陈怀奇、戴明朝《江西师范大学文学院(中文系)简史》,第129页。

划而后并未实施。

除了教学和科研,在严学宭的遗稿中有一页深黄色的半页残纸,上面是严学宭用钢笔蝇头小楷书写的文史系学生的培养目标及其课程设置,推测应该是严学宭在中正大学文史系任教时的作品。这份作品即使放在今天,对大学中文系本科生培养方案的制定仍然具有重要的参考价值,对于民国时期大学教育思想的研究也是珍贵的史料。今抄录如下:

文史系的学生预备做一个文学家、语言学家,或国学大师。其实中国文史系最高理想乃是使本系陶熔出来的学生能够对中国文化各部门有深切的了解,以这样超越常人的了解,润饰自己的行仪、语言及思想,身体力行,做一个人格高尚的社会领导者。

一年级课程:三民主义　国文　外国文　中国通史　哲学概论(以上共同必修科)　自然科学　读书指导　文选及习作

二年级课程:伦理学　世界通史　理则学　社会科学　中国文学史(以上共同必修科)　文字学　诗选及习作　小说戏剧　外国文学或世界文学史(以上文学组)　文字学　声韵学　训诂学(以上语言文字组)

三年级课程:声韵学　文学专书选读(文学组)　语言学　比较语音学　中国文法研究　古音研究　中国语言文字专书选读(语言组)

四年级课程:毕业论文　选修课　专书选读

附①　世界文学史之目的在使学生了解一些外国文学的源流与演变,顺便读一些名著的读本,了解几个重要作家的思想和影响。

②研究文学,懂外国文接触一点外国文学,对于本国文

学研究有极大的帮助。

　　文学专书选读：

　　经典七部：论语　孟子　周易　尚书　诗　礼记　春秋左氏传（附国语）

　　诸子六部：荀子　庄子　管子　韩非子　吕氏春秋　淮南子

　　史籍六部：太史公书　汉书　后汉书　三国志　水经注　通鉴

　　文翰四部：屈原赋（附宋玉以下）　文选　杜诗　韩文

　　文评史评二部：文心雕龙（附诗品）　史通

　　这份"文史系培养方案"的制定，究是受校方的指派而为，还是严学宭个人的思考、信手写出，今天已不得而知。但其培养目标着重个人品格修养的科学理念，课程设置的合理，专书选读的精审，都属于不同凡响的大手笔制作，既有广度又有深度，是目前仅见的反映严学宭高等教育思想的珍贵文献。

　　据严学宭回忆，大约是1941年某一天，蒋介石的儿子蒋经国来中正大学演讲。当时他是江西第四行政区专员公署专员，又是"太子"，所以他来训话，学校当局要求全校师生都要聆听。蒋经国在江西，是他父亲蒋介石的特别安排。蒋介石把亲生儿子安排在熊式辉手下，等于是把熊式辉当作"太子太傅"，可见蒋对熊式辉的欣赏和信任。蒋经国留学苏联，受到苏联社会主义思想一定的影响，任赣南专员时雄心勃勃，制定了很多计划，经常微服出访，体察民情，严惩土豪恶霸，革除社会恶习，加上恰好风调雨顺，所以有段时间赣南"道不拾遗，夜不闭户"，百姓安居乐业，颇有升平景象。后来他治理台湾地区，使台湾地区成为"亚洲四小龙"之一，除了台湾地区优越的客观条件外，蒋经国的治理才能也是重要原因。①

　　蒋经国把他父亲比作太阳,把他父亲的生日当"太阳节"。有一次过"太阳节",泰和县全城放假,严学宭全家上街游玩,只见处处张灯结彩,人山人海,但又秩序井然。当时严学宭甚至心满意足,真想就这样长期待下去。不幸的是,由于蒋经国常受其父"庭训",终于走上了反共的道路。当日本人打到赣南时,他并未实现与赣南百姓共存亡的誓言,急急忙忙坐飞机逃走了。②

　　国立中正大学的发展十分迅速。1947年民国教育部评选国立大学二十强排名,建校仅七年的中正大学就位列第十六,居于重庆大学、西北大学、复旦大学、暨南大学等老校之前。可惜的是这所江西唯一的名校,在1949年更名为国立南昌大学,1953年经全国高校院系调整、拆解后,改名为江西师范学院(今江西师范大学),再受重创,实力与之前已不可同日而语。

图5-8　国立中正大学校徽

1980年代,"国立中正大学"旅台校友设立"台湾中正大学促进会",致力在台湾重建中正大学。1989年台湾中正大学正式恢复成立,但对民国时期的中正大学而言已经是另外一回事了。

　　严学宭在国立中正大学任教了两年。这两年既有痛苦也有快乐。痛苦源于他对中正大学旧学环境的不适,是一个年轻教师

————————————

①参见严学宭《八十自述》,第32页。
②参见严学宭《八十自述》,第33页。

入职高校初期承受教学、研究和家庭生活压力所必须经历的阵痛。这里是他后来终身从事大学教育的起点和基础,他在这里积累了经验,也获得了教训。为了纪念他在泰和中正大学两年的经历,他把1942年出生于泰和的小儿子命名为"严泰"。①

严学宭从1937年8月到1942年7月,在江西五年的人生经历,可以用"漂泊"一词来概括。这五年他从短期的失业,到任教宜春乡村师范学校、袁山中学、中正大学,经历了四种不同的生活,处在不断的角色变换之中。他在三所学校从事的教职,与他之前在北京大学曾经沧海的生活体验相比,有天壤之别,不可同日而语,在他心理上产生了巨大的落差,自然远非他理想中的事业,仅是一个养家糊口的职业。他在精神生活上是孤独和寂寞的,他的根没有一个可值得深植的土壤,因而他的精神和灵魂也始终处于游移不定的漂泊之中。这是他人生中的一个低潮时期。

1942年5月中旬,日军发动"浙赣会战",攻占了江西上饶、鹰潭、抚州等地,战火继续向江西腹地蔓延。九江、南昌等赣北一带早已沦陷,中国守军在樟树、宜黄、南城一带与日军激战,地处江西抗战后方的赣南吉安、泰和等地也受到严重威胁。人们扶老携幼逃难,机关、单位忙着疏散。6月,中正大学提前进行期终考试、提前放暑假,准备再向赣东南的雩都(今于都县)、宁都迁徙。这时严学宭已接到广东中山大学的聘书,于是在1942年7月,他就毅然辞去了中正大学的教职,前往广东国立中山大学师范学院任教。他需要一个新的环境,开启一个更加辽阔的天地,争取更大的发展前程。

———————————

① 严泰,出生于1942年4月,华中工学院本科、研究生毕业,后为华中科技大学机械学专业教授。

第六章 八载岭南

1942年7月,日军进攻赣南,泰和危在旦夕,中正大学迁徙在即。这时严学宭好友张为纲已到他大学时期的母校中山大学任教,张为纲又向中山大学推荐严学宭,严学宭也想借此换一个更好的环境。不久严学宭就接到中山大学师范学院的聘书,于1942年8月到职中山大学,任中山大学师范学院国文系讲师。

抗战期间,作为岭南第一学府的国立中山大学,在面临日寇不断进逼的关头,被迫三度搬迁以避战火。1940年,中山大学从云南澄江县第二次迁至粤北与湘南交界的广东乐昌县(今乐昌市)坪石镇。

坪石位于粤北边陲,是粤北、湘南的交通门户,粤汉铁路贯穿其间,但地处山区,地域狭小。中山大学总部设在坪石镇,其他各学院只能分散在坪石周边地区:文、理、工三学院分设于坪石附近的铁岭、塘口、三星坪,医学院设于乐昌县城,法学院设于武阳司,农学院设在湖南宜章县的栗源堡,师范学院则设在离坪石镇约十来里路的广东乳源县管埠村(今属乐昌市坪石镇)。

严学宭带着妻子儿女一家六口,从江西泰和乘汽车到吉安再到湖南耒阳,准备从耒阳搭乘粤汉铁路的火车前往乐昌县,再转汽车至管埠的师范学院。当时粤汉铁路是中日战争争夺的交通要线,从湘南到粤北路段十分危险。就在他们正在耒阳火车站等车时,突然日军飞机扔下一颗炸弹,在候车室旁边爆炸,震得地动山摇,候车室乱作一团。严学宭和妻子本能地扑向四个儿女,把他们紧紧搂抱在怀中。严学宭回忆说:

> 在衡阳等了一天,不仅担惊受怕,还得忍饥挨饿。中山大学仅仅寄来了一点路费,这在当时也算很不错了。我自己不名一文,临行时朋友帮助了一点,但是全家六口人的住宿、伙食还是很紧张,三餐并着两餐吃。小孩肚子饿,想吃小摊点上卖的油饼,我买不起,只好拉着孩子走开。一家人简直像逃难一样。①

严学宭一家历尽艰辛,终于在7月到达管埠。这时学校刚刚经过了五六月间全校师生驱逐师范学院院长齐泮林的运动。齐泮林属于以陈果夫和陈立夫为首的国民党CC派,他主持院务松散,管理学生伙食不善,并且辱骂学生,引起师院学生的愤慨,因而发起"驱齐"运动,要求他引咎辞职。齐竟指使人持凶器追打"驱齐"学生,致使多名学生受伤,学校一片混乱,激起了全校师生公愤。学生的行动得到各系主任和许多教师的支持,数百名师生联合上书学校当局。但"驱齐运动"似乎并未成功,在严学宭进师院时,院长还是齐泮林,弥漫的火药味还未散去,院方与师生之间的对立气氛仍然甚浓。直至1943年8月齐泮林始辞职离开管埠,出任国立贵阳师范学院(今贵州师范大学)院长。齐泮林辞职后,由教育系主任毛礼锐教授担任院长。②

毛礼锐(1905—1992),字振吾,江西吉安县(今吉安市)人,

---

① 严学宭《八十自述》,第33页。根据由赣南入粤路线,"衡阳"当为"耒阳"之误。
② 一说由师范学院教务主任陆侃如教授代理主持院务,见梁山等《中山大学校史(1924—1949)》,第116页。

是著名的中国古代教育史研究专家。1929年东南大学教育系毕业,1935年赴英国伦敦皇家学院教育系学习,1936年转赴美国密执安大学教育学院攻读硕士课程。抗日战争爆发后回国,先后受聘为河南大学、四川教育学院、中山大学师范学院、中央大学师范学院教授。1949年后任北京辅仁大学教育系、北京师范大学教育系教授。他是严学宭的江西老乡,跟中正大学教务长罗廷光(炳之)是吉安同乡、河南大学同事,跟严学宭有间接的私人关系,对严学宭很友好。

管埠时期师范学院国文系主任是施畸教授。施畸(1889—1973),字天侔,河北通县(今北京市通州区)人,著名哲学史和文章学研究专家。曾任中法大学国文系、武汉大学哲学系、山东大学中文系教授。抗战期间任中山大学师范学院国文系主任。抗战胜利后任湖南大学、西北师范大学教授。1949年后任兰州大学、华东师范大学历史系教授、系主任。他与罗常培关系很好,十分关心、关照刚来的严学宭。严学宭晚年评价他"为人正派,疾恶如仇,讲授国学很通达,而且有自己的哲学思想"[1]。1944年他与施畸先生分离后就不知音讯,在1950年代严学宭还通过毛礼锐等人打听施畸下落,后来从报纸上才得知他已经在广西去世。

管埠的生活十分艰苦,严学宭一家人口较多,平时很难见荤,买点豆腐就算不错。附近有一口池塘,不到十岁的二儿子严武胆大能干,常常下塘捉点小鱼小虾改善生活。老师们的住房也很困难,有家室的大都租住当地民宅,学生则自行搭建竹篱墙、杉树皮屋顶的简易住房居住。严学宭一家六口租住老百姓一处促狭的小房子,隔壁邻居一栋小楼住的是著名小提琴演奏家、师范学院

---

[1] 严学宭《八十自述》,第34页。

图6-1　管埠中山大学师范学院旧址

音乐老师马思聪教授。

　　严学宭虽然与马思聪不同行,两人均不善交际,但却相处甚好。据严学宭回忆,马思聪在家练习小提琴时,他的夫人王慕理就钢琴伴奏,因此严家可以经常免费欣赏马思聪的家庭音乐会。尤其可爱的是马先生刚生下不久的女儿马瑞雪,最喜欢听父母演

图6-2　马思聪

奏,有时哭起来马先生就给她拉小提琴,哪怕是半夜。一听到小提琴声小女孩就不哭闹了,但严学宭一家也经常在深夜遭受小提琴的"骚扰"。马思聪是广东汕尾海丰县人,家里很有钱,架子也很大,但为人很好,年轻英俊,是典型的"高帅富",广东人十分膜

拜他。战时的人们也会苦中作乐。马思聪经常举办音乐会,卖门票,但免收严学宭门票,可以想去就去。但严学宭经常在家免费听他的音乐演奏,所以也很少光临他的音乐会。[1]一次马思聪夫妇正为坪石的群众演出,小女儿瑞雪被留在后台交给学生照料。不料她哭闹不止,哭声传到前台,正在钢琴伴奏的王慕理只得暂停伴奏到后台给孩子喂奶。而马思聪就静静站在台上等候,所有观众无一喧闹,全都留在原位肃然静候,场面十分感人。

严学宭在师范学院主要讲授"文字学"、"音韵学"和"国音概要"等课程,同时也在位于铁岭的文学院讲授音韵学。

1942年,严学宭见《记分宜方音》书稿因时局之艰和资金困难出版无望,遂摘其要点,整理成《分宜方音述略》一文,在《国立中山大学师范学院季刊》第1卷第1期公开发表。

1942年暑期,广东开办全省中等学校语文教师讲习班,请严学宭讲授"国音概要"课程。以前严学宭在中正大学时,江西中学教师讲习会也请严学宭讲过类似课程,主要是教当地人如何学说国音。严学宭驾轻就熟,讲课很受欢迎。讲习班结束后,将所讲内容整理成《国语教学十要》一文,发表在《国立师范学院季刊》1943年第1卷第1期上。

在师范学院期间,严学宭继续其在北京大学就开始的对汉语音韵沿革史作"专史式"整理研究的工作。在继《大徐本〈说文〉反切的音系》一文以后,又对小徐本《说文》一书反切(即朱翱反切)进行研究,写成《小徐本〈说文〉反切之音系》一文,发表在《国立中山大学师范学院季刊》1943年第1卷第2期上。这是音韵学界最早研究小徐本《说文》反切音系的一篇论文。这项研究结果,得

---

[1]参见严学宭《八十自述》,第34页。

出小徐本《说文》反切四十三个声类,一百九十二个韵类,比大徐本《说文》反切音系的声类、韵类都要少。论文提出五个方面的证据,认为小徐本《说文》反切音系不同于《切韵》音系,而跟慧琳《一切经音义》反切音系接近,属于唐五代的秦音,推测可能是洛阳附近的一种方言。这一结果对于弄清中古韵书源流沿革、《切韵》的性质以及《切韵》时代实际方言语音具有重要价值。

1942年11月,严学宭母亲朱氏去世。朱氏一生忠厚善良,养儿育女,勤苦劬劳。严学宭又经受了深深的失恃之悲,这时他三十二岁,已过了而立之年。父母双双离世使他再也没有了任何的心理依赖,他不再为人之子,而只是为人之夫、为人之父。他要真正"而立"了,要靠自己的努力立身于世,创造成功的业绩以养家糊口、安身立命。

1943年,严学宭在《国文评论》第1期发表《文字学之革新的研究》一文,云:"一般研究文字学之学者,仅知论六书,讲小篆,以探讨文字之发生与演变,其范围之狭隘,方法之欠备,自不待言。今论文字学之革新的研究,首当应用新方法,利用新材料,并扩大研究之范围:如殷商系文字之龟甲兽骨之刻辞及有铭刻之铜器,而周系文字之铜器铭词,六国系文字之铜器、陶器、古玺、货布,秦系文字之铜器、石刻、权量、泉币、玺印等,汉以后之铜器、碑刻、印章等,皆在研究之列。"文字学的研究再也不能局限于传统的文献典籍,必须扩大研究范围,扩展到对各种秦汉出土文字以及各种在野文字的研究,这是严学宭从武汉大学求学以来一贯主张的"文字学之革新的研究"。

1943年下半年,严学宭晋升为副教授。那时晋升教授、副教授有两种途径。一是向学校申请,由学校教授组成的校务委员会讨论审批,再由学校聘任。二是由个人向教育部申请,教育部委托本学科专家评审，再由教育部聘任。部聘教授从1942年开始实行，1943年又评选一次，申请难度极大但含金量更高，人称"教授中的教授"。当时严学宭进中山大学时间不久，他与中山大学教授们彼此不太熟悉了解，只好硬着头皮申请部聘副教授。但是对他申请职称至关重要的研究生学历证件，在严学宭逃离北平时就丢失了。严学宭无法恢复学历证件，只得写信向时在四川南溪李庄的中研院总干事、史语所所长、北大文科研究所所长傅斯年先生求助。傅斯年在北京大学听过严学宭《大徐本〈说文〉反切的音系》论文汇报，对严学宭较为了解，所以严学宭写信希望傅斯年出面证明自己的学历。傅斯年很快亲笔写了证明，并加盖"中央研究院历史语言研究所"和"北京大学文科研究所"两枚图章。严学宭把申报材料连同傅斯年的证明呈交教育部，据说教育部将申报材料交由时任湖南大学教授的杨树达先生审查，得以通过，严学宭很快就获得了部聘副教授资格。①

　　1944年，严学宭在晋升为副教授仅一年后，又"破格"晋升为教授。这是严学宭学术研究历史上一个重要的里程碑，标志着严学宭在学术界得到了高度的认可，获得了更高的站位，拥有了更大的话语权。这一次的晋升严学宭向学校申请。先是系主任提名上报学校，由学校教授会讨论通过，教务长同意，然后由学校任命。从1943年到1944年仅一年，严学宭就在国立中山大学这所中国一流高校职称连升两级，升任教授时年仅三十四岁，这在国内高校是不多见的。这是他这两年中取得的最大成功，为他今后的发展奠定了更为坚实的基础。

　　国文系施畸教授不仅"学术通达"，对时局也颇有预见。1944

---

①参见严学宭《八十自述》，第34页。

年下半年他就预见坪石将被日军占领，因而未雨绸缪，预先离开坪石。他临行前对严学宭说，日军将很快打通粤汉铁路，届时坪石将十分危险，劝他趁早带着家人回江西避难。严学宭对此将信将疑。在施畸离开坪石后，国文系暂缺系主任，严学宭还向学院推荐他在武汉大学时的老师骆鸿凯先生继任国文系主任。骆鸿凯从他任职的长沙国立师范学院（今湖南师范大学前身）应聘到坪石，当了两个月的师范学院国文系主任，后因坪石告急，就又回长沙了。

果然不出任施畸教授所料，1945年1月上旬粤汉铁路失陷，日军大举进攻粤北，对坪石形成包围之势，中山大学仓促之间进行第三次迁徙。师生兵分多路紧急疏散，一部向东撤往梅县、仁化等地，一部向西退走连县。师生们都只能带上少量的换洗衣服，其他的东西都不便带走，镇上到处可见遗弃的箱子、衣物、书籍等。有的教师动作稍微迟缓，未能突围成功，不甘受辱而自杀殉难。有的师生在撤退途中惨遭日寇杀害。

在坪石被围之前，1944年12月，严学宭幸好还是听从了施畸的建议，计划先把妻子儿女送到江西安顿，以减少后顾之忧，然后自己一人再回坪石中山大学。于是一家人从坪石坐火车到韶关，再从韶关坐汽车，经南雄到江西赣州，然后去宜春岳家。这次逃难严学宭又损失了不少书籍。

严学宭到达宜春后，中山大学已撤离坪石，他再回中山大学已很困难。1945年2月，只好第二次应杨翘新先生之聘，重返袁山中学任教高中语文，并再次担任校务主任，执掌校政。1945年8月到1946年2月，严学宭还应江西省教育厅之聘，到江西特设赣州大学先修班（相当于大学预科）兼任了半年的语文教员。

严学宭不能不铭记杨翘新先生，不能不感谢袁山中学。在他最困难的时候是杨翘新和袁山中学收留了他，并且予以莫大的信任。杨翘新是严家患难中的知己，袁山中学是严学窘在战争年代的避难所。1987年严学窘在给宜春市第一中学（前身即私立袁山中学）建校五十周年的题词《哲人丰碑》中说：

> 庆祝宜春市第一中学建校50周年，不免要追忆、怀念对祖国无限忠心的杨翘新校长。他为了祖国的解放，跟反动势力进行过不懈的斗争；他为了培养新生的力量，独资创办了袁山中学。追忆往事，不禁思绪万千，我怀念他，深深地怀念他。

1990年严学窘在八十高龄的垂暮之年，又专门撰写了《挺然雪里青松，风范长留青史——怀念杨翘新校长》一文，以表达对杨翘新这位急公好义、乐于助人的长者以及袁山中学的深刻铭记和无限怀念之情。

1945年8月14日，日本宣布战败投降。经过多年的浴血抗战，苦难的中国终于迎来了最终的胜利。这场自1937年以来就给严学窘带来厄运的战争终于结束了。严学窘不光为国家的命运，也为自己未来的前途感到无比的兴奋和激动。

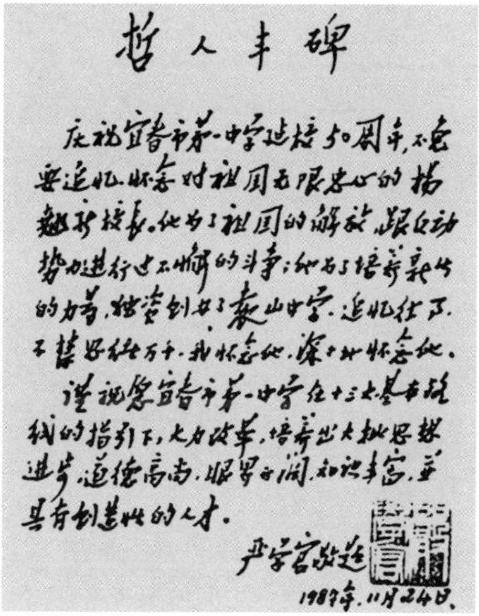
哲人丰碑

庆祝宜春市第一中学建校50周年，不免要追忆、怀念对祖国无限忠心的杨翘新校长。他为了祖国的解放，跟反动势力进行过不懈的斗争；他为了培养新生的力量，独资创办了袁山中学。追忆往事，不禁思绪万千，我怀念他，深深地怀念他。

谨祝愿宜春市第一中学在十三大基本路线的指引下，大力改革，培养出大批思想进步、道德高尚、眼界开阔、知识丰富、并具有创造性的人才。

严学窘敬题

1987年11月24日

图6-3　严学窘题词

抗战胜利后，中山大学陆续从各地迁回广州石牌学校原址，到1945年底返校基本到位。

1946年2月,严学宭在袁山中学刚好任职一年,他再次辞去袁山中学的教职,带着家人到广州中山大学复职,开始了他在岭南八年的第二个阶段。这时师范学院奉令改制,国文系划归文学院,严学宭随国文系转到了文学院中文系任教。

图6-4　1940年代国立中山大学老牌坊

　　文学院的教授们大多住在广州石牌中山大学教授住宅区辽河路。严学宭一家住在辽河路24号,辽河路26号住的是老朋友詹安泰教授,两家比邻而居。钟敬文、岑麒祥、朱师辙、阎宗临、张为纲、周达甫等教授也都住在附近,形成一个小小的教授生态群落。

　　当时中山大学文学院的教授分成两派:一派是以詹安泰先生为领袖的"潮州派",一派是以钟敬文先生为领袖的"梅县派",但是两派之间没有矛盾冲突,大家安然相处,其乐融融。严学宭与詹安泰和钟敬文都是莫逆之交,有通家之好。当年的学生,都目睹了文学院教授们之间的亲密来往,留下了深刻的记忆。下面摘录三段回忆以见当时情景。

汤擎民《当代词学家詹安泰》一文回忆：

> 1946年初，中山大学迁回广州石牌原址上课，我与（詹安泰）先生来往多了。当时文学院教授钟敬文、朱师辙、阎宗临、严学宭诸人，常于晚饭后到先生家品茗闲谈，古今中外，无所不及。我们几个学生晚辈，也常来恭聆高论，并常得他们的指教。每当时针指向八点正，教授们便各自回去读书做学问。我们见到先生学问渊博，热情好客，真诚待人，心中无限敬仰。①

黄河方《那时教授们的生活》回忆：

> 在广州石牌，文学院钟敬文、阎宗临、朱师辙、严学宭诸教授，常于晚饭后到（詹安泰）先生家品茗闲谈。一群博览群书的教授在一起，喝着茶，聊着天，话题之广，无所不及，丘陶常、邱世友、黄家教和汤擎民几个学生晚辈是带着耳朵去的，教授们那天南海北的谈话着实趣味十足，让人收益不少。如果有人能整理下来当中的趣事，相信即便现在的读者也会非常感兴趣。而每当时针指向晚上八点整，詹安泰家的茶叙会自动结束，教授们各回各家，读书做学问去。②

张引《人淡如菊》一文回忆：

> 1946年，王力教授担任中大文学院院长，广集人才……黄海章、商承祚、钟敬文、阎宗临、严学宭等教授们常于晚饭后到詹家品茗闲谈，邱（世友）先生常与师兄黄家教等人列席聆听。教授们喜欢这个爱提问题的学生，常予指点。如严学宭先生悉心指导邱先生学习训诂学，并悉心指导邱先生的毕

---

①汤擎民《当代词学家詹安泰》，《广州文史资料》，第38辑，第136页。

②黄河方《那时教授们的生活》，《治学续家风，文质两炳焕：詹安泰家族》，第35页。

业论文《庄子的文学风格》。①

　　类似的回忆、记述还有很多。这种"学术沙龙"式的教授聚谈,颇有志趣相投的名士风度,在那时局不甚平定、物质甚为匮乏的年代实属罕见。在文人相轻、人情冷漠、老死不相往来的现代社会,着实令人羡煞!

　　在中山大学期间,与严学宭交往密切的师辈或者朋友主要有如下数位。

图6-5　黄际遇

　　黄际遇(1885—1945),字任初,广东澄海县(今汕头市澄海区)人。近代著名数学家,兼擅文字学、音韵学和书法、楹联、棋弈、体育,国学造诣极深。十四岁中秀才,1903年留学日本,入东京高等师范学校理科,专攻数学,又与黄侃一道,向避居日本的章太炎习小学、骈文。1910年回国,参加京试,中格致科举人。1914年后历任武昌师范大学、河南中州大学、广州中山大学教授;1928年任国立第五中山大学(今河南大学)校长,一度出任河南省教育厅长。1930年后历任青岛大学教授兼理学院院长、山东大学教授兼文理学院院长。1936年返粤,任中山大学文、理、工三个学院的教授,数学天文系主任兼校长室秘书,是一位学贯中西、文理兼长

①张引《人淡如菊》,邱世友《水明楼续集》,第335页。按:商承祚1948年秋始回到广州任中山大学语言学系教授。

的大学者，近代史上的风云人物。严学宭任教中山大学师范学院时，黄际遇在文学院开讲"说文研究"和"骈文研究"课程。严学宭与其熟识，对其学问的渊深广博无比钦佩。严学宭回忆说：

> 黄际遇先生，原是武汉大学前身武昌高等师范有名的数学教授，但兼擅音韵、文字、训诂、词章之学，与同校的黄侃是很要好的朋友。后调中山大学，曾为中山大学文学院开设过"说文研究"课程。我曾见过黄际遇先生一生所写的几十大本日记手稿，其中有很多有价值的史料。①

黄际遇遗存的日记有四十多部，均用毛笔书写，内容包括数学、文学、历史、书信、对联、诗文、棋谱、文字、音韵、训诂等多种研究心得。可惜的是，1945年8月日寇投降后，黄际遇乘木船从粤北返校，途经清远峡时中不幸失足落水身亡，终年六十一岁。②

图6-6　李笠

李笠（1894—1962），字雁晴，浙江瑞安县（今瑞安市）人。著名的古典文献学家和语言文字学家。中学毕业后自学成才。1924年任教广东大学（现中山大学）中文系，是詹安泰的老师。后任中州大学国文系、厦门大学中文系教授。1930年任武汉大学文学院中文系教授，与朱东润十分友善，是严学宭的老师。1933至1947

---

① 严学宭《八十自述》，第97页。
② 1947年2月8日国民政府特发令褒扬黄际遇："国立中山大学教授黄际遇，志行高洁，学术渊深。生平从事教育，垂四十年，启迪有方，士林共仰。国难期间，随校播迁，辛苦备尝，讲诵不辍。胜利后，归舟返粤，不幸没水横遭。良深轸惜，应予明令褒扬，以彰耆宿。此令。"见《黄际遇先生纪念文集》，第113页。

年任中山大学文学院中文系教授、系主任,文科研究所中国语言文学部主任。严学宭常从李笠问学,获得了很多语言文字学和文献学方面的知识。1957年李笠应复旦大学中文系主任朱东润之邀,任复旦大学中文系语言学教授。严学宭十分敬重这位学识渊博、著作等身的老师,1960年前后去上海时还专门去复旦大学寻访李笠先生,但很遗憾没能见到。

图6-7　詹安泰

詹安泰(1902—1967),字祝南,号无盫,广东潮州饶平县人。著名的古典文学专家、文学史家和书法艺术家。1938年起任中山大学文学院教授,曾任中文系主任。詹安泰尤其精于古典诗词的研究和创作,与著名词学家夏承焘齐名,有"南詹北夏,一代词宗"之誉。他的书法擅长从魏碑入行草,以秀雅为其特色,享有"南天秀笔"的美称,作品流传于港澳及东南亚一带,莫不被视为珍贵墨宝。1948年初春,詹安泰将其新创作的《鹧鸪天》词三首之一,书写条幅赠予严学宭:

照眼新花刻故欢,遥情谱入念家山。

未疏酒瑳留春面,渐怕长年倚石阑。

天路渺,夜程宽,声声犹泻乱流寒。

忧愁风雨年时树,不抵当楼一日看。

岁首鹧鸪天三之一,录请子君我兄双政,祝南弟詹安泰。①

可惜的是这幅珍贵的书法艺术作品在2010年代流落文物拍卖市

①作者于《鹧鸪天三首》下注"戊子首春",见《詹安泰全集》第四卷,第303页。

照眼新花刻古欢遣情谊入念家山未蘇酒钱留春
面渐怕长年倚石阑天姬渺夜程宽韵猶漓乳
深宵息愁闻雨禾时樵石杺當楼一目看
嵗首鹧鸪天三之一铢讲
埏南士居

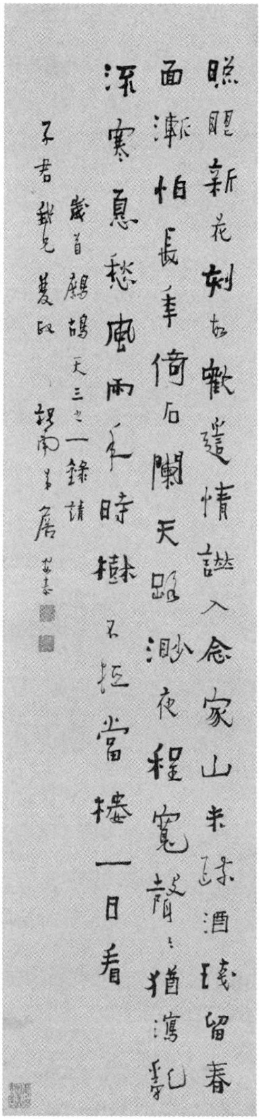

图6-8 詹安泰赠
严学宭条幅

场,后来不知所踪。

詹安泰在中山大学中文系主要讲授"中国文学史"和"宋词研究"课程。1953年他受高等教育部委托,组织容庚和吴重翰一起编写《中国文学史》(先秦两汉部分),所撰"文字的创造与殷周散文"和"春秋战国时代的散文"两章,采用容庚意见,引用了不少甲骨文和金文的资料,第一次把出土文献引进到文学史研究领域,具有开创性的意义。严学宭十分佩服詹安泰的这一胆识,曾多次在学生中予以表赞。詹安泰的儿子詹伯慧在1949年考入中山大学文学院语言学系读书,就学于严学宭等,学有所成,后面再作介绍。

严学宭的另一密友钟敬文(1903—2002),原名谭宗,又名静闻、金粟,广东

图6-9 钟敬文

海丰县人。中国著名民间文艺学家、民俗学家、教育家、诗人、散文家。抗战期间任教中山大学文学院中文系教授,1947年7月因思想"左倾"被国民党军警追捕逃往香港,任达德学院文学系教授,1949年后任北京师范大学中文系教授、系主任、副教务长,兼任中国民间文艺家协会主席、中国文联荣誉委员、中国民俗学会理事长、中华诗词学会副会长。钟敬文在中山大学文学院教文学史,博学多才,严学宭的语言学论文,如《释汉儒音读用本字例》,都请他批评。1947年钟敬文只身潜逃香港时,将其妻陈秋帆和一儿一女都交付给他最信赖的朋友严学宭代为照管。陈秋帆是中山大学日语教师,时其女钟宜刚出生不久,儿子钟少华仅九岁。①后来严学宭将其家小"完璧归钟",钟敬文一家对严学宭感激不尽,两家结为世交,一生互通音问,未断往来。其子钟少华亦时常驰书问候严学宭。

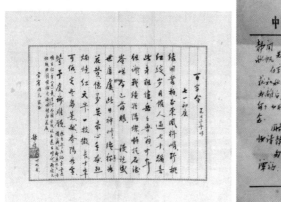

图6-10　左:钟敬文1974年手书赠严学宭词;右:严学宭1983年致钟敬文夫妇信

①钟宜1947年生于广州,后为北京师范大学教授。钟少华1938年生,后任北京市社会科学院历史研究所研究员。

图6-11　阎宗临

此外与严学宭相与交往、把手晤谈的有阎宗临（1904—1978），字琼琳，山西五台县人，著名历史学家。1929年入瑞士伏利堡大学攻读欧洲古代史，先后获得瑞士国家文学硕士学位和文学博士学位。抗战爆发后毅然回国赴难，先后任教于山西大学、广西大学，1946年任中山大学文学院教授，后任历史系主任兼历史研究所所长。新中国成立后任山西大学教授兼历史系主任、研究部主任，山西省历史学会副理事长。

还有朱师辙（1879—1969），字少滨，号允隐，祖籍江苏苏州，生于安徽黟县，清代著名文字学家、《说文通训定声》著者朱骏声之孙。朱师辙是文字训诂学家、历史学家。民国初年与其父朱孔彰相继任清史馆编修。后任故宫博物院专门委员会委员，北平辅仁大学、中国大学、河南大学、华西大学教授，1947年起任广州中山大学文学院教授直至1951年秋退休，定居杭州，任浙江省政协委员。

图6-12　朱师辙

商承祚（1902—1991），字锡永，号契斋。广东番禺县（今广州市番禺区)人,著名古文字学家。出身书香仕宦之家,1921年从罗振玉研习甲骨文,1922年入北京大学研究所为国学门研究生。历任国立东南大学、中山大学、北平师范大学、金陵大学、齐鲁大学、重庆大学、重庆女子师范大学讲师、副教授、教授。1948年任中山大学文学院语言学系、中文系教授,直至退休。

图6-13　商承祚

黄海章(1897—1989),字挽波,又名黄叶,广东梅县(今梅州市)人,近代著名爱国诗人黄遵宪的从侄,中国古典文学著名学者。工诗文,精于中国古典诗词之学,尤精于《文心雕龙》研究。1919年考入国立广东高等师范学校(中山大学前身)文史部,1923年毕业后任梅州中学、潮州金山中学教师。1936年后任中山大学文学院中文系讲师、副教授、教授,直至退休。

图6-14　黄海章

在严学宭这些相与得宜的朋友中,在专业上或攻文学或治史学,在年龄上严学宭最小,朱师辙最大,相差三十余岁,却能彼此切磋,分茶论道,谈笑无忌,成君子之交,确是一段文坛佳话。

　　1945年8月日本战败投降后,严学宭在北京大学的老师魏建功先生以"国语推行委员会"常委身份,借调到台湾推行国语。魏建功等人抵台后,于1946年4月正式成立在台推行国语的机构——"台湾省国语推行委员会",魏建功任主任委员,何容任副主任委员,常务委员有方师铎、李剑南、齐铁恨、孙培良、王玉川,委员有严学宭、沈仲章、马学良、黎锦熙、周辨明等十五人,多是魏建功的朋友和学生。魏建功来信要严学宭去台湾,任台湾大学教授并协助他推行国语。这是他人生面临的又一次重要选择。严学宭因为好不容易在中山大学安居,生活较为稳定,不愿抛弃家室再行奔波流离,就婉谢了魏先生的好意,没有去台湾。晚年他曾感叹说,如果那时去了台湾而不回来,他后来的历史或将完全改写,成为"中研院"院士都有可能。

　　严学宭在岭南八年最大的业绩,是协助王力先生创办语言学系,并培养了一大批语言学教学和研究人才。

　　1946年5月,王力从昆明西南联大北归途径广州,被中山大学截留,任文学院院长。在王力倡导下,文学院于1946年9月正式成立了中国历史上的第一个语言学系,当年招收第一届本科生三人,同时从中文系(多为原语言组)转来语言学系二年级三人、三年级四人、四年级四人。[①]语言学系建系初期的师资都来自中文系,严学宭和岑麒祥、张为纲、王均等均从中文系转到语言学系,岑麒祥担任系主任。"王力、岑麒祥、严学宭对中大语言学系的

[①]其后1947年招收本科生14人,研究生2人。1948年王力因故离开中山大学,受聘岭南大学文学院长,岑麒祥代理中山大学文学院长兼语言学系主任,是年招收本科生20名,为历年最多。1949年招7人,1950年招3人,1951年招6人。

建立也都作出了贡献"。①可以说,王力、岑麒祥、严学宭三位教授,是建立语言学系的三大元老。后来商承祚、周达甫、方孝岳、方光焘、高华年、陈必恒、容庚等陆续从外校调入,更加壮大了语言学系的师资力量。

语言学系开设的主要是语言文字学方面的课程,也开设少量的文学课,分为必修和选修两类。严学宭讲授"文字学"、"音韵学"、"训诂学"、"国音概要"、"读书指导"等课程,在文学院,他与詹安泰、钟敬文三人的讲课最为叫座,深受学生欢迎。从1947年开始,又协助商承祚、岑麒祥等指导研究生。当时学生人数不多,老师之间、老师与学生之间继承了文学院"沙龙"式会晤聚谈的传统,关系十分融洽。这里再摘录毕业于语言学系的三位学生对当时情景的回忆。

詹伯慧《我所认识的王均先生》一文回忆:

> 那时就住在我们家附近的语言学系严学宭教授、张为纲教授、周达甫教授等也都是父亲客厅中的常客。当这些语言学家在我们家出现时,我总爱站在一旁倾听他们跟父亲的高谈阔论。……语言学系还有几位年轻的助教和研究生,他们是王均先生、黄家教先生、黄伯荣先生和宋长栋先生等。②

唐作藩《怀念严老师》一文追忆说:

> 我们语言学系的学生向来不多,我们班入学十五人,毕业时才七位。有的年级还只有两三个学生。我系师生关系很好,我们经常到老师家去拜访。严先生是当时系里正教授

①刘小云《学术风气与现代转型:中山大学人文学科论述(1926—1949)》,第338页。
②詹伯慧《我所认识的王均先生》,《汉语学报》,2002年上卷,第5期。

中比较年轻的，三十七八岁。他平易近人，师母又热情好客，我们更喜欢到严老师家聚会，既谈学问，又谈时局，亲如家人。记得解放初，他有个儿子去参军，我们还到他家开了个气氛热烈的欢送会。①

林穗芳《忆与同窗好友詹伯慧的交往》一文，引用他写的发表于1951年1月16日《南方日报》的实况报道《今天欢送光荣去，明天欢迎凯旋还！——记中大语言系欢送参加军干校同学大会》，说：

> 14日，石牌中大教授住宅区辽河路24号严学宭教授的家里在张灯结彩，好像是办喜事。严先生亲自揩地板、搬台凳，一家人都在忙着布置会场。严先生说："我家里就是过年也没有这么热闹过，这是参军的英雄们带给我们的光荣！"
>
> 晚上7时半，参加军干校的同学刘鹿舟和岑云骐，全系的老师、师母、弟妹和同学们差不多都到齐了。欢迎大会在隆重的气氛中开始。首先系主任岑麒祥致欢送词："我系同学90%都报了名，很是难得。今天光荣榜上就有了我系两位同学的名字……我系的师生向来就好像是一家人一样，我们就是代表你们亲爱的爸爸妈妈兄弟姊妹欢送你们到光荣的岗位，革命最需要的地方去！希望你们不要思家，一切服从组织，努力学好本领。"接着他又敦嘱没有被批准参加军干校的同学，留在学校安心学习，加紧锻炼，准备将来做文化战士！
>
> 批准参加军干校的同学刘鹿舟是语言系四年级同学、优秀团员、文学院院会常务，大家叫他做"院头"。他在致答词时很感动地说："我坚决保证把我的一切献给祖国国防建设，我不会辜负师长同学们对我殷切的期望，我要做一个光荣的

---

① 唐作藩《怀念严老师》，《音韵学研究通讯》（内刊），1992年总第16期。

共产党员回来！"另一位参加军干校同学岑云骐是一年级的小弟弟，这次运动中涌现出来的积极分子，为了鼓励他的爱国行动，团支部在前几天通过了吸收他为正式团员。他们都讲了话。坐在他们身旁的两位女同学代表大会把两朵大红花插在两位同学的襟头上。这时四座响起了热烈的历久不息的掌声。

正在达到"高潮"的当儿，张为纲教授刚好从二十多里以外的广州市赶回来参加。我们即请他讲话。他以很幽默的口吻说："今天我系两位好女儿出嫁，像这样热闹空前的喜事非赶回来参加不可。"他随即把结婚时朋友送给他的名贵的汉玉送给同学佩带，以示"守身如玉"、"坚贞不渝"，希望他们在胜利日记上写下一生最宝贵的回忆和英勇的战斗事迹。张先生这才开始唱他自己事先编好的鼓词："喜欢喜欢真喜欢，欢送英雄们去军干；学好本领守国土，捍卫祖国保安全；今天欢送光荣去，明天欢迎大凯旋。"

这时已是9点钟了，大家开始聚餐。那些丰盛的酒菜都是各个师母在她们自己的家里弄好送来的。师母们的母爱使我们感动得说不出话来。周师母首先道出了她们心里的话："我代表千千万万的母亲和孩子向你们致敬！""因为有了你们，我们的祖国的国防和我们和平幸福的生活就有了保证，我们再也不会受帝国主义禽兽侮辱、欺压、残杀了！"周达甫先生也不甘落后，站起来代表全体人民教师"向参军同学致敬"。俄专侨生吴一民，用俄语唱了《青年团之歌》、《祖国进行曲》之后又代表海外侨胞"向祖国参军的英雄们致敬"。严学宭先生的女儿也代表中国少年儿童先锋队"向英勇的哥哥同志致敬"……

最后，由主席宣读贺词："年青的新中国的卫士，光荣属

于你们。让我们为你们祝贺，让我们为你们欢呼！"（载《南方日报》1951年1月16日）

在这次大会两个月之后我自己也参加中国人民志愿军，奔赴朝鲜前线了。临别时在纪念册上为我题词留念的有岑麒祥、严学宭、周达甫、陈必恒等老师和周耀文、阮绍光、冯惠贞、詹伯慧、唐作藩、陈光远、饶秉才、欧阳觉亚、胡瑞昌、王豫远等同学。①

新闻中的岑云（运）骐就是岑麒祥的儿子。这篇新闻还缺少了一个十分重要的细节：参加军事干部学校的还有一个高中生——严学宭的大儿子严鄂，因为他不是中山大学语言系的学生，所以没有写进新闻中。新闻作者林穗芳是1947级语言学系学生，于1951年4月毕业参加中国人民志愿军，后来任人民出版社国际编辑室主任。从上面的记述，可见当时的老师之间和师生之间的关系是何等的交洽无嫌、亲密无间。

在语言学系教师中与严学宭关系密切的，除了之前已介绍的王力、张为纲外，还有岑麒祥、周达甫、方孝岳、陈必恒等。

岑麒祥（1903—1989），字时甫，广西合浦县人，著名语言学家。1928年毕业于中山大学英国语言文学系。后赴法国里昂大学、巴黎大学等校学

图6-15　岑麒祥

---

① 林穗芳《忆与同窗好友詹伯慧的交往》，《走近詹伯慧——庆祝詹伯慧教授从教六十周年纪念文集》，第123—124页。

习,获法国国家文科硕士学位和语言学高等研究文凭。1934年回国,先后任中山大学文学院中文系、语言学系教授兼系主任、文学院院长。1954年起任北京大学语言学教授。严学宭自1946年到中山大学文学院即与岑麒祥合作共事,一同建设语言学系。1951年又一起参加中央少数民族访问团到粤北和海南岛访问,一直关系融洽,配合默契。

周达甫(1914—?),又名达夫、达辅,湖南长沙人,是罗常培先生在西南联大时的学生,主要研究音韵学、语言学、印度学和佛学。1945年在印度孟买大学获哲学博士学位。1947年任中山大学语言学系教授,1954年随语言学系转北京大学,任中文系教授。1956至1962年任中国科学院哲学社会科学部情报研究室研究员。1962年起任中央民族学院民语系、汉语系教授。严学宭与周达甫有长久亲密的友情,离开中山大学后也经常有通信来往,相与切磋学问。

图6-16　方孝岳

方孝岳(1897—1973),名时乔,又名乘,字孝岳。安徽桐城县(今桐城市)人,为清末民初有名的诗人、教育家、书法家方守敦之子,清代桐城派后期名家方宗诚之孙。1918年毕业于上海圣约翰大学文科。先后在北京大学、华北大学、东北大学师范学院、上海圣约翰大学任教。1948年起任中山大学教授,1971年退休,到湖北京山县他小女儿处休养,1973年病逝于京山。① 方孝岳毕生从事文学、语言学、经学、佛学研究,在音韵学方面

---

① 方孝岳的儿子方管,字重禹,笔名舒芜,是著名学者、作家、文学评论家。

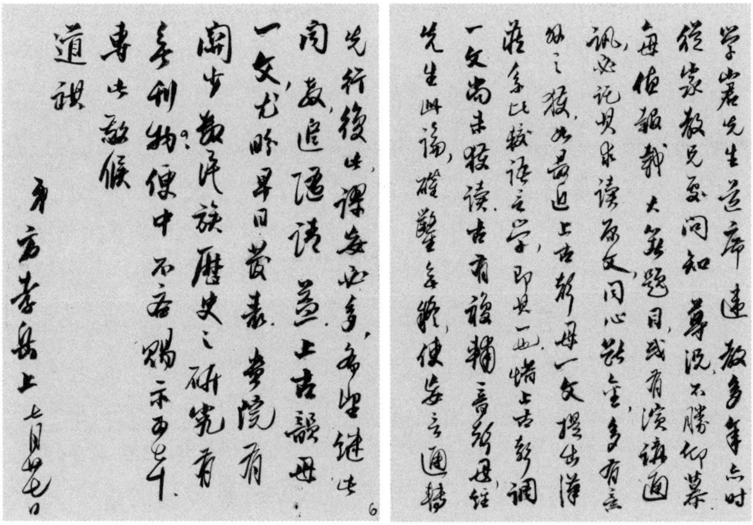

图6-17　1963年方孝岳致严学宭信

的成就最为突出,经常与严学宭当面或通信讨论音韵学问题。今存一封1963年方孝岳写给严学宭的信,长达六页,讨论上古音问题,盛赞严学宭《上古汉语声母结构体系初探》一文中关于复辅音的观点,谓"经先生此论,确凿无疑,使妄言通转者可以关闭其口。尤其前附音节之发展一节,精辟无伦,令人钦佩无已"。

陈必恒(1915—1982),福建古田人。1940年毕业于国立中山大学中文系,任国立中山大学中文系助教,并攻读研究院语言学部研究生。1943年毕业,历任私立福建华南文理学院中文系、私立福建协和大学中文系、福建海疆专科学校讲师、副教授。1948年秋任国立中山大学语言学系副教授。

严学宭在中山大学培养的学生,后来很多都成为学界翘楚。除上面提到的黄家教等人外,还有杨耐思、麦梅翘、许绍早等。

下面介绍几位与严学宭关系密切的语言学系毕业生。

黄家教（1921—1998），广东澄海县（今汕头市澄海区）人，是严学宭尊敬的师辈和朋友黄际遇的儿子。1947年从中山大学语言学系研究生毕业，是语言学系首届毕业生，受业于严学宭。其夫人龙婉芸与黄家教是同学，也是严学宭的学生。黄家教毕业后一直在中山大学中文系任教，长达四十余年。黄家教对严学宭终身执弟子礼甚恭，常有信帖请教问安。严学宭到广州也多住他家中，这时黄家教就请商承祚、李新魁等作陪宴请。是严学宭很喜欢的一位学生。

黄伯荣（1922—2013），广东阳江县（今阳江市）人。1944年考入广东省文理学院中文系，1945年转入中山大学文学院中文系，1946年又转入语言学系，受业于严学宭。1949年毕业后考取商承祚、岑麒祥的研究生，严学宭协助辅导，教授他训诂学、音韵学等课程。黄伯荣后来历任中山大学、北京大学、西北师范大学、兰州大学、青岛大学中文系讲师、副教授、教授。他最负盛名的著作是与廖序东合编的《现代汉语》教材，畅销全国高校，印刷多次。1980年7月，黄伯荣、廖序东主编《现代汉语》审稿会在青岛召开，严学宭与吕叔湘、周祖谟、张志公、胡裕树、朱星、徐世荣、陈必恒、张拱贵、吕冀平、张斌、张静、张寿康、李临定等作为审稿专家参加了会议，严学宭提出了许多中肯的意见。①

周耀文（1924—2018），广东普宁县人。1947年考入中山大学语言学系，受业于严学宭。1951年毕业后任职中国科学院语言研究所。1975年调往云南民族学院，1979年调回中国社会科学院民族研究所任副研究员、研究员，兼研究生院民族学系教授。周耀文一生与严学宭有密切往来，是严学宭很喜欢的学生之一。

①参见严学宭《在〈现代汉语〉统编教材审稿会上的发言》。

在他从云南调回北京的过程中历尽艰难,严学宭从中帮了不少忙。1980年被严学宭聘为华中工学院中国语言研究所讲座教授。

唐作藩(1927—),字汉泉,湖南洞口县人。1948年考入中山大学语言学系,受业于严学宭。1953年毕业(中间休学一年)后留校任教。1954年转调北京大学中文系任教。曾兼任北京大学中文系副主任、北京市语言学会常务理事、中国音韵学研究会第三任会长。一生以严学宭为师,经常来信问候饮食起居,商讨学术问题,交往不曾中断。他和周耀文到武汉时首先就要拜候严学宭,严学宭到北京有时就住在他们家里,彼此亲密无间,几十年如一日。1980年被严学宭聘为华中工学院中国语言研究所讲座教授。

詹伯慧(1931—),广东潮州饶平县人,詹安泰之子。1949年考入中山大学语言学系,受业于严学宭。1953年毕业,任教武汉大学中文系,1955年至1957年在北京大学从袁家骅进修“汉语方言学”。曾随严学宭赴海南岛调查黎语。1983年调任暨南大学教授兼文学院院长。先后受聘为香港大学、香港中文大学、法国高等社会科学院客座教授,兼任第七届全国人大代表,第八、第九届全国政协委员,广东省文史研究馆副馆长。1980年严学宭聘其为华中工学院中国语言研究所讲座教授。

杨耐思(1930—2019),原名杨道经,湖南省临湘县(今临湘市)人。1951年考入中山大学语言系,受业于严学宭。1954年随院系调整到北京大学中文系,毕业后任职中国科学院语言研究所,并考取中国科学院罗常培、陆志韦汉语音韵史专业研究生。后任中国社会科学院语言所研究员,博士生导师,兼任中国音韵学研究会理事、秘书长、学术委员会主任、顾问等。1980年严学宭聘其为华中工学院中国语言研究所讲座教授。

严学宭在中山大学教过的这些学生,许多年后仍然清楚地记得当年在中山大学语言学系的学习情况,缅怀严学宭对他们的教诲。

周耀文《读书,知识更新——子君师的养生之道》一文说:

> 先生是我就读于中山大学时的老师。先生教学认真,讲课条理分明,由浅入深,最易理解;而且,先生最关心学生,平易近人,所以最受学生的爱戴。①

唐作藩《怀念严老师》一文说:

> 我从严先生学习开始于1948年。是年秋我考入广州中山大学语言学系。入学时王力先生已转去岭南大学任教。中大语言学系主任是代理文学院院长岑麒祥先生兼任,他教我们的《语言学概论》。一年级的专业课还有张为纲先生的"国语与国音"、陈必恒先生的"中国现代语法"、商承祚先生的"文字学"和严先生的"读书指导"……"读书指导"课,实际上就是一门"国学概论",着重评价文字、音韵、训诂之学的重要典籍和小学发展的历史。严先生是我的专业启蒙老师之一。他有很深的小学根底,又掌握现代语言学的理论方法,他讲的课深入浅出,内容新颖,能引起我们这些初学语言学的人的兴趣。②

唐作藩提到"'读书指导'课,实际上就是一门'国学概论'",此言不虚。它除了"着重评价文字、音韵、训诂之学的重要典籍和小学发生的历史"外,还涉及文史哲的其他各个方面。1947年严学宭在中山大学语言学系教"读书指导"一课时,就关于怎样教学生研读《诗经》和《文心雕龙》两部经典名著,而先后向远在云南昆明师范学院的老师罗庸教授求教。罗庸先生给他回了两封信。

---

① 周耀文《读书,知识更新——子君师的养生之道》,《音韵学研究通讯》(内刊),1992年总第16期。
② 唐作藩《怀念严老师》,《音韵学研究通讯》(内刊),1992年总第16期。

后来严学宭将这两封信以《关于研读〈诗经〉和〈文心雕龙〉的两封信》为题，署名"罗庸"，发表于《江汉论坛》1980年第3期。

詹伯慧《我与语言学结缘六十载》一文说：

> 我于1949年进入大学，读的是由语言学大家王力教授在广州中山大学创办的、全国唯一的语言学系。……我在当年入学时，全班有7个同学，加上此前已入学的同学，全系只有13个学生，而教师有十位之多，大多数是知名学者。学校为我们所提供的优越学习条件和师生一家亲的深厚情谊，六十年来一直刻印在我的脑海里，实在难以忘怀！我们这些有幸负笈中大语言学系的学子，毕业后大都兢兢业业地走在建设我国语言科学的大道上，这与求学时期比较系统全面的专业学习、高素质名师的教导和浓郁的语言学术氛围是分不开的。
>
> 大学毕业那一年，王力先生为了使我们通过实践掌握语言调查的基本技能，特意跟时任中南民族学院副院长的严学宭教授联系，让我们7个人到那里去调查少数民族学员的语言。7个人分成3个组，我就和唐作藩兄一起，调查了广西仡佬族的语言。通过两个星期的记音整理，我们完成了这份作业，提交了调查报告。①

---

① 詹伯慧《我与语言学结缘六十年》，《中国社会科学报》，2014年10月27日。唐作藩的回忆略有不同："1953年6月底各门课程基本结束后，高华年先生让我们自己到武汉中南民族学院去实习。我们班一行七人到武汉后即去看望严学宭先生，他非常支持我们，把我们分成三个组，分别调查三种少数民族语言，为我们选派了发音人。我与伯慧兄分在一组，调查广西仡佬族语言。经过两周的实习，我们合作写了一个调查报告作为实习成绩，复写三份，交给严先生一份，我们各自留一份。"见唐作藩《〈田野春秋〉序言》，《走近詹伯慧——庆祝詹伯慧教授从教六十周年纪念文集》，第127—128页。另外，1953年7月严学宭刚到任中南民族学院不久，任研究室主任，1954年才任副院长。

杨耐思《悼严先生》一文说：

> 他诲人不倦，指导学生、提携后进非常热心，不遗余力。凡是从他受过业的人，都得到他不可估量的帮助和奖掖。我是五十年代初期进大学读书时在严先生那里受业，听他的语言学引论课。课堂上他讲授语调适中，内容条理清楚，课后耐心辅导。他当时是我们系的教授，却平易近人，对学生们无微不至的关怀，使我感激不尽。①

罗常培先生常以他的学生所取得的成就引以自豪，视为自己"活的成绩"。他1941年在昆明西南联大写给严学宭的信中，在历数他的学生以及取得的成果后就说："我流亡三年以来虽没写多少文章，可是这些位都是我的活成绩。"严学宭在中山大学语言学系所训导出来的后来卓有成就的学生，无疑也属于他的"活的成绩"。

那么在这一时期，严学宭的"死的成绩"——他的学术研究成果如何呢？

1946年后严学宭在学术研究上主要着意于训诂学的研究。1947年他发表《"转注"与"假借"为义训之本说》一文，认为"六书"中之"转注"，实为同一词因方音不同而产生的异音、异形现象，如第一人称代词"我"、"吾"、"卬"、"言"均是同一词在不同方言中发音不同而产生的字，是可以互训的转注字。"六书"中的"假借"，并非纯粹的"同音通用"，"多为义相引申，音相通转"，如"长短"之"长"引申为"长幼"之"长"，"右手"之"右"引申为"左右助之"之"右"。该文从"义训"的角度来解释六书之转注与假借，不失为一家之说。尤其对转注的解释，是很新颖而有道理的。

---

① 杨耐思《悼严先生》，《音韵学研究通讯》（内刊），1992年总第16期。

1947年严学宭撰写了《学习国语的程序与重点》一文,从自己的体会并"得吾师罗莘田先生的启海","甚感欲操一种'字正'、'腔圆'的国语,非有合理的、正确的方法不可",因而从"审辨国语音系的通性"、"分析学习者方音的特征"、"比较国音与方音的异同"、"熟诵国语的词汇"等十个方面,阐述学习国语的程序和重点,以求掌握一种"明晰、准确、流利和悦耳的国语","学者既多,便可于无形中增加统一中华民族不少的力量!"严学宭的母语赣方言外人很难听懂,罗常培对他方音的矫正、国音的训练下了很大功夫,以致他能说一口"字正腔圆"的国语,并在他后来任教江西、广东期间,多次承担培训中小学教师国语的任务。

1948年严学宭发表《释汉儒音读用本字例》一文,试图打破汉字形体限制,依"音随义转"之迹阐述词义,从汉字与汉语的矛盾中阐发词义、语音、语法变化的本质。通过分析、归纳,得出四个条例:(一)引申假借,即字变调;(二)音义孳乳,变调加形;(三)语法形态,变调表现;(四)变调表义,即义考音。认为训诂的研究必须打破形体之宥,依据"音随义转、形随音变"的线索去阐释词义,由义变以求音变,由音变以求形变,始可得义、音、形三者贯穿的条理。对于这一条理,严学宭三十多年后在《循义定音,循音统形——释字要则》一文中有更为深入的阐述,反映了严学宭对汉字形、音、义三者之间关系的一贯观点。

从1946年到1951年在中山大学的六年间,严学宭仅发表了上述三篇论文。从时间和成果数量的比率来看,年论文发表率约为0.5篇,仅仅强于后来的"文革"时期,在他学术研究的历史上是一个低潮时期。究其原因可能有三。一是这段时间他的时间和精力,主要放在新组建的语言学系的教学工作上,重在培养"活的成绩"而忽略了"死的成绩"。二是在1949年前后的中国社会处于一个剧烈的转型时期,影响了他正常的学术研究。另外还有一个原因,不可讳言,严学宭在获得教授职称后的这段时间,对学术研究的追求有所松懈,学术研究的动力有所减缓,这在许多学者中都是很常见的现象。

1948年到1949年,严学宭两次邀请湖南大学杨树达先生以"部聘教授"名义来中山大学语言学系讲学。[1] 据杨树达《积微翁回忆录》中的日记记载,第一次是1948年4月9日抵广州,寓文明路中山大学;同年5月30日离开广州北归,共五十天。第二次从1948年11月4日携妻张毅君并同侄儿杨伯峻一同抵广州,寓文明路中山大学北斋,1949年5月12日结束,13日离开广州,共六个月余九天。[2] 杨树达的两次讲学都深受学生欢迎,给中山大学的师生留下了十分深刻的印象。在杨树达的日记中,后一次的讲学涉及严学宭的记载有多处。如:

（一九四九年）三月十八日:晨严学宭来言邱大年之子由北平来,言北平纪律甚佳,学校大都一切如故,但言论不大自由耳。

（一九四九年）四月十四日:晚严学宭来谈。言闻之在香港友人郭沫若读余叔夷钟、曾侯簠两跋皆表示佩服之意。郭曾贻书于余,略不及此。以余论金文于渠有微词,故虽鼒叔之释渠仍示不满。此君虽从事学问,仍不免政客习气也。

（一九四九年）五月二日:晨……严学宭夫人来。商锡永

① 1941年教育部发文实行"部聘教授制",由教育部直接聘任一批资深、才高、望重的教授。1942、1943年评选过两次,共评出部聘教授四十五名。杨树达等30人是1942年教育部首批部聘教授。
② 见杨树达《积微翁回忆录》,第269、272、280、288页。

来。饭后小寝。为人作字五幅。晚袁浚来。①

杨树达(1885—1956)字遇夫,号
积微,湖南长沙人,著名语言文字学家。
曾留学日本。1920年起先后任武汉大
学、北京国立师范大学、清华大学、中国
大学教授。1937年起一直任湖南大学
教授,曾任湖南大学中文系主任、文学
院院长。1948年当选为首批中研院院
士,新中国成立后评为中国科学院哲学
社会科学部学部委员,兼任湖南省文史
研究馆馆长。

图6-18　杨树达

杨树达先生德高望重,是名满天
下的著名学者。杨先生在1928年到1930年曾任教于国立武汉大
学文学院,其时严学宭在武汉大学读预科,不见有与杨树达先生
接触的记载。后来严学宭在北大读研究生时,杨先生任教清华大
学,虽然杨先生的研究生张清常跟严学宭是熟识的朋友,但也不
见严学宭与杨树达先生有直接交往的记述。不过有两则史料记
载了严学宭与杨树达先生任职的湖南大学中文系有过关涉。据
湖南大学校史编委会编《湖南大学校史(公元976～2000)》记载,
湖南大学文学院中文系1941年度的教授有:

　　　杨树达、曾运乾、骆鸿凯、孙文昱、刘宗向、刘异、宗威、

---

① 以上三条日记均引自杨逢彬《〈积微翁回忆录〉重版后记》。第二条日记亦见
于《杨树达文集》之十七《积微翁回忆录》第287页:“(一九四九年四月)十四
日。严学宭来谈,渠闻之在香港友人云,郭沫若读余《叔夷钟》、《曾侯簠》二
跋(中山大学校刊所载),皆表示敬佩之意。”两者有所不同,后者删去了对郭
沫若的贬评。

李肖聃、王啸苏、彭昺、郑业建、谭戒甫、马宗霍、黎锦熙、曹典球、刘善泽、刘永济、方授楚、谢善继、罗季光、叶德钧、严学宭、陈书农及兼职的巴壶天等。①

该书在第二十一章第三节"教授阵营"说：

这份湖南大学教授名单是根据1949年11月教员名册抄录的，也包括少数1950年3月前应聘到校的正副教授，共计245人，其中教授188人，副教授57人。中文系教授：杨树达、谭丕模、谭戒甫、马宗霍、方授楚、熊宗煦、谢喜绣、王啸苏、王西彦、严学宭、韩罕明、陈书农、董每戡、方管。副教授：阎金锷、刘永湘、翟凤璧。②

《湖南大学校史》的这两则史料，记载了严学宭在1941年和1949年都在湖南大学中文系的在编教师之列，这在严学宭的《八十自述》以及其他史料中是没有见过的，其真实性存疑。③ 有一种可能是，严学宭曾在1941年和1949年曾聘任为湖南大学的兼任教授。④ 果如此，则严学宭在1941年就应跟湖南大学的杨树达先生相结识。如非此，则严学宭与杨先生的交集，应源于严学宭在中山大学任教，申请部聘副教授职称时，事后知悉是杨树达先生评审他的学术成果，给予其较高评价并予以通过，因此视杨

---

① 湖南大学校史编委会编《湖南大学校史（公元976～2000）》，第248页。

② 湖南大学校史编委会编《湖南大学校史（公元976～2000）》，第438页。本处"严学宭"原误作"严学窨"。

③ 与此类似可疑的还有，朱渊清《书写历史》（上海古籍出版社2009年）第560页说："（史语所）还培养了大批人才，当时不少'少年学者'日后都成大名。"其脚注①罗列的名单中包括严学宭。但没有其他任何史料证明严学宭与史语所有过关涉。

④ 民国时期许多大学都聘请兼任教师，一般都要求兼任教师得数量不超过教师总数的三分之一。

先生为知音,充满敬意和感激,而有缘结识杨先生。

杨先生来穗讲学,严学窘与杨先生一见如故,结为忘年之交。那时讲学没有公款接待,杨先生就经常到严学窘家吃饭。严学窘晚年在自述中,对杨树达先生有段回忆说:

> 杨先生的学问举世公认,用不着我评价,这里只讲两件小事。杨先生为人极其坦诚,毫不虚饰假借。他在中山大学讲学,有时下课后就在我家里用便餐。先生比较喜欢吃荤,在我家点名要吃红烧肉,有了红烧肉,他就吃得很香。先生每次来,我们全家都非常高兴,感到亲切。全国解放以后,大约是一九五四年,我到长沙出差,特地去拜访先生,谈到往事,先生兴致极高,虽年届古稀,仍精神焕发。先生说,以前在你家里吃饭我点菜,现在在我这里,该你点菜了。说完相与大笑。先生孜孜耕耘一辈子,晚年尤研究不辍。先生说,他不精通语音学、不精通国际音标,为此感到遗憾。学富五车、著作等身而又对自我毫不留情,如此大家风范,实属难得! 在中大时,先生曾把他的讲义和一些常用书籍都送给我,可惜在"文化大革命"中全部丢失了! ①

在1950年代严学窘任职中南民族学院副院长时,为建造该院礼堂,前往长沙考察民族建筑,顺便拜访杨树达先生,杨先生十分高兴,设宴招待严学窘。杨树达曾手书条幅赠送严学窘,后来不知何时丢失了。

抗战之后的广州处于国民党统治之下,国民党政府的腐败无能和国共内战,导致百业凋敝,民生维艰,经济几近崩溃,即使是教授也难维持温饱。尤其在1947年后,广州法币贬值,物价飞

①严学窘《八十自述》,第36页。

涨，中山大学教工生活十分艰苦。教授们为了果腹，纷纷典当衣物、书籍。詹安泰先生还在房前屋后种起豆角、白瓜等蔬菜。严学宭夫人将自己的首饰都卖光了，书籍也在战乱中丢失殆尽，已无书可卖，一家六口仅靠他的一点薪水度日，每到月底就揭不开锅，掐着指头盼望开薪。一到开薪之日，严学宭就带着夫人一道，拿到钱连家也不回就去采购柴米油盐，稍迟一点物价又可能上涨一大截。为养家糊口，经友人介绍，严学宭在私立珠海大学和海事学校兼一点课，全家才熬了过来。①

战后广州的政治环境也十分恶劣。1947年后国共两党在中山大学的斗争逐渐白热化。严学宭虽然无党无派，但思想进步，政治上倾向于共产党，痛恨国民党的腐败无能，因而于国共两党在中山大学的政治斗争中无法置身度外。

1947年6月1日清晨两时，国民党广州保安队两千多名士兵闯入中山大学，包围师生宿舍，拘捕了一大批进步师生。中山大学法学院院长兼经济系主任梅龚彬教授被抓捕，临时拘押于中山大学三青团团部。愤怒的中山大学师生包围了拘押地点，严学宭积极参与营救梅龚彬的斗争。他回忆说：

　　一九四七年六月的一天清晨，我们都还未起床，就听到有人大声喊："反动警察抓人了，大家快去营救啊！"我急忙跑去一看，同学们正敲打着脸盆，纷纷跑出宿舍，向出事地点集中。原来，国民党军警在半夜就来了一千多人，包围了中大校园，各路口还架起了机关枪。军警冲进教授住宅，企图逮捕龚彬教授。这时很多老师和学生闻讯赶来，把梅教授及军警一起围起来，不让军警抓人。人越来越多，围得里三层

---

① 参见严学宭《八十自述》，第39页。

外三层,军警见众怒难犯,只好答应放人,但提出条件,必须有教授出面担保,保证梅教授不离开中大。当时我们十几位教授马上站出来,愿意到省政府去担保。军警放了梅龚彬教授,带上我们这些出面担保的教授来到省衙门,在接待室等省主席出来接见,然后在担保书上签名画押。这位省主席就是曾经在蒋经国的赣南"青年军"中任过总监的罗卓英……那天上午,我们十几位担保人一直饿着肚子在接待室里等,却不见罗卓英出来。到了下午三点左右,罗的一个秘书长出来接待我们,要我们签了名,然后放我们返校,回到家里已筋疲力尽了。其实这个担保也毫无作用,当天夜里,梅教授就被中共地下党送到香港达德学院去了。①

梅龚彬(1901—1975),本名逸仙,字电龙,笔名龚彬,湖北黄梅县人。1923年加入国民党,1924年加入共产党。1932年改用笔名梅龚彬。在中山大学,梅龚彬表面上是大学教授,实际上是中共地下秘密党员、著名的红色间谍,与"怪杰"宣侠父、"英杰"陈希周一起,被誉为中共秘密战线上的"抗战三杰",梅龚彬是其中的"隐杰"。新中国成立后梅龚彬曾任全国人大常委会委员、中共统战部秘书长、全国政协秘书长。在中山大学

图6-19　梅龚彬

---

① 严学宭《八十自述》,第39页。一说是由广州行辕副主任、广州绥靖公署副主任蒋光鼐派车和专人护送梅龚彬到香港。

期间严学宭不知梅龚彬的真实身份,但与他住得不远,十分熟识。经过营救梅龚彬一役,梅家与严家成为世交,关系十分亲密。在梅龚彬去世后,梅龚彬的小儿子梅建明任教于武汉地质学院(今中国地质大学),还经常前来严学宭家,拜访他的这位"叔叔"。

1947年7月,严学宭的同事兼挚友钟敬文因思想"左倾"而被中山大学解除职务,为躲避国民党的进一步迫害而逃往香港。严学宭回忆说:

> 钟敬文教授思想进步,支持革命,痛恨国民党的腐败,但并不是中共党员。国民党特务却硬说他是中共中央委员。当时的广州,这个头衔是很危险的。所以钟先生只好离开广州。临行前的晚上,我去看他,他请我代为照料家室。我们都为他捏着一把汗,他却临危不惧,从容不迫,一切安排好、交代完后,就化装坐船去了香港。[①]

梅龚彬和钟敬文到香港后都担任达德学院教授。达德学院于1946年10月由中共和香港左派人士创办,是香港历史上继香港大学之后创办的第二所大学,是红色学人、进步人士云集之地。1949年2月港督和香港政府以宣扬共产主义为由取缔达德学院,学校的进步人士通过中共地下党的帮助都转移到了内地解放区。

1949年国民党败局已定,但在广州仍有很大势力,对共产党人和进步人士的迫害日渐加剧。这时中共地下党先后成立了各个界别的五个外围秘密组织——"广州工人协会"、"广州新民主主义教育工作者协会(含新民主主义教授协会)"、"广州新民主主义经济工作者协会"、"广州妇女联合会"和"解放军之友"等。严学宭参加了其中的"广州新民主主义教育工作者协会",负责宣传

---

① 严学宭《八十自述》,第39页。

工作,劝说知名教授、友好人士固守学校,保护校产,防止特务破坏捣乱。协会内部是"单线"联系,负责跟严学宭联络的就是前面提到过的他的晚辈、学生,时任中山大学文学院历史系副教授的丘陶常。丘陶常(1914—1983),广东省潮安县(今潮州市潮安区)人,与詹安泰是潮籍同乡,是詹安泰、钟敬文、严学宭等文学院"教授沙龙"中旁听的常客。他在1935年进入中山大学文学院历史系学习时,就积极参加学生爱国运动,加入了中国共产主义青年团,后又加入共产党和党的外围组织"中山大学抗日先锋队"。1941年入中山大学研究院文科研究所历史学部,从朱谦之读研究生,兼文学院历史系助教。1944年硕士毕业,留任中山大学历史系讲师,1948年升副教授。新中国成立后在中山大学、华南师范学院、暨南大学历史系任教。

这时候国民党特务的搜查、逮捕活动十分频繁,严学宭家就接连被搜。特务们有时半夜将其住宅包围起来进去搜查。有时将其一家人都赶出来站到外边路上,待他们进去搜查。幸好都没搜出什么。他常读的毛泽东著作《新民主主义论》,每次读后都藏在天花板里,躲过了特务的搜查。

在国民党统治大陆的最后几个月,广州白色恐怖日趋严重,严学宭的处境十分危险,中山大学已经无法待下去了。为了躲避国民党反动派的迫害,严学宭只得告别妻儿,逃离阴霾密布、黑云压城的广州,只身一人逃往香港,开始了短暂的避难生活。①

严学宭逃到香港后,先居住在钟敬文在香港的一处房子里,后来就寄居于一位在香港做买卖的江西老乡家中。当时达德学院已被港府取缔,梅龚彬、钟敬文等熟人都已离开香港到了北方

①参见严学宭《八十自述》,第40页。

解放区。严学宭举目无亲滞留香港,精神上失去依托,生活上异常艰窘,就像离群的孤雁,遥望着遥远的内地,盼望广州早日解放,盼望早日回到妻子儿女身边。

第七章　历史转折

　　严学宭在香港避难约半年。1949年10月15日广州解放,严学宭在第一时间买票回到了广州,所幸妻儿安好无恙。羊城市民"箪食壶浆以迎王师",解放军秩序严谨,秋毫无犯,宁愿露宿街头也不打扰市民。严学宭幸睹革命成功,人民可以安居乐业,内心喜悦之情难以言状。

　　随着中国历史进程发生的巨大转折,严学宭的人生历程也随之发生了巨大变化。他从此由一个局限于书斋的传统知识分子,转变为一个在广阔的学术天地里驰骋的时代弄潮儿。

　　广州刚解放时,中山大学还未恢复正常的教学秩序。学校不上课,而是进行整顿,组织大家政治学习,主要学习毛主席的《新民主主义论》、《论人民民主专政》等著作。

　　这样过了三个多月,到1950年2月,严学宭参加了广州南方大学为期半年的政治理论学习,主要是学习马克思主义政治理论和唯物辩证法。严学宭对唯物辩证法的学习感受尤深,收获极大。他认为,一个真正的学者,学问做到一定程度,总要自觉或不自觉地运用唯物辩证法的理论和观点来分析和研究问题。这是他自己的深切感受,也是对他人的观察所得出的认识。

　　南方大学是广州解放后新成立的一所革命大学,由时任广东省人民政府主席的叶剑英兼任校长和党委书记。学校的任务是为刚解放的华南地区培养革命知识分子和文教、财经、政权建设等急需的革命干部。1952年10月,南方大学在完成特定时代的历史使命后,为适应全国高等院校调整的新形势,与中山大学师范学院以及岭南大学教育系、广西大学教育系等,调整组成华南师范学院(今华南师范大学)。严学宭能在南方大学建校之初即获准进入该校学习,表明他已经受到党和政府的高度重视。

图7-1　南方大学校门

严学宭作为一个在20世纪经历了新旧两个时代的高级知识分子,切身体验了旧中国的积贫积弱、生民的颠沛流离,深信只有共产党才能救中国。他从内心拥护中国共产党,拥护党和政府的各项方针政策,热切盼望民族复兴和国家强大,一生在政治上追求进步,向往光明。但他长期作为党外人士存在,直到1986年他已经七十六岁,完全退职退休,却出人意料地申请加入了共产党。如果他在新中国成立前后就加入共产党,对于今后在学术研究或者政治舞台上的发展应该具有巨大的作用。后来他加入共产党,却对他的发展已经没有任何的意义。究其原因，是共产党的刻意安排，还是严学宭自己的意愿所然，现在已不得而知。下面的一件事情再一次证明了严学宭追求进步的政治倾向。

1950年8月，严学宭结束了南方大学的学习，回到中山大学语言学系任教。广州《南方日报》1951年1月9日第五页开辟了《向光荣的父母们致敬》专版，栏下"介绍新中国的光荣父母们"，介绍了中山大学文学院语言学系主任岑麒祥、文学院语言学系教授严学宭、文学院秘书王宗炎等人送子参军、保家卫国的光荣事迹。在介绍严学宭时是这样说的：

> 他的次子严武及第三子严燕已于解放后参加了人民解放军，现在他又鼓励在广雅高三读书的大儿子严鄂报名参加军事干部学校，他很愉快地对记者说："我的儿子是光荣的青年团员，他的思想进步，他已经响应了祖国的号召，报名参加军干学校。"他的儿子在前天返家才把这个光荣的行动告诉老人家，这位慈祥的"光荣之父"不仅赞许儿子的光荣，还恐怕儿子在思想上仍存有不必要的顾虑，他还对他的儿子解释说："参加军干学校是年青一代最光荣的任务，尤其你对自然科学感到兴趣的更是最恰当不过的，你年轻，而且没有家庭顾虑，更应该响应国家号召，参加建设现代化的国防军。只有这样，敌人才不敢侵略我们，如果祖国没有强大的国防，缩在后方也会有受到敌人残杀的危险。"

新中国成立之初，在维护国家新生政权的稳定和抗美援朝的战争环境中，严学宭的四个儿子，除最小的儿子严泰年纪尚小之外，三个适龄儿子都送去参军，保卫新生的政权和国家。如果没有强烈的爱党爱国之心，是难以作出如此抉择的。

1950年底，党中央为打破历史上由于民族压迫制度造成的民族隔阂,加强同少数民族的联系,采取了一项重要的措施——派出中央民族访问团,分西北、中南、西南、东北四路访问各少数民族地区。毛泽东为中央民族访问团题词:"中华人民共和国各民族团结起来。"1951年6月20日至10月7日,由卫生部长李德全任团长,费孝通、曹孟君、马杰、熊寿祺为副团长的中央民族访问团中南团一行七十余人,又分为广西、广东、湖南三个分团,分别由费孝通、马杰、曹孟君和熊寿棋任广西分团、广东分团、湖南分团团长,赴中南各少数民族地区进行为期三个半月的访问。

严学宭在结束南方大学的学习后不久,即受党和人民政府的指派,与岑麒祥、张为纲、高华年、陈必恒、梁钊韬等中山大学的语言学家、人类学家,以及岭南大学的历史学家岑家梧等人一起,参加了中央民族访问团中南团广东分团。访问团包括各个专业的专家学者,还有音乐家、歌舞演员、新闻摄影记者。部分中山大学的学生,如唐作藩、詹伯慧、欧阳觉亚等,也参与了广东分团,作一些辅助性的工作。① 总团长李德全亦随广东分团行动。广东分团主要访问广东粤北地区的苗、瑶、畲族和海南岛的黎族和苗族。

李德全女士(1896—1972),河北通县(今北京市通州区)人,蒙古族。毕业于北京协和女子大学,是中华人民共和国第一任卫生部长,是冯玉祥将军的爱人,也是一个虔诚的基督教徒。在严学宭印象中,李德全待人非常淳朴、敦厚、善良,特别善于演说,也很有学问,是一个著名的社会活动家,一个非常了不得的人物,团

---

① 唐作藩回忆:"1951年春夏,我们被调去参加以李德全部长为总团长的少数民族慰问团,奔赴粤北瑶族地区进行慰问活动。我们的分工不一样,伯慧、欧阳与系主任岑先生等参加少数民族语言调查组,我则被指派参加秘书组,具体负责一路押送慰问品。"见唐作藩《〈田野春秋〉序言》,《走近詹伯慧——庆祝詹伯慧教授从教六十周年纪念文集》,第127页。

中的教授们很多地方都不及她。①

访问团通过召开民族代表会议、干部座谈会、演出歌舞、放映电影、给少数民族赠送礼品等形式，传达党和人民政府对少数民族的关怀，宣传党的民族政策，深入了解有关少数民族政治、经济、文教等方面情况，研究他们的语言、音乐、舞蹈和民族民间文学。在李德全的带领下，广东分团的团员尽管来自不同领域，但合作非常愉快，配合非常协调，访问非常成功。访问结束后，访问团回到广州，在广东省委礼堂举行了庆祝晚会，华南局第一书记兼省委书记叶剑英以及李德全团长与全体团员同乐，大家一起跳舞，庆祝访问圆满成功。② 严学宭等团里的语言学家在当年11月撰写了《广东少数民族语言初步调查报告》，油印分送有关机构参考。

这是严学宭第一次接受党和人民政府的重托，第一次实地接触中国的少数民族。这是一次难忘的社会活动，美丽的原始风光，淳朴的民俗民情，浑然天成、质朴未雕的少数民族歌舞，都深深地吸引了他，给他留下了美好的印象。也是这一次的访问，改变了他的学术道路，为他的学术研究开辟了一个少数民族研究的新领域，将他对汉语音韵学的研究与少数民族亲属语言的比较研究紧密结合起来。

访问结束后，严学宭回到中山大学不久，1951年11月，严学宭即被调往驻地在湖北武汉的中南军政委员会，担任中南军政委员会民族事务委员会委员，后兼研究室主任。中山大学本是极不愿放走严学宭的，但中山大学属于中共中南局和中南军政委员会

---

① 参见严学宭《八十自述》，第41页。
② 参见唐作藩《〈田野春秋〉序言》，《走近詹伯慧——庆祝詹伯慧教授从教六十周年纪念文集》，第127页。

管辖,严学宭也已经深深爱上了中国的少数民族,他要用自己剩下的时间,为中国的少数民族努力做出一份贡献。于是严学宭结束了他在中山大学前后八年的教学生涯,再一次回到他从事学术研究的起点——江城武汉,并在此一直生活到他生命的最后一刻。

中南军政委员会成立于1950年2月5日,是新中国建立初期成立的六大行政区之一,统辖河南、湖北、湖南、江西、广东、广西六省和武汉、广州两个中央直辖市,是新中国联合政府的基础行政单位之一。中南军政委员会主席是林彪,湖北黄冈县(今黄冈市)人。副主席有邓子恢(福建龙岩县、今龙岩市人)、叶剑英(广东梅县、今梅州市人)、程潜(湖南醴陵县、今醴陵市人)和张难先(湖北沔阳县、今仙桃市人)。办公地址设在今汉口江岸区四唯路与胜利街路口的胜利饭店。

图7-2　1952年2月5日,中南军政委员会成立大会主席台领导
左起:程潜、邓子恢、林彪、张难先

中南军政委员会民族事务委员会简称"中南民委",成立于1951年9月,直属于中南军政委员会,并接受中南军政委员会政法委暨中央民委的指导。中南民委内设机构有办公室,掌管政法的第一处,掌管财经的第二处,掌管文教、卫生兼人事的第三处。1952年8月,办公室下面再成立研究室,中南军政委员会任命严学宭为研究室主任。中南军政委员会主席林彪亲笔签署《任命通知书》。《任命通知书》方框正上方是一面鲜艳的国旗,设计精美,庄严大气。文字左向竖排,内容为:

中南军政委员会任命通知书

兹任命严学宭为

民族事务委员会研究室主任

特此通知

主席 林彪 一九五二年八月 日

《任命通知书》在日期上面钤盖"中南军政委员会印"的深红色方形大印。"林彪"二字为林彪用蓝色墨水手写。这是一份十分珍贵的历史文献,它见证了一段严学宭难以忘怀的历史,严学宭也一直保存、珍藏着这份《任命通知书》。但在"九·一三"林彪事件之后,在"文革"中已成"惊弓之鸟"的严学宭,害怕这份《任命通知书》给自己招惹麻烦,但又舍不得将其毁掉,于是擦去了任命书上的"林彪"二字,但擦痕字迹却依然可见。笔者在严学宭的晚年,曾亲自看过这份擦拭后的《任命通知书》,后来就不知存于何处,很遗憾不能将这份珍贵文献"立此存照"了。

中南军政委员会主席林彪,由于身体原因,其实一直都在北京而未到任,大多是由叶剑英和邓子恢代理其事。中南民委主任由中南军政委员会委员、秘书长,中南局统战部部长张执一兼任。严学宭的直接领导就是张执一。

图7-3　张执一

张执一（1911—1983），湖北汉阳县（今武汉市汉阳区）人。1929年加入共产党，曾任中共武昌区委宣传委员、武昌农民行动委员会书记。1935年后在上海从事学运、军运工作。1939年后任新四军豫鄂挺进纵队政治部联络部部长、新四军第五师旅政治部主任、中共上海局外县工作委员会书记等职。新中国成立后历任中共中南局统战部部长兼中南军政委员会主任委员、中南军政委员会秘书长、中南民委主任，中共中央统战部副部长，中央民委副主任，全国政协副秘书长。张执一有气魄，大胆放手任用严学窘。严学窘与这位老革命结下上下级兼同事和亲密好友的关系。

严学窘刚到武汉不久，1951年12月，北京大学周祖谟教授南下参加中南地区的土改运动，先到武汉向中南军政委员会报到。严学窘与周祖谟这对最为亲密的同学和朋友，在1937年北平分别十四年后，不意再次相遇于江城武汉，其高兴激动之情自不待说。周祖谟回忆说：

> 1950年秋，我南下参加土地改革工作，先至武汉，宿于当时的武汉中原学院。这是我第一次到武汉，登蛇山，俯视大江，远眺龟山，纵观武汉形势之胜，而最使人高兴的是在此晚秋的时节我和子君见面了。虽然已隔十多年之久，但他的风神意气仍似当年。在欢欣之余，我们殷殷互勉，要珍惜时光，努力

勤于所事,不费所学。自此以后,直至1980年才又晤面。①

据严学宭回忆,这次朋友相会,他设宴招待周祖谟,两位久别重逢的朋友非常兴奋激动,举杯对酌,痛饮忘形。周祖谟在深醉之后,诉说父母去世等家事,情不自禁,对着知心朋友严学宭伤心地哭了一场。②

1952年2月,中国科学院语言研究所派出北京大学语言学家袁家骅教授和王均先生率领的壮语工作队,到广西进行壮语调查和新壮文的创制工作。袁家骅(1903—1980),江苏沙洲县(今张家港市)人,毕业于北京大学英文系,后赴英国留学。回国后历任昆明西南联大、北京大学教授,从事对西南地区少数民族语言的调查和研究以及汉语方言的研究。妻子是著名的翻译家钱晋华。严学宭在北京大学读书时,袁

图7-4 袁家骅

家骅是北京大学文学院英文系的年轻助教,因其经常来听罗常培先生的课而与严学宭相识。这次袁家骅他们南下广西时要经停武汉,向中南军政委员会报告,由严学宭出面接待、安排。同年广西进行"三反"、"五反"运动,波及袁家骅,严学宭跟中南民委领导

①周祖谟《德业超卓,永远为人所怀念——悼念严子君教授》,《音韵学研究通讯》(内刊),1992年总第16期。周祖谟的记忆在时间上有误,他们见面的时间应是1951年冬而非1950年秋,因为1950年严学宭尚在广州。"中原学院"也应是"中原大学"。
②参见严学宭口述自传、刘宝俊记录(稿)。

讲述相关情况要求关照袁家骅,使袁家骅免受批判。罗常培先生知道此事后很高兴,向别人说"我这个学生还起作用了"。[①]1956年严学宭任中国少数民族语言调查第一工作队副队长兼海南分队队长,袁家骅是第一工作队队长,关系也十分密切。

中南民委研究室主任严学宭的主要任务,是研究中南区少数民族的历史、文化、社会经济和语言文字,并搜集整理有关民族问题的理论和资料。严学宭当时的级别是行政十一级,相当于军队正师级高干。军政委员会的干部生活上实行包干制,吃、穿、住、用等一应生活都由国家包干。但作为高干中的知识分子,严学宭没有享受包干制而是享受薪给制。薪水相当高,生活很舒适。住的房子是国家配给的,很宽大,相当于武汉市市级干部的规格。在这段时间里,除日常行政事务外,严学宭阅读了很多有关少数民族历史、文化、社会结构和语言方面的书籍,更新了自己的知识结构,为今后的民族调查研究打下了基础。

严学宭任职中南军政委员会后,1952年上半年,他担任中南民委湘西工作队队长,协助湘西苗族自治区筹备委员会副主任石邦智,参与筹建湘西苗族自治区的筹建工作。在工作期间他深入湘西苗族地区,调查了解、分析研究湘西少数民族社会、历史、文化以及语言等方面的情况。在1952年4月到8月湘西工作期间,严学宭除从事紧张的筹备工作之外,他最大的成果,就是通过在湘西的实地调查研究,确认土家族为单一民族。

关于湘西土家人的民族识别和最后确定,经历了一段十分曲折的历史。

1950年9月底,来自湖南湘西永顺县的女青年田心桃,作为苗

---

① 参见严学宭口述自传、刘宝俊记录(稿)。

族代表随中南区少数民族国庆观礼团来到首都北京，和其他各民族代表一起受到了毛泽东主席和周恩来总理等党和国家领导人的亲切接见和宴请。中南区少数民族国庆观礼团团长潘琪在向毛主席和周总理介绍田心桃时说："田心桃代表，外祖母是苗族，祖父母是土家人，她讲的土家语跟其他民族都不一样。"宴会中同席嘉宾相互介绍时，田心桃也说："我是毕兹卡，是土家。"在10月14日举行的民族座谈会上，田心桃对"毕兹卡"的介绍受到了中央的重视，特派中央民族学院民族文物室主任杨成志教授对田心桃进行了专访。10月20日，中央民委为研究各少数民族语言，专拟了一篇文章请各民族代表用本民族语言念出，由中国科学院语言研究所录音保存。语言研究所所长罗常培教授听了田心桃的土家语发音后，即断定田心桃所说的土家语言既不同于苗语，也不同于其他任何少数民族语言和汉语方言，而是属于汉藏语系藏缅语族的一种语言。

图7-5　田心桃

国庆观礼结束不久，田心桃被保送到中国人民大学教育专科进修，1951年夏结业后被分配到中南民族学院任教。1952年，田心桃又联合时在中南军政委员会新民主主义青年团中南工委会工作的湘西保靖县籍土家干部彭泊，以及中南民族学院第二期民族干部培训班中的五名土家学员，一同向中南民委提出确认土家为单一民族的要求。中南民委对田心桃等人的要求很重视，一面发函请湖南省民委对此予以调查研究，一面派严学宭调查田心桃的土家语。

这是严学宭第一次调查田心桃的语言，他找了一批语言中的

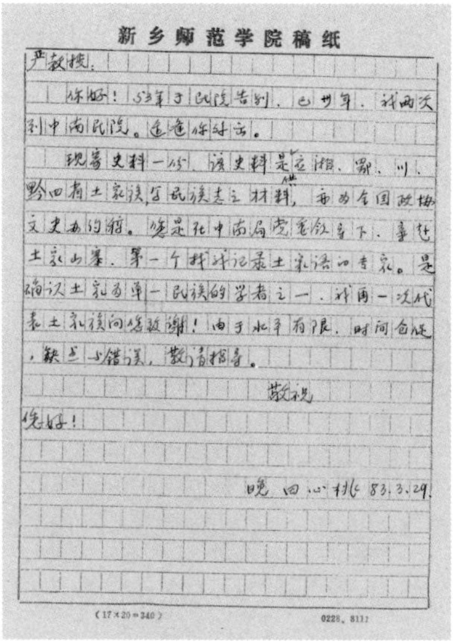
新乡师范学院稿纸

严教授：

你好！53年于民院告别，已卅年，我两次到中南民院，适逢你外出。

现寄史料一份，该史料是供湘、鄂、川、黔四省土家族写民族志之材料，并为全国政协文史办约稿。您是在中南局党委领导下，亲赴土家山寨，第一个找我记录土家语的专家。是确认土家为单一民族的学者之一，我再一次代表土家族向您致谢！由于水平有限，时间仓促，缺点和错误，敬请指导。

敬祝

您好！

晚 田心桃 83.3.29.

（17×20＝340）　　0228.8111

图7-6　田心桃致严学宭信

基本词汇，请田心桃用土家语发音，他用国际音标予以记录。田心桃后来回忆说：

严教授第一个找我记录土家语，他拟有词汇大致分为：自然、地理、时间、动物、植物、人体、疾病、亲属称谓、建筑、服饰、食物、用具、交通、经济、文化、武器、行为动词、数词、量词、代词等，我用土家语讲，他用国际音标记。①

通过调查田心桃的发音，严学宭发现田心桃的语言不是汉语当地方言，也不是湘西苗语的读音，而是接近藏缅语族彝语支的语音，与罗常培先生在北京对田心桃语言的判断基本一致。严学宭又找来明清时期的《永顺府志》、《龙山县志》和《凤凰厅志》等湘西地方志，找出其中用汉字记录的"土蛮"日常语词，让田心桃发音，居然绝大部分都相吻合！严学宭于是接着收集大量史籍、地方志和明清笔记中有关湘西"蛮族"的史料，拟作深入的调查研究。

1952年5月，湖南省民委对湘西永顺县的土家作了调查，撰写出调查报告回复中南民委，认为现在永顺县的土家在语言、生活风俗习惯以及民族感情等方面都跟当地汉族没有区别，只有少

①田心桃《我所亲历的确认土家族为单一民族的回顾》，《湖北文史资料》（内部编印），1990年第1辑。

数老年人能操土家语,不足以认定为一个少数民族。

中南民委收到湖南省民委的调查报告后,认为其结论与严学窘找田心桃所作的语言调查情况不相符,有必要再次复查。中南民委委托时任中南民委湘西工作队队长的严学窘再赴湘西土家人聚居区,对土家再行实地调查识别工作。于是严学窘趁到湘西筹建苗族自治区之机,选择土家人口更加集中、地理更为偏僻封闭、语言文化生态保护更加完整的湘西龙山县作重点调查。

龙山是位于湘西北部的一个边陲小县,地处武陵山脉腹地和湘、鄂、川三省交界之处,是湖南全省最偏远的县市之一。境内崇山峻岭,新中国成立初期不通公路,羊肠小道大多在半山腰中盘旋,人靠步行,货靠马驮。严学窘从湘西行署所在地吉首,前往龙山县调查,途中经历了一次生命危险。他回忆说:

> 在去龙山前,湘西行署给了我一匹马,并派了一位当地马伕护送。我从来没骑过马,骑在马背上走平地都胆战心惊,何况湘西的山路。马欺我是生手,不停地摆来摆去,一会儿擦着路边的山崖走,一会又往有荆棘的地方钻,一会儿又在临近悬崖的边沿上晃来晃去,总想把我颠下来。马伕是位三十来岁的年轻人,懒得牵着马缰在前引路,反而掉在后面老远晃悠。走到一条狭窄的山路上,左边是壁陡的悬崖,右边是望不到底的深谷,马突然一颠,我一下被摔下来,在这千钧一发之际,我一把抓住右路边上的一丛灌木,身子悬在半空中,大喊救命,马伕这才赶来把我救起。这下可把我吓瘫了。要不是我反应敏捷一下抓住一丛灌木,恐怕早就葬身于湘西的群山之中了! ①

①严学窘《八十自述》,第42页。

　　严学宭在龙山县进行了为期十三天的实地调查,回来后撰写了约一万三千字的《湖南龙山土家族初步调查报告》。调查报告从龙山土家人的人口和分布地区、历史来源、风俗习惯(家庭、婚姻、生育、丧葬、居住、饮食、服饰、宗教、节日)、民族关系(土家性格、民族关系)、社会形态、语言特征等方面的情况作了全面的叙述,结论认为:"经过13天的调查,获得的材料,确实地可以判断土家族为少数民族。""上述各种情况充分地说明了土家族是少数民族,绝对不是汉族。"在土家族族源上,严学宭认为"土家可能是古代北僚的板楯或廪君蛮的遗民"。这是历史上最早的专家学者通过实地调查得出的、确认土家是少数民族的结论。

　　1952年7月,严学宭把土家族调查情况向在湘西参加筹建苗族自治区工作的中央民委副主任奎碧和中南民委主任、统战部长张执一,以及湘西行署党委书记周小舟和湖南省统战部长兼民委主任谢华等作了汇报。奎碧和张执一同意严学宭的结论,而周小舟和谢华则持怀疑态度。后来周小舟专门找严学宭一对一了解情况,整整询问了一下午,严学宭逐一对答,最后周小舟表示沉默,只是未公开支持严学宭的观点。[①] 由于中央民委、中南民委与湖南地方领导的意见未完全统一,问题搁置起来。但是基于严学宭的调查报告,中南军政委员会仍决定像对待苗族一样,减免了土家人1952年的农业税作为照顾。不久中南军政委员会撤销,严学宭的调查报告上交中央民委。后来党和国家有关部门先后又派出了若干专家和调查组作进一步的调查,写出并发表了相关调查报告,主要的有:

　　汪明瑀:《湘西土家概况》(1953年9月)

----

① 参见严学宭《八十自述》,第42—43页。

潘光旦：《湘西北的"土家"与古代的巴人》（1953年）

王静如：《关于湘西土家语言的初步意见》（1954年）

潘光旦：《访问湘西北"土家"报告》（1956年5、6月）

中央土家问题调查组：《湘西土家语言调查报告》（1956年8月）

这些调查报告大多是在严学宭《湖南龙山土家族初步调查报告》的基础上增加新的材料，有些调查者如汪明瑀、潘光旦，都曾当面咨询过严学宭。① 这些调查报告一致证明土家确应成为单一民族。1957年1月，国家正式承认土家族，并将原湘西苗族自治区改为湘西土家族苗族自治州。与此相关的是，严学宭在明清文人的学术笔记中还发现，不光湘西，从鄂西一直到宜昌一带，都有土家族的存在，只是来不及下去调查。后来果然在湘、鄂、川三省相邻地带都发现了土家族，在不同时期都建立了土家族自治州或自治县。

特别值得注意的是，由于严学宭撰写的《湖南龙山土家族初步调查报告》写成后不久，就随着1953年中南军政委员会的撤销而上交中央民委，在土家族调查识别历史中，这是最早的、唯一在后来一直未公开发表的调查报告。在学术界，长期以来人们都不曾知道有过这样一篇调查、确认土家族的发轫之作，而湮没了严学宭在土家族识别过程中作出的重要历史性贡献。直到2001年，湖南省民委副主任彭继宽（湖南古丈县土家族）才从中央档案馆找到了严学宭这份尘封了五十年的调查报告，与其后多种重要的调查报告一起编成《湖南土家族社会历史调查资料精选》一书，

---

① 田心桃在《确认土家族是单一民族的见证》一文中说，1953年汪明瑀到中南民族学院找到田心桃等，提到严学宭录制土家语并将土家族调查报告上报中央民委一事，汪明瑀此行应拜见过严学宭。又据张道祖《随潘光旦师川鄂"土家"行日记》，1956年11月29日，潘光旦一行三人到中南民族学院拜访院领导、了解土家调查情况。"院领导"中应有严学宭。

于2002年由岳麓书社公开出版，严学宭的《湖南龙山土家族初步调查报告》才得以公开面世。彭继宽《湖南土家族社会历史调查资料精选》一书"按材料产生的先后顺序编排"，将严学宭的《湖南龙山土家族初步调查报告》排在第一。编者在该书"前言"中明确指出"最先调查的是在1952年，中南民委派民族研究室严学宭教授，专程到龙山、永顺等县进行考察"。[1] 后来"中央接到中南民委研究室的调查报告后，即组织中央调查组，抽调汪明瑀……"再进行调查，这才还土家族识别历史的本来面目。另外一个史料错误是，学术界根据田心桃的记忆，都认为严学宭是1952年底从中山大学调来中南军政委员会之后才调查土家族的。根据《湖南龙山土家族初步调查报告》，明确记载调查的时间是在1952年上半年严学宭在中南民委湘西工作队期间，亦即湘西苗族自治区筹备成立期间，而湘西苗族自治区成立于1952年8月1日。可知严学宭调查土家族，是在1952年7月之前。而且根据现存严学宭档案中一份1957年1月的履历表[2]，明确记载严学宭到中南军政委员会任职的时间是1951年12月，而非1952年底。

严学宭在任中南民委湘西工作队队长，协助筹备成立湘西苗族自治区期间，对湘西南部的"瓦乡人"也作过初步的调查了解，为后来"瓦乡人"的族属认定问题提出了重要的意见，起了重要的作用。

湖南的"瓦乡人"又称"挖乡人"或"哇乡人"，共约四十万人，分布在湖南西部沅陵、辰溪、溆浦、泸溪、吉首、古丈、保靖、大庸和城步苗族自治县等地。其中居在沅陵县境内约有二十三万人，自称"果熊翁"。

---

① 据《湖南龙山土家族初步调查报告》，本次调查仅限于龙山，未及永顺。
② 见中南民族大学档案馆藏《严学宭副院长主要履历表》。

　　"瓦乡人"的语言和民族属性,在我国学术界引发了一场长达半个世纪的争议。

　　1951年,中央民族访问团中南团湖南分团把居住在今城步苗族自治县的"瓦乡人"登记为"黎族",把居住在保靖县的"瓦乡人"(沅陵人)登记为"瑶族"。1958年4月湖南省民委发布《关于确定"挖乡人"的民族成份为汉族的意见》,认定"挖乡人"不是少数民族,而是汉族。后来又同意他们相继更改为苗族、土家族。[①] 语言学界对瓦乡话的研究,有的认为是汉语方言[②],有的则认为是苗语方言。[③] 这种族属和语言的不定性,使现代瓦乡人处于迷惘之中,找不到自己的归属,并成为当代一个严峻的社会问题而长期存在。

　　"瓦乡人"自认为是"苗族"。"瓦乡人"中的一些知识分子从50年代起到80年代都一直不断地申诉他们的族属问题,坚持认为他们是苗族的一个分支。1985年,"瓦乡人"较为集中的沅陵县人民政府向湖南省民委提交了《关于沅陵县"瓦乡人"要求恢复和改正民族成份的报告》,要求恢复"瓦乡人"的苗族成分。[④] 由于严学宭在1952年曾经了解、调查过"瓦乡人",1982年沅陵县委统战部写信给严学宭,征询他对"瓦乡人"民族属性的意见。严学宭回信说:

　　湖南省民族事务委员会办公室阅转万源同志:

　　　　暑期得中共沅陵县委统战部瞿湘周同志一信,附寄《果熊人是苗族的一个分支》的调查报告,和《也谈瓦乡话的语

①参见杨庭硕《明跃玲著〈边界的对话——漂泊在苗汉之间的瓦乡文化〉序》。
②参见王辅世《湖南泸溪瓦乡话语音》、《再论湖南泸溪瓦乡话是汉语方言》。
③参见石如金《"果熊"话语音调查报告》,张永家、侯自佳《关于"瓦乡人"的调查报告》,刘自齐《瓦乡话属辩——与王辅世先生商榷》。
④参见龚永辉《民族意识调控说:民族识别与民族理论的文化自觉》,第218—220页。

音》两文,希我答辩……只要历史来源清楚,风俗习惯明显,民族感情真实,语言相同没有关系,何况果熊人与汉族长期共处,互为影响,致使瓦乡话与汉话"你中有我,我中有你"而形成今天带有混合语性质的特点,这异源聚合发展的结果,在世界上也是正常现象。

我读了好几种"果熊人"是苗族的一个分支的材料,感到有理有据。

七二老人严学宭　　1982.9.21①

在严学宭的遗稿中,有一篇《中国湖南省沅江县的"瓦乡人"(提要)》:

湖南省沅陵县位于湖南省西部,东接桃源、安化,南临溆浦、辰溪,西与泸溪、古丈相连,北与大庸、永顺为界,古为著名的少数民族交往中心的五溪地区。

沅陵县有所谓"瓦乡人"约23万,占全县总人口的41%。其族源尚待探究,但从语言来看,结构虽属汉语现代方言之一,而词汇中则有46%以上属少数民族语言,主要属湘西苗语的果熊话,与湖南通道县侗语和龙山县土家语以及与广西省全州瑶语勉话相同和有对应关系的词语。

瓦乡人在生活习惯、生产工具和生产方式固多与汉族相同,但在文化上主要和湘西古丈、泸溪两县苗族相同或相似,如男女服饰、挑花刺绣的工艺流程;信鬼崇巫,如还傩愿、祭祀槃瓠等。

---

① 见侯自佳、刘集贵编《"瓦乡人"归属苗族的艰难历程》,第75、24页。"万源"是吴万源,湖南通道县人,侗族,湖南省民委、民族研究所研究员。瞿湘周是沅陵县本土学人,苗族,致力于瓦乡人民族成分的研究,是沅陵县政协委员,并非沅陵县委统战部工作人员。

以上情况可明"瓦乡人"是多语言多文化相互影响交融的结果。他和其他民族间亲属关系，既有同源分化，也有融合发展，甚至有可能是两类型的发展按不同时代不同比例相结合的结果。这就值得我们综合而有序地进行思辨性论证一个令人感兴趣的问题。①

这份"提要"写于1987年11月29日，与他此前关于"瓦乡人"的信中所持观点相同。严学宭认为"瓦乡话"是古代"果熊人"与汉族长期共处、互为影响形成的"异源聚合"的结果。瓦乡话是一种既非苗语又非汉语，而是多种语言长期接触形成的"克里奥尔语"，即混合语。在这种情况下，瓦乡人的语言就不能作为判断"瓦乡人"民族成分的主要依据，瓦乡人的族属仅纠缠于语言的属性无济于事。"只要历史来源清楚，风俗习惯明显，民族感情真实"，瓦乡话即使不是苗语，也无碍于他们属于苗族，也可以把他们与汉族区别开来。这是一种全新的观点。后来出身于"瓦乡人"居住区的现代学者明跃玲，在她撰著的人类学著作《边界的对话——漂泊在苗汉之间的瓦乡文化》一书中，认为瓦乡文化具有苗、汉高度复合的特性，瓦乡人是"漂浮在苗、汉之间"的"边缘族群"，从人类学的角度印证了严学宭瓦乡人为"异源聚合发展的结果"的观点。后来王辅世也撇开瓦乡人的语言，根据"他们有和苗族相同的风俗习惯，又有苗族的民族感情"的非语言要素，认为"应当尊重他们的意愿鉴定为苗族"②，与严学宭的观点完全一致。严学宭的观点和处理"瓦乡人"族属问题的方式科学、合理、可信，

---

① 严学宭遗稿《中国湖南省沅江县的"瓦乡人"》（提要）。
② 王辅世《关于瓦乡语问题致龙再宇副州长的信》，侯自佳、刘集贵编《"瓦乡人"归属苗族的艰难历程》，第131—132页。

由于他德高望重,关于"瓦乡人"和瓦乡语的激烈争论才暂时告一段落。①

　　新中国建国的头几年,是中国民族工作的黄金时代,而西北地区的民族工作做得最好,是模范地区。1952年秋,由中南民委组织中南区民族事务委员会、民族学院、自治区的汉、壮、苗、瑶等民族教育行政干部二十人,组成中南区西北民族教育参观团,参观团由中南民委第三处(教育处)处长王曦带领,赴甘肃、青海、新疆等地参观学习。中南民委研究室主任严学宭参加了参观团。

　　参观团主要参观了甘肃兰州的西北民族学院,学习高等教育教学经验和管理经验。从兰州到青海,再到新疆。在新疆乌鲁木

图7-7　参观团在青海著名喇嘛古寺——塔尔寺留影。前排左起第二人为广东民族学院(筹)院长岑家梧、第八人为中南民族学院副院长徐少岩,前蹲者为严学宭

①参见明跃玲《边界的对话——漂泊在苗汉之间的瓦乡文化》,第39页。

齐,他们见到了时任新疆军区司令员王震,中共新疆分局第一书记王恩茂,中共新疆分局第四书记、新疆省推行民族区域自治筹备委员会副主任赛福鼎等。赛福鼎是维吾尔族,曾留学苏联,平时都讲维吾尔语或俄语。也能讲汉语,但很少讲。严学宭他们在乌鲁木齐时,碰上了苏联"十月革命"纪念日,苏联驻乌鲁木齐领事馆举行盛大招待会,新疆省人民政府邀请来自中南地区的贵宾参加招待宴会。宴会时苏联领事讲话,时任新疆省民族区域自治筹备委员会主任包尔汉做翻译。包尔汉也是维吾尔族,精通维、俄、英、汉四种语言。严学宭十分佩服包尔汉,认为他是一个语言怪才、奇才,应该为他写一部很好的传记。①

　　之后他们再到新疆各地参观。先到新疆伊犁、塔城、阿山(今阿勒泰)三区,了解20世纪40年代爆发于三区的革命历史。那一带部队师团级以上干部大都是中南地区的人,自参加革命后就没有回过中南家乡,一听说有来自中南的客人,都把他们当作家人、亲戚看待,热情地带着他们参观,用上好的西瓜和马乳葡萄招待他们。接着他们前往中苏边境的伊犁哈萨克自治州霍尔果斯,再从霍尔果斯回到乌鲁木齐。回来时不巧遇上寒流,冰天雪地,居民都躲进了"冬窝子"避寒,汽油都冻结了,小车根本无法行走,而他们又必须返回。伊犁地区只得给他们派了一辆载重汽车,外面罩上厚厚的毡子,颠簸两天才回到乌鲁木齐。

　　从乌鲁木齐他们再到新疆西南部与阿富汗、巴基斯坦接壤的喀什,严学宭第一次领略了特殊的西域风光和浓郁的南疆风情。接待他们的喀什政府为他们举行了一场纯粹民族风味的歌舞晚会,还有艺人们用维吾尔语演唱的冗长的维吾尔族史诗。严学宭

_____

① 参见严学宭《八十自述》,第55页。

他们完全听不懂,但为了礼貌还是坚持听完演唱。

　　这次参观前后历时三个月,严学宭十分愉快,收获颇丰,大大开阔了眼界,进一步加深了他对中国少数民族的认识和了解。他对西北地区少数民族的豪放、淳朴、善良以及完全不同于中南地区的民族文化、民族风情留下了深刻、良好的印象。队员们十分友好融洽。带队领导王曦是严学宭的直接领导张执一的妻子,跟严学宭很熟识。王曦(1919—2018),湖北汉口人,回族,当时三十出头,但却是资深老革命。她在20世纪30年代经张执一介绍加入共产党,后与张执一结婚,在鄂豫边区抗日根据地工作,任"新五师"组织干事。抗战结束后秘密潜入上海从事地下工作。1949年后任中南民委第三处处长,中南军政委员会撤销后调入北京师范大学,任党委委员、人事处处长、图书馆馆长等职。王曦在2018年逝世,齐心、习远平都送了花圈,习远平还出席了告别仪式。

　　他们参观访问返回武汉后不久,1952年12月3日至10日,严学宭随中南军政委员会领导张执一等一同前往广西南宁,参加桂西壮族自治区成立大会。每到一处,他就立即进行民族了解,索要各种民族研究材料,当地干部反映说"严主任要材料要求太多、太高了",言下有不满之意。但是这些材料后来都回哺给了广西,在严学宭两年之后两次赴广西进行民族调查和识别工作中,这些材料起了很大的作用。

　　广西之行结束后,1952年12月中旬,严学宭从广西转道广东,调查生活在珠江流域的水上居民,即历史上被称为"疍家"的特殊民系。这支民系分布相当广泛,从广东珠江、沿海一带直到海南岛沿海都有。他们以船为家,长年生活在水上,以打鱼捕虾维持生活。据他们自己传说,他们是元末蒙古军人的后裔,元朝灭亡后没有田地房产,又受汉族的驱赶,只好寄生水上。新中国成立后,这支民系要求国家承认他们的少数民族身份,中南民委即派严学窘前往调查识别。严学窘到疍家居住的船上进行了大约为期两周的调查,发现其风俗习惯、宗教信仰与陆地汉族居民稍有不同,主要是因为水上生活的危险,而形成独特的神祇崇拜和范围较广的禁忌语,此外难以找到其他能够成为单一民族的根据。他们传说是蒙古后裔在历史上也查无实据。严学窘认为疍家不能成为单一民族,他写了两三万字的调查报告上交中南民委和中央民委,为确定疍家的民族成分提供了重要参考。1955年,中央民委再派出广东疍民识别调查小组,进一步认定疍家讲汉语方言,生活习俗与当地汉族相同,民族意识不明显,确认为汉族。在新中国成立后,严学窘无疑是代表一级政府调查识别疍家民族成分的第一人。

严学窘在对少数民族调查研究时,深切认识到少数民族文物对于其历史文化的重要性,认为对于很多没有文字的少数民族来说,民族的文物就成为追溯民族历史的重要物证,所以在

图7-8　土家织锦——西兰卡普

历次的民族调查中都十分重视民族文物的收集。他在湖南龙山调查土家时,就曾收集过土家的土花铺盖,一种土家语称作"西兰卡普"的编织品。这种土花铺盖是土家族手工艺术的一绝,它与摆手舞一起被称为土家族艺术的两朵奇葩。新中国成立前土家妇女因生活所迫,编织不起,许多图案也逐渐失传了,只有地主老

财家才有财力编织。严学宭到龙山调查时,从土改中被没收的地主财产中挑了五六件珍贵的"西兰卡普",买下来带回武汉,交给了中南民族学院少数民族文物陈列馆收藏。①

　　1953年3月,中南军政委员会撤销,改组为中南行政委员会,成为一个过渡时期的行政机构。中南行政委员会民族事务委员会撤销研究室建制,将研究室转设于中南民族学院。严学宭的直接领导张执一调任中央统战部副部长兼中央民委副主任。张执一在离任之前征询严学宭的意见,给他三个选择。一是随张执一前往北京,到中央统战部或中央民委任职;二是回中山大学续任教职;三是在武汉由他自由选择高校任教。不言而喻,前两种选择显然更利于严学宭的发展,就是第三种选择,他也可以选择去母校武汉大学任教。但在这关键时刻,严学宭主动放弃了自己的选择,而是听任领导安排。这样,严学宭就被安排到在武汉建校才一年多,急需骨干研究力量的中南民族学院,从此他的后半生就与中南民族学院(今中南民族大学)结下了不解之缘。

---

① 参见严学宭《八十自述》,第47页。

第八章　桂海寻踪

　　1953年3月,中南军政委员会撤销。同年4月,严学宭调到与中南民委有直接隶属关系的中南民族学院任教,兼任该院研究室主任。

　　建国初期的行政级别,十四级以下都属于高干。中南军政委员会给予严学宭的行政级别是十一级,但转到学校后,行政十一级才套成教授四级。资历比严学宭晚的周祖谟先生已经是二级教授,更晚的马学良、傅懋勣也是三级。所以有人问他的教授级别,他都不好意思说。就此而言,严学宭确实"掉得大",吃了很大的亏。

　　中南民族学院是根据1950年11月中央人民政府政务院颁发的《培养少数民族干部试行方案》而成立的。学校建校于1951年11月,校址位于武汉市武昌区街道口小洪山,与珞珈山的武汉大学毗邻。初名中央民族学院中南分院,1952年11月改名为中南民族学院。1957年又改名为中央民族学院分院,1965年再恢复中南民族学院名称。学校建校初期的目的是培养少数民族干部,为今后民族地区实施建政打基础。中南民族学院在1970年被撤销,1980年恢复重建,现在发展为国家民委直属的综合性大学,校址在武汉市洪山区南湖之滨、民族大道182号,2002年更名为中南民族大学。

图8-1　小洪山麓初建成的中南民族学院

　　建国初期,根据1950年11月中央人民政府政务院颁发的《筹办中央民族学院试行方案》中"建立研究部"的要求,中国的民族院校大都设立了相应的研究机构,聘请有较高声望的专家教授担任负责人。1953年4月,原中南民委研究室移交给中南民族学院,负责中南地区少数民族情况和问题的调查研究工作,主要研究中南地区少数民族的历史文化、社会经济和语言文字以及民族成分的识别工作。研究室下设几个研究组,是中南民族学院专门从事民族研究的机构。严学宭从1953年4月担任研究室主任,直至1956年8月研究室撤销。

　　1953年8月到1954年5月,已经改组的中南行政委员会民族事务委员会,会同广西省民族事务委员会,联合组成广西民族调查组,由严学宭担任组长,张景宁任副组长,在中南民委的直接领导下,先后两次对广西尚未确定民族成分的世居少数民族或民系进行调查识别工作。

广西是一个多民族省份，民族众多，情况复杂。据1953年8月广西省民委制订的《调查民族成分工作计划方案》统计，广西省已确定和未确定的民族计有十八种。其中除了可以肯定为单独民族而无须识别的壮、侗、苗、瑶、倮倮（彝）、回族外，还有因与其他少数民族特点相近，尚待科学辨别其是否能单独成为一个民族的，如偏人、傣人、仫佬人、毛难人等。甚至还有过去或仅据初步材料、或仅仅凭某一支人自己"报名"，尚待科学定义进行研究确定的，如越族、水家、黎人、伶人、犵佬人、倈人、疍民、六甲人等。但实际上还有更多属于以上第二、第三种情况的"民族"，存在大量异名同实、同名异实的复杂、混乱情况。中华人民共和国建立后，随着国家民族平等政策和对少数民族帮扶措施的实施，许多未被确定为单一民族的民系都纷纷要求国家承认他们为单一民族，对民族、民系的调查、识别就成为当务之急。所以应广西民委的请求，中南民委遂联合广西民委，组织了这次较大规模的民族调查、识别工作。

在此之前，1951年7月到9月，中央民族访问团中南团第一分团在分团长费孝通带领下，访问了广西壮、苗、瑶、侗、回、彝等少数民族，撰写了二十九份、约四十万字的调查材料①，在访问结束后，经广西省委统战部铅印成册，供有关方面内部参考，后来也没

① 即（1）《广西少数民族历史资料提要》、（2）《广西大瑶山一般情况》、（3）《大瑶山瑶族家庭经济与自然屯经济典型调查》、（4）《大瑶山团结公约订立经过》、（5）《关于金秀瑶区的初步调查报告》、（6）《广西龙胜县东区概况》、（7）《广西龙胜县坳头苗族调查》、（8）《广西龙胜县伟江乡洋湾村调查》、（9）《广西龙胜县东区伟江乡甘甲村甘甲屯调查》、（10）《龙胜县南区龙脊村僮族社会调查》、（11）《广西龙胜县减租退押情况》、（12）《龙胜县文化教育（转下页）

有出版。这些材料主要是针对壮、苗、瑶、彝等已知民族的社会历史情况所做的描述性调查，涉及尚未确定民族的材料，仅有《防城县偏人情况》（该材料认为偏人实为壮族）、《防城县二区巫头、澫尾、山心越南族情况》、《江平越南族情况及教堂活动》涉及两个民族的三份材料。这是广西首次范围广泛的少数民族社会历史调查。严学窘在1952年赴南宁参加桂西壮族自治区成立大会时应该获得了这次访问所编的全部或部分材料，为严学窘等的这次调查提供了一定的基础。但两次调查的性质、目的、对象不一样，前者属于面上的调查，一般的了解，尚存在一些不确之处，例如把仫佬、侗族均归属于壮族，把仡佬称为苗等。严学窘率领的这次调查是搞清楚以民族识别为目的的小少民族，是点上的、专题的、深入的研究性调查。

这次调查的地点主要是广西境内的桂北、桂西和桂南各地区。工作时间分两个阶段。第一阶段从1953年9月上旬到12月上旬共三个月，主要调查对象是龙胜县的伶人、黎人、苗人，罗城县的仫佬人，环江县的毛难人，南丹县的水家、隔沟人，宜山县的

（接上页）情况》、(13)《龙胜县灾荒情况调查报告》、(14)《广西三江县第八区（林溪）民族概况》、(15)《三江县第六区民族概况》、(16)《广西三江木材问题调查报告》、(17)《三江县人民政府财政经济委员会关于开展兄弟民族地区贸易工作报告》、(18)《广西省三江县1951年下半年度半级制财政收支概况报告》、(19)《防城县偏人情况》、(20)《防城三区少数民族情况》、(21)《东兴市情况介绍》、(22)《防城县山人（瑶族）民族情况》、(23)《防城县第三区炯中乡民族情况》、(24)《防城县二区巫头、澫尾、山心越南族情况》、(25)《江平越南族情况及教堂活动》、(26)《广西东兰县第五区（中和区）民族概况》、(27)《广西东兰县西山区民族概况》、(28)《广西田东县民族概况》、(29)《广西平果县民族概况》。参见冯深《广西解放后首次少数民族社会历史调查——中央访问团在广西》，《广西民族研究》，1991年第1、2期。

黎人和阳山人,三江县的六甲人。第二阶段从1954年2月上旬到5月下旬三个多月,调查对象主要是平果县的陇人,防城县的越族,龙津县的傣人,另外顺便了解高栏人、侬人和越南境内的布陇、布傣人等。① 在整个广西期间,严学宭既是每一调查的组织者,又是每份调查材料的主要整理者和审稿人。

第一阶段调查人以及调查材料的整理人、审稿人为:

调查人:严学宭　张景宁　容观复　刘耀荃　刘　介
　　　　冯　深　李慧兰　李敬忠　莫必震　王豫远
　　　　卢耀斌　余仲辉　文于一　傅正模　伍务续
　　　　陆　雄　吴冠仁　谢松堂　黎邦耀　麻务金
　　　　蒙焕瑞　谭月理　裴朝兰　李务球　苏维光
　　　　潘×× (共二十六人)

整理人:严学宭　容观复　刘耀荃　冯　深　陆　雄
　　　　李敬忠

审稿人:严学宭　张景宁

第二阶段调查人以及调查材料的整理人、审稿人为:

调查人:严学宭　张景宁　容观复　刘耀荃　冯　深
　　　　李敬忠　莫必震　王豫远　余仲辉　陆　雄
　　　　裴朝兰　李务球　苏维光　韦少馨　潘××
　　　　(共十五人)

整理人:严学宭　容观复　刘耀荃　冯　深　陆　雄
　　　　李敬忠

审稿人:严学宭　张景宁

其中容观复、刘耀荃是严学宭最得力的助手,也是后来严学

①参见中南民族学院研究室编印《识别民族成份调查工作基本总结》,第1页。

宭组织进行海南黎族社会情况调查的主力队员。

调查组副组长张景宁(1918—1991),广东新宁县(今台山市)人。1930年毕业于广东国民大学,1933年留学日本,回国曾任广东国民大学、广西大学、桂林师范学院教授。1949年后历任广西省民委副主任、广西通志馆副馆长、广西民族学院副院长,兼任广西区第六、七届人大常委会副主任,民进中央常委、第一至四届民进广西区委主委,第三届全国人大代表,第五至七届全国政协委员。在广西调查时张景宁任广西区民委副主任,配合严学宭的工作,协调调查组的组织领导工作。

这是广西有史以来规模最大的以民族识别为目的的调查。针对各种复杂的民族、民系情况,调查组从各调查对象的人口分布、社会状况、历史来源、语言、风俗习惯、宗教信仰、经济生活、民族关系等方面进行调查、分析、研究。调查组对民族成分不作定论,只就其是否能成为单一民族提出明确意见,由国家根据调查组的材料以及国家的民族政策,最后确定其民族成分。

在经他们调查识别的伶人、黎人、苗人、仫佬人、毛难人、水家、隔沟人、黎人、阳山人、六甲人、陇人、越族、傣人、高栏人、侬人等十五种民系中,调查组认为仫佬人、毛难人、越族、水家四个民系应作为单独的民族。现在广西的仫佬族、毛难族(后改名为毛南族)、越族(后改为京族)、水家(后改名为水族)四个民族,就是根据这次调查识别,经中央民委研究、上报国务院批准,在1956到1958年先后得到正式确认的。[①] 调查组认为其他十一个民系均不足以成为单独的民族,而应归入到广西的其他民族中。例如伶人、黎人、隔沟人都是苗族的支系,苗人、陇人、侬人、

①参见黄光学、施联朱主编《中国的民族识别:56个民族的来历》,第156页。

傣人、高栏人都是壮族的支系,而黎人、阳山人、六甲人其实都是汉族。这些意见也都得到了国家的认可,没有将其独立为单一民族。

由于严学窘之前有过调查湖南龙山土家语的经历,具有一定的经验。这次的调查方法,一是找典型、抓重点。对每个民族的调查,都选择该民族聚居的有代表性的二至四个自然村作重点,一般选择大村、单姓、建筑有特色、文献古迹多、经济文化较集中的村,并选择其中数户作为典型调查户。通过典型调查、分析,找到该民族的主要特征。二是在附近其他民族地区选择一两个辅点,与主点作同异对比研究。三是实地考察与史料结合,在充分掌握现有史料基础上,广泛收集族谱、碑碣、文契、文告、故事、传说、酒歌等。①

这次调查总结出许多科学而实用的经验,于1954年6月以中南民族学院研究室的名义,撰写、编印了《识别民族成份调查工作基本总结》。这些经验是,首先从调查对象的自称、被称和称人入手,迅速判断民族间大致的同异关系。尤其是少数民族对汉族的称呼,往往显示出民、汉不同的民族成分。这些被调查民族几乎一致称汉族为"客人",少数称为"官人"(即"讲官话的人")或"广人"(即"讲广府(州)话的人"),这就大致显示他们应非汉族。相接近的少数民族相互间的称呼即使复杂,但若把地区性的名称与普遍性的名称分辨开,就不至于被表面现象所迷惑。例如平果县的陇人自称为"布陇",称居住在平原地区的壮族为"布那"。壮语"布"是"人"的意

---

① 据粗略统计,这次调查使用了30多种县志、府志、通志,20多种史书,50多种其他史料;收集了28块碑文经典、21姓家谱、46个故事传说,为识别这些民族成分提供了有力的佐证。参见冯深《五十年代初期我区民族调查之回顾》,《广西民族研究参考资料》,1986年第6辑。

思,"陇"是指石山环绕的小山谷,"那"是指水田。因此陇人与壮族实为同一民族,只因所居住地区的不同而有不同的叫法。①

其次,从地名和居住地域入手辨别民族间的同异。这次调查的若干对象居住的地方,往往称为"陇"或者"峒"。"陇"、"峒"在我国西南地区许多民族语言中,是指喀斯特地形区域石山环绕中的小块平地,而某一民族的居住范围,往往在同一个"峒"或"陇"内,极少散居其外。除自然区域外,有的民族还聚居于一个完整的行政区域,如毛难人的三南、傣人的金龙峒。但共同地域在识别民族成分时不能作独立的要素孤立理解,如三江县的六甲人,虽然聚居于相当大的一块地方,但其他方面的特征不明显,不能仅据地域而认定其为少数民族。

第三,识别民族成分有时从本民族的族谱、家牒和石碑也可帮助解决问题。如平果乐尧山区的潘姓陇人自认为瑶族,但据其族谱,其先祖三百年前来自武鸣潘姓,而武鸣潘姓均为壮族,可判断乐尧潘姓陇人亦当为壮族。②

最后,语言是识别民族成分的关键。中南地区少数民族语言情况十分复杂,严学宭认为,要判别同一语族某几个民族的语言究竟是方言还是不同语言的差异,得经过语音与语义结合的历史音变发展规律,以及基本词汇与语法构造近似性的比重大小来决定。另外,少数民族语言中的借词也有助于了解一个民族的历史来源与迁徙路线。如侗傣语族借用汉语的词汇多属粤语,苗瑶语族则多与之不同。在多种民族杂居区,语言的密切接触会产生"克里奥尔语"(混合语)。严学宭认为桂北龙胜伶人的语言,跟之

①参见中南民族学院研究室编印《识别民族成份调查工作基本总结》,第2页。
②参见中南民族学院研究室编印《识别民族成份调查工作基本总结》,第2页。

前他调查过的湘西沅陵县的瓦乡话，以及后来调查的海南岛临高话，都属于这一类的语言。伶人在族源上应属于苗族，但语言已不是单纯的苗语，而是苗语混合了大量其他语言的要素形成的混合语。[①] 在这种情况下，语言就不能作为民族的主要要素，而要根据历史来源、风俗习惯、民族感情等共同文化来源和共同心理素质来确定民族成分。[②]

这是广西历史上第一次较为系统的民族识别调查。调查认为，对中南地区民族成分的识别，主要是语言的差异和民族心理素质的差异，族称也是单一民族的辅助标志。这一认识对中南地区民族成分的识别工作具有极大的指导意义，对贯彻党的民族政策、开展民族工作十分有利。调查结束后，严学窘到北京向中央民委汇报了调查经过和结果。

前后两次的广西调查，调查所得材料由严学窘主持整理为十份调查材料，由广西区民委于1953年10月到1954年底铅印成九册（其中南丹县水家和隔沟人调查合为一册），送有关部门作内部参考，计有：《龙胜伶人情况调查》、《罗城仫佬族情况调查》、《环江毛难人情况调查》、《平果陇人情况调查》、《防城越族情况调查》、《龙津县金龙岗傣人情况调查》、《龙胜苗族情况调查》、《龙胜黎人情况调查》、《南丹县栏关乡水家、隔沟人情况调查》。这九册调查材料共约九十三万字，另有各种统计资料一百一十三份，地图十六幅，房屋、衣饰图十八幅。上述九种调查材料中的前六种，已于1987年列入国家民委《民族问题五种》丛书公开出版。

---

① 参见严学窘《八十自述》，第44页。
② 参见中南民族学院研究室编印《识别民族成份调查工作基本总结》，第2—3页。

图8-2　广西民族调查部分资料书影

　　这批调查所获得的资料,较真实地反映了解放初期这些民族的状况,较完整地保留了这些民族的原貌,内容翔实,科学性强,至今仍有重要的认识价值。

　　这是严学窘第一次带领团队进行民族调查。调查非常成功,取得的成果十分丰硕可观。在短短不到一年的时间内,他和队员们踏遍了八桂大地山山水水,深入各偏僻荒凉、深山峻岭中的小少民族地区,甄别出四个独立的少数民族,归并了十一个非独立民族的民系,并均获得了国家的承认。这些成果,与严学窘之前对土家族的识别一样,都是可以载入史册的不朽功绩。调查资料所记录的十一个小少族系的社会历史文化,现已大多濒危或消亡,因而成为非常重要的珍贵文献和历史档案。其采用的调查方法和积累的经验,对于今后中南地区的民族调查和研究都有积极的价值和指导意义。这次调查的成果,不仅属于广西,也属于全国;不仅属于当时的现实,也属于永久的历史。

在严学宭的学术历史上,这只是他所带领、组织的两次中等规模的民族调查。但这已显示了他在民族研究领域已经具有专家级的学术水平,显示了他高超的学术活动组织能力,为他今后对海南黎族、苗族的大型调查奠定了坚实的基础。

严学宭一生的学术组织活动,尤其是田野调查,有一个难能可贵的特点,他不太在意团队的队友们是否专业,而总是在调查、实践中把不专业者培养为专业者,把专业者锻炼得更加专业。广西的这两次调查的队员,有的是来自非专业的生手,有的虽是专班出身但却是初次从事田野调查的新手。他们在实践中互相学习、共同提高,大都获得或提高了从事少数民族田野调查的技能和水平,成长为民族调查和研究的专门人才。例如容观夐,调查时是中南民族学院讲师,后来成为中山大学人类学系教授,曾任中国人类学会理事、中国民族史学会理事、广东省民族研究学会名誉理事长、人类学高级论坛顾问。刘耀荃,调查时是中南民族学院讲师,后任广东省民族研究所研究员、所长。李敬忠,调查时是中南民族学院助教,后为广东民族学院教授、香港大学客座教授。冯深,调查时在中共广西省委统战部作行政工作,后任广西民族大学教授,被自治区党委、自治区人民政府授予优秀专家的称号,获国务院特殊津贴专家。

广西的壮族都没有本民族的服装,严学宭在调查中特别留心此事。一次在靠近越南的宁明县一个深山村庄,他在调查时询问当地壮族说:"其他的民族都有自己的服装,你们怎么没有呢?"他们说:"我们也有,但不爱穿。"叫他们拿出来一看,果然是一套不同于其他民族的女式服装。严学宭把这套珍贵的壮族女服带回了武汉,交给了中南民族学院少数民族文物陈列馆收藏,后来这套壮族女服连同其他少数民族文物曾在日本展览过。①

图8-3 中南民族学院少数民族文物陈列馆

20世纪50年代初期,广西民族地区交通不便,条件十分艰苦。很多地方都靠步行,有时翻过一座山就得走一天。调查组中严学宭年纪最大,经常拄着拐杖走路、爬山。有时队员得了急病需翻山越岭星夜抬往医院抢救。调查者之一的冯深后来回忆说:"这些生动的事迹,虽然时过三十年,仍然历历在目,令人难于忘怀。"②

对于严学宭来说,少数民族的饮食习惯也很难适应,使他经常忍受一些不可明言的痛苦,并因此对身体造成伤害。他们在广

①参见严学宭《八十自述》,第45页。
②冯深《五十年代初期我区民族调查之回顾》,《广西民族研究参考资料》,1986年第6辑。

西防城调查越（京）族时，在海边有满尾、巫头、山心等几个京族居住的岛，他们在岛上住了半个月，进行了详细调查。越（京）族是我国西南边境地区与越南主体民族同源的跨国民族，也是中国唯一的海洋民族。他们靠海吃海，鱼很多，日常菜肴以鱼、虾、蟹、蚌、蚬、鲶汁和虾酱为主，腥味很浓，岛上不种蔬菜也买不到蔬菜，调查员很难适应。越（京）族人经常吃一种叫鲎的鱼，类似蟹，有一个硬质甲壳，肉质粗硬，严学宭觉得尤难入口。① 至于其他民族的饮食，严学宭同样难以适应。他回忆说：

> 在桂北靠近贵州省的边区调查苗族时，少数民族同胞很好客，一进门就捧上一碗热气腾腾的茶汤。但他们的茶叶泡在壶里，壶挂在火上，来了客人就把壶里的茶烧热。壶不经常清洗，因而带有一种刺鼻的异味。不喝不礼貌，喝下去又难受，就胃痛。在平果县识别民族成分时，没米饭吃，每天吃苞谷糊，由苞谷磨成粉，加水一煮，不放糖而放盐，难以下咽。这种日子真难过，饱一顿饿一顿。我后来得胃溃疡，开过一刀，跟长期进行田野调查有很大关系。②

严学宭自调任中南民族学院研究室主任的这一段时间，主要从事调查、研究工作，同时也承担少量本科生的教学、指导工作，但具体情况不详。有一则唐作藩先生的回忆，这样记载：

> 1953年7月我们班毕业前夕，在严先生的支持、协助和关怀下，到中南民院进行少数民族语言调查实习。七个同学分成三组，饶秉才和欧阳觉亚为一组，许绍早、王豫远和麦梅翘为一组，詹伯慧和我合作调查贵州仡佬族语言。我们遇到

---

① 参见严学宭《八十自述》，第45页。
② 严学宭《八十自述》，第45页。

问题常去请教严老师。当时气温甚高，室内也很炎热，又无降温设备，严先生在生活上也给予我们许多关照，为时两周的实习终于顺利完成了，三个组都留下一份复写的调查报告。①

唐作藩等七人都是中山大学文学院语言学系1953届的本科生②，严学宭在中山大学语言学系任教时是他们的老师，给他们上过课，都非常熟悉，直至1951年底严学宭调离中山大学后师生才分开。在他们毕业前夕，王力先生委托严学宭代为指导这届七位毕业生的毕业实习。严学宭带领他们调查贵州、广西等地的少数民族语言，记录少数民族语音，培养了他们对少数民族语言的初步认知。其中王豫远毕业后即分配到中南民族学院任教，并参与了严学宭领导的广西少数民族调查识别工作，以及后来严学宭领导的海南黎族、苗族社会调查。欧阳觉亚毕业分配到中国科学院语言研究所后，参加了中国少数民族语言调查队第一队海南分队队长严学宭领导的海南黎语、苗语调查和黎文的创制工作，后来更是终身从事少数民族语言文学的研究工作，成就卓著。詹伯慧毕业后分配到武汉大学，在北京大学进修汉语方言学时，也受袁家骅指派参加到严学宭的海南分队，参与了黎语的调查工作。③ 他们后来的成就，都离不开严学宭当年的教导和培养。

---

①唐作藩《怀念严先生》，《音韵学研究通讯》（内刊），1992年总第16期。

②这七人中，麦梅翘1947年入学而休学两年，唐作藩、饶秉才、许绍早为1948级休学一年，1949年入学的欧阳觉亚、詹伯慧同年级，王豫远1950年自香港插班进来的，四个年级一同汇为1949级、1953届。参见唐作藩《〈田野春秋〉序言》，《走近詹伯慧——庆祝詹伯慧教授从教六十周年纪念文集》，第127页。

③参见欧阳觉亚《半个多世纪的情谊——我与詹伯慧的交往》，《走近詹伯慧——庆祝詹伯慧教授从教六十周年纪念文集》，第132页。

1954年3月,中南行政委员会正式任命中南民族学院正副院长。中南行政委员会民委副主任熊寿祺兼任中南民族学院院长,严学宭任副院长兼研究室主任,岑家梧任副院长兼教务处处长,徐少岩、张文藻任副院长。

严学宭的老上级熊寿祺(1906—1971),字景昌,四川邻水人,是一位资深老革命。1927年加入共产党,同年参加秋收起义,参加创建井冈山革命根据地和三次反"围剿"作战。1929年参加古田会议,被选为中共红四军前敌委员会候补委员。1930年任中共红四军军委代理书记。后遭国民党和日寇的两次逮捕,一度与党失去联系。中华人民共和国成立后,历任中南军政委员会委员、交通部办公厅主任、中南民族事务委员会副主任兼中南民族学院院长、中央民族学院副院长兼统战部部长。1951年严学宭与熊寿祺都参加了中央中南民族访问团,后来两人在中南军政委员会也有密切的交往,一直关系甚好。现在又作为正、副搭档一同共事于中南民族学院,可算很有缘分。

图8-4 熊寿祺

与严学宭同时任命为副院长的岑家梧(1912—1966),海南澄江县(今澄迈县)人。著名民族学家,在民族学界有"南岑(家梧)北费(孝通)"之说。1931年考入中山大学社会系,1934年赴日留学,攻读人类学和考古学。1938年后先后任教于贵

图8-5 岑家梧

州大学、大夏大学、中山大学、岭南大学。1952年负责筹建广东民族学院,1953年随广东民族学院合并于中南民族学院而调入中南民族学院任职。严学宭与岑家梧的相识,始于1951年的中央中南民族访问团,两人同在广东分团,相处三个月,1952年下半年又一同在中南民族教育参观团相处三个月,是谈得来的朋友。现在同时以非党人士担任副院长,分别负责科研和教学,是配合默契的搭档。可惜1958年岑家梧被打成右派、撤销副院长职务,在"文革"中不堪受辱而自尽,年仅五十四岁。中南民族学院历史上两颗璀璨耀眼的学术明星,后来就剩下严学宭一人、"唯有孤星入少微"了。

第九章　琼岛驱劳

　　1954年5月,在结束了对广西少数民族调查识别工作后,严学宭回到武汉,度过了大约两个月的休歇时期,处理一些广西调查的善后事宜。刚刚调养一下疲惫的身心,同年7月,又接到中南行政委员会民族事务委员会下达的进行海南岛少数民族社会调查的任务。这次的任务,主要是调查海南岛黎族、苗族的社会发展以及现阶段的社会性质,和黎族内部的支系情况,根据其阶级的分化与否以及分化程度,决定是否需要进行或者如何进行土地改革。

　　这次调查,由严学宭率领中南民族学院研究室的八位研究人员,另调广西民族学院干部一人,组成"中南海南工作组"。7月23日从武汉出发,24日到达广州。在中共华南分局和广东省民族事务委员会等机关的配合下,抽调广东省民委六人,统战部、民政厅、法院、政法委员会各一人,共十人参加到工作组。8月6日从广州到达海口,海口行署又派若干人员参加工作组。10日抵达海南黎族苗族自治州首府通什市,自治州州委、人民政府、民政处、公安处、妇联以及干部学校又增派若干干部及学员参加到工作组中来。这样,"中南海南工作组"就由从武汉出发时的十人增加到三十六人,具体名单是:

　　　严学宭、容观夐、刘耀荃、余仲辉、卢耀斌、王豫远、石建中、李敬忠、莫必震、陆雄、廖宝昀、黄少怀、胡汉斐、潘雄、廖仪珍、彭祖康、蔡忠广、陈斐宾、林翼鹏、潘理性、梁栋贞、潘家孔、陈少英、黎家训、卢元凯、云博生、陈益新、刘登平、刘亚拔、王妚林、黄兴元、吉朝兴、符仕銮、詹孝藏、谭仁生、韩秋月。

其中潘雄、黎家训、詹孝藏三人参加了黎族调查而未参加苗族调查，谭仁生、韩秋月二人参加了苗族调查而未参加黎族调查。其他人都参加了黎、苗两个民族的调查。

在这份名单中，严学窘、容观夐、刘耀荃、余仲辉、卢耀斌、王豫远、石建中、李敬忠、莫必震都是中南民族学院研究室和民族文物陈列馆的人员，陆雄是广西民族学院干部。除了从事民族文物博物馆工作的石建中外，其他九人都参加过之前的广西少数民族识别调查，是这次“中南海南工作组”的基础人员，也是此次海南调查的核心人员和骨干力量。

这是严学窘在1951年参加中央民族访问团中南团广东分团访问海南岛后，第二次登上海南岛。但这一次的调查远非第一次的访问那样轻松，需要深入海南岛南部五指山、鹦哥岭腹地周围等自古以来的蛮荒之地，深入到黎、苗社会的最底层，在高山峻岭、瘴雨蛮烟的恶劣自然环境和复杂的社会环境中经受磨难和考验，甚至随时都可能出现意外和不测。他不仅要承担主管调查的业务工作，还需负责三十多人的日常生活、身体健康和生命安全，承受着身体和心理上的强大压力。

这次大规模的民族调查工作分两阶段进行。第一阶段从1954年8月23日至10月27日，集中调查保亭、白沙、乐东三县交界的五指山腹地存在的黎族“合亩制”地区。“合亩制”是这一地区黎族解放前至解放初存在的、带有原始家族公社残余的社会组织和农业生产的基本单位。"合亩"意为"有血缘关系的集体",大多由五六户有血缘关系的父系家庭组成,也有的大到三十多户、小到两三户。"合亩"内的土地和生产资料公有,由父系长辈担任"亩头",处理合亩内一切大事。全体成员共同劳动,平均分配。这种原始公社残余的社会经济组织到20世纪50年代,经过社会主义改造才被瓦解。调查组在"合亩制"地区选择了八个调查点,每个点工作四至八天,调查了解、整理材料,共经历两个月零五天。

第二阶段的工作扩大到对自治州内白沙、乐东、东方、琼中、保亭、崖县、陵水七县的调查。因地域辽阔,时间紧迫,严学宭将工作组分为三个分组,每组约十二人。选定工作地点后,第一组主要了解各县黎族内部支系分布、特征、婚姻情况等;第二组着重了解社会经济结构;第三组负责物质文化包括历史文物的收集和音像资料的摄录。这一阶段从1954年10月下旬至1955年1月下旬,计两个月零二十四天。

这次调查获得的材料,除一部分来自各地党政负责人的情况介绍和各县、区、乡提供之外,绝大部分都是由工作组实地调查获得。调查对象包括乡村干部、农民、知识分子、复员军人和汉商等各阶层、职业以及不同年龄、性别的人,每一项目的调查都经过了多次、多方面的核对。每一点的工作完成后,就地整理、讨论和补充材料。整个调查工作完成后,又集中全组人员进行了一个月的综合汇报、材料审核工作,严学宭主持并参与所有材料的整理和审核工作。

工作组根据对黎族人口分布、历史来源、经济结构、社会组织、物质文化、精神文化等方面的调查情况来区分黎族支系,发现风俗习惯尤其是文身和服饰图案各地黎族有明显区别。最终综合分析不同特点,将黎族分为侾黎、杞黎、本地黎、美孚黎、加茂黎五个支系。

　　工作组对调查材料经过分开整理、集中审理之后,编印了二十多种内部参考资料。其中抄送广东省民委有关海南黎族、苗族材料七十八份,计四十五万字。完成了十三万字的海南黎族、苗族情况调查总结,送中央民委和各地有关单位参考,后被编入中央民族学院《中国民族问题研究丛刊》。尤其重要的成果是,工作组编写了《海南黎族情况调查》四册、《海南苗族情况调查》一册,共计五册,约一百五十六万字,另附有大量的地图和表格,由中南民族学院于1955年至1957年铅印内部发行。①《海南黎族情况调查》四册分别记录一个地区和五个支系的情况调查,第一册是黎族"合亩制"地区,第二册是"侾黎"支系区,第三册是"杞黎"支系区,第四册是"本地"、"美孚"、"加茂"三个黎族支系区。《海南苗族情况调查》是自治州内各地苗族综合情况调查。黎、苗调查的内容包括支系分布、历史来源、人口分析、经济作物、山水交通、生活情况、家庭婚姻、住房服饰、宗教信仰、禁忌崇拜、丧葬习俗、经验知识、生产力与生产关系等各种自然、地理、历史、社会、经济、政治、宗教、人文等方面的情况调查,并附录有传说、神话故事、民谣等,内容十分丰富。

　　这次调查大大超过了之前国内外学者到海南岛作过的民族调查。其特点第一是全面而非部分的调查,分清了黎族不同支系的情况,发现在风俗习惯特别是在文身和服装图案上各支系有不同特色,这是前人未曾发现的。第二是用阶级分析的方法分析黎、苗族封建社会的结构,使之更加清楚;对"合亩制"的特征、范

---

①《海南黎族情况调查》1—4册分别为223、229、322、348页,共1122页;《海南苗族情况调查》有314页。

围有了更加明确的了解，这也是前人未能做到的。这五册调查报告凝聚了全体调查人员的共同心血，弥足珍贵。它资料翔实、系统全面，客观地反映了20世纪50年代中期海南黎族、苗族的社会风貌，保存了大量处于伟大变革时代转瞬即逝的珍贵历史资料，成为海南岛黎、苗民族研究不可或缺的原始资料，其学术价值为国内外民族学、人类学界公认。《海南黎族情况调查》在1991年经中南民族学院校理后，以"中南民族学院本书编辑组"的名义和《海南岛黎族社会调查》的书名，分上下两册，由广西民族出版社出版。《海南苗族情况调查》于2010年经中南民族学院校理后，以"中南民族大学"的名义和《海南岛苗族社会调查》的书名，由民族出版社出版。

图9-1 《海南黎族情况调查》（内部印发）书影

20世纪50年代中后期，是中国语言学界开展大规模田野调查的黄金时代。

在汉语方面，1956年2月6日，国务院发出《关于推广普通话的指示》，提出"在1956年和1957年完成全国每一个县的方言的初步调查工作"。根据这一指示,教育部和高等教育部在1956年3月20日联合发出了《关于汉语方言普查的联合指示》,接着就在全国范围内进行了我国历史上第一次全国性的汉语方言调查。

在民族语言方面,1955年12月6日到15日,中国科学院和中央民族事务委员会在北京联合召开首届民族语文科学讨论会,中国文字改革委员会主任、中国人民大学校长、老革命家吴玉章,中共中央宣传部副部长、政务院文化教育委员会秘书长、中共中央副秘书长胡乔木,中共中央统战部副部长、中央民委党组书记兼中央民族学院院长刘格平等到会讲话。会议制定了发展少数民族语言研究的十二年远景规划和五年计划,确立了帮助少数民族创制和改进文字的基本政策,决定成立中国科学院少数民族语言研究所。① 根据会议精神,从1956年开始,由中国科学院和中央民委组织有关科研单位和民族院校、各地民族语文机构共七百多人,组成七个少数民族语言调查工作队,分赴全国各少数民族地区进行语言调查,为没有文字的少数民族创制文字。

如此大规模的民族语言调查和文字创制工作,不仅在我国历史上是空前的,就是在世界历史上也不多见。作为中国南方民族调查和研究重镇的中南民族学院,和在民族调查研究领域声誉鹊起的著名语言学家严学宭,自然成为汇入这一时代大潮的一支重要力量。

为民族语言调查和文字创制工作的顺利开展,在调查之前,中国科学院少数民族语言研究所筹备处和中央民族学院、西南民族学院、中南民族学院合作,分别在中央民族学院和西南民族学

---

① 中国科学院少数民族语言研究所于1956年12月29日正式成立,包尔汉任所长,尹育然、傅懋勣任副所长。

院开办少数民族语言调查培训班。1956年2月中旬,严学宭从中南民族学院学生中挑选出四十名少数民族学员,其中黎族十七人、瑶族十二人、苗族六人、侗族五人,在严学宭率领下,前往北京中央民族学院参加培训班学习,准备参加少数民族语言调查和文字创制工作。①

1956年2月20日,由十三个民族、四百一十五名学员组成的"少数民族语言调查培训班"在中央民族学院举行开学典礼。中央民委副主任刘春、中国科学院语言研究所所长罗常培、中央民族学院副院长苏克勤到会讲话。②

培训班分为大小两个班,小班的程度要低些。严学宭在听了大班的报告后,再给小班讲课、培训。

在四个多月的培训中,严学宭既是中南民族学院学员的带队人,又是培训班的老师之一,还是勤奋好学的"学员"。他自始至终参加培训,认真努力学习大班每一位专家报告的内容。严学宭用一个专为培训准备的硬壳笔记本,认真、详细地记下了所听培训报告的报告人、报告题目和内容,有的还记下了报告的时间。这是一份极有价值的民族语言研究史料,下面就是严学宭笔记记录的培训班报告情况,依次为:

马学良:"对少数民族语言调查者的基本要求"(1956.2.22上午9—12时)

罗季光:"怎样分析语音和描写语言"(1956.2.27)

傅懋勣:"音位的基本理论和实际问题"

---

① 参见中南民族学院校史编写室编《中南民族学院简史(1951—1979)》,第49页。

② 参见中央民族大学网站"大事记:1956年",https://www.muc.edu.cn/gk/xxyg/dsj.htm。

　　　尹育然①："有关少数民族语文工作中的几个问题"

　　　喻世长："音位系统的分析与描写"

　　　李　森②："关于制订方言调查大纲的一些问题"

　　　佚　名（未记录报告人，下同）："收集词汇和编排词汇的方法"

　　　苏联顾问③："调查各民族语言的方言问题"（1956.4.9）

　　　金　鹏："有关语法调查的一些问题"

　　　刘　春："少数民族工作问题"（1956.4.13）

　　　托托叶娃④："就苏联经验论方言研究方法"

　　　茂敖海⑤："关于中国民族问题和党在民族问题上的基本政策"

　　　佚　名："怎样分析语音、描写语音"

　　　傅懋勣："语言比较和文字方案设计"

　　　王辅世："有关调查研究的问题"

　　　喻世长："怎样收集语法材料、进行语法研究"（1956.4.28）

　　　佚　名："语言调查的基本知识"

　　　袁家骅、张元生："壮语多音节名词"

　　　佚　名："壮语中的汉语借词研究"

---

①尹育然时任中央民族事务委员会文教司副司长。

②李森（1923—1994），祖籍河北衡水县人，出生于新疆喀什市。著名民族维吾尔语研究专家，时任中央民族学院副教授。

③未记录名字，应是中国科学院苏联顾问、著名语言学家格·谢尔久琴柯。

④苏联专家。

⑤茂敖海（1921—2007），民族理论研究专家，曾任内蒙古社会科学院民族研究室主任。

　　罗安源："关于音位系统"

　　刘　春："民族工作和民族政策问题"

　　王　均："壮文工作经验"

　　李司长①："民族教育目前情况和今后方向"

　　在培训之外，严学宭还分别与傅懋勣、袁家骅、罗季光、王辅世等就民族语言调查的程序、方法以及之前自己和别人的经验教训等当面请教，或通信交流。

　　严学宭作为大班的"学员"之一，是班上的"老生"。他也从事过多年南方少数民族调查识别工作，有丰富的田野经验和组织、领导能力。但他之前的民族调查，偏重于少数民族的社会、历史，并没有真正从事过少数民族语言文字的系统、深入调查、分析、研究。培训班上的其他主讲人，如马学良、罗季光、傅懋勣、王辅世、王均等，都是罗门弟子，也都是严学宭的师弟，在资历、年龄、职位上都比严学宭低。但为了掌握少数民族语言调查和文字创制的理论和方法，严学宭非常虚心、十分投入地参加培训，完整、详细地记录专家的报告内容。笔记一手漂亮的欧体小楷，字迹工整，文句流畅，内容完整，鲜有涂改，有的不经修改就可以正式发表，可见其学习的虔诚、尽心。经过培训，严学宭在自己田野调查实践经验的基础上，从理论上得到了新的充实和提高。这是一次十分难得的学术历练，正是这次全面、系统、高强度的培训，加上严学宭谦逊好学的学术品格，再加上之后他不畏艰难的田野实践，促使他后来赫然成为一位卓有成就的少数民族语言调查研究专家。

　　这里要特别提到授课老师罗季光。罗季光（1914—1978），

---

①教育部民族教育司司长，未知名字。

湖南长沙人，1932年考入北京大学中文系，跟周祖谟是同班同学，也是罗常培先生的学生，跟严学宭是非常要好的朋友。严学宭回忆，罗季光特别聪明，勤奋好学，审音能力极强，可以媲美于傅懋勣，罗常培很喜欢他。他家里很有钱，小时骄纵他，因而有些少爷习气。他是有名的瑶语专家，在新中国刚成立不久的1952年，为了掌握第一手瑶语资料，他独自一人奔赴广西大瑶山实地调查，后来写成著名的《广西瑶语》一文。这次严学宭在北京培训，他经常到严学宭住所蹭饭吃。他特别喜欢吃油炸辣椒荷包蛋，每当严学宭夫人做这菜给他吃时，他就高兴得不得了。罗季光对严学宭学术上的影响很大，在民族语言的调查研究方面常常帮助严学宭。1983年严学宭撰写《论古越族在闽南方言中的投影》一文，其中引用他调查的瑶语资料，在文中特别申明该文为纪念杰出的瑶语专家罗季光而作。①

　　在紧张的培训之余，这一时期严学宭在北京的业余生活也是十分惬意、富有情趣。中央民族学院对这位兄弟院校的副院长很是客气，专门给了他一个小套间居住。他把妻子张志远叫来北京，这样他就不用像其他学员一样吃食堂，可以自己做饭。每周的星期六下午和星期天全天放假，那是他们的闲暇时间，可以自由活动。严学宭回忆这段时间的业余生活说：

　　　　一到星期六下午，我就跟妻子一起坐有轨电车进城去玩，看电影看戏。我们特别喜欢看新凤霞演唱的评剧。有时等到听完了戏已经是深夜了，到西直门就没有了车。我们硬是走回中央民族学院，要走上两个小时，回家时已是凌晨两三点了，但是丝毫不觉得累。星期天八九点钟起床，随便弄

---

① 参见严学宭《八十自述》，第96页。

点吃的,又上街。逛天坛、中山公园、北海、颐和园、景山等名胜古迹,乐此不疲,兴趣盎然。三十年代我在北京苦读三年,妻子也跟我在北京生活,但我们从没有如此的闲情逸致来欣赏北京这座古老的文化名城,现在我们倒像是返老还童了。①

在周末的时光,他们夫妻俩还不忘在这座现代的城市中去寻觅祖先严嵩四百多年前留下的痕迹,回味祖先当年的辉煌显赫,别有一番滋味。严学宭回忆说:

> 景山前到北海之间有两座牌坊,牌坊上有十六个大字,现只记得其中有"孔绥皇祚"四字。马衡先生曾经告诉过我这十六个大字是我的祖先严嵩亲笔书写,但没有落款题名。在以前皇帝所在地是不能随便落款题名的。字写得漂亮极了。我和妻子在高大的牌坊下照了像,连同牌坊上的字一齐照下来了。后来牌坊因影响交通被拆掉了,我们的照片在"文化大革命"中也烧了,非常可惜。北京西鹤年堂药铺,以及大栅栏"六必居"酱菜店的牌匾,传说也是严嵩写的,但字体与牌坊上的不一样。我们还特地到过丞相胡同,这条胡同原来都是严嵩的私产。看到这些,联想起严嵩一生的作为,我感受到别有一番思古之幽情。②

在这个规模空前的培训班上,经过四个月零十天紧张的学习,学员们基本掌握了民族语言调查的方法、技巧,训练班圆满完成了它的使命,于当年6月30日顺利结束。在结业典礼暨全国少数民族语言调查动员大会上,周恩来总理和与会的全体成员见

①严学宭《八十自述》,第50页。
②严学宭《八十自述》,第50页。

了面,吴玉章、罗常培以及中央民委、高教部的领导都作了重要讲话。对于这次大会,严学宭回忆说:

> 大会在中央民族学院礼堂召开,我坐在台下第一排中间,与中央民族学院的苏克勤副院长挨着坐在一块。中国文字改革委员会主任吴玉章先生和中国科学院语言研究所所长、我的导师罗常培先生以及中央民委和高教部的领导坐在台上。罗先生在台上看见我,忙招手叫我上台去,介绍给吴玉章先生说:"这是我建国前的学生严学宭。"我请吴先生今后多指教。常培师与吴先生交情甚深,吴先生很敬佩常培师的学问,罗著《语言与文化》一书就有吴先生的亲笔题词。罗先生叫我就坐在主席台上,我不肯,觉得跟老师平起平坐有失礼貌,仍回到原座位。刚坐下不久,台上吴先生正在作报告,我听到会场保卫人员走到旁边苏副院长跟前,告诉他总理要来跟大家见面。我回头一看,这时周恩来总理已进了大门。大家纷纷站起来鼓掌欢迎,我却灵机一动,一个箭步冲上主席台,与台上人员站成一排。我想总理是一定会上主席台跟大家握手的,坐在台下就不一定有这福分了。果然,总理径直走上主席台,跟台上人员一一握手。我虽然在多次会议上与总理见过面,但与总理握手这还是第一次,很紧张,也很激动。看看台下的苏副院长,只有拍手的份儿了。我很庆幸自己有急智。①

严学宭一生见过毛泽东、周恩来、朱德、陈毅、贺龙、叶剑英、王震、李维汉等党和国家领导人,对这些中国共产党的领袖人物发自内心的崇拜敬仰。他以能与周恩来总理近前握手而感到无

---

① 严学宭《八十自述》,第50页。

上的荣幸,后来他接受毛泽东主席的接见并握手同样是激动万分。这在今人看来似乎不是一个知识分子傲视王侯的品格。然而在他们那一代历经旧时代磨难的知识分子中,从内心把共产党和毛泽东等视作中华民族的救星,对他们的感情是真挚的,毫无矫情,也无须刻意去"傲视"。

　　培训结束后,全体学员加上未参加培训的部分人员共七百多人,分成七个少数民族语言调查工作队,分赴全国十五个省、自治区,对中国四十二个少数民族的语言进行了全面普查。中南民族学院的四十位学员分别参加了第一工作队和第二工作队,7月4日至6日分赴海南岛和贵州参加少数民族语言调查和文字创制工作。[①] 严学宭受命担任第一工作队副队长兼海南分队队长。

　　少数民族语言调查第一工作队的队员,主力来自1952年就成立了的广西壮文工作队,大本营设在广西南宁。袁家骅先生任第一工作队队长,副队长还有王均和喻世长,任务是在广西、广东、贵州、湖南、云南五省工作,对壮语、布依语、黎语、侗语、水语、倮语和沙语进行调查研究。喻世长带一部分队员在贵州调查布依语和侗语等,王均奉命担任第一工作队海南分队的副队长,带领十几位骨干一同协助队长严学宭教授,海南派一位当地干部唐宗海担任副队长协助严学宭工作。

　　严学宭率领大部分海南分队人员从武汉、南宁远征海南岛,实际上是独立进行工作。海南分队的主要任务是普查黎语方言、土语的分布情况、异同程度和各自的特点,划分各个方言、土语的范围,为选择黎语基础方言和标准音提出足够的材料和合乎实际

---

① 参见中南民族学院校史编写室编《中南民族学院简史(1951—1979)》,第49页。

的意见,并妥善地提出黎文方案。

严学宭率领的海南分队由四十二位调查人员组成,其中十九人来自广西壮文工作队,十八人来自中南民族学院参与过北京培训班的学员,另有五位海南当地的干部。四十二位调查人员的具体情况是:

队长:严学宭

副队长:王均、唐宗海

业务秘书:欧阳觉亚

队员:曾催鸿、郑贻青、梁敏、刘一沾、林苍萍、陈瑾、黄木桂、方根载、邓锡勋、张文治、李敬忠、黄东生、严燕、曾昭启、詹伯慧、陆雄、符镇南、陈清江、文明英、王宏伟、王积礼、王大列、王文芳、王国球、王明(符有丹)、王桂凤、王德理、陈仁和、陈玉兰、周德新、黄有金、符爱琼、黎蔚林、唐渊、符镇、杨舜英、张儒群、王理辉[1]

这只是正式的调查人员。加上其他辅助性工作人员就有七八十人。

这是严学宭第三次奔赴海南。这次比一年多前的黎、苗民族的社会调查又有所不同——专业性更强,技术难度更高,队员人数更多。加上属于国家层面的任务,事关黎族未来的发展,只许成功不许失败,因而压力更大。

1956年7月15日,海南分队到达海南通什市。调查之前严学宭根据前两次对海南黎族社会情况的调查、了解,作了大量的前期准备工作。他根据之前调查海南黎族社会时对黎族支系的划分,认为黎语的方言与黎族的五个支系应当具有密切的关系,于

---

[1] 参见欧阳觉亚《少数民族语言与粤语》,第19—20页。

是结合黎族社会支系情况，拟订了一份非常具有预见性、十分精准的《海南黎语调查大纲》。虽说是"大纲"，实际上有上百页，包含了语音调查、词汇调查、语法调查的要点。有了这份科学、详尽的调查大纲，就大大减少了调查工作中可能发生的失误，少走了不少的弯路。对于这一点，当时的副队长王均先生，后来多次表达了他对严学宭丰富的调查经验和周密的准备工作的赞许，和对其学术预判性的惊叹。他说：

> 1955 年夏，前辈中南民院副院长严子君（学宭）先生受聘为中国科学院少数民族语言调查第一工作队海南分队队长，率队调查海南黎族苗族自治州的民族语言。我任子君先生的助手，应命从在广西的第一工作队带了几位骨干队员同去海南。①

他在一次访谈中说：

> 严先生在语言调查前对黎族社会历史深入细致的准备工作，对方言调查的帮助真是很大！ ②

在严学宭去世后，王均在《怀念严学宭先生》一文中说：

> 使我惊异的，是语言调查提纲里，有那么丰富的社会历史人文资料，原来他早有心将少数民族语言调查与该民族的社会民俗等特点，结合起来，互相印证。在赴海南调查语言之前三四年，他在中南大区民委担任研究室主任，已经亲自率队对中南一些省区少数民族社会历史人文情况进行了大量深入细致的调查研究。后来，黎族方言的研究结果，与调

---

① 王均《学无涯　情无涯——为庆祝詹伯慧教授执教 45 周年而作》，《走近詹伯慧——庆祝詹伯慧教授从教六十周年纪念文集》，第 116 页。
② 李旭练《王均先生访谈录》，《中国民族研究年鉴（1999）》，第 513—514 页。

查提纲里的黎族支系特点,若合符节。①

图9-2　严学宭(右一)、王均(左二)与黎语调查发音合作人合影②

　　海南分队副队长王均(1922—2006),原名王鋆,字少恭③,江苏南通市人。1946年毕业于西南联大中文系,是罗常培、王力先生的得意门生。毕业后任教于中山大学文学院语言学系,与严学宭共事而相识。1950年后任职中国科学院语言研究所、少数民

①王均《怀念严学宭先生》,《音韵学研究通讯》(内刊),1992年总第16期。
②照片来自王均。背面有王均题写的"海南分队正副队长在福安乡和发音合作人合影。1956.8","1956年8月与严学宭教授在海南通什福安乡同黎族发音合作人在一起。王均"。
③50年代罗常培和王均合写《语音学常识》,在《中国语文》1954年1月到1955年5月连载了14期,署名"田恭",即在罗常培字"莘田"和王均字"少恭"中各取一字。《语音学常识》后修订为《普通语音学纲要》一书出版,是1949年后中国第一部语音学著作,学术水平很高,在我国语言学界享有盛誉。

族语言研究所,协助袁家骅调查壮语、创制壮文。又协助严学宭调查黎语,在技术业务方面出力尤多。严学宭对王均以师兄弟相处,而王均一直以严学宭为师,两人交情甚深。后来王均官至国家语委副主任,又任全国政协第七、八两届委员,对严学宭仍是十分敬佩、尊重。在严学宭去世后,他撰写了《怀念严学宭先生》一文,深情回忆他与严学宭一生的交往。

在调查之前,严学宭和王均将调查点分为主点、辅点、一般调查点、参考点四种类型,十分审慎地进行各类型调查点的选点工作。规划了试点、普查、整理三个工作阶段的方式方法和步骤,编制了黎族侾、杞、本地、美孚、加茂各支系方言、土语的音系例字表和辨区例字表,讨论和决定了处理语音词汇和语法问题的原则与符号统一使用法。

7月30日到8月14日,工作队开始了第一阶段通什的试点工作,收到了预期效果,全队工作人员了解、熟悉并掌握了调查少数民族语言的操作程序,提高了记音、审音的技术水平。

8月15日,严学宭将工作队全体人员,连同海南行署和黎族语文研究指导委员会派来参加的工作人员共五十多人,编为三个小组,分别出发到自治州所属各县,进行第二阶段全面普查。在两个月时间内,各组共调查主点四个,辅点五个,一般点十个,参考点一百五十个左右。记录了四万多个词汇、五千多条语法例句、八万多字的长篇故事,并收集了各个调查点的人文材料。各组在离开各调查点之前,都要就地整理好音位系统和语法材料。同时为了探讨黎语中的汉语借词情况,工作队还记录了海南汉语方言的文昌语、万宁话、儋县话和崖县的"军话"、"迈话"等。

第三阶段是整理工作,从11月下旬到12月底进行。各组从各县集中到自治州首府通什,确定综合整理计划,比较、讨论黎语

图9-3　1956年8月,海南分队王均(后排左一)、
欧阳觉亚(前排左一)等在通什调查黎语

图9-4　1956年8月,海南分队郑贻青(右一)等
为调查黎语整理植物词目标本。

方言、土语材料，同时改变原来分组，分为人文情况、语音、词汇和语法四个小组，按照集中材料、按例归类、比较异同、探求规律的程序进行工作。比较各个方言、土语的特点，找出各方言、土语的异同主流，寻找黎语发展和规范的趋向。

　　由于自然条件的不同和黎族内部社会发展的不平衡，加上历史上人口的流动迁徙，各黎族支系之间文化上的互相交流以及受汉族文化的影响，形成了黎族内部各个支系语言、经济和文化上具有一定的共同性和差异性。工作队以语言为基础，结合物质和精神文化的特征作全面的观察，经过反复的比对、分析、研究，最后认为黎语方言的划分与黎族内部支系的划分具有高度的一致性，黎族可分为五个支系，与之对应的就有五种黎语方言：

　　侾黎是黎族人口最多的一个支系，占自治州黎族总人口的58.34%，主要分布在自治州西部，以乐东、东方、崖县三县最集中。与之对应的是侾方言，可分为罗活、哈应、抱显三种土语。

　　杞黎是仅次于侾黎的第二大支系，总人口占自治州黎族总人口的23.86%，主要聚居在自治州东部的保亭、琼中两县和白沙县的什运区。与之对应的是杞方言，可分为通什、堑对、保城三种土语。

　　本地黎总人口占自治州黎族总人口的5.49%，主要分布在白沙县，与之对应的是本地方言，可分为白沙、元门两个土语。

　　美孚黎占自治州黎族总人口的3.94%，主要分布于昌化江下游、今东方县部分地区，与之对应的是美孚方言。

　　加茂黎占自治州黎族总人口7.17%，分布于藤桥水和陵水河的上游，与之对应的是加茂方言。

　　在这五个方言里，侾、杞、本地、美孚四个方言比较接近，加茂方言与之相差较大。

　　在确定基础方言的过程中,工作队考虑人口、地域、历史文化和生产力占比等诸种因素,经过反复的斟酌、考虑,确定以人口最多的侾方言为黎语基础方言,以乐东县的罗活话为黎语标准音。

　　最后,在已确定基础方言和标准音的基础上,归纳出标准音罗活话的音位系统,然后采用拉丁字母形式制定黎文方案(草案)。黎文方案(草案)的内容包括基础方言和标准音、黎文字母、黎语标准音语音系统、音节结构和音节划分、连写规范、方言词语及汉语借词的拼读、大写和缩写、标准符号等。

　　到1956年12月底,工作队经过艰苦的调查、严格的整理分析、全面充分的讨论、反复的比较斟酌和慎重的考虑,海南工作队对黎语方言的调查和划分、黎语基础方言和标准音的确定、黎文方案的制定等全部工作基本完成,剩下的就是将其结果提交"黎族语言文字问题科学讨论会"开会讨论。

　　为顺利召开"黎族语言文字问题科学讨论会",预先成立了"黎族语言文字问题科学讨论会"筹备委员会,严学宭、王均等任筹备委员会委员,海南工作队副队长唐宗海任秘书长,王均等人任副秘书长。成立大会设大会秘书处,王均任秘书,海南工作队成员大多参加了成立大会的各项会务工作。

　　1957年2月11到17日,"黎族语言文字问题科学讨论会"在通什隆重召开,出席会议的有各界代表一百七十五人。会议由海南黎族苗族自治州州长王国兴致开幕词,自治州州委书记王荫轩,中国科学院语言学顾问格·谢尔久琴柯,中国科学院少数民族语言研究所副所长傅懋勣,全国政协副主席、中国科学院少数民族语言研究所副所长包尔汉,中央民委文教司副司长尹育然,广东省民委主任罗明,海南行署民委主任冯安全,中山大学教授高华年等出席会议并讲话。严学宭代表中国科学院少数民族语言调查第一工作队海南分队,向大会作了《关于划分黎语方言和创制黎文的意见》的长篇报告。与会代表对严学窘的《报告》进行了热烈的讨论,充分交流了意见。会议最后认为严学窘所作的《报告》符合实际情况,同意对黎语五个方言的划分,同意以侾方言为基础方言、以乐东县罗活话语音为标准音。同意海南分队制定的黎文方案(草案),要求有关部门按照国务院制定的批准程序,尽快确定和实施黎文方案。

图9-5　"黎族语言文字问题科学讨论会"领导合影

会议还通过了《致毛主席电》。电文为:

敬爱的毛主席:

海南黎族苗族自治州黎族语言文字问题科学讨论会,于1957年2月11日正式开幕,17日已胜利闭幕了。

会议讨论通过了黎文方案(草案),黎族同胞长期渴望的自己的文字,从此得以实现了。这是黎族几十万人民文化建设历史性的一件大喜事,同时也是黎族同胞社会主义建设上又一个里程碑。

黎文(草案)的诞生,它将大大促进我州的文化建设高潮的到来,它将从基本上改变黎族历史遗留下来的落后状态,对于今后黎族迅速地发展成为社会主义民族和在祖国社会主义建设中将有极其重要的作用。

黎文创制取得了巨大的成绩,是党中央与您正确的民族政策的光辉照耀下而获得的;毫无疑问,这与您时刻关怀与支持是分不开的。我们谨以无限愉快的心情向您致敬!

我们喜悦地向您保证,在您的领导下,紧密同各民族人民团结在一起,加倍地积极工作,为完成推行黎文的光荣任务而努力,为建设我们伟大祖国的光荣事业而奋斗!

　　广东省海南黎族苗族自治州黎族语言文字问题科学讨论会全体代表

一九五七年二月十七日①

会议成立了"黎族苗族语文研究指导委员会",王国兴任主任委员,严学宭等任副主任委员。

这次会议级别高、影响大。当时的新闻报道就有《黎旅人民的一件大喜事,黎族语言文字问题科学讨论会开幕》(《新海南报》1957年2月13日)、《在黎族语言文字问题科学讨论会上严学宭教授说黎文易学易写易懂》(《新海南报》1957年2月17日)、《黎族语言文字问题科学讨论会闭幕——讨论会一致通过黎文方

①引自黎族语言文字问题科学讨论会秘书处编《黎族语言文字问题科学讨论会会议纪念刊》,第39页。

案》(《新海南报》1957年2月19日)、《黎族人民没有文字的历史即将结束——黎文方案草案已通过》(《南方日报》1957年2月20日)等。

在这些与会的领导中,与严学宭相识的包尔汉(1894—1989),新疆温宿县人,维吾尔族,是中国穆斯林知名学者,著名的社会活动家,第六届全国政协副主席。1933年参加革命工作,民国时期曾任新疆省民政厅副厅长、迪化(今乌鲁木齐市)专区专员、新疆省政府副主席、主席。1949年9月率新疆省政府通电宣布起义,任新疆省人民政府首任主席。严学宭在1952年随中南少数民族西北参观团赴西北参观时,在新疆苏联领事馆的宴会上结识了包尔汉,认为他有奇才,懂维吾尔语、汉语和俄语、英语,生平有传奇色彩。

负责50年代全国民族语言调查的大管家是傅懋勣(1911—1988),字兹嘉,山东聊城人,著名的民族语言学家。1935年考入北京大学中文系,毕业后考取北京大学文科研究所罗常培的研究生。后任教华中大学。1948年赴英国剑桥大学攻读语言学,获博士学位。回国后历任中国科学院语言研究所研究员、少数民族语言研究所副所长、中国社会科学院民族研究所副所长、中国语言学会副会长、中国民族语言学会会长、中国民族古文字研究会会长、国家民族事务委员会委员。是第三至第七届全国政协委员和全国文联委员。傅懋勣是罗常培先生在西南联大时的得意门生。严学宭说,傅懋勣是一个语言天才,审音能力非常强。他会说俄语,跟包尔汉、格·谢尔久琴柯在一起三人就用俄语交流,傅懋勣的俄语就是在上下班的公共汽车上学会的。在西南联大时家庭困难,罗常培给他极大的帮助,傅懋勣一生对罗常培先生感恩不尽。在1950年代后期罗先生重病期间,傅懋勣经常陪侍左右,给罗先生提供了很多的帮助。可惜后来纠缠于行政事务,著述不多,未尽其才,令人扼腕长叹。①

　　参加会议的格·谢尔久琴柯是当时赫赫有名的一位人物。他是苏联科学院通讯院士、少数民族语言专家,中国科学院和中央民族学院聘请的语言学顾问,在当时中国的少数民族语言学界享有极高声誉,每种新创制的民族文字方案都得经他同意,具有说一不二的权威性。但他主张用俄文字母作为中国少数民族文字创制的字母,遭到中国学者的一致反对而未实现。他在"黎族语言文字问题科学讨论会"大会上的报告,对黎文方案(草案)提出了一些修改意见,经过大会讨论后都被吸收。

　　严学宭《关于划分黎语方言和创制黎文的意见》的大会报告,是他和王均、欧阳觉亚等合写的,长达十万多字。报告内容包括

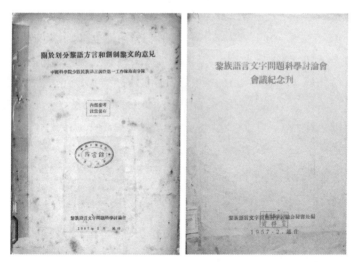

图9-6　《关于划分黎语方言和创制黎文的意见》、《黎族语言
文字问题科学讨论会会议纪念刊》书影

①参见严学宭《八十自述》,第56页。

了黎语方言调查经过、黎族支系的分布和方言土语的划分与使用情况、黎语方言情况、基础方言和标准音的选定意见、黎文标准音的音位系统、黎文方案（草案）、关于黎文方案的说明、今后工作规划等内容，并附有黎语调查点图，海南黎族苗族自治州人口密度图，黎族支系、方言分布图等地图。这是非常可贵的成果，是全体调查人员知识、智慧和辛勤劳动的结晶。

图9-7　"黎族语言文字问题科学讨论会"全体合影

1957年初，海南分队将调查材料整理成《黎语调查报告初稿》（一、二册），油印发送给国内有关单位。1959年少数民族语言调查第一工作队海南分队撤销，修改《初稿》的任务由中国科学院少数民族语言研究所欧阳觉亚和郑贻青夫妇俩承担。1964年他俩对50年代调查的材料进行核对和补充，完成了《黎语调查报告》修改稿。1976年和1978年他们又先后到海南岛进一步核对和补充材料，整理成《黎语调查研究》一书，但以欧阳觉亚、郑贻青个人名义，由中国社会科学出版社于1983年出版。对此严学宭很有意见，认为不应以个人名义出版集体成果。

50年代为少数民族语言创制出来的新文字，包括黎文，后来都没有很好地推广应用，事实上大多都失败了。严学宭在晚年反思其中原因，认为主要是中国南方民族呈现大分散、小聚居的分布格局,与汉族或其他民族杂居,没有共同的政治、经济、文化中心,很难形成本民族一致认可、接受的标准语音和基础方言。以其中任何方言作为标准音和基础方言,对说其他方言的人学习起来都很困难,就像学另一种不同的语言。而且学了之后在以汉族为主流的社会用处不大,还不如直接学习汉语、汉字。所以后来没有哪一种新造的民族文字能顺利广泛地推行,这是客观的社会原因造成的,也是一个无解的社会难题。①

　　除了黎语的调查和黎文创制外,海南分队还接受第二工作队的委托,领导该队派来调查人员组成的苗语组,调查海南苗族的语言。在严学宭、王均指导下,苗语组深入到海南苗族村寨调查,掌握了大量的第一手资料,由调查者毛宗武、卢诒常等人写出约六万字的《海南苗语调查报告初稿》(铅印本),提交给"黎族语言文字问题科学讨论会"作为会议材料。这是对海南苗族语言较为专业、深入、全面的调查,但迄今都没有公开出版,只有卢诒常于

图9-8　《黎语调查报告初稿》、《海南苗语调查报告初稿》书影

①参见严学宭口述自传、刘宝俊记录(稿)。

1987年在《海南苗语调查报告初稿》的基础上,摘其要点发表了《海南岛苗族的语言及其系属》一文①,概括描写了海南苗族语言的语音系统、词汇和语法特点,判断该语言的系属。

在海南调查中和调查结束后,严学宭围绕海南黎语、苗语的调查研究,还撰写了《黎文创制的经过》(1957)、《黎语构词规律和创制新词术语的原则》(1957)、《从语言结合人文情况探索民族史例》(1958)等论文。在后一论文中,严学宭根据海南苗族的民间传说与“盘黄牒”所载史实,结合苗族现存的私有观念、小农经济、上层建筑、文化水平以及汉语借词等情况,断定海南苗族并非土著民族,而是从大陆迁移去的,其时代距今不过三百来年;又根据海南苗语与广西蓝靛瑶语相近,推断海南苗族当来自大陆广西钦州百色一带。通过这一事实,严学宭提出语言学要和民族学、民族史学结合起来,才能充分全面发挥语言学的功用。关于少数民族语言与社会关系的研究以前较少有人涉及,严学宭的这篇文章为语言学与民族学的结合研究提供了一个很好的示范。到1981年马学良提出“语言民族学”的概念,张公瑾等学者以大量的著述充实了这一领域的研究。

严学宭在两次率领团队在海南的调查中,把搜集黎、苗民族物质文化作为调查内容之一,在队员中刻意安排人员负责黎、苗民族物质文化的征集。据参与海南黎族、苗族社会情况调查、时任中南民族学院民族文物陈列馆的研究人员石建中回忆:

中南民委组织的中南海南工作组分经济、历史和物质文化三个小组,文物的搜集主要放在物质文化小组之内。物质文化组以五指山为中心,从中心到外围各县,用文字记录、拍

①发表于《民族语文》,1987年第3期。

摄、录音和搜集文物等手段,调查黎族、苗族物质文化各方面的逐步演变过程……在半年多的时间里,前后靠步行,穿山越岭,过原始森林,行程2700余里,靠身背肩挑,把一批批搜集到的1000多件海南黎族和苗族文物搬到县城,而后再通过车、船运回馆内收藏。今日中南民族大学民族学博物馆所藏海南黎族苗族的文物基本上就是这次收集所积累起来的。①

在调查黎语、创制黎文时,严学宭同样重视对黎、苗民族物质文化的调查、征集。在这次调查中,他们也着意收集了不少黎、苗族文物,特别是新石器时代打磨的石器八十多件,成为此次调查的另一大收获。这些文物也带回交给了中南民族学院少数民族文物陈列馆收藏。

这两次海南黎、苗民族调查,是严学宭一生中组织的两次最大规模的少数民族田野调查。严学宭获得了十分丰硕的学术积淀和知识储存,为他的学术生涯添加了浓墨重彩的一笔。当然,也经历了亚热带地区自然环境和少数民族社会环境给他的磨难。这些都给他留下了一生难忘的记忆,也给所有参加调查的同行留下了难忘的记忆。王均后来回忆说:

> 我只参加了黎语调查的一头一尾,当中又被召回广西一段时间(袁先生已回北大任课)。其间,我从两位队长(引者按:指袁家骅和严学宭)、工作队的其他同志和少数民族同志那里学到不少东西。大家都是奔着一个事业,什么也干扰不了我们。田野调查,真是值得永远回味! ②

①石建中编《民族博物馆学教程》,第230—231页。
②李旭练《王均先生访谈录》,《中国民族研究年鉴(1999)》,第513—514页。

　　黎族同胞居住于热带雨林之中,自然环境风景秀丽,四季常青。葱郁挺拔的椰林和橡胶林在和风丽日中,与南海碧波相映。这里高山挺拔,延绵不绝,雨量充沛,河流众多,气候溽热。没有桥梁、公路,调查行程中跋山涉水是常事。他们请当地黎族同胞帮助拿东西、引路,有时走到没有路了,只能扒开荆棘茅草匍匐前行,经常走到双脚肿大,布满血泡。当年的队员欧阳觉亚回忆说:

　　　　记得在海南头一次下乡,我们计划先从通什(今五指山)乘车到崖城,然后走两天路到乐东县。到了崖城后,雇了挑夫运送行李和调查材料,第二天一早出发,可是行走没多久就遇到台风,我们被迫暂时借住在一个农场的仓库里。台风过后,第二天立即上路,一路上水沟纵横,行人要不断地过沟过河。为了赶路谁也来不及脱鞋挽裤,大家就直接蹚着齐腰深的水过去。一天总共要涉水七八次。最难熬的是在烈日下走路,台风过后,太阳特别猛烈,还没走到半路大家随身带的水壶早已空空如也。荒山野岭没有人家,找不到水喝,大家口渴难忍,看到田边有流动的清水,有人就不顾一切地喝起来。当时大家虽然很累,但都不觉得苦。[1]

严学宭晚年也回忆涉水时的艰难,和遭遇台风的危险,说:

　　　　有时过河,水淹及腰、颈,由于我年龄较大,个子瘦小,重量不足,因而常常被半浮起来,飘飘然踏不到实处,遇到水流湍急时十分危险。后来遇到河流时,只得由两个年轻人左右搀扶着。

　　　　最可怕的还是台风。在调查过程中我们经常遇上台风。

---

[1] 欧阳觉亚《半个多世纪的情——我与詹伯慧的交往》,《走近詹伯慧——庆祝詹伯慧教授从教六十周年纪念文集》,第132页。

当地人能够预知台风的来临,我们却毫无经验。如果在旅途中遇上台风,得赶紧找个村子住下。黎胞的房子都像倒扣的船,叫"船形屋",是专为减轻台风的冲击力而建造的。每当台风一来,房屋的门窗都要全部打开,让台风穿堂而过,以减轻阻力。有台风必随之以暴雨,因此经常一连几天被困在一个地方不能动弹。有一次我们走累了,住在一个区公所里。晚上半夜,区公所的同志把我们叫醒,说有台风要来,这房子不牢固,恐怕被吹垮,要赶快搬家。于是我们连夜搬到附近一座学校,第二天早上起来一看,昨夜住的区公所房子果然被吹垮了。要不是我们转移得快,恐怕早就集体殉难了。①

笔者曾调查当年海南分队队员、后任中南民族学院教师的陈瑾教授,她告诉笔者说:

有时住在黎胞家中,由于气候潮湿,第二天早晨起来,鞋子都能拧出水来。更可笑的是有时穿鞋脚一伸进鞋里,触到一个软绵绵的肉体,随即从鞋里传出"哇"的一声大叫,把人吓得浑身发紧。仔细一看,原来里面窝藏着一只青蛙!再穿另一只鞋,又是"哇"的一声,又跳出一只青蛙来。以后有了经验,穿鞋时总要先检查里面是否藏有此类不测之物。②

黎族地区高山众多,著名的五指山和鹦哥岭都在海拔一千八百米以上,树木的落叶化为厚厚的腐殖质,盛产蜈蚣和旱蚂蟥。陈瑾还告诉笔者说:

山沟里的蜈蚣大得惊人,有七、八寸长一条,看起来十分可怕。爬山时我们只得穿上高统雨靴行路,踩得脚下的蜈蚣

---

① 严学宭《八十自述》,第48页。
② 严学宭《八十自述》,第48页。

发出咔嚓咔嚓的响声,令人心悸。一点点大的旱蚂蝗也是十分可怕,它会一声不响弹到你身上,吸满了血你一点都觉察不到。对付它的办法是把裤腿扎得紧紧的,身上凡露出体外的部位都涂上厚厚的一层肥皂,这样旱蚂蝗就无奈我何。①

这些遭遇还只是自然环境造成的。新中国成立初期的边远民族地区,因社会原因造成的危险有时也是致命的。严学宭回忆说,罗季光担任第三工作队队长、主持云南少数民族语言调查工作。1957年3月19日到27日,罗季光负责筹备的"云南少数民族语言文字科学讨论会"在昆明召开,特邀严学宭前往参加。这次罗季光给他讲了一个骇人听闻的故事:

> 他们所调查的云南佤族,处于中缅交界的密林深山之中,进去调查时要带警卫人员保护。佤族有一传统风俗,专找胡子长得长的人,把头割下来,把头上的血滴在香灰上,然后把香灰撒在稻田里,以为这样明年的粮食就会丰收。这种巫术在国外其他一些地方也存在。有一次季光他们到一个佤族村庄里类似汉族的祠堂的地方,就看见一排干枯的人头挂在那里,十分可怕。外地人坐车途经佤族地区时,一些人不知当地风俗,中途停下来找偏僻的地方大小便,佤人就埋伏在那些地方,见有长胡须的就把头割下来带走。汽车等了半天还不见有人回来,下去找时,才发现只有一具无头尸体,可见当时调查的凶险。②

少数民族不同的饮食习惯,也是严学宭难以跨越的一道坎。他身体瘦弱,自1951年以来长期的少数民族地区田野调查,因无

---

① 严学宭《八十自述》,第48页。
② 严学宭《八十自述》,第97页。

法适应各个民族的饮食而使他的身体受到损害,落下了严重的胃溃疡病,到后来久治不愈,不得不动手术。他在回忆海南调查时的饮食情况说:

> 黎胞会种南瓜,不大种植蔬菜,少见养猪,很少吃油。我们下乡调查时天天吃南瓜,连南瓜花、南瓜叶都吃,吃得胃里倒酸水。有时实在受不住,跑到海口,自己花钱猛吃一顿,大快朵颐,真是"开荤"。在肉类方面,黎胞多吃野猪肉和狗肉,我们不习惯吃。黎胞做饭时常常是挂起罐子,放点水烧着,抓一条鱼、青蛙或黄鳝、泥鳅或蛇什么的,也不剖洗,往罐子一丢,就这样煮着吃。遇到这种情况,我宁愿吃白饭,也不吃菜。黎族同胞吃的饭不干不稀,吃饭时间也不分早、中、晚,出去劳动回来就喝上两碗,不成规律。我们下乡时跟黎胞同吃同住,非常不习惯,生活是极其艰苦的。①

严学宭在海南艰苦的调查,获得了前所未有的成果,也深受国家有关领导和同行的赞赏。严学宭作为中南民族学院副院长,由于工作关系,经常与当时担任中央民族学院副院长、国务院专家局局长的费孝通先生打交道,彼此都很熟识。费孝通对他们海南的调查印象很深,称赞备至。"文革"结束后严学宭到北京参加中央民委的一个会议,在民族文化宫举行的宴会上碰上了费先生。尽管20世纪50年代中期以后他们一直未见过面,但一眼就互相认出来了。身材高大的费先生,高兴得当场抱起严学宭打转转。②

从1951年严学宭参加中央中南民族访问团开始,到1957年,

---

① 严学宭《八十自述》,第48页。
② 严学宭口述自传、刘宝俊记录(稿)。

是严学宭学术活动的又一个活跃期和高峰期。在七年的时间里，他很少过上安定的家居生活，绝大部分时间都在少数民族田野调查中，常年抛妻别子，奔波跋涉，风餐露宿。加上历次调查都是由他带队，责任重大，心力交瘁。要是没有强烈的事业心、责任感和献身精神，难以坚持如此长久的时间。七年的艰苦调查，将少数民族及其语言的研究深深嵌入到严学宭的学术领域中。三次长时间、大规模的组团调查，也锻炼出严学宭从事大型学术活动的组织能力，显示了他的领导才能，为他后来组织、领导地区性、全国性的重大学术活动奠定了基础。

在这期间，1956年，时任中国科学院语言研究所所长的罗常培先生，曾要调他的爱徒严学宭到中国科学院语言研究所担任学术秘书，协助自己工作。这时严学宭对中国南方少数民族研究事业正风生水起、欲罢不能，最终婉谢了恩师的美意，未能赴任，再一次放弃了具有更大发展前途的机会。

第十章　韵学穷幽

在1957年海南黎语调查完成后,严学宭结束了大规模的少数民族田野调查工作,返回武汉的中南民族学院。在1960年前后,他在担任副院长分内行政工作的同时,潜心阅读了许多汉语研究和中国少数民族语言研究的书籍、资料,开始坐下来整理自己的学术成果,积数年田野调查工作之所得,作一番室内的研究工作,进行新的学术探索。这时他的学术研究再次发生重要转型。这次转型体现为两个重要的特征:一是从之前他主要从事的汉语中古音研究,转而推进到上古音研究领域;二是从对汉语音韵的单一研究,转变为汉语与汉藏语系亲属语言的历史比较研究。

就在严学宭刚刚结束海南黎语调查,回到武汉不久,国内的政治形势发生了剧烈变化。1957年4月,中共中央发起整风运动。运动本来是整顿党内新滋生的官僚主义、宗派主义和主观主义,但后来发展成为反右派斗争。1957年6月8日,中共中央发出《关于组织力量准备反击右派分子进攻的指示》,在全国开展了反右派斗争。后来被严重扩大化,把一批知识分子、爱国人士和党内干部错划为"右派",造成了不幸的后果。

在这样的时代背景下,1958年,严学宭在《理论战线》第5期发表了《批判少数民族语文工作者的资产阶级语言学观点和方法》一文。该文将批判的目标指向自己的老师罗常培和师弟傅懋勘合写的《国内少数民族语言文字的概况》一文。认为该文"关于中国少数民族语言系属的分类，基本上是继承了资产阶级语言学中占统治地位的结构主义的统绪"，认为该文"提出声调、单音节制、附加成分、类别词和词序五个结构特征作为中国少数民族语言各语系、各语族、各语支语言划分的准绳"很难令人置信，"充分暴露了资产阶级语言学观点和方法的影响"，因而需要"清除资产阶级语言学观点和方法所给予我们的恶毒影响"。

1958年，严学宭又在《理论战线》第9期发表了《批判汉语学研究中的封建意识和资产阶级思想作风》一文，批判汉语研究领域"厚古薄今和脱离实际"的思想偏向，和"缺乏马克思列宁主义的思想性和战斗性"的主要缺点，不点名地批判"《汉语史稿》著者"王力"陷入资产阶级结构主义的泥淖中"，"把静态描写的研究和历史比较研究截然划开"，"缺乏用历史来比较研究，又忽视亲属语言的比较研究，局限于本族语言的语音音位和形态类型，由此所获得的原则基础无疑是不全面，甚至有缺点和错误的"。

这两篇带有鲜明时代烙印的文章，涉及的问题都属于学术观点的不同，是完全可以讨论商榷的。但用当时惯用的"阶级斗争"的观点一分析，就成了政治思想问题。尤其是以其恩师罗常培先生为批判的对象，小题大做，夸大其词，好像有悖道德人伦。但客观而言，将严学宭的如上两文放在那个特定时代背景中来看，还算语气平和，并无攻击性、火药味言辞，有不得已而为之的政治表态目的。在那个政治驱动下父子反目、师徒交恶的时代实在是司空见惯、不足为奇的现象。试看当时的学者，有几个不是批判他人而自保？当时著名的学者，有几个没有被批判？严学宭作为一名党外干部、民主人士、高级知识分子，正在"反右"运动涉及的范围之内，严学宭的亲密同事岑家梧先生就被打成了右派，直接造成他后来的悲剧。幸运的是,时任中南民族学院党委书记兼院长的李守宪,与严学宭在中南军政委员会时的直接上司张执一都是战争时期李先念"新五师"的老战友,李守宪也曾任中南民委副主任,很了解严学宭,是他力保严学宭度过了"反右"一关,否则他后来的学术历史和人生道路极有可能完全改写。

同样在这样的时代背景下,严学宭还在1959年中央民族学院分院第二届科学研究报告会上,提交了一篇《论民间文学新的艺术形式在中国文学发展史上的地位和作用——第一部红色的中国文学史读后感》的长篇论文。论文认为北京大学中文系专门化55级集体编著的《中国文学史》,"的确是第一部红色的中国文学史","只有在毛泽东的时代里,才会出现这样的奇迹"。报告阐释了从夏朝至"五四"前夕,中国文学"经历了四次大的变革,每一次的变革都是以民间文学起,以封建统治阶级文人文学终"的演变规律,从而论证民间文学在中国文学发展史上的重要地位和巨大作用。这篇学术报告,很明显体现出"大跃进"时代歌颂共产党、歌颂毛泽东主席和歌颂普通劳动人民的时代色彩,以及作者的政治倾向。

1958年9月12日下午两点,中南民族学院全体师生集合,前往武汉大学操场,与武汉大学、武汉测量制图学院(后来的武汉测绘学院)、武汉水利学院的师生会合,事先大家都不知道有什么事。到晚上大约七八点,四所大学的正、副书记和正、副院长,跟省委领导一起被请到主席台上站成一排,好像等待什么要人接见。主席台很小,中南民族学院领导排在左端末位,严学宭又按职位排在最左端。不一会操场开进一列轿车停在主席台下,毛泽东主席从其中一辆车中走了出来!这时场上掌声雷鸣,灯光大亮,群情沸腾。主席台两侧都有台阶,恰好毛主席的轿车就停在左侧台阶前,眼看主席就要从左侧上台第一个跟严学宭握手。严学宭十分紧张。他很清楚自己是副职,不宜僭越正职,享受这种难得的荣幸,于是赶紧把右边的中南民族学院党委书记兼院长白瑞西往左边一拉,自己闪到左边第二个位置站定。这时主席已健步走上台,跟他们一一握手。当随行领导介绍严学宭时,主席握着他的手慈祥亲切地重复:"啊,严学宭同志!"随行记者摄下了他与主席握手的镜头。严学宭一生中见过不少大人物,但最令他钦佩折服的是毛泽东和周恩来这两位现代中国最伟大的政治家。据严学宭回忆,当晚他回家后,用这双伟人握过的手,紧紧地握住妻子,与她分享自己的幸福。①清代诗人龚自珍《投宋于庭翔凤》诗云:"万人丛中一握手,使我衣袖三年香。"严学宭当时就是类似于此的感受。

"反右"运动顺利过关后,严学宭没有受到政治的羁绊,于是重新开始了他的学术研究。

20世纪60年代初期,严学宭当选为湖北省哲学社会科学联合会主席团成员。主席团主席是武汉大学校长、中共一大代表、著名马克思主义哲学家李达先生。严学宭的学术地位在湖北社会科学界得到了高度的肯定。

从这一时期开始,他的研究领域,主要集中于对上古汉语语音的研究和对原始汉语语音的探索,并产生出非常重要、极有影响的丰硕成果。

在1949年前,严学宭对于汉语音韵学,都是利用书面文献材料作传统的研究工作。通过50年代对少数民族语言的调查、了解,大大开阔了学术视野,认识到仅仅局限于传统文献材料研究

---

① 参阅严学宭《八十自述》,第57页。

汉语音韵学,很难超越清代段、王诸人和现当代前辈学者。要取得汉语音韵学研究新的突破,必须扩大"旁征"的范围,从汉语方言、域外对音和译音等研究材料和方法,拓展到运用汉藏语系亲属语言作历史比较的研究。他认为,汉语音韵学中的一些疑难问题,往往可以通过与汉藏语系少数民族语言的比较研究得到解决;少数民族语言也只有通过与汉语的比较研究才能显示出它巨大的价值。由于将近十年的田野调查工作,严学宭对中国的少数民族语言具有广泛了解和深刻认识。把这些认识与汉语音韵学研究结合起来,就可以打破陈陈相因的封闭性研究局面,取得新的研究成果。所以50年代末,严学宭就开始探索利用少数民族语言作为新的材料,运用历史比较语言学的方法来研究汉语音韵学。这种探索可分为两个阶段,第一阶段是从1959年到1966年,第二阶段是从"文化大革命"结束到80年代晚期。

在第一阶段,严学宭围绕汉语上古音的研究,主要发表了四篇重磅论文。

1959年,严学宭在《人文杂志》第1期发表了《汉语声调的产生和发展》一文。文后说明:"本文承中国科学院少数民族语言研究所罗季光教授启示而作,所引用民族语言资料绝大部分是少数民族语言研究所所属各少数民族语言调查工作队的调查报告,合并声明。"这篇文章本来是投给《中国语文》杂志的,但该杂志拖了很久没有发表,严学宭一气之下将稿子要了回来,交给陕西省社会科学院主办的《人文杂志》发表。严学宭根据汉藏语系亲属语言中存在声调有无和多少不一的不平衡状态,存在松紧和长短两类元音与声调的转变和消长现象,认为原始汉藏语是没有声调的,但有元音的松紧对立,声调的产生和元音松紧的转化有密切关系。松紧元音后来的演变,一方面转换为长短元音对立;另一方面,由于元音的松紧而产生出元音的高低作为伴随现象,然后元音的松紧特征慢慢消失,元音的高低由伴随现象上升为区别性的语音特征,这就产生出声调。这些转换过程,在壮侗语族和瑶语以及彝语、藏语和景颇语中都可找到不同阶段的现象,在属于南亚语系孟高棉语族佤崩龙语支的一些语言中也能找到类型学上的证据。所以严学宭认为:"原始汉语也是以元音的松紧区分音位的,声调只是伴随现象。后来声调的高低跟元音的紧松相应结合趋于稳定,成为区分元音音位的组成部分,才逐渐区分词义,转化为声韵调三足鼎立之势。"严学宭进一步分析认为,上古汉语的声调,先是因受元音松紧的影响而演化出高低两个调类,再分化成四个调类。中古之后,汉语声调受声母清浊的影响,再度分化发展为五到十二个不等。近现代汉语又受元音和声母简化的影响,加上复音词增多,声调逐渐简化,至今有的只剩下了三个调类。未来将会因为词的多音节化,声调将逐渐丧失其辨音功能而消失。因此,严学宭将汉语声调的演变规律概括为四句话:"从无到有,由少而多,由多而少,渐趋消失。"直到晚年严学宭都认为自己关于汉语声调起源的观点是成立的,没有改变自己的观点。

严学宭对于汉语声调起源于元音松紧的观点,在上古音研究领域产生极大反响,成为独家之说。

汉语声调的起源是上古音研究的一个热点。新中国成立后,学术界对声调的起源提出了各种各样的假设。概括起来主要有以下几种观点。

一种观点认为声调起源于声母的变化,主要是由于浊声母的清化引发声调的产生。主张此说的学者以胡坦(1980)、瞿霭堂(1981)、黄布凡(1994)等少数民族语言学界的学者为代表。

　　一种观点认为声调起源于元音。其中又分两说:一说以王力(1957)为代表,认为汉语的声调起源于元音的长短;一说则以严学宭(1959)为代表,认为汉语的声调起源于元音的松紧,后来袁家骅(1981)也主张声调起源于元音松紧说。

　　一种观点认为声调起源于韵尾的变化。主张此说的学者较多,国内、国外都有,其中国内比较有影响的有戴庆厦(1990)、张均如(1992)、陈其光(1994)等少数民族语言学界的学者。

　　在关于声调起源的三种观点、四种说法中,严学宭的观点、说法居其一。他从语音内部结构的变化解释汉语声调的演变动因,高度概括出汉语声调从过去到现在以及将来"从无到有,由少而多,由多而少,将趋消失"的发展规律,更是高屋建瓴、洞察三世的创见。

　　1962年,严学宭在《江汉学报》第6期发表了《上古汉语声母结构体系初探》一文。文后说明:"本文是在武汉大学李格非教授鼓励和帮助下写成的,所引用民族语言资料多来自科学院民族语言研究所和中央民族学院语文系,谨致谢忱。"前人对上古汉语存在的不同发音部位的声类而具有语音关系的现象,常以"声转"来解释,或以后世变音加以主观揣测。严学宭则认为:"从复辅音的角度来看这些现象,可以知道并无所谓通转;正像古代韵母与后世不同,并无所谓叶韵一样。"因此"必须在前人研究成果的基础上,参证共同汉藏语的共同类型和发展规律,从历史的形态音韵学和描写的形态音位学出发"来研究上古汉语的声母。这篇文章的主要特点和最引人注目的是,除了划分、构拟了上古汉语二十七个单辅音外,还根据大量谐声字、联绵词、一字数音、读若、方言异声、金文初文、通假、异文、声训等汉语内部文献材料,结合藏、嘉戎、彝、苗、瑶、壮、布依、傣、侗、水、黎、独龙语等民族语言材料,认为上古汉语存在大量的二合复辅音声母,用表格列出了包括三百四十七个可能组合的二合复辅音声母,给上古汉语复辅音声母画出了一个大致的轮廓。他还根据藏语中复辅音产生的过程,设想汉语复辅音声母的产生"最初可能是根本音节加上前附音节成为构词或构形的手段;后来前附音节简缩成为前缀辅音,因而,产生大量复辅音"。严学宭首次构拟出这么多数量和各种结构形式的复辅音声母,显然不尽完善合理,文章也只列出现象,未提供更多的材料,作出更深的分析,并自知这些构拟"可能有冒险之处"。但文章对汉语与亲属语言的复辅音比较和理论阐述是极有意义的,也产生了极大的影响。在今天看来,汉语复辅音声母问题已经不再是有没有的问题,而是结构如何以及怎样演变的问题。

1963年,严学宭在《武汉大学学报》(人文科学版)第2期发表了《上古汉语韵母结构体系初探》一文。文后说明:"本文是在袁家骅、罗季光、李格非诸教授提示和鼓励下草成的。草成后复承方老孝岳前辈和张康坡兄勉励或指正,今并谨志谢忱。本文所提出新论点尚拟进一步详为阐述,又所引用前人观点或资料多未注明出处,合并声明。"该文是严学宭所著《上古汉语韵母结构体系(初稿)》一书的摘要部分。《上古汉语韵母结构体系(初稿)》是严学宭未出版的一部遗稿,全稿由严学宭亲笔书写于原稿纸上,约七万字,应撰写于1960年前后。

《上古汉语韵母结构体系初探》仍然是采用汉藏语系亲属语言历史比较方法,构架上古汉语的韵母体系。该文将上古汉语韵母结构体系划分为六系、十一类、二十八个韵部、九十七个韵母。在元音上,严学宭为上古韵母构拟了 *-ə-、*-ɔ-、*-o-、*-u-、*-ɑ-、*-e- 六个元音,每一个韵部都只有一个元音,而无"等"和"呼"的不同,但元音都分松紧两种,松紧元音附带长短的伴随现象。到了中古,元音的长短转变为主流,成为具有区别词义的音位。认为上古元音的松紧与中古元音的长短两者间有历史联系,这是严学宭研究音韵学与其他学者不同的特色之一。在介音方面,严学宭认为上古没有元音性的 *-i- 介音,只有在声母和韵母之间出现两栖性的 *-j-;同时也只有从属于声母的圆唇化轻微的 *-w-,到《切韵》时代发展为元音性的合口 *-u- 介音。在韵尾方面,除了阳声韵尾 *-m、*-n、*-ŋ、入声韵尾 *-p、*-t、*-k 外,严学宭认为阴声韵有 *-w、*-l、*-x 韵尾。另外还构拟了原始汉语至少有 *-mp、*-nt、*-ŋk 三种复辅音韵尾。

1963年,严学宭在《武汉大学学报》(人文科学版)第4期发表了《试论汉藏语音变现象的类型》一文。本文是为庆祝母校武汉大学成立五十周年而作。该文从宏观的角度综合了上述关于声调、声母、韵母三文的主要观点,归纳汉语整体音位结构体系的变化途径。该文认为汉语历史音韵,存在声母十大变化、韵母三大调整、声调三大分合,是语言整个音位组成的变化,属于音韵学研究范畴的历史沿革的音变,可以找到历史音变规律和语音发展的阶段性。另外,该文根据古藏语有丰富多样的内部屈折形态作为构词、构形的手段,认为上古汉语也存在同样现象,通过元音、声母辅音和韵尾辅音以及声调的各种替换来表示不同的语法功能和词汇意义。后来严学宭《论汉语同族词内部屈折的变换模式》一文,对这一类现象作了进一步的推衍和阐述。严学宭认为区分语法意义和词汇意义的语音变换属于训诂学研究领域的音随义变,属于构词类型的屈折形态,有助于进行同族词的研究,但不属于语言自然发生的历史音变。过去章太炎的《文始》因不明历史音变与语法词汇音变的区别,因而造成无所不通、无所不转的怪现象。严学宭对于历史语音音变、语法词汇音变——这两类音变类型的区分,对研究汉语语音史和建立新的训诂学都有重要的意义。

上述四篇论文各从不同侧面对上古汉语音韵做专题研究,从声调、声母、韵母以及历史音变和随义音变现象,形成了一个完整的上古音系统。这是一个非常具有特色的上古音体系,在现代上古音研究领域不出十家有代表性的上古音体系中,严学宭构建的上古音体系占有重要的地位,产生了重要影响。他对上古音研究的一些主要理论、观点基本上都包含在这四篇文章中,以后虽然有所补苴和改进,但没有原则性的改变。

值得注意的是,严学宭的上古音研究,并不完全局限于周秦时代的上古时期。他的研究触角,常常涉及周秦之前的"原始汉语"甚至更早的"原始汉藏语"。在这一时期,严学宭还提出了一个"秦语系"的概念——一个仅见于严学宭学术话语中的概念。

1961年3月,严学宭在《光明日报》上发表了《开展百家争鸣,建立汉语学新体系》一文,提出"反对在故纸堆中和陈陈相因的老问题上盘旋往复",呼吁在新的时代、新的条件下,根据新的材料建立汉语各学科研究新的体系。文中提出了汉语史分期的三个标准,根据这三个标准,严学宭认为汉语史可分为五个时期:(一)从原始游群到氏族部落的原始汉语;(二)从部落联盟到部族形成的上古汉语;(三)部族发展时代的中古汉语;(四)汉民族形成阶段的近世汉语;(五)社会主义时代的现代汉语。

上述分期中后面的四个时期是汉语学界人所共知的汉语史分期,但是第一个时期"从原始游群到氏族部落的原始汉语"却罕有人提及。在上古汉语的研究尚处于幽渺难明之时,严学宭就已经开始开拓"原始汉语"这一领域。在60年代初期,他撰写了一篇《原始汉语语音蠡测》的文稿,基于上古汉语语音材料与汉藏语系亲属语言材料的比较,对原始汉语的声母、元音、韵尾作出了概括性的描述,并提出了作为共同汉藏语的基础语——"秦语系"的概念。根据亚庵1962年撰写的《严学宭对秦语系的研究》一文记述,严学宭基于少数民族语言,以及受袁家骅、罗季光教授的启发,提出了"秦语系"这一概念,"认为秦语系是远古时代若干族群紧密联系、共同发展的结果"。"从秦语系的历史发展特点来看,现代汉藏语不仅可以包括京语,而且所谓南亚语系孟高棉语族的佤瓦语、布朗语、崩龙语也可以考虑包括进去"。他具体论述了秦语系的音节结构是"在根本音节之上,还有作为构词或构形的重要手段的前附、后附音节"。后来前附音节节缩为前缀辅音,再发展为复辅音;后附音节简缩为后缀辅音,再发展为复合韵尾。"原始秦语的一个音节可能只有一个元音",元音有松紧的对立以区别词义或词的形态,松紧的对立产生出后来的声调。[1] 严学宭对"秦语系"的表述,边界不是十分清晰,大致是指处于"原始汉藏语"与"原始汉语"之间的一种语系。严学宭认为现代汉藏语系不仅包含汉、藏缅、苗瑶、壮侗四个语族,还可能包括南亚语系孟高棉语族的若干语言以及京语,这实在是一个十分超前、新颖、大胆的构想,其高瞻远瞩的视野不能不令人惊叹。

在1961年5月,严学宭还接连在《光明日报》发表了《竟委穷源——罗膺中师说述闻之一》(5月7日)、《横断与纵剖——罗膺中师说述闻之二》(5月9日)、《中国文学史分期研究——罗膺中师说述闻之三》(5月26日)三篇文章。在《竟委穷源——罗膺中师说述闻之一》一文之前,严学宭有一段类似于"前言"的说明。他说:

对客观事物进行全面、系统、周密的调查研究工作是一切工作都需要的。我想,整理祖国文化遗产,也应该大兴调

---

[1] 参见亚庵《严学宭对秦语系的研究》,《江汉学报》,1962年第5期。

查研究之风。在祖国文化遗产中,资料十分丰富而复杂,传讹、曲解、真伪不分和精华糟粕相混是普遍存在的现象。我们必须在陈陈相因的讹误里,发现问题,在廓清一切成见和传统旧说的基础上,直接在资料本身上求真相。爰拾掇罗膺中师说点滴如后,以供治学参考。

严学宭从进入北京大学之后,终身对于罗庸先生有着不可言状的深厚情结,有着一种近乎宗教式的崇拜和虔诚。罗庸之于严学宭,有一种类似于父子般的亲情。对1940年前后严学宭如饥似渴的问学,罗庸总是沃以甘霖,有求必应,毫无保留。罗庸与严学宭在40年代有十分密切的书信来往,罗庸在西南联大任教时期的论著,无论是版本还是稿本,包括1943年出版的《鸭池十讲》,和1942年自己唯一珍藏的亲笔手抄稿本《习坎庸言》,都寄给严学宭研读,可见其对严学宭的关爱非同一般。除语言文字学之外,严学宭对中国文学、史学、哲学等传统文化的认识,大多源自罗庸。他对罗庸渊博精深的学问无比敬佩,后来以“师说述闻”的形式传播罗庸学术的文章就达五篇之多①,他还在《八十自述》中连篇累牍地照搬罗庸的著述,他的遗著《中国文化史研究论纲》也充满了罗庸的学术思想。就传播老师的学问而言,即使严学宭的业师罗常培也远远不如。② 推测其中原因,我们认为首先是罗庸对于严学宭具有不逊于罗常培的特殊恩宠;其次是罗庸具有令严学宭无限敬仰的高深学问和人格魅力;第三是罗庸的学问鲜为人知而有失传之虞;第四是罗庸的不幸早逝让严学宭充满了无限痛惜的悲

①除以上3篇外,还有《治学态度及其方法——罗膺中师说述闻》(1979),以及直接署名“罗庸”的《关于研读〈诗经〉和〈文心雕龙〉的两封信》(1980)。
②严学宭专文阐述罗常培学术思想的文章,只有1984年的《构思·排列·剪裁·润色——心恬师论文小识》一文,是为纪念罗常培八十诞辰而作。

图10-1　罗庸赠严学宭《鸭池十讲》及《习坎庸言》手稿书影

情。诸种因素叠加起来，促使严学宭一生中孜孜不倦地以传播罗庸学术为己任，所作出的努力也远胜于罗庸的众多嫡传门生。

　　正当严学宭在学术研究的道路上努力耕耘、成果迭出之时，1966年，一场"文化大革命"的政治风暴被迫中断了他的学术研究长达十多年之久，直到1977年才恢复学术生命。这样，就把严学宭对音韵学的研究分为"文革"前和"文革"后两个阶段。

　　在"文革"后，严学宭对于汉语音韵学的研究又有一个明显的转向——从对汉语上古音的研究，转移到他在前期已经发轫的对原始汉语的探索。他发表了《古汉语中复声母的再认识》、《原始汉语韵尾后缀*-s试探》、《原始汉语词尾后缀*-s消失的遗迹》、

图10-2　1942年8月，西南联大中文系"习坎庸言"讲友合影
左起：王志毅、张盛祥、李广田、马芳若、董庶、罗常培、阴法鲁、罗庸、李观高、周定一

《原始汉语复声母类型的痕迹》、《原始汉语的研究方向》等一系列的论文。

　　1978年9月，严学宭撰成《古汉语中复声母的再认识》一文。该文是严学宭在阅读了李方桂的新著《上古音研究》之后而写的。李方桂《上古音研究》对上古复辅音所作出的新的理论解释使他"深受启发"，因而对之前所作《上古汉语声母结构体系初探》中提出的复声母进行再认识，对原来关于复声母的设想进行修订，进一步提出了具体的构式和证明材料，并系统阐述了上古复声母的研究对于汉语音韵学、语源学、训诂学、古文字学、汉语构词法以及汉藏语比较研究等学科的重要作用和价值。可惜的是这篇油印、长达五十二页的重要论文，满是国际音标和冷僻汉字，受当时印刷条件限制而未能公开出版，但在学界广泛流传。日本著名汉学家、京都大学教授小南一郎1978年11月访问中国、拜访严学宭时，得以获赠《古汉语中复声母的再认识》一文，读后十分服膺他对原始汉语构形词头演变为后来复声母的观点，在其《汉字の表现》一文中专门介绍说：

> 严学宭先生在《古汉语中复声母的再认识》（油印、武汉、1978）这篇论文中认为：在原始汉语的阶段，可以在一词的前面附加成音节的词头，这种附加词头具有构形的语法功能，后来的复声母就是这种词头留下的痕迹。①

1978年，严学宭在《华中师范学院学报》第1期发表了《原始汉语韵尾后缀*-s试探》一文。该文利用古联绵词、译音、对音和同族词等资料，参照现代汉藏语系各亲属语言，系统地构拟了原始汉语后缀*-s的结构类型，明确了原始汉语的构词法是多音节的附加词缀类型，后来才发展为具有复辅音声母和复辅音韵尾的原始单音节构词类型，推测原始的*-s后缀与上古元音的松紧以及后来去声调的产生有密切关系。文章主要从形态音韵学入手，注意到已经丧失的原始汉语形态音位的构拟，为阐述汉语演变历程及其发展趋向，提出了新的论证。这篇文章发表后在国内外产生了影响。据严学宭说，后来华中师范学院校长章开沅先生访问美国时，曾看到美国语言学界对这篇文章的肯定性评价，特地把评论文章带回国内，很高兴地给严学宭看。

1981年10月30日至11月1日，第十四届国际汉藏语言学会议在美国佛罗里达州盖恩斯维尔（Gainesville）市佛罗里达大学举行，一百多位中、美、法、澳、印度等国家的学者参加了这届会议，并向大会提交了六十多篇学术论文。严学宭未参加会议，但

---

① 见贝冢茂树、小川环树主编《中国の汉字》，第227页。

寄去了《原始汉语词尾后缀*-s消失的遗迹》和《原始汉语复声母类型的痕迹》两篇论文。

《原始汉语词尾后缀*-s消失的痕迹》是继《原始汉语韵尾后缀*-s试探》而作。该文通过分析汉语历史文献和现代方言资料，探索原始汉语词尾后缀*-s消失的痕迹。文章指出，在汉语历史文献和现代方言中有大量的*-k与*-t或*-p与*-t韵尾的语音对应，这是因为*-k、*-p在*-s后缀前面，被*-s同化而发音部位改变的结果。通过这些非规则语音对应，可以构拟原始汉语*-ks演变为*-t，*-ps演变为*-t的音变程式。推而广之，原始汉语还应有*-ms、*-ns、*-ŋs、*-ts、*-ds、*-gs等类型的复辅音韵尾，由于*-s的简化和脱落，促使韵尾辅音变位，元音前移，并影响声调的变化。

《原始汉语复声母类型的痕迹》是严学宭继《古汉语中复声母的再认识》一文之后，再次研究复辅音声母的重磅论文，长达四万多字，后以《原始汉语复声母类型的痕迹（提要）》为题发表于《中南民族学院学报》1981年第2期[1]，在国际、国内产生了重大影响。该文是严学宭1962年《上古汉语声母结构体系初探》一文的前推和深化。他系统考证并构拟了原始汉语的二合复辅音声母八组、一百四十个，三合复辅音声母六组、六十四个，可能存在的四合复辅音声母一组、四个。讨论了各种复声母类型的结构方式，以及复辅音声母的消失、简化或合并为新的音素的迹象和途

---

[1]《中南民族学院学报》发表《原始汉语复声母类型的痕迹（提要）》时注云："本院副院长严学宭教授《原始汉语复声母类型的痕迹》一文，是参加第十四届国际汉藏语言学会的学术论文。我们除发增刊全文刊载外，征得作者同意，在本期发表这篇论文的提要，以飨读者。"但后来未出版刊载全文的增刊。该文后收入赵秉璇、竺家宁编《古汉语复声母论文集》，北京语言文化大学出版社1998年出版。

径,论述了复辅音声母研究的重要意义。1987年台湾学者竺家宁在台湾师范大学国文系《国文学报》第16期发表了《评刘又辛"复辅音说质疑"兼论严学宭的复声母系统》一文,对严学宭此文有较为公允、全面的检视。他指出:

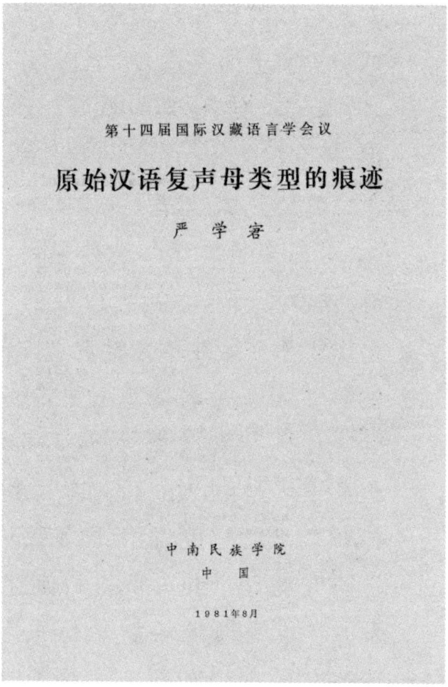

> 严氏能够为复声母系统作全盘的拟订,而不仅仅是探索局部的现象,这在观念上是进步的,尤其它能够运用许多同族语言来作说明,避免了主观的臆测,也是相当可取的科学态度。虽然在拟音上难免还有一些可斟酌之处。

第十四届国际汉藏语言学会议

原始汉语复声母类型的痕迹

严 学 宭

中南民族学院
中 国
1 9 8 1 年 8 月

图10-3 《原始汉语复声母类型的痕迹》书影

> 严氏在说明复声母性质时,有一项颇具启发性的看法,……他举出上古s-词头的例子:裹 sn->s-;攘禳 sn->n-,严氏认为其中的s-词头有着标志语法意义或词汇意义的作用,像"裹:攘"的s-词头有意动、使动之别。把复辅音用词头现象来说明,正是近年古音学的一个趋势,严氏在这个途径上确有不少贡献。

同时也指出严学宭所拟复声母存在的弊病:

> 严氏所拟的复声母多达两百多种,比较琐碎,有许多事

实上是可以合并或删除的。

对于竺家宁的评述,严学宭感到很高兴,他说:

我跟竺先生素未谋面,不通音讯,研究的兴趣却是相投的,研究的结论,也有许多地方是相通的。

我的论文发表后,自己觉得构拟常由中古声母拼合而成,有任意性和简单化的倾向,早想制定一个比较严格的条例,重新进行全盘系统的整理,使复声母简单而系统化,并便于解释复声母发展为单声母的演化条件和途径。……但由于年事已高,近年又缠绵病榻,一直没能实现。后来我看到竺先生的大作,认为他之所长,正可纠我之失,心里很是高兴。……学术为天下之公器,研究者互补互长,科学才能不断进步。[①]

1988年严学宭撰写了《原始汉语研究的方向》一文,对原始汉语语音研究的理论和方法进行阐述。该文主张突破高本汉建立的汉语古音单线研究模式,尝试采用"普林斯顿假说"(Princeton-hypothesis)的理论和研究方法[②],使用逆向推理、构拟的方式。首先构拟出每一大方言在未分化为土语时的原始形式,再构拟出汉语未分化为各大方言时的原始形式。其他亲属语言也是如此。然后比较汉藏语系同支语言,构拟出未分化为不同语言前的原始形式;然后又比较同族语言,构拟出未分化为不同支系前的原始形式;最后比较同系各语族语言的原始形式,构拟出原始汉藏语的共同形式。文章提出构拟原始汉语要抓住原则性的大问题,一

①严学宭《〈古汉语复声母论文集〉序》。

②"普林斯顿假说"是20世纪60年代中期美国普林斯顿大学"中国语言学计划"研究中一些学者提出的理论和研究方法。该假说主张不必参考古代文献记录的证据,而以现代汉语方言为研究古代汉语的基础,逆向构拟、推理。采用这一理论和研究方法的学者被称为"普林斯顿学派"(Princetonian)。

是音节结构,二是复辅音声母和韵尾,三是元音是否分松紧或长短,第四是声调的有无。解决了原则性的问题,对于原始汉语的构拟才有基础,才能由本逐末,一步步提高构拟的可靠性。

1984年,严学宭向中国音韵学研究会第三届学术讨论会提交了《论〈说文〉谐声阴·入互谐现象》一文,后发表于1994年出版的《音韵学研究》第三辑上。该文从《说文》谐声字中找出诸多阴声韵与入声韵互谐的现象,发现阴声韵与入声韵互谐互叶的韵尾,以*-g：*-k最多,*-d：*-t次之,*-b：*-p未见。说明在阴声韵与入声韵关系中,舌根音尾的入声与阴声韵关系最近,舌尖音尾的入声与阴声韵的关系次之,唇音尾的入声与阴声韵的关系最远,即使原来有关系,到《诗经》时代也已经消失。该文还分析"成周国语"的性质,说:"《诗经》韵系是以丰镐、王洛的北方音系为基础,兼具各地方音,并非代表一个单一的语音系统,即所谓'成周国语',实为上古各地方音的共同框架。考求《诗经》韵读,如果抹去方音色彩,必然本(音)合(韵)倒置。"

除了以上文章外,严学宭还与他的首届研究生尉迟治平合作,发表了两篇研究原始汉语和上古汉语复辅音声母的重要文章。一篇是1985年发表的《说"有"、"无"》,认为汉语"有"与"无"具有语源上的关系。该文采用美籍华裔学者张琨在《汉藏语系的"铁"字》和《汉藏语系的"针"字》两文中所运用的方法,将"有"、"无"的原始共同语源构拟为*mpgjəg。另一篇是1986年发表的《汉语"鼻—塞"复辅音声母的模式及其流变》,认为古汉语存在"鼻—塞"复辅音声母,结构模式是由鼻冠音与同部位的浊塞音组成,其分化是首先经过鼻音和塞音的自由变读,然后逐渐凝固为鼻音或者塞音。

这一时期,严学宭在开拓原始汉语语音研究这一新的领域的同时，还对自己一生从事上古音和中古音的研究成果进行了全面总结，在晚年发表了他对上古音和中古音研究的封山之作——《周秦古音结构体系（稿）》一文和《广韵导读》一书。

《周秦古音结构体系（稿）》发表于1984年。该文是严学宭在之前《汉语声调的产生和发展》（1959）、《上古汉语声母结构体系初探》（1962）、《上古汉语韵母结构体系初探》（1963）、《试论汉藏语音变现象的类型》（1963）四篇论文基础上，吸取了李方桂《上古音研究》、张琨《古汉语韵母系统与切韵》以及其他国内外学者有关上古音研究的最新成果，而构拟的上古音音系。该文从理解古今音异、考证上古声类、划分上古韵部、构拟周秦音值等四个方面总结了周秦古音的研究成就。继而从音节结构、声母、介音、主要元音、韵尾辅音和声调六个方面，提出了一些尚待着重解决的问题和自己对这些问题的看法。这篇论文是他几十年研究上古汉语音韵的一个全面总结。但他自认体系还不尽完善，可议之处甚多，尚需改进，而非定论，故仍以"稿"名之。

该文表现的上古音系为：

（一）声母：单辅音声母由《上古汉语声母结构体系初探》的二十七个修订为二十一个。复声母基本上保留《原始汉语复声母类型的痕迹》一文的构拟，有二合复辅音八组、一百三十九个，三合复辅音六组、八十九个，四合复辅音一组四个，合计复辅音声母二百三十二个。

（二）韵母：由《上古汉语韵母结构体系初探》韵部的六系、十一类、二十八个韵部、九十七个韵母，修订为七系、十一类、三十一个韵部、一百七十八个韵母。介音仍只有出现于声母和韵母之间两栖性的*-j-，和从属于牙喉音声母圆唇化的轻微的*-w-，但由原来的不分等呼修订为分开合两呼和一二三四等。

元音方面由原来的 *-ə-、*-ɔ-、*-o-、*-u-、*-ɑ-、*-e-六个修订为
-ə-、-ɔ-、*-o-、*-u-、*-a-、*-e-、*-i-七个,各分松紧。韵尾方面,
将原阴声韵尾 *-w、*-l、*-x 修订为 *-b、*-d、*-g 韵尾。

(三)声调:认为原始汉语无声调。对周秦古音产生声调提出
三个设想:一是由声母的清浊而产生;二是由元音松紧或长短的
影响而产生;三是由声母的简化,前缀音的消失和复合韵尾简化
的影响而产生。上古音早期只有平、上、入三声,后从平、上、入三
声再产生出去声。

其他基本与1960年前后发表的上古声、韵、调研究论文
相同。

1986年出版的《广韵导读》一书,是1985年应四川巴蜀书社
之邀,作为《中华文化要籍导读丛书》之一而撰写的。对于《广韵》
研究的专书,之前有李荣的《切韵音系》、邵荣芬的《切韵研究》等。
《广韵导读》是引导初学者学习中古音的入门书,与之前研究角度
不同。该书在吸收古今中外研究《广韵》成果基础上,加上严学窘
个人的研究写成,可看作他研究中古音的总结性成果。全书分四
部分。第一部分是"引论",介绍《广韵》的作者、版本、性质、模式
等。第二部分是"内涵",分析《广韵》的音节结构、声韵调的分类
与音值构拟等,解释音韵学上的一些术语。第三部分是"比较",
把《广韵》与周秦古音、现代汉语方言、汉藏语系语言作比较。第
四部分是"资料"。本书的特点是深入浅出,全面详尽,介绍了中
外学者研究《广韵》的新成果,反映了当代研究《广韵》的新水平。
严学窘对于中古音的研究,除新中国成立前对大、小徐《说文》反
切的系联归纳外,很少有单文专论,《广韵导读》一书集中体现了
严学窘研究中古音的观点、方法和结论。

在北京大学读书时,罗常培要严学窘写出两部书,一部《音

图10-4　《广韵导读》书影

韵学》，一部研究《广韵》的《广韵讲话》，并提出一些原则要求。现在除了《广韵导读》勉强符合罗先生研究《广韵》的要求外，《音韵学》未能如愿，是他终身的遗憾。

令人遗憾的是，不知为何，《广韵导读》一书在2008年改由中国国际广播出版社出版，责任编辑极不负责、更不专业，书中错别字俯拾皆是。封面上就赫然将著者"严学宭"错成"严学窘"，书中"孙愐"错成"孙缅"，"东韵"错成"车韵"，不胜枚举。音标更是乱得一塌糊涂。一本好端端的《广韵导读》，硬是被整成了"广韵误导"，玷污国学，引起公愤，读者痛惜"一朵鲜花插在牛粪上"。如果严学宭地下有知，只怕也要被气得从棺材里蹦出来！

严学宭对汉语音韵学的研究，既有宏观理论上的全面审视，又有微观细节上的精细分析，最后形成了一个特色鲜明的上古音系统和中古音系统。他的最大特点，就是充分实践罗常培先生一贯主张的"旁征"研究方法，打通汉语与少数民族亲属语言的藩篱，进行汉藏语的历史比较，从而构建出志高虑远而孤履危行的上古和中古音体系。之前的汉语音韵研究者大多不懂或忽视少数民族亲属语言；民族语言研究者同样大多不懂或忽视汉语的研究。像严学宭这样精通民、汉语言，深入和全面"旁征"亲属语言研究汉语音韵，构建出上古音、中古音体系的汉语音韵学家十分罕见，他有亲身实践所获的知识结构和长期积淀形成的研究能力，去从事这样的比较研究。

严学宭的汉语音韵学研究，尤其是上古音研究，对于缺乏对少数民族亲属语言深入了解、认知的汉语音韵学研究者是难以理解的，学界对他上古汉语复辅音声母的研究就争议很大。但是严学宭"惟陈言之务去"、反对"在故纸堆上就地盘旋"，敢于开拓创新的精神，却深得部分学者的赞许和钦佩。著名的语言学家王均曾说：

严先生真不愧是一位勇于开拓的学术带头人。他永远不满足于原有学术领域的成就。他总是披荆斩棘，奋勇前进！ 1979年，《民族语文》创刊，向严先生索稿。他把《上古汉语声母结构体系初探》寄给我们，他利用汉字谐声系统的材料给上古汉语构拟古音。我对他文章里那么多复辅音类型不太信服。我请教严先生："你构拟的那么多类型的复辅音，发音部位相距如此之远，有时同为塞音，二合或三合，有可能念出来吗？"他说："古藏语跟现代嘉戎语不是都有这样的例证吗？"原来他早已有志于结合古汉语和汉藏语系的语言资料，为汉藏语的历史比较研究，从拟音方面进行开拓性的探索了。

罗常培先生和陆志韦先生都说过，汉语研究得从与汉藏语系少数民族语言研究的结合中找出路。严先生正是这样做的。从粤方言、壮侗语和彝缅语的韵母系统得到启发，他在《上古汉语韵母结构体系初探》一文中，指出上古汉语韵母结构体系中松紧元音转化成中古的长短元音。我真佩服他的胆识！①

在汉语音韵学界，严学宭最大的贡献是他对上古汉语复辅音研究的成果。在复辅音研究的历史上，严学宭不是最早的开拓者，但却是现当代最有代表性的领军人物，也是现代音韵学关于"复辅音"问题争议中的核心人物。

在严学宭之前，最早提出上古汉语有复辅音声母的是英国人艾约瑟（Joseph Edens，1874），接着有高本汉《中日汉字分析字典》（1923）、林语堂《古有复辅音说》（1924），吴其昌《来纽明纽复辅音通转考》（1932）、陈独秀《中国古代语音有复声母说》（1937）、董同龢《上古音韵表稿》（1944）、陆志韦《古音说略》（1947）、罗常培《语言与文化》（1950）等等，都认为上古汉语有复辅音。但是只有"严学宭先生在这一课题上花了较多的精力，提出一个较完整的系统"②。

在前引竺家宁《评刘又辛"复辅音说质疑"兼论严学宭的复声母系统》一文的题目，就揭示了20世纪80年代在对待汉语复辅音声母问题上，"质疑派"或"反对派"代表刘又辛，与"肯定派"或"拥护派"严学宭的对立。

有意思的是，竺文所举两派的代表人物，都是出自罗门的同学，是亲如同胞的师兄弟！

刘又辛（1913—2010），原名锡铭，字又新，后改又辛。山东省临清县（今临清市）人。1934年考入北京大学中文系，从罗常培、罗庸、沈兼士、唐兰、魏建功等先生，与严学宭都是大、小罗的弟子。1937年因抗战休学，1944年到西南联大复学，毕业后任教

①王均《怀念严学宭先生》，《音韵学研究通讯》（内刊），1992年总第16期。
②林端《音韵学》，第111页。

于昆明师范学院、私立
乡村建设学院。1949
年后任川东教育学院、
西南师范学院教授,曾
兼任《汉语大字典》编
委、四川省语言学会副
会长。严学宭去世后,
刘又辛赋诗悼念云:"平
生最相知,惟有马与严。
马兄犹伏枥,严兄逝经

图10-5　刘又辛

年……"足见两人情深,但并不有碍于他们学术观点上的争鸣。
刘诗中的"马兄"是中央民族大学的马学良教授,与刘又辛是北京
大学的同班同学和最好的朋友。

　　古汉语存在复辅音声母几乎已成学界共识。问题是要弄清
复声母有哪些成分、结构规则及演变条例。严学宭对复辅音声母
的研究,对形成这种"学界共识"起到了极大的推动作用,但是在
弄清复声母的成分、结构规则及演变条例方面,还存在大可商榷
之处。这方面存在的问题,前引竺家宁的论文已经提及,下面再
摘录几段学界对严学宭所构拟的复辅音声母的评价:

　　李行健、余志鸿主编《20世纪中国社会科学:语言学卷》说:

　　　　严学宭先生对复声母研究也很早。1962年他写成《上古
　　汉语声母结构体系初探》,又有论文《原始汉语复声母类型的
　　痕迹》,所构复声母形式也最丰富复杂,从二合三合至四合。
　　但除Cl、SC、NC等组外,好些形式只是几个不同音读的凑
　　合;严学宭在《古汉语复声母论文集序》中也觉得自己"构拟
　　常由中古声母拼合而成,有任意性和简单化的倾向",但他为

复声母的多合性提出了新的构思。

（严学宭）对复辅音的构拟很有特点，但其烦琐又很难摸清其构拟规则，反而使人对复辅音产生过于玄虚的观感。①邵荣芬在《欣欣向荣的汉语音韵学》一文中说：

> 严学宭先生在《周秦古音结构体系》一文中假定上古复声母有二合、三合、四合三种类型，共111个组合形式。这是迄今为止，对上古复声母所作的最大胆和最详细的假设。②

郭锡良《历史音韵学研究中的几个问题》一文说：

> 如果按照高本汉的办法，在谐声字中一律贯彻下去，就会得出严学宭先生在《周秦古音结构体系（稿）》中那样的结论：二合复辅音140个，三合复辅音64个，四合复辅音4个，出现了nkt、xmk-、xknd-、xsdl-等这样一些奇特的复辅音。③

至于部分学者因囿于汉语、不懂少数民族亲属语言，无法理解严学宭所作出的历史比较和类型比较而发出的质疑，则属于学力不够的误解，就不一一征引了。

严学宭对自己构拟复辅音中存在的问题非常清楚。他说："早想制定一个比较严格的条例，重新进行全盘系统的整理，使复声母简单而系统化，并便于解释复声母发展为单声母的演化条件和途径。"但是"由于年事已高，近年又缠绵病榻，一直没能实现"。④正所谓"前修未密，后出转精"，对汉语复辅音声母的研究未有穷期，在研究复辅音的历史中，当铭记严学宭这位摇旗呐喊的旗手。

---

① 李行健、余志鸿主编《20世纪中国社会科学：语言学卷》，第72、58页。
② 刘坚、侯精一主编《中国语文研究四十年纪念文集》，第293页。
③ 郭锡良《历史音韵学研究中的几个问题——驳梅祖麟在香港语言学会年会上的讲话》，《古汉语研究》，2002年第3期。
④ 严学宭《〈古汉语复声母论文集〉序》。

　　其实严学宭复辅音研究中的某些精义,不是泛泛浏览所能领会的,需要细细品味、研读才能理解。仅举一例:前引竺家宁文中特别提到,严氏用上古襄 sn->s-:攘襀 sn->n- 中的 s- 词头有意动、使动之别为例,说明复声母来源于早期标志语法意义或词汇意义的词头,是"一项颇具启发性的看法"。对此,后来美籍华裔著名音韵学家梅祖麟曾属文说:

> 严学宭(1963)指出并母的"败"b- 是自毁,帮母的"败"p- 是毁他,败 b-/ 败 p- 的差别是声母前浊后清。严学宭(1998)又说"s- 前缀可以使浊音清化"。这两个说法加起来可得:*s- ＋败 *b-(自动)＞败 *p-(使动)。也就是说 *s- 是个使动化的前缀。

　　梅祖麟在回顾了自德国汉学家康拉迪(August Conrady,1864—1925)至现代中国学者高名凯都没有弄清这一问题后,说:

> 严学宭(1963、1998)是第一个说出以下的历史演变规律:
>
> *s ＋败 *b-(自动)＞败 *p-(使动)
>
> 李方桂先生在《上古音研究》(1971/1980)说:我觉得也该有 st-,sk- 等复声母,这个 s 可以算是一个词头 prefix,也因此在上古汉语的构词学里将要占很重要的位置,与汉语有关系的藏语就很明显的有个 s- 词头(参看 Conrady1896)。
>
> 我们都是受了李方桂先生的影响才去探索 s-b、s-d、s-g 等复声母在古汉语中的演变,而在这方面严学宭先生可真是走在我们前面。①

---

① 梅祖麟《跋严学宭先生给〈古汉语复声母论文集〉(1998)写的序——兼论上古汉语动词浊清别义的来源》,《语言研究》,2015年第3期。引文中括注的(1963)以及后文(1998)是指严学宭在这两年发表的《试论汉藏语音变现象的类型》和《〈古汉语复声母论文集〉序》两文。

　　从竺家宁和梅祖麟文中,可以看出严学宭对于汉语复辅音来源于早期构形、构词的论断,不光是康拉迪、高名凯没搞清楚,就连李方桂先生也是到1971年才搞清楚的。

　　对于严学宭关于上古汉语介音的观点,学术界也存在一些异议。例如李开认为:

　　　　严先生的论点显然是我们不能接受的。严先生仍然是从传统古音分部的学者们的视角来看待介音问题的,是古音分部中开合的对立和一、四等(包括三等)的对立在古音构拟中的投射,而介音的区别性特征同样体现在二、三等之间,严先生的偏颇之处就在于他忽略了古音分部中可以含糊其词的二、三等在构拟中的复杂性。从音理上讲,介音是音系的构拟这一逻辑系统中不可缺少的要素之一,严先生显然未能遵从西方线性音系学的结构原理。就严先生所举的经验事实材料而言,援引汉藏语系其他语言的材料作为直接证据也是不能令人信服的,我们同意何九盈的观点,"研究汉语的历史语音,少数民族的语音材料只能作为旁证,决不能喧宾夺主"。更何况即使有若干事实材料,仅从单项的语言事实出发同样很难下结论,严先生的论证尚缺少思维精密化的科学分析。①

　　这都是可以继续争鸣的学术观点的分歧。

　　在这一章里,我们没有严格按照编年的顺序,而是按照内容把严学宭从50年代到他去世之前三十多年对汉语音韵学的研究放在一起加以叙述而相对撇开其他,是因为严学宭首先是一个著名的音韵学家,音韵学是他最主要的研究领域,因而放在一起集中评述,以使其形成一个整体的面貌,以免将其割裂显得支离破碎。

───────────────

①李开、顾涛《汉语古音学史》,第163—164页。

　　从上面的叙述我们可以看出,1949年之后严学宭对汉语音韵学的研究有两个特点。一是把汉语音韵学研究与汉藏语系亲属语言的比较研究紧密联系在一起,总是把古代汉语语音现象置于汉藏语系这个大系统中来观察和分析,在汉语与少数民族语言的结合点上形成自己的研究特色。二是严学宭从不满足于现状,敢于打破禁区,从宏观的角度来观察语言现象,开拓音韵学研究的新领域,指引音韵学研究的新方向,而对某些细节却无暇顾及,因而存在一些疏漏,尚待后人补苴之处甚多。

　　1958年12月13日,严学宭的恩师罗常培先生因病医治无效,在北京不幸逝世,年尚不满六十。1957年罗常培身患沉疴在京休养时,严学宭曾去看望先生。罗先生深有感触地说,尚有若干研究计划难以完成,幸而活的成绩不少,培养了不少有成就的罗门弟子,从他的大弟子严学宭开始,如数家珍,一一道来。严学宭则以罗门再传弟子一一道来,谓其将赓续罗门学统于不坠,以安慰先生,罗先生始由伤感转含笑意。严学宭想,先生其寿尚未及花甲,理当天年未尽,必有化沉疴为平康之日。孰料这一次竟是严学宭与罗先生的永诀! ①

　　罗常培先生去世时,严学宭因出差在外,未及时接到讣告。当他获悉噩耗,匆忙赶往北京时,先生已在齐燕铭的帮助下②,安葬于八宝山革命公墓,严学宭再也无缘得见恩师一面。这时罗师母黄婉如已经搬离原住处,住到了中关村的宿舍。30年代严学宭第一次去罗先生家时,师母是不露面的。后来去多了师母才接见他,嘘寒问暖、十分关心。在师母家里,严学宭与她相对流泪。当

①参见严学宭《八十自述》,第94页。
②齐燕铭是罗常培在北平教中学时的学生。

时罗先生的藏书还没有赠送科学院语言研究所,师母对严学窘说:"你老师去世太早了,还有很多的著作没有完成。你要不留下一点纪念的东西,去书房自己找,要什么拿什么,要多少拿多少。"严学窘说:"师母,我不要多的,我只要我还没有的老师的著作,留下作个纪念。"严学窘走进老师的书房,找了几本老师的著作,一本是罗先生著《唐五代西北方音》1933年史语所初版本,一本是罗先生著《汉魏六朝专家文研究》1945年独立出版社初版本,另外还要了一套日本人中岛竦的《书契渊源》,严学窘曾写过这本书的读后记,是他公开发表的第一篇文章。①

图10-6 罗常培藏《书契渊源》

①参见严学窘《八十自述》,第94页。

据严学宭回忆,罗常培先生一生辛劳,学富五车,但钱财积蓄不多。20世纪40年代在美国讲学时购买了人寿保险,去世后师母就靠这点钱维持生活,甚为艰难。当时傅懋勣在北京任全国政协委员和民族语言研究所副所长,常由他出面为师母想点办法,予以接济。① 后来师母去世,严学宭也未赶上送葬。

1958年12月,中南民族学院领导班子改选。党政领导班子由三人组成:白瑞西任党委书记兼院长,黄明家任副书记,严学宭继续任副院长。

1959年5月28日,经中南民族学院全院师生员工选举,成立了以白瑞西(当然委员)为主席、严学宭(当然委员)为副主席、叶尚志等二十五人为院务委员的院务委员会。②

1961年12月,中南民族学院领导班子改选,由五人组成:白瑞西任党委书记兼院长,黄明家、胡觉民任副书记,严学宭、叶尚志任副院长,直至1970年中南民族学院被迫撤销。

这里值得一提的是叶尚志(1919—2014),安徽宿松县人。1937年参加八路军奔赴山西抗日前线,后到抗日军政大学学习和工作,1942年调中共山东分局组织部工作。解放战争期间在冀鲁平原组织、领导游击战争。新中国成立后历任中央统战部干部三处处长、中央民

图10-7　叶尚志

①参见严学宭《八十自述》,第95页。
②《中南民族大学校史(1951—2011)》,第416页。

委人事司司长。1959年调中南民族学院任副院长,1964年离开中南民族学院,任上海市宗教局代理党组书记。1977年任上海市委统战部副部长兼市宗教事务局党组书记、局长,1981年任上海市委组织部副部长。叶尚志任职中南民族学院期间,是严学宭的同事和亲密朋友,两人结下了深厚的友谊。他后来在一篇文章中回忆说:

> 在我的心目中,不能忘怀中南民院的创业者李守宪、张文藻、徐少岩以及严学宭、岑家梧两位学者副院长。严学宭教授是语言学家,岑家梧教授是历史学家,都是我在开国之初在中央机关工作时期结识的老朋友……我听过两位学者的课,都受师生的欢迎。严学宭教授向我常谈及罗常培、赵元任,不离语言学本行,说明专业钻研是他一生的志趣所在。改革开放后重逢两次。最后是他于六七年前到日本学术访问前夕,给我来信,相约回国在上海晤谈。及至返回,又在机场来过电话,说限于同行的行程安排,无法逗留,就此辞别。想不到他不久因病高龄逝世,竟成永诀。近得巴蜀出版社出版陈独秀先生《小学识字教本》一书,得知是由严教授伉俪在"文革"中将早从中山大学校长王星拱先生那里抄藏的原稿辗转秘存,躲开了"四人帮"的查抄,经过50多年终于校勘出版。我从严教授的前言中才知陈独秀先生"是我国近代语言学史上杰出的语言学家",他带着深厚的学者感情写道:"一代学人,深藏若虚,著述以终,能无痛悼乎?"更增添了我对严教授这位老友的怀念之忱。①

---

① 叶尚志《我与民族工作和民族学院的渊源——为热烈祝贺中南民族学院创办50周年而作》,《人才开发》,2011年第11期。按:该文写于2001年,说严学宭"于六七年前到日本学术访问前夕,给我来信",时间有误,应是"于十六七年前"。

20世纪五六十年代，中南民族学院的院级领导，除了严学宭和岑家梧是"学者副院长"外，其他都是资历甚老的行政干部。像叶尚志这样的老革命，能理解、尊重两位专家型同事，相知相得、结交为友者，尚不多见。

在50年代后期至60年代前期，严学宭除了从事学术研究、行政管理外，还承担了中南民族学院的部分本科教学工作。他的讲课的确很受学生欢迎，许多学生毕业多年后还十分怀念严学宭当年讲课的风采和所获得的教诲。1963年毕业于中南民族学院中文系的湘西苗族学生龙文玉，后来任湘西土家族苗族自治州民族中学校长、州教育委员会主任、自治州副州长，先后被评为全国劳动模范、全国特等劳动模范、全国优秀教育工作者，荣获"五一劳动"奖章。他认为四年大学生活是他成长的关键，"大学里，我遇到了一位好老师！"——四十多年后提起恩师严学宭，龙文玉依然满心的感激。严学宭教他们古代汉语课，帮助龙文玉打下了坚实的语言基础，培养了他对民族语言的爱好。① 同时严学宭也曾应武汉大学李格非教授之邀在武汉大学兼课。他与李格非有很好的友情，他的《上古汉语声母结构体系初探》、《上古汉语韵母结构体系初探》两文都因受到李格非的支持和帮助而鸣谢。

李格非（1916—2003），著名语言文字学家，武汉大学"五老八中"的"八中"之一。1945年武汉大学文科研究所研究生肄业留校任教。1953年至1955年在北京大学中文系进修，师从王力先

---

① 参见中南民族大学校友会记者《湘苗传文脉，璞玉常雕琢——记中文系59级龙文玉》，http://www.scuec.edu.cn/s/129/t/1015/63/4e/info25422.htm. 2012-09-06。

图10-8　李格非

生。后赴苏联莫斯科大学东方语言学院中文系讲学,任客座副教授、教授。回国后历任武汉大学中文系副主任,湖北省语言学会副会长、《汉语大字典》常务副主编。李格非主张传统语文学要与现代语言学相结合,与严学宭的观点相同。在1980年后李格非与严学宭有些隔阂,严学宭认为是自己在主持筹备召开中国语言学会成立大会时有些事情没有处理好,甚是为此而内疚。

第十一章　江介风寒

1966年,中国进入了一个史无前例的非常时期。

1966年春,中南民族学院校园就充满了"山雨欲来风满楼"的政治气氛。凭历次政治运动之经验,严学宭预感一场声势浩大的新的政治运动即将来临,心里惴惴不安。

1966年5月中共中央召开政治局扩大会议,5月16日通过了《中共中央通知》(简称"五一六通知");8月又召开了八届十一中全会,通过了《中共中央关于无产阶级文化革命的决定》(又称"十六条")。"文化大革命"就这样迅猛地发动起来了。

1966年5月7日,中南民族学院成立了"文化教育革命领导小组",任务是领导这场运动。6月2日,召开全院声讨大会。6月中旬,湖北省委工作组七人进驻学院,领导运动,提出要"犁庭扫穴"、"横扫一切牛鬼蛇神",学院党委已失去领导作用。8月29日,学院党政领导干部和一些教师首先遭到隔离看管和批斗。①

1966年8月上旬的一天,一辆交通车驶进小洪山的中南民族学院,将学院党政领导干部约二十人接去湖北省委礼堂开会。一进会场,严学宭就发现情况不对,人人正襟危坐,没有往日互相招呼、谈笑的亲切气氛。在会场没有一人跟他讲话,都躲避他,怕挨

① 参见《中南民族大学校史(1951—2011)》,第423页。

着他坐。会议内容是进行运动动员，台上报告如雷贯耳，他在会场上如坐针毡。开完会回家，严学宭就跟妻子说："今天的会开得奇怪，会上没人理我。"妻子听后也深感不安，但仍安慰他说："是福不用愁，是祸躲不过，听天由命吧，或许是你神经过敏呢！"①

　　事实很快就粉碎了他们最后一丝幻想。当天下午，中南民族学院就召开动员大会。会一开过，针对严学宭的大字报就铺天盖地而来。湖北高校中首先被作为运动靶子的，除无党派的严学宭外，还有武汉测绘学院的副院长、九三学社社员夏坚白先生②，以及武汉大学校长、中共党员、著名哲学家李达先生。

　　这场运动给严学宭贴上了"资产阶级反动学术权威"的标签。严学宭以前讲过的一些话，比如20世纪60年代初中央召开七千人大会期间代表们说的顺口溜"白天出气，晚上看戏，两干一稀，大家满意"，后来严学宭开玩笑时学说过；在湖北省委统战部召开的党外人士座谈会上，针对知识分子的不公待遇曾讲过"士可杀不可辱"之类的话，均被拿出来作为他的罪证。还有在1927年第一次国共合作时期，严学宭在国立武昌中山大学集体加入国民党一事，严学宭在新中国成立后早就交代清楚了，现在也被拿出来作为罪证之一。

　　学校的动员会一开过，严学宭就被削夺了行政、教学、科研等工作的权利。开始几天他照样去办公室上班，但没有任何事情可做。枯坐在办公室里，天天听见外面震耳欲聋的锣鼓声、口号声，不断有队伍从街道口经他办公室窗外的公路，涌向珞珈山武汉大

①参见严学宭《八十自述》，第62页。
②夏坚白（1903—1977），江苏常熟人，著名大地测量学家，大地天文学奠基人，中国科学院第一批学部委员。曾任同济大学副校长、武汉测绘学院院长、教授，中国测绘学会理事长，第二、三届全国人大代表。

学。没有任何人告诉他，他也不能向任何人了解外面发生了什么。事后才知道，这都是去武汉大学围攻、批斗李达先生的队伍。

接踵而来的就是批斗、游街。除了肉体上的处罚，最痛苦的是天天逼着交代问题，写交代材料。川流不息的外调人员，找他调查在中正大学、中山大学的同事、朋友的历史。严学宭宁愿自己遭受折磨，也不往朋友头上泼污水、说假话而冤枉人，惹得外调人员拍桌子摔凳，不准他坐。一天下来，腰酸背疼，骨头缝里像针在刺。

一段时间过后，运动由党外转向党内，严学宭得以退居批斗第二线，但仍然得接受陪斗。批党委书记白瑞西等党内干部时，严学宭仍要站在旁边陪着，照样"坐飞机"、游街，只是精神上的压力稍微轻松了一点。这样持续了相当长的一段时间。

在他被隔离批斗的同时，家里也不得安宁，三天两日被抄家。一会是"红教工"，一会是"钢二司"，不同的造反派组织轮着来，在他家里就像炒菜一样翻来覆去地抄。差可告慰的是珍贵的学术著作他们看不懂，很少抄去，倒是一些普通的教科书被抄走不少。一次造反派抄出一张贺龙宴请严学宭的请柬，当作罪证批判他，说他是已被打倒的贺龙的"狗腿子"。"文革"前贺龙副总理分管民族工作，1965年严学宭去北京参加一个民族工作会议，贺龙设宴招待他们，给每人都发了一张请柬。请柬印制非常精美，上面有邀请人贺龙和被邀请人严学宭的名字，严学宭舍不得丢就带回来了保留着，结果招来无妄之灾。

又过了一段时间，运动进入持续状态。严学宭被解除了禁闭，但剥夺了上班工作的资格，被发配到学校农场强迫劳动。扫厕所、锄草、挖地、挑土，这些他从没有干过的体力劳动，在年近花甲的时候都体验了一番，所幸劳动强度并不很高。这样的校内劳动改造大概持续了三年。

1969年寒冬，严学宭随全院师生员工一起，到湖北麻城县（今麻城市）的浮桥河接受"斗、批、改"。批斗的对象仍是他们这些"牛鬼蛇神"。他们住在一所小学里，主要从事体力劳动，拜农民为师，接受贫下中农的教育，通过劳动改造思想。没有看书报、听报告的资格，连吃饭都是另排一队。这样劳动改造了大半年。

1970年7月10日，严学宭永远记得这个日子——在这一天他被宣布解除强迫劳动，恢复自由。

在他们劳动改造的浮桥河，有一座很大的水库——浮桥河水库。这座大水库位于鄂豫皖三省交界的大别山腹地，水面达三十多平方公里，水波浩渺，既广且深。许多岛屿分布于库区，离大坝不远处就有两座小岛，被水包围，就像洞庭湖中的"君山"。平常严学宭站在水库大坝上，都如临深渊，战战兢兢。这一天他高兴地约上他们劳改小组的组长、数学系教师张树昌，买上一大捆油条，来到水库大坝上，到那似乎远离尘世、安静和平的"君山"上庆祝新生。严学宭是个"旱鸭子"，不会游泳，张树昌却是一位游泳能手。他找来一个救生圈套在严学宭腋下，又用一根长长的粗绳子，一头系在严学宭的救生圈上，一头系在自己腰上。张树昌用脱下的裤子把油条包着缠在头上，在水中拉着严学宭前行。他们登上"君山"，在山上开怀大嚼一顿，真是美味无比。严学宭觉得平生吃过的任何山珍海味，都比不上"君山"上的那顿油条香甜。①

张树昌是从湘西走出来的苗族后代，因新中国成立前参加过"三青团"，在"文化大革命"中也被打成"牛鬼蛇神"。在浮桥河的劳动改造中，他是负责管理其他"牛鬼蛇神"的头头，跟严学宭住

---

① 参见严学宭《八十自述》，第63页。

上下铺,略懂一点文字学,跟严学宭很谈得来。张树昌身材高大,体力强壮,劳动中总是照顾严学宭,经常乘监视人员不注意帮他挖一段地,或铲下严学宭担子里的一铲泥土加在自己的担子里。在那个非常时期生活十分艰苦,很难吃到荤菜,张树昌就去野外捉了蛇来炒着吃,要严学宭等难友跟他一起分享这种"美味"。严学宭连见到都害怕,更是不敢尝试。张树昌是一位诚实善良的人,给了严学宭很大的照顾、帮助,严学宭很感激这位竟敢捉蛇、杀蛇、吃蛇肉的朋友。后来严学宭官复原职,对他仍怀有患难之交的友情,张树昌却反倒刻意与他保持距离。而那些在"文革"中落井下石,残酷批斗他、折磨他的造反派、极"左"派们,反过来极力洗白自己,觍颜趋附于他前后,严学宭看得很清楚,深感人性中的丑恶和悲哀。①

"文化大革命"对每一个知识分子都是一场严峻的考验。在这场严峻的政治、道德和人性的考验中,出卖朋友、助纣为虐者有之;不堪屈辱、自寻短见者有之。严学宭没有走这两条路。他认为前者固然令人不齿,后者也是意志软弱的表现。撒手尘寰虽然痛快,但他们肩负历史、社会和家庭的责任。严学宭相信光明一定会到来,未来一定会胜过现在。

1970年,是严学宭的花甲之年。这一年的9月,严学宭结束劳动改造,从麻城县浮桥河返回武汉。

同年11月16日,湖北省革命委员会作出决定,将全省原有的二十九所高校保留十三所,其他十六所都撤销,严学宭工作、服务了十七年的中南民族学院也在撤销之列。中南民族学院的校址小洪山被湖北省军区占用,资产和教职员工主要归并到华中

---

① 参见严学宭《八十自述》,第64页。

师范学院。全院教职员工三百五十二人，并入华中师范学院的有二百五十四人①，院党委书记兼院长白瑞西、副院长严学宭均在并入华中师范学院之列。白瑞西次年任华中师范学院临时党委书记、"革委会"主任、院长。严学宭则任华中师范学院中文系教授，住到了华中师范学院昙华林教师住宅区，后来搬到桂子山校本部北区教工住宅楼。中南民族学院其他近百名教职员工分到了其他各个学校，有的还被下放农村插队落户。

1971年上半年，严学宭跟华中师范学院其他教师一起，由军代表带着，到著名的湖北沙洋农场开门办学，为沙洋师范专科学校举办师资培训班，培训当地的小学师资。严学宭与学生们一起步行到离沙洋县四十公里的拾回桥镇开门办学，与贫下中农同吃、同住、同劳动，给当时沙洋师范专科学校的教师和培训班学员留下了深刻印象。

沙洋农场是湖北省公安厅下属的劳改农场，对内称"湖北省劳动改造管教纵队"，对外称"湖北省国营沙洋农场"。在师资培训班上，严学宭讲授毛主席诗词、革命烈士散文等，深受学员欢迎。虽然那时严学宭已获解放，但政治上仍受歧视。时刻绷紧"阶级斗争"这根弦的极"左"人员，包括一些语言学专业的教师，对他召开批斗会，批判他向学员兜售"封、资、修"黑货、腐蚀学员。在批判会上，学员们没有一个跟着起哄，他们以沉默表示对老师的尊敬。严学宭很喜爱这些来自农村，天真、纯朴的年轻人。

1971年下半年，严学宭从沙洋返回武汉。这时他的胃病更加严重了。在50年代的田野调查中，饱一餐饿一顿，没有规律的饮

①参见《华中师范大学百年校庆书系　百年校史（1903年—2003年）》，第608页。

食生活，和对少数民族饮食的不适应，让严学宭落下了胃病，现在愈加严重，发展成胃溃疡并发展为胃下垂。那时不让他看书、科研，也无班可上，严学宭就称病在家休养。到1973年终于挺不住了，痛得不能吃饭，只得住进湖北医学院附属第二医院（今武汉大学中南医院），开刀切除部分胃。

出院后身体又需恢复一段时间。其间中国政坛上又上演了一场"评法批儒"的运动，严学宭因为病休，有幸平安地度过了这一段时间。

1974年，华中师范学院结束了自1966年中文系主任、著名学者、古典文学专家方步瀛去世后，一直没有系主任的不正常现象，学校任命严学宭为中文系主任，一直到1980年他离开华中师范学院时才卸任。① 这一任命体现出两个标志性意义。一是严学宭已从"文革"遭受的政治迫害中摆脱出来，预示他的人生出现了新的拐点；二是他的学术地位和影响已经得到了华中师范学院的认可，身为从外校合并进来不久的严学宭，在人才济济、名家荟萃的华中师范学院站稳了脚跟。但这个系主任头衔，只是给他的一个政治上的安慰和学术地位的认可，并没有多大行政上的权力，权力仍然掌握在其他人手里。严学宭也乐得置身度外，过着闲散自在的生活。

在这段时间，严学宭的家庭发生了一次重大变故。他的发妻张志远因患胰腺癌，住院治疗了八个月，终于不治，在1975年7月29日病逝于武汉，时年六十二岁。张志远出生于1913年，本是富贵人家的千金小姐，读过高中，很有文化。十六岁嫁给穷酸秀才严学宭后，历经战乱流徙，饱受艰苦困顿，未过上几天安定的日

---

① 参见卢子洲主编《发展中的华中师范大学》，第176页。

子。她娘家十分有钱,富甲一方,父辈妻妾成群,不太看得上严学宭这位贫寒的姑爷。张志远挺起腰杆做人,维护自己的丈夫,不要娘家钱财,自己咬紧牙关过苦日子。遇上紧要关头,卖掉自己的嫁妆、首饰而无丝毫怨言。从1929年结婚以来,与严学宭患难与共、相濡以沫,共同生活了四十五年,生育了四子一女。她一生未有正式职业,居家养儿育女,操持家务,尽一切能力帮助严学宭成就事业。严学宭对事业的追求冲淡了他对家庭的责任,他深感有愧于妻子。所幸在她患病住院治疗的八个月中,严学宭一直陪伴照料妻子,细心护理,晚上就在医院病床边搭块板子睡觉。到后来治不好了,出院回到昙华林的家中,也是他买菜、做饭,天不亮就骑着自行车到处买来鱼肉疗养妻子,以自己的劳苦略微减去一点心灵的不安。张志远的去世对严学宭是一个沉重的打击。严学宭在后来人生和事业的辉煌时期,时常忆念跟自己历尽艰苦的发妻,在他《八十自述》中时见他对张志远的深情表露。唐代诗人元稹的《遣悲怀三首》其一云:“谢公最小偏怜女,自嫁黔娄百事乖。顾我无衣搜荩箧,泥他沽酒拔金钗。野蔬充膳甘长藿,落叶添薪仰古槐。今日俸钱过十万,与君营奠复营斋。”这首诗也正好用来表达严学宭晚年对张志远的心境,遣发他的悲怀。

图11-1　严学宭与儿时好友严正士、妻子张志远合影

“文化大革命”十年,严学宭不能阅读学术论著,不

能从事学术研究。写得最多的是各种交代材料,学得最多的是毛主席诗词、语录、"老三篇",以及《敦促杜聿明投降书》《别了,司徒雷登》《论人民民主专政》等毛泽东的政治著作。"文革"时期严学窘年龄在六十前后,正是年富力强、学术思想成熟、应该大出成果的黄金时代,却被白白耽搁、浪费了,十多年没有发表任何有价值的学术研究成果,成为他学术生涯上唯一的十多年空白时期。这对于一个视学术为生命的学者来说,无异于是对其生命的戕害,让人扼腕叹息。

第十二章　桂山修典

在世界舞台上，国家级的工具书往往代表一个国家的文化水准，是国家文化建设的重要体现。在国际外交场合，也常常以工具书作为互赠的礼物。在联合国总部，会员国也需提供该国权威的工具书以供查询使用。中华人民共和国成立到20世纪70年代二十多年间，国家在工具书的编撰方面远远落后于世界大国水平，缺乏高端、大气、上档次的大型工具书。最有影响的字典就是所收单字不到九千的《新华字典》，这与中国这个历史悠久、人口最多的大国形象太不相称。

鉴于这种情况，1975年，在周恩来总理指示下，国家出版局在广州召开了一个规模盛大的全国辞书编写出版规划会议。会议作出规划，要集中力量编写、出版两部能够代表新中国最高水平的工具书——《汉语大字典》和《汉语大词典》，同时配套编写出版各种适用于不同专业、不同文化层次的中、小型字典和辞书。

1975年，周恩来总理批示了他生前最后的一份文件——国务院第137号文件。文件批准了国家出版局广州会议制定的规划，要求全国在十年内编出汉语大中型字词典以及中文和世界各语种的字词典共几十种。国家出版局决定由山东、江苏、安徽、浙江、福建、上海五省一市负责编写《汉语大词典》，由湖北和四川两省负责编写《汉语大字典》，在十年之内完成编写任务。遵照周总理批示的国务院文件精神和国家出版局决定,湖北、四川两省启动了《汉语大字典》的编写工作,在有条件的高等院校或其他单位都成立编写组。四川成立了四川大学、西南师范学院、四川师范学院、重庆师范学院、南充师范学院五个编写组,由四川大学负责牵头。湖北成立了八个编写组,除了武汉大学、华中师范学院、武汉师范学院外,在荆州地区、黄冈地区、鄂城钢铁厂、葛洲坝工地和省军区某部队也设立了编写组,由武汉大学牵头。

严学宭被指派参加《汉语大字典》编写工作,担任华中师范学院编写组组长。在经历了九年"文革"政治运动后,终于可以开始从事一项学术研究工作,严学宭就像长期跋涉于沙漠中的人见到绿洲一样,十分高兴,将满腔热情和全部精力倾注到《汉语大字典》的编写工作中去。

但是1975年还处于"文革"时期,这样一项重大、严肃的学术工程,也受政治的掣肘,难以顺利开展。在工农兵进驻校园、领导一切的情况下,《汉语大字典》的编写也要接受工农兵的指导。一些中小学文化程度的工、农、兵被请来当专家、学者们的老师,指导他们这些"五谷不分"的知识分子编写连自己都不知为何物的大字典。为了发挥、体现工农兵在编写《汉语大字典》中的作用,专家、学者们不得不把编写好的条目,耐心地教他们一条条看懂,然后请他们提出"宝贵意见"。更令后人难以置信的是,在参与字典编写的著名高校著名专家学者中,也有一部分人十分激进,一切以政治挂帅,甚至不顾字典编排的基本规律,硬是要把"共产主义"放在《汉语大字典》的第一卷第一条。一些学术观点保守的学者,也生怕出政治问题,因循于前人成说而不敢越雷池一步,不肯接受、容纳新的观点和成果。① 而华

---

① 参见严学宭《八十自述》,第65页。

中师范学院编写组的严学宭和高庆赐等人则坚持要按字典编写的客观规律办事，反对因循守旧、照搬前人成果，主张吸收新的成果，摒弃旧的错误，编出一部内容新颖、超越前人的新型大字典。这样就在编写成员中形成意见分歧，无法协调，编写工作很不顺利，进展十分缓慢。

严学宭与高庆赐本来都是罗常培先生的研究生，是同门、同学。高庆赐(1910—1978)，河北遵化人，1932年燕京大学中文系毕业后到北京大学研修，跟严学宭同时受业于罗常培先生。1941年后任教北京大学、燕京大学、西北大学、华中大学任讲师、副教授、教授。1949年任武汉市大学教授联合会副主席，1951年兼任华中大学副教务长。1952年起任华中师范学院中文系教授，1958年被打成右派。从1970年严学宭调到华中师范学院之后，与老同学高庆赐一起共事了十年。但高庆赐与罗先生以及罗门弟子似乎不怎么来往，与严学宭也没有十分密切的关系。在编修《汉语大字典》时，高庆赐的观点与严学宭比较接近，但那时高庆赐还戴着"右派"的帽子，没有话语权，所以都是由严学宭出面与激进、保守思想作斗争。

字词典的编写专业性、科学性很强，严学宭以前没有编写经验，很陌生。为了编好字典，1977年9月，两省审音组各派出了三个人去京、沪取经，由四川大学审音组负责人梁德曼和湖北审音组的负责人、解放军某部罗科长带队，到北京、上海、杭州等地，拜访各地跟字词典编写相关的专家、学者甚至普通工作人员。①

严学宭用一个笔记本，专门记录他和同仁们到全国各地拜访

①参见梁德曼《怀念我最敬佩的老师——丁声树先生》，《学问人生　大家风范——丁声树先生百年诞辰纪念文集》，第476页。

专家、学者收集到的意见建议。在这个笔记本中，有《赴京学习、调查收集到的意见》部分。有意思的是，他们首先请教的就是驻《现代汉语词典》修订组的陕西韩城燎原煤矿工人张师傅和另外一位未记载姓氏的师傅，这在今天是不可思议的，但却是当时"工农兵领导一切"时代特征的体现。① 笔记本中记录着他们走访请教了北京大学的王力、周祖谟、胡双宝、唐作藩、蒋绍愚、林焘，中国科学院语言研究所的吕叔湘、李荣、邵荣芬、孙德宣、王显、贺巍、杨耐思，北京师范大学的葛信益，中国人民大学的谢自立，文字改革委员会的徐世荣、丁德驹、高景成，国家出版局的方厚枢，商务印书馆的吴泽炎，《新华字典》修订组的曹先擢、辛志贤、曹乃木，中央人民广播电台的夏青、王欢、翁思英等。他们还前往上海，参加上海《辞海》修订座谈会，听取《辞海》编委会副总主编和《汉语大词典》副主编吴文祺，《辞海》编辑室钱子惠、鲍克怡，复旦大学张世禄等专家意见。到杭州座谈，听取杭州大学姜亮夫、蒋礼鸿等教授的意见。"博问英辩，殆得精华"，获得了许多字典编写的知识、经验。

1978年11月，《汉语大字典》主管部门在武汉召开第四次编写工作会议。会议决定成立以两省省委宣传部长和各高校负责

①《现代汉语词典》1956年由国家立项，1958年6月正式编写，1960年出"试印本"征求意见，1965年出"试用本"送审稿，1973年内部发行。1974年"批林批孔"运动开始，陕西韩城县燎原煤矿的7名工人针对内部发行的《现代汉语词典》贴出大字报，批判它是"封、资、修的大杂烩"，"全书中没有见到一个歌颂伟大领袖毛主席的例句，我们完全可以认为，收词上的这种表现是一种反动的政治倾向"。消息传到北京，姚文元批示"值得注意，问题很突出"。于是1975年10月底，就有燎原煤矿9名工人进驻《现代汉语词典》修订组。12月，北京无线电联合厂有10名工人加入，1976年2月再增加了北京军区政治部3名人员，共计22人，超过了编写的专家学者。

人组成的《汉语大字典》编写领导小组。在领导小组之下,成立
《汉语大字典》编辑委员会。编委会由武汉大学李格非、四川大
学赵振铎、华中师范学院严学宭、四川师范学院冉友桥、西南师范
学院李运益、武汉师范学院朱祖延六人组成。编委会设主编一人
(暂缺,后由四川大学徐中舒担任),副主编四人,分别为李格非、
赵振铎、严学宭、冉友桥。

严学宭任《汉语大字典》副主编,负责《汉语大字典》的审音工
作。他深感责任重大,深恐有负重托。丁声树先生在中国科学院
语言研究所主持编写、修订《现代汉语词典》多年,治学严谨,学识
高深渊博,对字、词典的编纂有丰富的经验,是最好的老师。严学
宭派出四川大学的梁德曼老师,专程前往北京请教丁先生。丁先
生对《汉语大字典》的审音及其他问题,如编写的方法、材料的鉴
别取舍、形音义的排列次序等都提出了许多十分重要的意见,对
《汉语大字典》的科学编写具有重要的指导意义。严学宭认为丁
先生的意见句句都说到了要害之处,是金玉良言,非常珍贵,在他
的《八十自述》中几乎将丁先生的意见全部照录其中,以保存、传
承丁先生的学术思想。①

在古今汉字形、音、义三者中,音的问题最复杂、最艰深,编写
人员大多不具备相关的音韵学知识。于是严学宭主持制订了《审
音条例》,开办审音学习班,亲自授课,培训《汉语大字典》审音人
员。《汉语大字典》的审音工作取得了多方面的成就。1980年初,
川、鄂两省审音组的六位学者集中到武汉,在严学宭指导下,编写
了《汉语上古音字表》,复印四册,湖北省出版局和四川省出版局

---

① 见严学宭《八十自述》,第65—66页。

各放两本,供两省的注音工作人员使用和参考。①《汉语上古音字表》编写成后原准备出版,严学宭专门为之撰写了《周秦古音研究的进程和展望》一文,作为《汉语上古音字表》的"前言"。文题注云:

> 1980年《汉语大字典》审音组梁德曼、严承钧、宗福邦、黎新第诸同志编写《汉语上古音字表》,以备大字典编写同志考察汉语上古声、韵、调之用。这字表具有自成体系、解决纠纷、纠正谬误、补充遗漏和注释丰盛等特点,是结合传统语言学和现代语言学的观点和方法编写的,今年可以竣工付梓,特为之序。

但不知何故,《汉语上古音字表》一直未见公开出版。

作为《汉语大字典》审音的负责人,严学宭围绕《汉语大字典》的审音问题作了大量的研究工作,发表了《释琉璃》、《怎样注音、订音和正音》、《关于审音工作的几个问题》、《循义定音、循音统形——释字要则》等一系列论文。

《释琉璃》一文是严学宭在为《汉语大字典》撰写"琉璃"一条时发现问题、解决问题的过程中写成的。"琉璃"是一个从梵文传入中国的音译外来词,自进入汉语以来,古今译名五花八门,形成各种误认、错读和误解现象,问题很复杂,一时难以理清。正当严学宭为此搔首踌躇时,恰好他的朋友梅龚彬先生的儿子,武汉地质学院(今中国地质大学)教授梅建明来看望他。梅建明是学地质矿产的,于是严学宭向他求教。梅建明为他找来我国近代著名地质学家张鸿钊的《石雅》一书,其中有很多解释"琉璃"的资料,梅建明还帮助他对"琉璃"一物作出地质分析。严学宭根据这些

---

① 梁德曼《有重点地反映汉字字音的历史发展》,《辞书研究》,1983年第2期。

资料,遍考历史文献,根据自然科学研究的成果,疏证源流,分析类别,沟通古今,辨明是非,纠正旧字、词典中混乱纠缠、穿凿附会的问题。该文为字词典名物训释提供了一个范例。后来《安徽师范大学学报》(哲学社会科学版)编辑部向严学宭约稿,就把这篇文章给了他们。可能考虑该文涉及自然科学内容较多,结果发表在1978年的《安徽师范大学学报》(自然科学版)上。

《怎样注音、订音和正音》发表于1980年的《辞书研究》杂志。该文把审音工作的任务分为注音、订音和正音三类。注音就是给古字标上现代汉语普通话读音。订音就是针对一字多音现象,按其意义的不同分别注以不同的音;正音就是对误读字加以改正。文章又列出一字多音的各种类型及处理办法。最后指出对读音不明的字,通过查方言、查反切、查直音、查协韵、查韵图、查谐声、查异体、查通假、查文义、查音变共"十查"的办法来考察。这是一篇指导和总结字典审音工作的科学论文,在辞书学界引起了极大反响。著名的辞书编纂和研究专家汪耀楠教授在《词典学研究》一书中评价该文说:

> 以《汉语大字典》的审音为主要研究对象,全面深入具体地论述审音的内容、原理和方法的文章是严学宭的《怎样注音、订音和正音》。严文对审音的三大项目(即注音、订音、正音)的含义作了明确的解释:注音的研究对象是现代汉语不再通行的字,它们绝大多数仅有反切和直音。这种字的注音原则是"依据汉语语音历史的演变规律,结合反切上下字和被反切字北京音变情况,细细审辨","折合成现代北京音"。订音的研究对象是古代字韵书里繁多而复杂的一字异读现象。对这类字的注音要看异读是否区分了意义、词性和构词。区别了的应折合今音,否则只订定一种读音,其他异

读舍弃,以减少语音分歧。正音的研究对象是因误读而产生的异读。作者认为,对这种现象要考虑"习非成是"、"约定俗成"的原则,择一而定,使其音读规范。就上述三方面审音内容和处理原则,作者逐一论述了具体方法。①

严学宭的《循义定音,循音统形——释字要则》一文写于1981年,发表于1983年。该文是严学宭1948年《释汉儒音读用本字例》"音随义转、形随音变"观念,和丁声树先生有关理论的进一步阐发。该文强调在文字的形、音、义三者中要以音统摄形、义;在众多的又音中应分清训诂音和韵书音的区别,并以大徐《说文》反切作为多音字的主音来统摄其他又音。"循义定音"就是突破字形限制,据字义定字音;"循音统形"就是从古音通假的原则来驾驭不同的字,对通假字加以分析综合,以得出规律性的条例,达到精确释义的目的。严学宭以陈独秀《小学识字教本》一书对"方"字形、音、义的解释为例,认为是运用"循义定音、循音统形"这一"识字要则"的典范。严学宭特别推崇陈独秀和他的遗著《小学识字教本》,认为"仲甫先生是我国近代语言学史上杰出的语言学家","精于汉语字源之学";《小学识字教本》"探赜洞微,方法新颖","笔花吐艳,字字珠玑","是历史性和规范性的科学巨著",是"为清段、王之所未及,而又为后世之所不可无"的经典之作。②

说到陈独秀遗著《小学识字教本》,就必然牵涉到严学宭与这部遗著流传和出版的一段曲折历史。

众所周知陈独秀是中国现代史上著名的文学家、思想家和政治家,殊不知他还是中国语言学史上"清段、王之所未及、后世之

---

①汪耀楠《词典学研究》,第293页。
②严学宭《小学识字教本·前言》,陈独秀《小学识字教本》,第4页。

所不可无"的语言文字学家,《小学识字教本》就是他研究语言文字学的代表作。

《小学识字教本》原名《识字初阶》,是陈独秀在1932年10月至1937年8月被国民党关押于南京监狱时开始写作的一部文字学著作。1938年陈独秀获释、寓居四川江津县(今重庆江津区)后易名为《小学识字教本》,继续撰著,至1942年陈独秀病逝江津时已大致完成但未最后结稿。陈氏去世后,《小学识字教本》由他的学生、朋友油印五十部以赠友人。1946年,陈独秀的安徽同乡、挚友,原武汉大学校长王星拱(字抚五)新任中山大学校长,时任教中山大学的严学宭和几位武大校友前往造访。谈话间王校长询问严学宭现治何学,当获知严学宭研究语言文字之学时,王校长随即从书房取出一本油印书稿,问严学宭此书价值如何。严学宭一看,竟然是陈独秀的遗著《小学识字教本》!他十分惊异、惊喜,即从王校长处借回书稿,细细品读,如获至宝,"击节讽诵,爱不释手",遂用他擅长的小楷,将书稿工工整整、一字不漏抄写一部,再将原稿还给王星拱。严学宭将此抄写稿一直珍藏着。新中国成立后,因政治原因,这部陈独秀最重要的语言文字学著作,在大陆一直未能出版。"文革"时期,严学宭为免此书招来麻烦,遂将手抄本中陈独秀"自序"后的作者"陈独秀"三字用剪刀剪掉,又让妻子张志远将书稿"度出书寓"藏于别处,这样才得以躲过抄家的劫难,完整地保留下来。而在台湾,梁实秋携去一部《小学识字教本》油印稿,亦因政治原因不便出版,只好改头换面,将书名改为《文字新诠》,不署作者,并删除陈独秀自叙,由赵友培题签、梁实秋作序,由台北语文研究中心于1971年正式印行。出版后深受欢迎,后又重印一次。

改革开放后,1980年严学宭即着手出版陈氏这部珍贵的遗作，并与陈独秀第四子陈鹤年的长女陈祯祥取得联系。陈祯祥致信严学宭，深为其"保存家祖父的著作并力争其出版发行之义举所感动"，"从我们的亲身遭遇，想象先生历经十年浩劫竟保留了我家祖父的著作，我对于先生的敬佩实在难以行（形）于言辞"。①1982年，严学宭将手抄本交给复旦大学张世禄先生的硕士毕业生，时任华中工学院语言研究所教师的刘志成，嘱其整理校订，准备出

图12-1　陈独秀孙女陈祯祥致严学宭信

①陈祯祥1981年11月13日致严学宭信（手稿）。

版,并为之写好了出版说明。之后严学宭为此书的出版奔走呼号,历经周折,多方联系,终难如愿。直到1985年,在严学宭的不懈努力下,四川巴蜀书社终于同意出版该书。后来刘志成在校对过程中,又从严学宭的武汉大学同学、广西大学沙少海教授处发现了《小学识字教本》油印稿,据以校订,请成都一位书法家工笔缮写,据以影印。直到1995年,《小学识字教本》终于由巴蜀书社出版发行,产生了极大的影响。其时距严学宭去世已经四年。

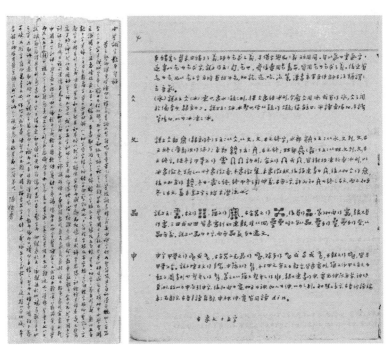

图12-2　严学宭手抄《小学识字教本》书影

严学宭关于《汉语大字典》的工作,除了公开发表的成果外,还遗留有大量关于《汉语大字典》编写的笔记、札记、发言稿,还有大几百张工笔手写的释字卡片。有些札记、发言稿，例如《对〈汉语大字典编写方案（讨论稿）〉的修订意见》、《怎样衡量一个字的编写水平》、《对旧字书义项的取舍和分合》、《字义解释的方法》、《关于"难字"的编写问题》、《有关〈汉语大字典〉收入金文、甲骨文的几个问题》、《对〈康熙字典〉所收字条整理规范的参考意见》、《怎样运用〈说文解字〉》、《怎样运用训诂学》、《古籍句读标点》、《为什么要补卡》、《华师编写组补卡方案（初稿）》等，稍加充实、整理，就是一篇极有心得和学术价值的论文。从1975年到1980年参与《汉语大字典》编撰的五年间，严学宭亲自擘画，殚精竭虑，沥尽心血，耗费了大量的时间和精力，为《汉语大字典》的编写作出了重大贡献。1991年2月21日《汉语大字典》全套八卷出齐，湖北省政府举行总结表彰大会，严学宭获得国家新闻出版署颁发的荣誉证书。

　　1980年严学宭离开华中师范学院，回到恢复重建的中南民族学院。正所谓"道不同不相为谋"，严学宭关于编写《汉语大字典》的一些观点很难被一些守旧的同行接受，他不想陷于纠缠不清的是非之中，所以他趁1980年离开华中师范学院之机，就力辞《汉语大字典》副主编职务，脱离了《汉语大字典》的编写工作。严学宭的副主编一职，由华中师范学院中文系杨潜斋教授接替，1983年杨潜斋也辞去副主编一职，由他的弟子华中师范学院中文系晏炎吾教授接替。[1] 令人遗憾的是，在正式出版的《汉语大字典》各类编撰人员中，竟然没有出现严学宭的名字，严学宭为之沥尽心血，工作了五年的《汉语大字典》，在字典文本中没有留下任何的痕迹！

　　1978年，严学宭的命运开始发生根本性的转变。在他担任

---

① 参见赵振铎《悼朱祖延教授》，《辞书研究》，2012年第5期。

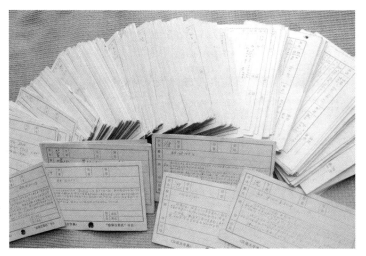

图12-3　严学宭编撰《汉语大字典》时的手写卡片

《汉语大字典》副主编的同时,其他多种利好纷至沓来。

　　1978年1月下旬,华中师范学院举行"文化大革命"以来第一次全校性的科学报告会,严学宭主持了这次具有历史意义的会议。

　　1978年3月18日至31日,中共中央在北京召开了全国科学大会,科学的春天正式来临。从这时开始,严学宭的学术活动风生水起,他再次扬帆起航,逐渐进入他学术研究的最高潮。

　　1978年10月8日,由学院领导和高声望专家教授共二十九人担任委员的华中师范学院首届学术委员会成立。学校副书记刘丙一任主任委员,严学宭任副主任委员。①

　　1978年10月,国务院批准华中师范学院为国家教育部直属

①《华中师范大学百年校庆书系　百年校史(1903年—2003年)》,第613页。

师范院校,重新归属教育部主管。中共湖北省委组织部对华中师范学院领导进行了调整和任命,严学宭被任命为华中师范学院副院长。①

1978年下半年,湖北高校教师专业技术职称评审,自"文革"开始冻结十多年之后,第一次重新启动,严学宭担任湖北省教育厅高校专业技术职称评审委员会文史组的组长。这是一个十分重要的职务,关涉全省高校文史类教师的前途和命运。积压十多年的高校教师纷纷申报高级职称,竞争十分激烈,矛盾也非常多。湖北省教育厅将如此重任交给严学宭,表明了对他学术能力和道德品质的高度认可。

1978年,华中师范学院以严学宭领头申报的汉语史专业硕士研究生学位授予点获得成功。这是"文革"后首批获得的硕士研究生培养授权点,严学宭获任该专业硕士研究生导师资格,并于1979年1月招收了他的首届硕士研究生三人:尉迟治平、董为光,后来均任华中科技大学中文系教授;邹明斌,后任华中理工大学中文系讲师,不久病逝。

1978年,严学宭兼任《中国大百科全书·民族卷》编委。

1978年12月,严学宭牵头筹备、组织的湖北省语言学会,于29日至31日在武汉召开成立大会。湖北省语言学会是最早成立的省级语言学会之一,中国社会科学院语言研究所派遣两人专程参加会议,会上宣读了社科院语言研究所所长吕叔湘致成立大会的"贺词",湖北省社会科学院副院长密加凡出席会议并讲了话。会议通过了学会章程和工作报告,选举了学会理事并产生了领导机构,

①参见《华中师范大学百年校庆书系　百年校史(1903年—2003年)》,第326页。

严学宭被选举为首届理事长。1981年继任第二届会长,至1984年卸任会长,改任学术委员会主任委员。

　　1979年6月下旬,严学宭赴厦门大学参加汉语方言科学讨论会,与黄典诚、黄家教、詹伯慧、温端政、汤珍珠、李如龙、梁德曼等专家学者一起,联合发出建立全国汉语方言研究学术团体的倡议书,促成了全国汉语方言学会于1981年11月成立。

　　严学宭这一时期的学术研究也取得了非常可观的成果。除了前面已经提到的音韵学、辞书编撰方面的成果外,还有如下一些成果。

　　在1978年湖北省语言学会成立大会上,严学宭提交了《谈汉藏语系同源词和借词》的重要论文,刊登于湖北省语言学会会刊《江汉语言学丛刊》(内刊)1979年第1辑上。该文论述了区分汉藏语系同源词和借词的严格标准,提出了鉴定汉语与汉藏语系亲属语言中同源词的三条准则——语音相似、词义相通、形态相符。符合这三条准则的就是同源词,不符合这三条准则的就是借词。该文还提出通过同族词的比较研究区分同源词和借词的观点,在语言历史比较研究方法论上向前迈进了一大步,是一次十分可贵的探索。

　　1978年,严学宭撰著《论汉语词孳生的转换模式——纪念张为纲教授逝世十四周年》的书稿。原书稿约十二万字,"前言"云:

　　　　张为纲教授博览强记,精于汉语文字音韵之学。曩曾同受业于罗常培师门下,又偕执教于中山大学语言学系。此后我从事民族教育、语文工作,犹常通讯商讨汉语同族词问题。不幸他于1964年病故,惜未竟其巨著《汉语同族词典》。虽草有《同族词谱》,而未全面收集和系统注释;但他认为"主要元音"是汉语同族词意义和声音内在联系的中心环节,它的孳生方式主要是"尾音交替"，应从源穷究词根的形式，从流明确同族词的类型，实属创见。只是他所采取"据词系联，即意定音"的方法，似觉过宽；所拟上古音系，也感从声韵结合能力看，有难说通之处。1973年我病胃休，为了纪念这位挚友，特循其论点，缀述其《同族词谱》若干例词，用我自己构拟的上古音系的拟音，重加整理，藉资纪念云尔。兹检旧稿，似有可取之处，亦不过绍张教授的余绪而已。①

该书为汉语词源研究提出了新的理论，反映了20世纪40年代初他与张为纲一起研究汉语新训诂学的部分成果。1973年，严学宭曾将书稿简介寄予在湖北京山县小女儿家养病的老朋友方孝岳征求意见。重病中的方孝岳覆信说：

> 严老尊鉴：在此养病寂寞之中，奉至手书及大著论汉语词变换形式简介，病眼模糊为之心开目明，精论不刊，惜不得起为纲于九泉一共欣赏。②

这是方孝岳致严学宭的最后一封信。两个月后，方孝岳即病逝于京山，这对相识二十余年的忘年之交从此天人远隔。直至20世纪80年代，严学宭仍对方孝岳晚年的不幸唏嘘不已。

1978年，严学宭摘其书稿要点撰为《论汉语同族词内部屈折的变换模式》一文，在《中国语文》发表。该文题下注云：

> 本文作者的朋友张为纲精研汉语同族词之学，意欲编著《汉语同族词典》，经常通信商讨，获其教益非浅。张教授不幸病逝于1964年，壮志未酬，可惜之至。本文之作，特致悼

---

① 见严学宭遗稿《论汉语词孳生的转换模式——纪念张为纲教授逝世十四周年》。
② 方孝岳1973年10月1日致严学宭信。

念之忱。①

《论汉语同族词内部屈折的变换模式》发表后,在语言学界引起极大反响。李行健、余志鸿主编《20世纪中国社会科学·语言学卷》中评述该文说:

> 国内学者运用历史语言学理论和方法,对汉字字族进行系统语源研究主要是王力和严学宭。……严学宭发表了《论汉语同族词内部屈折的变换模式》。他认为:"鉴定同族词的原则要求是据义联系,即词析音,抓住它们的共同语音形式——词核,分析其辨义的语音变换模式。"他还总结了一个考察同族词的语音公式。严学宭在理论上不同于高本汉和王力的基本一点,是他强调理据性。所谓理据性,就是指词的声音和词的意义之间的内在联系,亦即某种内部形式。他清楚地意识到理据性在汉语词族研究中的重要性,而且他求证同族词并不以此为最终目的,他还用它来求证语言间的亲属关系。严学宭不受西方语言学理论的局限,一方面坚持词族的理据性,一方面坚持以汉语语言事定为本体建立独立意识的语言理论,这是十分可贵的。②

同源词和借词的区分历来是汉藏语系亲属语言比较研究中最大的难题之一。严学宭在《谈汉藏语系同源词和借词》、《汉语同族词内部屈折的变换模式》,以及后来与董为光、曹广衢合写的《汉语和侗台语的亲缘关系》三篇论文中,提出一种新的、被学界称为"同族词比较法"的研究方法。这一方法的基本原理是,如果甲语言中的一组同族词与乙语言中的一组同族词具有音义的对

---

① 严学宭《论汉语同族词内部屈折的变换模式》,《中国语文》,1979年第2期。
② 李行健、余志鸿主编《20世纪中国社会科学·语言学卷》,第211—212页。

应关系,那么它们就应当是同源词而不是借词。这样的同源对应越多,两种语言的亲属关系就越近。这种观点和方法在学术界产生了极大的影响,认为是对历史比较语言学理论和方法上新的突破。学界认为,"这种词族的对应研究比单独一个词的音义相似的分析确实要有说服力,因为它很难用借用来解释"①,这种方法"是我国学者历史比较语言学理论所作的一种新探索"②,"这样的理论显然要比传统的以单词为比较对象的方法更严谨和更有说服力,因此被有的学者认为是丰富了历史比较语言学"。③ 严学宭的"同族词比较法",与后来邢公畹提出的"深层对应比较法(语义学比较法)",和陈保亚提出的"词阶证明法",成为当前中国汉藏语言学同源词研究领域三种最有影响的研究理论和方法。④

1979年,严学宭在《江汉论坛》发表单行本论文《汉语中的训读现象》,文末云:

> 沈兼士先生所提出古人自有义读之法,意在辨证经籍旧音,所著《汉魏注音中义同换读例发凡》,其实质所指即古汉语的训读现象。故友张为纲教授曾著有《现代方言训读的初步分析》一文,意在理董方言异读。笔者承沈、张两先生余绪,间亦采用其资料,而加以推阐,意在审订字、词典的旧音,兼资语言比较之用。兹特志之,以示缅怀师友之忱。

该文对古代汉语和现代汉语方言中的训读现象作了深入的分析讨论,论述详博,是同类文章中极有分量的一篇。值得注意的是,该文因为运用了许多古代汉语和现代民族语言资料,在当

---

① 徐通锵《历史语言学》,第70页。
② 朱绍禹主编《语文学科研究动向》,第57页。
③ 金星华主编《中国民族语文工作》,第115—116页。
④ 参见瞿霭堂、劲松《汉藏语言研究的理论和方法》,第126页。

时的印刷条件下排印困难。《江汉论坛》编辑部请人抄正、照相、付印，版面又与原刊不合，只好另印单行本。严学宭的其他文章也经常遇到排印困难问题而发表迟缓甚至难以发表的问题，他在编写《汉语大字典》时同样感到将来的印刷是个很大的问题。为此严学宭撰写了《印刷困难问题亟待解决》一文，上书中国社会科学院规划联络局，刊登于该局编辑的《情况和建议》1979年11月27日第108期上。

第十三章　东湖盛会

1978年3月召开的全国科学大会,是在粉碎"四人帮"之后百废待兴的形势下我国召开的一次重要会议,也是中国科学发展史上一次具有里程碑意义的盛会。大会澄清了长期束缚科学技术发展的重大理论是非问题,打开了"文化大革命"以来长期禁锢知识分子的桎梏,在经历了"北风卷地白草折"的严冬之后,终于迎来"千树万树梨花开"的春天。

在"文革"结束以后,全国大部分省、市、自治区都恢复或新成立了语言学会,许多语言、文字等方面的专科学会、研究会也相继成立。为了在全国范围内更有力地推动语言学研究,协调全国各个语言学队伍的步伐,加强国内外语言学方面的交流,成立全国性的语言学会已势在必行。

早在1957年,罗常培先生领导下的中国科学院语言研究所就曾发起筹备成立全国性的语言学会,并草拟了章程,发出了倡议书,但因种种原因一直未能实现。1978年上半年,在吕叔湘先生组织下,根据罗常培先生生前主持制订的语言研究十年规划,先后在北京和苏州召开了两个座谈会,研究十年动乱后中国语言研究的方向、发展规划和急需开展的重要项目。严学宭参加了苏州会议。这两个会议十分重要,复刊了《中国语文》,团结了广大语言学工作者,恢复了语言研究的名誉,明确了今后学术研究的方向,为成立中国语言学会打下了基础。

　　1980年7月11日至14日,北京、安徽、甘肃、广东、湖北、吉林、山东、山西、陕西、上海、天津等省市的语言学会,以及四川语言学会筹备组和中国民族语言学会、中国古文字研究会、中学语文教学研究会、中国音韵学研究会筹备组、高等院校文字改革研究会筹备组、中国社会科学院语言研究所等十八个单位的代表二十多人,在北京语言学院举行联席会议,倡议成立中国语言学会。严学宭代表湖北省语言学会和中国音韵学会筹备组参加了会议。会议商定中国语言学会成立大会的地点、会期和议程,成立了大会筹备组,草拟了学会章程(讨论稿),通过了《成立中国语言学会倡议书》。会上严学宭以湖北省语言学会会长和中国音韵学研究会筹备组召集人的名义,请缨承担中国语言学会成立大会的筹备工作。会议委托中国社会科学院语言研究所和湖北省语言学会共同承办成立大会的筹备工作,具体工作主要由湖北省语言学会承担,由严学宭总承其事。

　　在北京开会期间,严学宭再一次见到老朋友周祖谟,很难得一同朝夕相处了几天。周祖谟录王安石《初夏即事》和《悟真院》诗两首,书写条幅赠严学宭:

　　　　石梁茅屋有弯碕,流水溅溅度两陂。晴日暖风生麦气,绿阴幽草胜花时。

　　　　野水纵横漱屋除,午窗残梦鸟相呼。春风日日吹香草,山北山南路欲无。

　　　　庚申七月,子君吾兄来京,日夕相处,言笑甚欢。命予作书,因录临川诗二章,敬乞雅正! 弟祖谟。

　　在北京会议期间,北京语言学院的陈亚川老师为撰写《中国语言学家》一书中的"周祖谟"条拜访周祖谟,恰逢严学宭在周祖

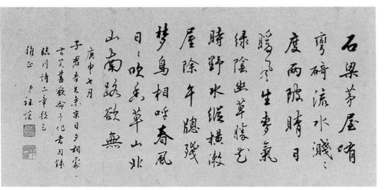

图13-1　周祖谟书赠严学宭条幅

谟处。周祖谟就向陈亚川介绍严学宭，推荐陈亚川撰写"严学宭"条。陈亚川采访了严学宭，认真阅读了他的重要学术论著，花了很大功夫撰写条目，编入《中国语言学家》第二分册，1982年由河北教育出版社出版。这是第一篇严学宭的学术评传，对严学宭的学术评价很准确、很到位，严学宭感到很满意，认为写得好。

为成立大会筹备工作顺利进行，中国社会科学院语言研究所和湖北省语言学会按规定向湖北省委、省政府报告请示，请求支持和帮助。湖北省委指派省委文教部副部长、华中工学院院长兼党委书记朱九思具体指导、协调大会的筹备工作。

为了实现罗常培先生遗愿，推动国家语言学科的繁荣和发展，在会议筹备期间，严学宭以七十高龄的古稀之年，废寝忘食，劳碌奔波。他遇上了一个极好的时机，天时、地利、人和三者兼得，可谓身居四方、八面来风。当时他是正准备调离的华中师范学院院、系领导，又是正在恢复重建中的中南民族学院副院长，华中工学院也正在积极委托他筹建语言学系，此外他还是武汉大学的老校友，因此各路绿灯大开，要人有人、要车有车。由于湖北省各级党、政领导的重视,社科院语言所的领导,加上华中工学院、武汉大学、华中师范学院、中南民族学院、武汉师范学院和其他单位的支持以及会议筹备组全体人员的共同努力,整个筹备过程十分顺利。

1980年10月21日至27日,中国语言学会成立大会在武汉珞珈山下、东湖之滨的武汉军区第四招待所顺利举行。这是新中国成立以来中国语言学界的一次空前盛会。大会正式代表一百九十五人,列席代表九人,全国三十个省、市、自治区及港澳地区都有代表参加,此外还有新闻、出版部门的一些代表。许多语言学界老前辈、大批中青年语言学者,在武汉秋高气爽的最佳时节共聚江城,真可谓"群贤毕至,少长咸集",盛况空前。

中国语言学会成立大会开幕式由吕叔湘先生主持。王力教授致开幕词,他说:这次大会是新中国成立以来中国语言学界空前的盛会。中国语言学会的成立,说明了广大语言学工作者要求加强学术交流,决心通力合作,繁荣发展我国的语言学事业。湖北省副省长李夫全参加了开幕式,代表中共湖北省委、省政府致辞,向大会表示祝贺。省委宣传部部长焦德秀、副部长余英,文教部副部长朱九思,省社会科学院副院长密加凡,以及一些高等院校的领导出席了开幕式。中国社会科学院等单位向大会发来贺电、贺信。当严学宭把中国语言学会即将成立的信息报告给美国的赵元任先生后,赵元任及夫人杨步伟,提前给会议主要筹备人严学宭发来贺信致贺。

在全体会议上,王力以《我对语言科学研究工作的意见》为题,提出了他对语言研究工作的七点意见,并提出"可以考虑适当地集中力量,在三几所有条件的大学开办语言学系"。吕叔湘就"中与外"、"虚与实"、"动与静"、"通与专"的关系,对语言科学工作的过去和未来发表了意见。严学宭、罗竹风、张志公、周有光、王均、王宗炎、伍铁平、赵世开、刘涌泉、赵诚、熊正辉、李临定等十一位代表，分别对古代汉语、编纂辞书、语言教学、文字改革、少数民族语言、外语教学、国外语言学、应用语言学、古文字学、方言、现代汉语语法等方面的研究工作作了大会报告。这十四个大会报告，

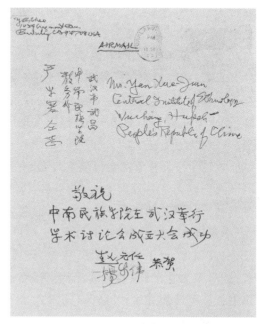

图 13-2　赵元任、杨步伟夫妇为严学宭筹备中国语言学会成立大会题词致贺①

连同王力先生的开幕词、吕叔湘先生的闭幕词、中国语言学会章程、中国语言学会筹备经过、中国语言学会成立大会纪要等一起，结集为《把我国语言科学推向前进》一书，由湖北人民出版社出版。

　　严学宭代表古代汉语学科所作的大会报告《我国传统语言学的研究与继承》，系统总结了我国传统语言学的成就及其孕育

---

①赵元任及夫人杨步伟的贺信寄达日期是1980年9月20日，是发给严学宭私人的。其时赵元任已89岁高寿，记忆有点错乱，贺信中把会议组织单位和会议名称都写错了。

现代语言学的途径,从文字、音韵和训诂三方面对我国语言学的发展作了评述,着重以音韵学的研究为例,说明传统语言学的展拓和发展,需要新的材料、新的工具、新的问题、新的理论。如果四者具备,就可预期飞跃发展。严学宭的这份大会报告事先请周祖谟先生看过,周先生给了四个字的评价——"博大精深"。此外,严学宭向大会提交了《论古越族在现代汉语闽南方言中的投影——敬以此文哀悼罗季光教授》的学术论文,后来发表于《中南民族学院学报》(哲学社会科学版)1982年第2期。

大会以无记名投票方式,选举吕叔湘为中国语言学会会长,季羡林、罗竹风、傅懋勣、严学宭、朱德熙为副会长;陈章太、傅懋勣、季羡林、李荣、吕叔湘、罗竹风、马学良、倪海曙、清格尔泰、邢公畹、许国璋、严学宭、张涤华、张志公、周祖谟、朱德熙为常务理事;陈章太为秘书长;刘照雄、陆俭明,邢福义、许宝华、赵诚为副秘书长。聘请胡乔木、叶圣陶、胡愈之、于省吾、郭绍虞、范存忠、丁声树为顾问,王力为名誉会长。

在大会召开期间,严学宭及筹备组的部分工作人员转入会务组,他仍是整个会务工作的主要组织者之一。会议从程序安排到各项具体工作都要做到万无一失,一些老前辈生活上的照料也不能有丝毫疏忽、闪失。王力、吕叔湘两位先生都带着家眷,严学宭将这两位德高望重的老前辈安排住在将军楼,并各安排两位工作人员随身陪伴。当时王力先生已是八十高龄,拄着拐杖走路,但他对严学宭提出"抗议",说随时跟从的工作人员限制了他的自由。

10月27日,中国语言学会成立大会胜利闭幕。中国语言学会会长吕叔湘致闭幕词。他指出,这次大会对我国语言科学的发展必将起重要的推动作用,大会圆满地完成了预定的全部议程,宣布中国语言学会正式成立。

在中国语言学会成立大会筹备和召开会议期间，严学宭以全部的精力投入这次在中国语言学史上具有重要历史意义的大会，确保了大会顺利召开、圆满结束。王力先生、周祖谟先生等许多学者，都对严学宭在此次大会筹备召开中体现出来的组织能力佩服、赞赏不已，认为他个子虽小但能量极大。大会期间，王力先生兴致极高，即时赋诗书赠严学宭以作纪念。诗云：

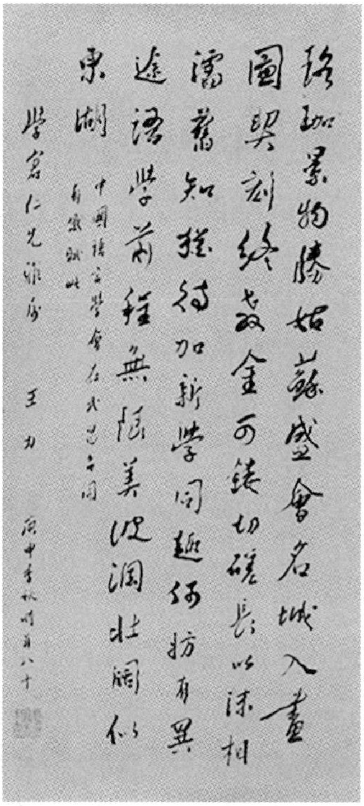

> 珞珈景物胜姑苏，盛会名城入画图。契刻终教金可镂，切磋长以沫相濡。旧知犹待加新学，同趣何妨有异途。语学前程无限美，波澜壮阔似东

图13-3 王力书赠严学宭条幅

湖。中国语言学会在武昌召开有感赋此。学宭仁兄雅属。王力，庚申季秋时年八十。

王力先生的文学根底很深，诗作和散文都极有造诣，但他都视作"雕虫"小技、应景之作，只是偶一为之。在严学宭的师辈和朋友中，像魏建功、王力、钟敬文、詹安泰、周祖谟等旧时代过来的知识分子，大都文质彬彬，善于诗文唱和，以为雅趣。但严学宭甚是奇怪，他对文学的创作全无兴趣，质而不文，一生全无诗词之作、唱和之举，这跟他"七步成诗"的父亲完全不同。对于师辈和

朋友的"唱"他不能"和"，常因"来而不往"而失礼，不能不说是一种能力的缺陷。

在中国传统语言学中，汉语音韵学、文字学、训诂学并列为三，而以音韵学为枢纽。在学习和研究上音韵学较文字学、训诂学要困难得多。经过"文革"十年的摧残，学人凋零，几成绝学。为此学界同仁忧心忡忡。1979年春，北京和广州的部分音韵学研究者倡议成立一个音韵学研究群众性学术团体，得到有关领导的支持和各地学者的响应。1979年下半年成立了筹备组①，严学宭任筹备组召集人。经过筹备组一年多的积极筹备，在中国语言学会成立大会结束后的第二天，即1980年10月29日，中国语言学界从事音韵学研究的学者们，又在同一地点召开了中国音韵学研究会成立大会暨首次学术讨论会。

出席中国音韵学研究会成立大会暨首次学术讨论会的代表八十七人，香港中文大学也有三位教师前来参加。另外还有列席代表四十九人。著名学者王力、周祖谟、张世禄、王显、邵荣芬、唐作藩、黄典诚、殷孟伦、殷焕先、徐复、高元白、黄绮、邢公畹、王均、葛信益、喻世长、史存直、朱星、郭良夫、赵诚、刘又辛、李格非、赵振铎等都出席了会议。会上湖北省文教部朱九思副部长代表湖北省委讲了话，中南民族学院院长白瑞西向大会致贺词。王力在会上发了言，周祖谟作了《汉语音韵学研究的重要意义和途径》的报告，中国语言学会、中国社会科学院语言研究所、湖北、山西和福建省语言学会、上海市语文学会、武汉大学、中南民族学院、华中师范学院等单位向大会致信祝贺。

----

①筹备组由严学宭以及中华书局赵诚、中山大学李新魁、四川大学梁德曼、复旦大学许宝华、西北大学杨春霖、吉林省社会科学院宁继福等七人组成。

在成立大会上,严学宭以筹备组召集人身份作了本会筹备经过的报告。除了介绍该会筹备过程外,着重指出音韵学在语言研究中的中心地位——音韵学是建立中国语言学的阶梯和基础,成立音韵学会对于振兴"绝学"、培植新人、交流成果等方面所具有的重要意义。

图13-4　严学宭在中国音韵学研究会成立大会上致辞

会议收到学术论文五十四篇,有四十多人在会上报告了论文。大会印发了国内外音韵资料共计十二种。严学宭向本次会议提交了《周秦古音结构体系(稿)》。会议进行了四天专题讨论,充分体现了"双百"方针,学术空气很浓。大会通过了《中国音韵研究会章程》,制订了《中国音韵学研究会十年发展规划(1980—1990)》,选举了理事,成立了领导机构。

大会投票选举了中国音韵学研究会理事会。选举严学宭为理事会会长,李新魁、邵荣芬、唐作藩、王显为副会长,赵诚为秘书长,梁德曼、许宝华、杨春霖、宗福邦为副秘书长,严承钧、王勉、赵襄为秘书。聘请王力、周祖谟为名誉会长，丁声树、高元白、姜亮夫、陆宗达、启功、史存直、王静如、徐复、邢公畹、殷孟伦、张清常、张世禄为顾问。第一次理事会议决定会址设在武汉市华中工学院中国语言研究所，并决定1981年秋在华中工学院开办音韵学研究班，为音韵学的教学和研究培养急需的人才。

11月3日下午大会举行闭幕式，会长严学宭致闭幕词。

中国音韵学研究会是严学宭晚年辛勤耕耘、精心培育的一块学术园地。在1980年至1988年连任两届中国音韵学研究会会长的八年期间，他领导下的中国音韵学研究会，是80年代中国语言学界各个专科学会中最有生气、最活跃、影响最大的学会之一。这八年中国音韵学研究会取得了令人瞩目的丰硕成果：

——开办了三期汉语音韵学研究班、一期语言学进修班、一期汉语音韵学高级研究班、一期古代汉语研究班。每期学员人数在四十到八十人之间，时间都在三个月左右。这些班为国内高校和研究机构培养了数以百计的音韵学及语言学教学科研人才，他们成为80年代及之后许多高校和科研机构的音韵学、语言学教学和研究的主力。

——创办了中国音韵学研究会会刊《音韵学研究通讯》(内刊)，每年出刊一到两期，在80年代出刊十五期。该刊信息量大，学术质量高，深受会员欢迎，国内外许多高校和研究机构也索要该刊学习和作资料保存。

——组织召开了五届学术研讨会和两次专题学术研讨会，这些学术研讨会以及专题学术研讨会大都公开出版了高质量的会议论文集。

关于办班的情况本书将另作专章叙述。下面仅对五届学术研讨会和两次专题学术研讨会作简要叙述。

第一届学术研讨会与成立大会同时举行,已见前述。本届会议论文择优编成《音韵学研究》第一辑,中华书局1984年出版。

第二届学术研讨会于1982年8月1日至6日在陕西西安举行。这是一次高规格的国际学术会议,陕西省委书记白文华,以及宣传部副部长、省社联主席等出席大会,陕西省语言学会会长高元白主持会议。严学宭在开幕式上作了工作报告,闭幕式上作了总结。他提交并宣读了与尉迟治平合作的论文《汉语"鼻-塞"复辅音声母的模式及其流变》。美国俄亥俄州立大学教授薛凤生,阿里桑大学教授侯炎尧,法国高等社会科学院东亚语言研究所所长李嘉乐、研究员沙加尔,日本山形大学副教授花登正宏等出席了会议,日本著名音韵学家小川环树教授、美国密歇根大学巴克斯特教授寄来了论文。本届会议论文择优编成《音韵学研究》第二辑,中华书局1986年出版。

第三届学术研讨会于1984年8月19日至25日在广西桂林广西师范大学举行,严学宭出席会议,致开幕词和闭幕词,并提交了论文《论〈说文〉谐声阴·入互谐现象》。本届会议主要议题是等韵学,会议论文择优编成《音韵学研究》第三辑,中华书局1996年出版。会议之后广西大学秦似教授主持举办了语言学讲习班,报名者上千人。秦似请严学宭并研究会的几位学者讲课。严学宭把这次讲习班当作一次传播音韵学的好机会,毫不迟疑应承下来。他连续授课,常常工作到深夜。①

第四届学术研讨会于1986年10月14日至17日在重庆西南师范大学举行,严学宭因病未能与会,大会致电严学宭表示慰问。

第五届学术研讨会于1988年9月28日至10月3日在湖南桑

①参见杨耐思《悼严先生》,《音韵学研究通讯》(内刊),1992年总第16期。

图 13-5　1984 年 8 月，第一期音韵学研究班部分师生在桂林年会合影
前排左起：2.李新魁、3.唐作藩、4.严学宭、5.邵荣芬、6.赵襄

植举行，严学宭因年高体病未能与会，发去了《给中国音韵学研究会第五次学术讨论会的贺信》。此次会议理事会改选，严学宭卸任会长一职，改任名誉会长，由中国社会科学院语言研究所研究员邵荣芬接任会长。鉴于严学宭为学会的成立和发展作出的卓越贡献，为了表示对他的敬意，新理事会决定将第五届学术讨论会论文集作为 1990 年庆祝严学宭八十寿辰的纪念论文集，但后来因故而未出版。

以上都是音韵学研究会例行举办的年会。此外在 1985 年，中国音韵学研究会联合中国训诂学研究会、江苏省语言学会、武汉大学、南京大学等单位，发起筹备召开"纪念黄侃先生诞生一百周年逝世五十周年学术讨论会"，分南京和武汉两地举行，由南京大学程千帆担任筹备委员会主任，严学宭任副主任。会议分别于10月15日到17日在武汉军区第四招待所召开，1985年10月22日到25日在南京大学召开。严学宭出席了南京会议，提交了《方兴未艾的黄学——纪念黄侃先生诞生一百周年》的论文，文中云：

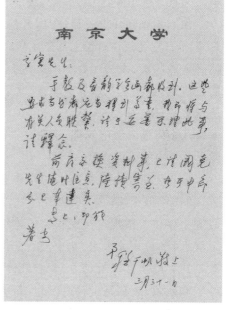

图13-6　程千帆致严学宭信

　　我接受黄学，初经刘赜（博平）师授予汉语音韵学的基础知识，继由罗常培（莘田）师授予周秦古音研究的微言大义，后承骆鸿凯（绍宾）师授予尔雅词义之学。三师皆受业于黄侃先生，出身于北京大学。南北学人，奉为圭臬。然渊源所自，不能不令人缅怀黄侃先生。

　　1987年10月15日至19日，由中国音韵学研究会、江西省语言学会、江西大学、江西师范大学、高安县人民政府共同发起、主持，在江西高安县周德清老家召开"纪念周德清诞辰710周年学术讨论会"，严学宭时正在武汉协和医院住院未能与会，发去了《周德清诞辰710周年纪念和学术讨论会致辞》，副会长唐作藩代表严学宭会长向大会致贺。本届讨论会编成论文集《〈中原音韵〉新论》，北京大学出版社1991年出版。

在严学宭卸任会长后，中国音韵学研究会在1990年10月17日至20日在北京举行第六届学术研讨会，名誉会长严学宭因年高体病未能与会，发去了《给中国音韵学研究会第六次学术讨论会的贺信》。此次会议理事会改选，北京大学唐作藩教授接任会长，严学宭仍任名誉会长。会议决定在1990年11月5日名誉会长严学宭八十寿辰时致电祝贺，感谢严学宭教授为建立和发展中国音韵学会作出的巨大贡献。

进入21世纪后，中国音韵学研究会内部产生矛盾，管理欠善，2010年停止活动。2014年11月，国家民政部宣布中国音韵学研究会存在未按规定接受社会团体年度检查，依据《社会团体登记管理条例》相关规定，对中国音韵学研究会作出撤销登记的行政处罚。严学宭艰难创业、苦心经营的中国音韵学研究会，它曾经欣欣向荣、蒸蒸日上，独立时代鳌头，令人羡慕、赞叹不已。而今却毁于一旦，实在令人痛心疾首、扼腕叹息！①然而它由盛而衰的命运，却又正好衬托出严学宭非凡的组织才干和领导能力。

中国音韵学界将永远铭记严学宭辛勤的拓殖和耕耘。下面是两位著名学者对严学宭的评价。

音韵学家、吉林省社会科学院语言文学研究所研究院、吉林

---

① 2018年5月，在山东大学召开了"中国语文现代化学会音韵学分会成立大会暨学术研讨会"，原中国音韵学研究会会长唐作藩教授回顾了原中国音韵学研究会的历史，新学会筹备组负责人龙庄伟致开幕词，谓学会的成立具有"凤凰涅槃、浴火重生"的意义。北京大学耿振生当选为会长，南开大学曾晓渝当选为候任会长，厦门大学李无未、中国社会科学院麦耘、江苏师范大学杨亦鸣、南京大学张玉来和山东大学张树铮当选为副会长，杨亦鸣兼任秘书长。

省语言学会会长宁继福说：

> 中国音韵学研究会，成立于1980年。一片学术净土，云集几代音韵学家。严学宭等老前辈音韵学家在"文化大革命"刚刚结束即奔走呼号创建中国音韵学研究会，必将载入汉语音韵学史。公元601年，长安论韵。公元1980年，武汉成立中国音韵学研究会。中国音韵学史上的两大盛事，功德长存。[①]

语言学家，南京大学教授、中国音韵学研究会第四任会长鲁国尧说：

> 1980年10月在王力先生、周祖谟先生、严学宭先生等前辈学者的倡导和主持下，中国音韵学研究会在武汉成立，这是历史上第一个汉语音韵学的学术团体，而且是全国性的学术团体，大多数省市区都有学者参加。二十年来，老会长严学宭先生、邵荣芬先生、唐作藩先生为学会的建设和发展殚精竭虑，历届秘书长、学术委员会主任、理事和顾问都尽心尽力，有些先生已经作古，有些先生已经退休，有些先生仍奋斗不息，他们为中国音韵学研究会所做的卓越贡献，我们永远铭记。[②]

20世纪80年代，是一个"狂飙突进"的年代。是风云际会的时代成就了严学宭，也是严学宭之类学者掀起了一个时代的"狂飙"。对于严学宭在一年之内接连主持成立两个国家级学会，学术界无不惊异、赞叹他的学术活动组织能力和领导能力。著名语

---

① 宁忌浮《汉语韵书史·金元卷》，第398页。
② 鲁国尧《"多元"、"争鸣"、"创新"的音韵学——中国音韵学研究会第十一届学术讨论会暨汉语音韵学第六届国际学术研讨会开幕辞》，《语言学论文集：考证、义理、辞章》，第2页。

言学家,国家语言文字工作委员会副主任委员王均研究员说:

> 1979 年至 1980 年,上海、北京、湖北等省市先后成立语文学会或语言学会,大家盼望成立全国性的中国语言学会。谁来具体筹备?湖北省语言学会理事长严学宭先生当仁不让!他能动员和组织武汉市几所大学中文系的力量来为全国学会的成立服务。紧跟着中国语言学会的成立大会,就在同一地点成立了中国音韵学研究会。全国各省市语言学者的夙愿如愿以偿了!组织这样大规模的学术会议不容易,何况是一个接一个!严先生有如此魄力,有此筹划、组织和与有关同志协同奋战的才略,中国语言学史上怎能不为他记上一大功!①

中国语言学界的后起之秀,曾任教育部语言文字信息管理司司长、北京语言大学党委书记的李宇明教授说:

> 曾记得,当年严学宭先生说过,他同王力、吕叔湘等先生比,他们是学问家,他是"学术活动家"。严老之辞,显然是自谦,但学界确实需要学术活动家,也的确不是谁都能成为学术活动家的。②

客观而言,在学术研究方面严学宭确实比不上王力、吕叔湘等师辈。然而论学术活动能力、大型学术活动的组织领导能力,像严学宭领导、组织 50 年代的广西民族识别调查、海南黎族苗族社会调查、海南黎族苗族语言调查等三次大型的田野调查,以及 1980 年"两会"的筹备成立,在他的师辈以及同辈学者中,应是无人能与其媲美的。这正是严学宭不同于其他学者的独特之处。

---

①王均《怀念严学宭先生》,《音韵学研究通讯》(内刊),1992 年总第 16 期。
②李宇明《狂飙突进的年代》,《现代汉语语法国际研讨会 30 周年纪念文集》,第 20 页。

第十四章　瀛洲赴远

严学宭一生中,七十岁以前没有出过国,那时学者出国参加国际会议是一件非常不容易、似乎很难企及的事。在七十岁之后,他两次出国参加三个重要的国际会议。一次是1981年11月至12月到法国巴黎,参加联合国教科文组织召开的"促进以母语为教育工具"专家会议。第二次是1982年8月至9月到日本东京,参加东京国际汉藏语言学会议,和第十三届国际语言学家会议。

1981年11月30日至12月4日,联合国教科文组织在法国巴黎教科文组织总部召开"促进以母语为教育工具"专家会议。会议邀请世界多民族国家的语言学和教育学专家参加。严学宭接到联合国教科文组织邀请,参加这一重要的国际会议。

严学宭参加这次会议,是由国家民委推荐、教育部派遣、联合国教科文组织邀请的。参加这次会议的有全世界四十多个多民族国家的代表,中华人民共和国仅严学宭一人参会。

80年代初,专家学者出国参加国际会议十分稀罕。尤其是这次会议,严学宭是以国家级专家身份参会,身份级别很高,政治性和政策性也很强,言行都需十分慎重。这是他第一次出国,出国之前作了一番周密详细的准备工作。首先是准备大会报告大纲,其次是根据会议有关内容作方针策略上的准备,第三是学习出国守则、社会礼仪、仪容服饰等内容，最后就是制装、购物、护照、签证等方面的准备。

1981年11月28日，严学宭乘机抵达巴黎，中国常驻联合国教科文组织代表团派人前来迎接。会议期间，严学宭的食、宿都在中国常驻代表团，费用十分便宜。严学宭不懂法语，常驻代表团给他配备了一名法语翻译，是在巴黎进修的一位北京广播学院的讲师。

1981年11月30日上午10时，会议在巴黎联合国教科文组织总部召开。会议使用法语和英语两种工作语言，并备有这两种语言的同声翻译，主要的工作文件可任意使用这两种语言。会议目的是总结到目前为止世界各地区促进母语作为教育工具的活动进展情况，分析与有效使用母语作为教育工具有关的问题，展望今后的活动，建议优先开展活动的领域。

会议由联合国教科文组织总干事的代表迪厄泽德先生主持开幕。在对与会代表致欢迎辞之后，迪厄泽德先生强调了此会议的意义，表达了联合国教科文组织对与会代表的期望。会议开幕后，大会领导机构任命印度代表帕塔纳雅克先生为大会主席，南斯拉夫的麦克夫人、印度尼西亚的纳巴邦先生为副主席。然后确定了会议日程，并组织两次全体会议对会议日程进行了讨论。接着与会代表分为三个工作小组，每组分别研究一个主要问题，每个题目事先提交大会讨论，然后由工作小组对其中的具体细节进行探讨，最后再提交全体会议做出决议。

会议的主要议题包括：母语是人权，双语制不可避免；母语使用的范围和阶段；制订母语教育规划；母语的现代化；教材编写；师资培养；调查研究课题等。与会者普遍认为：要求语言平等，促进母语在教育中的作用，已是全世界具有广泛性而亟待解决的问题。母语是教育的最好手段,是促使人民参加国家建设和发展的最大动力和标志,是消灭文盲与愚昧、歧视和贫困作斗争的有力武器。与会者要求教科文组织转请各会员国建立语言教育机构,在每年的工作报告中要包括母语教育的进展情况。

在会议期间,严学宭作了《中国民族大家庭中少数民族语言的教育作用和对第二语言的教学要求》的报告。在报告中他分析了中国少数民族及其语言的复杂情况,把中国少数民族语言政策的特点概括为七点:

(一)中国《宪法》保障各少数民族有使用和发展自己语言文字的权利;

(二)少数民族语言在今后相当长的一段时间内继续使用并发挥重要作用;

(三)为中国的少数民族创立或改进文字是对少数民族的有益帮助;

(四)少数民族语文的规范化、标准化是中国民族语文现代化工作的重要组成部分;

(五)扩大少数民族语言作用的研究十分必要;

(六)不仅应推进少数民族语言的使用和发展,还要让他们学会汉语,因为它是中华民族共同的交际工具;

(七)在多语言和多文化社会,应制定适用的措施来学习第一或第二种语言。

严学宭的报告受到会议的高度重视,引起了热烈的反响,使各国朋友增加了对中国少数民族语言和中国语言政策的了解,朝共同的目标迈进了一步。在会议《最终会议报告》的中国部分,根据严学宭的报告,列出了中国少数民族语言文字的情况及其使用类型,并着重阐明如下几点:

（一）中华人民共和国宪法保障少数民族有使用和发展自己语言文字的自由权利；

（二）只有重视少数民族的语言文字，才能有效地发展少数民族的教育事业，而且少数民族语言将长期使用下去；

（三）对少数民族语言进行调查研究，发挥其在教育上的重要作用，帮助少数民族创立或改革文字，普遍受到少数民族人民的欢迎；

（四）统一规划新词术语是丰富和发展少数民族语言的重要步骤；

（五）帮助少数民族学习各民族的族际语——汉语，为多语和多文化社会的人民学会第一和第二语言制定有效的措施。

会议结束后，严学宭应位于巴黎的法国高等社会科学院东亚语言研究中心的邀请，作了《中国语言学的发展方向》的学术报告，受到了该所同行的热烈欢迎。报告指出中国语言学的发展方向，应以汉语和民族语言为研究对象，进行比较或对比研究。同时要继承我国传统语言学的成就，建立现代化的语言学；要融合语音、词汇、语法，进行综合研究。严学宭在巴黎的学术活动，为他赢得了国际声誉。

严学宭在巴黎时，罗常培先生的女儿罗慎仪也受法国高等社会科学研究院之聘担任研究员，在巴黎参加法汉词典的编纂工作。罗慎仪是北京外国语学院教授，1978年赴法国进修，1981年在巴黎高等社会科学研究院获得博士资格。她精通法语，是当时在巴黎的中国人中法语讲得最好的。严学宭1934年从罗常培先生读书时，罗慎仪于当年8月出生，两人原来并不相识，但说起来很快就熟识了。她为严学宭介绍了一些研究汉学的法国朋友，星期天陪严学宭出去玩，介绍一些巴黎的情况。罗常培在西南联大时的法国学生李嘉乐也在法国高等社会科学院东亚语言研究中心工作,他请严学宭吃饭,罗慎仪作陪。他们在临街的一个餐馆,李嘉乐点了好多菜,花了不少钱。李嘉乐喜欢吃中国菜,能说一口流利的汉语普通话和粤方言。他们难得有如此一次聚会,大家都很高兴。

这次会议所有旅差费均由联合国教科文组织提供。联合国付给严学宭的法郎用不完,剩余了三千一百法郎,严学宭回国后都如数上交给了教育部。

巴黎会议在严学宭的学术历史上具有十分重要的意义。这次会议为他的学术研究开辟了一个新的领域,使他对我国少数民族中很突出的双语现象产生了浓厚兴趣,开始从社会语言学的角度来观察、分析和研究中国的双语现象。他把立足于少数民族母

图14-1　1981年12月,严学宭与罗常培女儿罗慎仪在法国巴黎合影

语的双语教育理论首次引入中国的民族语言学界,撰写了一系列的论著、论文,对中国的少数民族语言教育和教育政策产生了重要影响。

从巴黎回国后,严学宭向国家有关部门作了《通向平等团结的正道——写在参加联合国教科文组织召开的以母语为教育工具的专家会议之后》的正式报告,阐述了"不平静的语言冲突"、"努力抓好民族教育"和"开辟双语制研究的必要性"等观点。关于这方面的研究,将在严学宭对民族语言研究专章中再作介绍。

1982年8月17日到19日,严学宭参加了在北京举行的第十五届汉藏语言学会议,提交了《论古越族在现代汉语闽南方言中的投影》一文。之后他与华中工学院中国语言研究所黄国营先生,同去日本参加在东京举行的国际汉藏语言学会议,和第十三届国际语言学家会议,并访问东京和京都的语言研究单位。

东京国际汉藏语言学会议是日本东京外国语大学亚非言语文化研究所桥本万太郎教授组织,于1982年8月28日至29日召开的。这是一次小型的国际会议,到会的有美国、日本和中国台湾、香港地区的语言学者约三十来人。会议以大组宣读论文、小组讨论的方式进行。会议还提议建立国际汉藏语研究情报交换机构和用计算机处理汉藏语言学资料的国际中心。严学宭在大组会上作了《中国境内少数民族语言系属研究的现状和存在问题》的专题发言。

紧接着严学宭参加了第十三届国际语言学家会议。

国际语言学家大会是国际上最权威的语言学盛会之一,每三到五年举行一届。首届国际语言学家会议于1928年在荷兰海牙举行,根据法国语言学家梅耶提议,会议每三年举办一届,到1952年后改为每五年举办一届。会议以往都在欧洲的城市如日内瓦、罗马、伦敦、布加勒斯特、维也纳等举行，只有第九届是在美国剑桥和本届在日本东京是例外。①

第十三届国际语言学家会议（The 13th International Congress of Linguists），是国际语言学家常设委员会（简称CIPL）及其在海牙总部的组织下，于1982年8月29日至9月4日在日本东京"日本都市中心"召开。由于这是国际语言学家大会第一次在东亚国家举行，日方极为重视。大会开幕前夕，举行了盛大的招待会，日本皇太子和太子妃到会祝酒。参加鸡尾酒会要出一大笔钱，严学宭和黄国营交不起，就没有参加。严学宭住在日本华侨刘先生家里，来去坐地铁。

本届会议主席是前任日本语言学会会长、日本学士院会员、东京大学名誉教授服部四郎教授，秘书长是日本学习院大学教授井上和子。皇太子德仁（2019年成为日本天皇）亲临开幕式致辞，严学宭坐在会场后面，要用望远镜才能看得真切。日本文部省及科学院的负责人、日本科学委员会主席伏见康治教授向大会致辞。

这届会议的主题是"八十年代的语言学"，回顾过去的发展和展望未来的方向。有来自四十五个国家共一千四百人云集东京参加这届会议，我国除了中国社会科学院吴宗济、北京外贸学院一位老师和严学宭、黄国营四人外，还有台湾和香港学者十余人参会。

---

① 国际语言学家会议第一届至第十二届举办的时间和地点分别是：1928年荷兰海牙、1931年瑞士日内瓦、1933年意大利罗马、1936年丹麦哥本哈根、1938年比利时布鲁塞尔（因战争而取消）、1948年法国巴黎、1952年英国伦敦、1957年挪威奥斯陆、1962年美国麻省剑桥、1967年罗马尼亚布加勒斯特、1972年意大利波伦亚、1977年奥地利维也纳。

　　大会进行了五天。会议分为全体研究会议、一般研究分组会（一般分组报告会）、特别研究分组会（专题研究讨论会）进行。全体研究会议分为句法和语义、句法、语义学、形态学、语音学和音韵学、历史语言学、心理语言学、社会语言学共八个专题，每题由三至四人主讲，观点不求一致，各抒己见。主讲人都是来自欧美十二个国家的二十七名世界一流语言学专家。

　　一般研究分组会议共有二十个专题分组报告，每组宣读和交流的论文十至十余篇，从来自四十一个国家的四百篇论文中选出二百二十篇在会上宣读。严学宭在一般会议第六组"历史语言学"专题会议上宣读了论文"On the Chu nationality，Chu dialect and Chu sound"（论楚族、楚语和楚声）。论文指出，在中国历史上有所谓楚族、楚语和楚声。楚族原是起源于南方的独立部族，以汉江流域为根据地。很早以前河洛汉江之间是夏楚两族文化的融合地带，楚族和楚语都改变了原貌，而与夏族和夏（雅）言混合了。先秦所谓"楚辞"，不过是使用了一些古汉语楚方言语词的音乐文学而已。从汉代《说文解字》、《淮南子》、《方言》诸书中所述楚语来看，楚语中汉语结构成分占绝对优势，构成楚语的表层，也有部分词和少数民族壮侗语、苗瑶语有相同或相似之处，构成楚语的底层。东晋南朝士大夫阶层所谓"楚言"，只是有别于中原雅言的一种汉语方言，"楚声"也只是跟《切韵》音系有所差异的汉语方音。至于现代湖北方言中所谓"楚语"，绝非古之楚语，现在湖北居民亦多来自他省，大多非古楚地之人。人言均异，不可谓之楚人、楚语。

　　特别研究分组会议分二十六个组，每组有一个研究方面，由各组召集人自行邀请国际上对本专题有研究成果的学者十人左右为报告人，用半天到一天的时间报告和开展辩论，并允许旁听

图14-2　严学宭作分组会议报告

者发言。

　　本届会议无论全体会议的报告、一般会议的论文宣读和特别研究会议的专题讨论，都代表了语言学的各个前沿研究课题。新中国成立以来，由于缺少联系，我国语言学者对于国外同行的学术观点、研究方法和研究成果都了解不够。这次严学宭赴日参加国际语言学家会议，开阔了视野，加深了认识，同海外学者交换意见，商讨问题，开拓了国际间的学术交流。不过中国大陆与会学者很少，又未统一组织，相形之下，参与度不够，影响不大。

　　通过参加这届世界顶级语言学家会议，严学宭深切体会到中国语言学与世界一流水平存在的巨大差距。尤其是全体会议二十七名报告人中，没有一个亚裔学者，令人深感遗憾。与会的一位美籍华裔学者在会议闭幕式上对严学宭说："您看，这届会议的三种类型会议的召集人和全体会议的发言人，都没有中国血统的学者。如果赵元任先生尚在，李方桂先生没有病休，华裔学者或可占有一席之地。"严学宭对此深有同感。严学宭认为，赵元任先生和李方桂先生都是具有世界影响的大学者，是有资格在全体会议上作报告的。其他人都不够格，就连罗常培先生也不行，罗先生是中国的而不是世界的。

在国内时严学宭就预料在日本东京举行的两个国际会议上，可能会遇见台湾和香港的语言学者。果然，在东京汉藏语言学会议上，他们遇见台湾"中研院"院士周法高，"中研院"史语所所长丁邦新以及研究员龚煌城、李壬癸等人，他们也同时参加了第十三届国际语言学家会议。这四位是台湾地区"官方"派出的，另有还有来自台湾民间的好几位与会者。周法高（1915—1994），字子范，是西南联大时期北京大学文科研究所罗常培先生的研究生，与严学宭同出罗门，是严学宭的师弟，但之前两人从无交集。严学宭很重视和台湾地区语言学者的首次相晤，积极主动与他们交流，但周法高等戒备心很强，反应被动、消极、冷淡，完全没有像大陆罗门师兄弟之间那种亲如手足的情分，两岸长期的分裂造成了学术和感情交流上的深深鸿沟。严学宭送给他们《语言研究》杂志和华中工学院出版的《语言学概论》、《汉语方言调查基础知识》等书刊，他们也回赠了各自的论文。

为了更好地开展华中工学院中国语言研究所的工作，严学宭和黄国营趁到日本的机会，访问了东京外国语大学亚非言语文化研究所、东京大学东洋文化研究所、国立国语研究所、京都大学人文科学研究所等四个科研单位，加深了相互间的了解，促进了友谊，获得了建设研究所的有益经验，还与国立国语研究所和亚非言语文化研究所达成了资料交换和人员交流合作协议。在京都，严学宭和黄国营拜访了原日本京都大学教授，日本中国学会会长,日本学士院会员,20世纪日本最著名的汉学家之一的小川环树先生。在访问京都大学时,严学宭应邀作了题为《汉语的训读现象》的学术报告。

这次访问日本四个科研单位的过程中,让严学宭难忘的是,日本语言学者披肝沥胆,关怀备至。无论在资料的交换、课题的共研或者人员的互换上,都体现出十分友好、热情的态度,远胜于台湾学者的戒备和冷淡。尤其是《举字通检经典释文》的著者深律胤房先生,将自己珍藏的仅有一部《举字通检经典释文》也赠送给了华中工学院中国语言研究所。这一次访问,他们从日本购进了一大批语言研究方面的书籍,尤其是海外最新出版的语言研究图书,大大充实了华中工学院中国语言研究所资料室的图书资料,这些图书资料有些在国内是很难见到的,当时有很多外校的学者都经常到中国语言研究所资料室来查阅相关书籍。

1982年,严学宭与日本东京外国语大学亚非语言文化研究所所长北村甫以及桥本万太郎教授达成两所交换资料、科研协作和派出研究人员的协议。1984年和1985年,中国语言研究所分别派出研究人员尉迟治平、黄国营作为访问学者,到日本亚非语言文化研究所访问交流,计划均已达成。而严学宭1986年4月起与夫人前往研究半年的计划,最终因身患疾病而未成行。

日本桥本万太郎(Hashimoto Mantaro,1932—1987)先生一生致力于汉语研究,与严学宭和华中工学院中国语言研究所有密切关系。他曾在东京大学研究院修完中国语文学系博士课程,旋赴美国俄亥俄州立大学研究古代汉语音韵,在美籍华裔学者王士元指导下取得博士学位。后曾任教于夏威夷大学、普林斯顿大学,创办汉语研究期刊《麒麟》(Unicorn),后又创办《中国语言学报》。1972年回国任东京外国语大学亚非语言文化研究所教授,在1984年曾在华中工学院中国语言研究所访学一年,研究汉语、调查汉语方言。可惜1987年即因胃癌在日本病逝。

严学宭回国后,与吴宗济合作撰写了《第十三届国际语言学家会议概况》,对会议作了简要介绍。他又撰写了《朝着中国语言科学现代化的伟大目标前进——赴日参加国际语言学家会议和访问日本语言科研单位的报告》,详述了两个国际会议的内容,分析了会议表现的学术观点和研究方法对我国语言科学现代化的启示,介绍了与台湾学者的交流,寻找与日本科研单位建设的差距,归纳其经验对华中工学院中国语言研究所建设的借鉴作用。这些耳闻目见获得的新知,与此行获得的图书资料一样,在中国语言研究所今后的建设中发挥了极大的作用。

在这两次出国参加国际会议后,随着国际改革开放的逐渐推进,国内外学术交流也越来越频繁,但严学宭再也没有走出国门。然而他的国际学术交流并没有停止,他总是关注着国外的学术信息和动向。1983年他收到在美国召开的"第十六届国际汉藏语言学会议"的邀请,虽未能成行,但提交了论文《苗瑶汉语关系词的层次》。同年收到在日本东京召开的"第三十一届亚洲、北非洲人文科学国际会议"的邀请,也未能成行,但提交了他跟李敬忠合作的《壮、汉互通词研究》一文。1984年他收到在美国华盛顿召开的"第十七届国际汉藏语言学会议"的邀请,还是未能成行,但提交了《论现代汉藏语系词素音位变换的作用》的论文。

1986年在美国哥伦布市俄亥俄州立大学召开的第十九届国际汉藏语言学会议,会议召集人、俄亥俄州立大学薛凤生教授特邀严学宭赴美参加会议,并联系华盛顿乔治城大学杨福绵教授、密歇根大学白一平教授、加州大学伯克利分校张琨教授,接洽严学宭到上述高校巡回讲学,整个行程都做好了周密的安排。严学窘也渴望前往现代语言学的发源地和研究中心的美国进行学术交流,但无奈天不遂人愿,当年暑期严学窘身患重病住院开刀,终未能了其心愿。不过他还是提交了《新喻市方言词读音成分的层次性》的参会论文。

始于1986年暑期的重病,对严学窘晚年的身体和精神都是一个很大的打击。之后他就不断辗转于学校和医院之间,尽管满怀志在千里的壮心,但毕竟烈士暮年,无法长途跋涉远赴异国他乡进行学术交流了,只能伏枥于国内、校内从事学术活动。老骥秋风,徒作塞外之思。这对于深具国际视野,热衷追踪学术前沿的严学窘来说,不能不说是一个极大的遗憾。

第十五章　民语引航

　　"文革"结束后，原中南民族学院校友屡次上书国家有关部门，强烈要求恢复在"文革"中被撤销的中南民族学院。1980年1月7日，教育部下发了《关于同意恢复中南民族学院的通知》，经国务院批准，同意恢复重建中南民族学院。①

　　中南民族学院原小洪山的校址已被湖北省军区占用，无法腾退，故另选新址，在武昌东南郊的南湖之滨异地重建。1980年1月，华中师范学院临时党委书记、院长白瑞西，和华中师范学院副院长兼中文系主任严学宭，同时由华中师范学院调往中南民族学院。②同年8月23日，中共中南民族学院临时委员会成立，国家民委党组任命白瑞西为党委书记、院长，任命严学宭为副院长。③原归并到华中师范学院的教职员工绝大部分也陆续归队中南民族学院。

　　严学宭在十年后再次重归中南民族学院，住进了南湖之滨为院级领导和著名专家修建的宿舍"小八家"，即两家相连、共住八家的两层小楼。严学宭住在第三家，他前面的第一家住的是党委书记白瑞西，与他相邻的第四家，住的是著名民族学家吴泽霖教授。

---

① 参见《中南民族大学校史（1951—2011）》，第99页。
② 参见《华中师范大学百年校庆书系　百年校史（1903年—2003年）》，第326页。
③ 参见《中南民族大学校史（1951—2011）》，第127页。

图15-1　1984年10月,严学宭及夫人苏淑贤(右)、妹妹严福华(左)在
小八家寓所前与研究生合影
后排左起:胡长青、刘宝俊、李玉、彭启国

　　从1980年起,严学宭在任职中南民族学院的同时,还兼任华中工学院顾问、中国语言研究所所长、教授。本章只记述他与中南民族学院及其与少数民族研究相关的内容。跟民族相关的内容,又从学术研究及其成果,和政治活动、社会活动以及个人生活经历两方面记述。

　　这一时期严学宭的学术研究和成果,主要集中在双语研究、汉藏语系亲属语言同源关系研究,以及汉语方言研究、中国传统文化研究等几个方面。

　　首先,严学宭开创了中国民、汉双语研究领域,并取得了丰硕成果。

1981年底,严学宭参加联合国教科文组织召开的"促进以母语为教育工具"的专家会议之后,从1982年开始,他的学术活动和学术研究有一个鲜明的特点,就是对中国少数民族双语现象、双语教育和双语制的研究。在这一领域,他撰写了近十篇论文,出版了一部专著。

1981年8月26日至9月4日,全国民族院校汉语教学研究会第三次年会在呼和浩特召开,身为研究会名誉理事长的严学宭因工作繁忙难以分身赴会,他给大会寄去了书面发言,谈他对双语教学问题的看法。他指出民族院校的汉语教学属于双语研究的范畴,是一个新的课题,是一个越来越重要的理论问题和实践问题,要充分发挥少数民族母语的作用来搞好汉语的教学。这是严学宭在参加联合国教科文组织会议之前,在国内第一次提出少数民族双语教学和双语研究的问题。

1982年,严学宭发表了《论双语制的合理性》一文,重申联合国教科文组织"以母语为教育工具"专家会议上提出的"母语是人权"、"双语制不可避免"等观点,论述了世界少数民族语言的使用与民族关系的重要性,中国少数民族语言教育的要求,世界上实施双语制国家中双语制的实质、类型,论证了在我国少数民族实行双语制的必要性和合理性。

1983年11月26日至30日,全国民族院校汉语教学研究会第四次学术讨论会在中南民族学院召开。严学宭致开幕词。在严学宭倡议下,会议以中国的双语现象为中心议题,研讨双语现象和双语教育的理论、方法和制度。严学宭为会议作了题为《为建立中国对比语言学而奋斗》的学术报告,为开展中国双语研究开列了四十九个研究课题,深受与会者的称赞和欢迎,被与会者誉为中国民族语言学界双语研究的"纲领性文件"。

　　1984年8月14至19日,在哈尔滨召开了第二次中国民族语言学术讨论会。严学宭未参会,但提交了论文《中国的双言现象和双语现象》。同年10月底,严学宭应贵州省少数民族教育研究会邀请赴贵阳讲学,所讲的主要内容也是"中国的双言与双语现象"。

　　1984年,严学宭发表了《中国对比语言学的兴起》一文,阐述了中国语言文字的复杂性、语言对比研究的重要性;介绍了联合国教科文组织在1977年讨论双语制的专家会议上提出的八个基本研究项目,提出我国应当展开调查研究的十个课题和三十九个专题;以及对比语言学研究方法、双语教学的步骤、教材编写要注意的四个问题、教学活动的四大环节以及双语教学的方法等,从宏观到微观提出了许多新颖的见解。

　　1984年严学宭撰写了《中国的双语现象》一文,系统阐述了中国双语现象的四种类型,将中国民族地区双语教学的方式按地区分为延边式、内蒙古式、西藏式、新疆式、西南式、扫盲式六种,对进一步的研究提出了八个方面的要求。尤其值得注意的是,该文建议国家制定《双语教育法》,通过有效法规改变少数民族地区教育的落后面貌。该文后来发表于美国《中国语言学报》1986年第1期,受到联合国教科文组织重视。教科文组织用联合国使用的六种语言翻译该文,刊登于联合国教科文组织编辑出版的《教育展望》季刊1986年第2期上。教科文组织接着又跟严学宭签订了一份合同,要求他在上述文章的基础上写得更详细、全面一些,交给他们发表,采用了就付稿费。严学宭按要求撰写了一篇名为《中国少数民族的双语现象和教育问题》的长文寄给联合国教科文组织,接着就收到他们寄来的三百五十美元稿费,按理应是被采用了,但教科文组织未寄给他发表的刊物,也未告诉他是否被采用,所以这篇文章的结局还是一个疑点。①

1985年,严学宭把参加联合国教科文组织会议的收获,以及关于中国母语教育、双语现象的一些材料、观点系统化和条理化,写成《中国对比语言学浅说》一书,由华中工学院出版社出版。该书是一部填补国内空白的著作。它简明扼要地介绍了汉语与民族语言的异同和对应规律,分析了

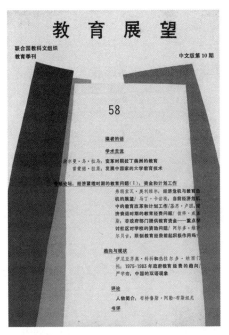

图15-2　联合国教科文组织《教育展望》
季刊(中文版)书影

中国错综复杂的双语现象,阐述了中国对比语言学的基本理论和研究方法,为建立双语制、推行双语教育法、发展我国的民族教育奠定了理论基础。该书1986年获中南民族学院首届科研成果一等奖,1989年获国家民委哲学社会科学研究成果一等奖。可惜的是出版社初版只印了一千册,很快售罄,后来也未再版,学者很难见到。

1985年11月10至16日,"中国少数民族双语教学研究会第

①参见严学宭《八十自述》,第84—85页。

图15-3　严学宭《中国对比语言学浅说》书影

五次学术讨论会"在贵州贵阳和凯里两市召开。会议主要讨论研究少数民族地区开展双语文教学问题，严学宭参加了会议，在贵阳作了题为《双语教学和研究要在改革上下气力》的学术报告，发表于《中南民族学院学报》1986年第3期。该文针对双语教学和研究存在人员分散、各自作战等问题，提出要深化改革，提高认识，加强理论研究，重点研究双语教学和研究的范围、加强双语教学和研究论著的理论性、教材编写原则和内容、双语教育立法等。在此次行程中，严学宭还在1984年11月5日，应邀到贵州民族学院作了题为《第三次浪潮与高等教育改革》的讲演，并应黔东南苗族侗族自治州邀请，访问了州府凯里市，受到自治州党政领导的隆重接待，作了《发展民族教育的关键在制定双语教育法》的报告。

在中国少数民族双语研究领域，严学宭无疑是最早的开拓者、导航人。他致力推行立足于少数民族母语教育的双语教育，深入阐述少数民族母语的价值、作用，探讨少数民族学习第二语言——汉语的方法、途径，力求少数民族尤其是儿童在掌握本民族语言的基础上，再学会中国主流民族的语言——汉语，使其既能传统本民族的母语文化,又能融入主流社会共同发展,实现传统继承和现代发展的双赢。在他以及马学良等学者的影响、促动下,成立于1979年的"全国民族院校汉语教学研究会",在1985年改名为"中国少数民族双语教学研究会"。严学宭以及吕叔湘、马学良、王均、许嘉璐、丁文楼等著名语言学家都担任过该会会长或名誉会长。在整个80年代,严学宭致力于双语研究,念兹在兹。他的最终目标是推动中国的双语教育立法,实行少数民族双语制。1988年7月22日,严学宭写信给他的学生,中国社会科学院民族研究所研究员周耀文说:"现有二事拜托:一是全国人大可能为民族地区双语立法,待条件成熟,当即函介您给予帮助。近来各民族地区双语教学动态和您对立法的具体意见,望草示早日告知。有什么近著或别人文章都请寄给我一读。"①1989年,一位美国友人寄给严学宭一份《美国双语教育计划》,他认为对于制订中国的双语教育政策法规具有很大的参考价值,特地请许小平翻译成中文,并写信给当时的《中南民族学院学报》负责人,希望能尽快发表,"最好放在第一期刊出,必将轰动民族地区"。②后来由于时间来不及,发表于《中南民族学院学报》该年第4期。

严学宭的双语研究成果引起了学界很大反响。中央民族大学教授、著名少数民族语言学家戴庆厦说:

> 严学宭的《中国对比语言学的兴起》和《双语教学和研究要在改革上下气力》,从宏观上提出了双语研究的课题,是指

---

① 周耀文《读书,知识更新——子君师的养生之道》,《音韵学研究通讯》(内刊),1992年总第16期。
② 见严学宭信件。

导今后双语研究的两篇重要文章。①

中央民族大学教授、中国少数民族双语教学研究会会长丁文楼在《中国少数民族双语教学学科的形成与发展》一文评价说：

> 我国关于双语理论的研究起步较晚，80年代以来，著名语言学家严学宭、马学良等先生发表了一系列论著，开我国少数民族双语理论研究之先河。严学宭教授的《中国对比语言学浅说》一书，系统地分析了我国错综复杂的双语或多语现象，全面阐述了中国对比语言学的基本理论和研究方法，为建立双语制、编写新型教材、推行双语教育法、发展民族教育提供了理论基础。②

其次，严学宭对汉藏语系亲属语言同源关系作了重要的探索。

在汉藏语系亲属语言同源关系研究方面，这一时期严学宭写过若干篇文章，对于某些语言的系属提出了自己的看法、观点。

在前述《为建立中国对比语言学而奋斗》一文中，严学宭对仡佬语的系属问题提出了自己的观点。之前对于仡佬语的系属语言学界主要有两种观点，一种认为仡佬语属于汉藏语系，国内多数学者持这一观点，但属于哪一语族、哪一语支则看法分歧。另一种认为仡佬语不属于汉藏语系，而属于南亚语系或澳泰语系。严学宭认为仡佬语是系属未定的语言，这是一种不同于前人的新观点。

1982年严学宭发表的《论古越族在现代汉语闽南方言中的投影》一文，将瑶语与汉语闽南方言进行比较，揭示两者音、义之间具有对应规律。同时在参证大量史料，梳理瑶族支系和鉴别瑶、

---

① 中央民族大学中国少数民族语言文学学院编《戴庆厦文集》第四卷，第204页。
② 丁文楼《中国少数民族双语教学学科的形成与发展》，《民族语文论文集——庆祝马学良先生八十寿辰文集》，第324页。

畲关系的基础上,认为瑶族是古代越族的一支,瑶族早期的故乡应在东南沿海闽浙江淮一带,瑶语与闽南话之间的音义对应就是古越族语言在汉语闽南方言中投下的影子。这是关于瑶族历史一个非常新颖的观点,是语言史与民族史密切结合的又一范例。

　　1983年9月,严学宭为第十六届国际汉藏语言学会议提交了《苗瑶汉语关系词的层次》一文,第一次在汉藏语系语言亲属关系比较中提出"关系词"这一术语,用以指称两种或多种语言中疑似同源但尚不能确定的词。文中他运用自己提出的"语音相似、词义相通、形态相符"三个标准,列举出九十二个汉、苗、瑶诸种语言中存在的关系词,认为它们应该是同源而非借用关系,以供学界进一步考证。学者认为"他开'关系词'考求的先河功不可没。此外,他也是结合考古学考求同源词的第一人"。①著名人类学家、民族学家容观夐认为:严学宭教授《论古越族在现代汉语闽南方言中的投影》《苗瑶汉关系词的层次》两篇论文,既强调苗、瑶、汉语发生学上的关系,又通过比较,揭示了瑶族语言与现代汉语闽南方言之间有着密切的亲缘关系,在现代汉语闽南方言中,投下瑶族语言的影子,从而有力地说明早在隋唐以前瑶族的祖先已经在江淮闽浙一带定居。②

　　1984年12月11日至16日,严学宭到广州中山大学,参加该校为纪念孙中山创建中山大学六十周年而举办的人类学学术讨论会,也是中国第一次国际性人类学学术讨论会。参加这次学术讨论会的有国内外人类学专家、学者、教授共八十多人,严学宭与

---

①杨光荣《藏语汉语同源词研究:一种新型的、中西合璧的历史比较语言学》,第9—11页。

②参见《容观夐人类学民族学文集》,第194页。

杨成志、吴汝康、岑麒祥、梁钊韬、秒浦、高华年等参加了会议，严学宭提交了《发展语言民族学》的论文。该文援引他1958年《从语言现象结合人文情况探索民族史例》一文通过语言现象结合人文情况探索海南苗语的系属，和《苗瑶汉关系词的层次》一文通过苗、瑶、汉语中的关系词，认为苗、瑶、汉语应有发生学的同源关系，认为都是"结合考古学考求同源词"的结果。学者认为，《发展语言民族学》"指出语言的研究对于少数民族的族源婚姻、交易、男女地位以及民族迁徙诸问题之间的关系。可见随着语言学本身的发展，它对于文化人类学的贡献也与日俱增"。①

1983年，严学宭与李敬忠合作，向在日本东京召开的"第三十一届亚洲、北非洲人文科学国际会议"提交了《壮、汉互通词研究》一文。该文附记说：

在第三十届亚洲、北非洲人文科学国际会议上，美国语言学家本尼迪克特先生，提交了一篇题为《台语、加岱语和印度尼西亚语——东南亚的一个新联盟》的论文，……得出结论说：台语与汉语之间没有"发生学上的亲属关系"，而"主张台语和加岱语、印尼语有一种真正发生学的联系"。从而把壮侗语族十种语言（包括金秀拉珈瑶语和临高话）以及苗瑶语族同印度语、越南语和孟高棉语等划为一个语系。……我们不同意他的这种观点，特写了这篇文章，用壮、汉互通词的铁的事实来进行回驳。②

1984年，严学宭又与董为光、曹光衢合作，发表了《汉语和侗台语的亲缘关系》一文。文章将汉语同族词与亲属语言同族词作

①童恩正《人类与文化》，第138页。
②李敬忠、严学宭《壮、汉互通词研究》，《广东民族学院学报》，1985年第1期。

比较研究,通过比较,证明"汉语表黑色、阴暗的一组词与侗台语有明显的对应",从而证明汉语与侗台语族具有亲属关系。该文根据大量语言和人文材料,认为壮侗语族源于中国大陆黄河流域的仰韶、龙山文化系统,向南扩展混合形成。因此,汉、壮侗语族的同源词遍及藏缅语族。今日分布在东南亚的汉藏、南岛和南亚三大语系是原始人群分化的结果。从而证明苗瑶、壮侗语族跟汉语、藏缅语都有亲缘关系,都属于汉藏语系。

另外对于汉藏语言学的研究,严学宭还于1984年向第十七届国际汉藏语言学会提交了《论现代汉藏语系词素音位变换的作用》一文,后来发表于《中南民族学院学报》1985年第3期上。该文将现代汉藏语系各语言构词构形音位变换模式分为"变换"和"增加"两大类型。认为用辅音声母、元音、辅音韵尾的变换来表示不同的语义(包括词义、词性以及语法作用等)是汉藏语系共同具有的主要的基本特征。增添是指在词根或词尾的基础上增添成音节的词头或者词尾和前附或后附成分的音缀。并举出大量例子说明这两种变换模式。这样把音位学的区别性特征的原理应用到词义学,可以摆脱汉语传统训诂学在讨论音义结合关系中的主观性、随意性。

再看严学宭对汉语方言研究所作出的努力。

这一时期严学宭对汉语方言的研究,主要是针对1980年代全国性的地方志编写中《方言志》的编写问题而展开。他在1934年就写过《记分宜方音》一书,受过严格的专业训练。1940年前后又参与江西通志馆《江西省志·方言志》的编纂,并撰写过《纂修省志中方言略刍议》一文,对方言志的编写既有理论知识又有实践经验。1984年,严学宭担任了湖北省地方志编撰委员会学术顾问。他向省地方志办公室提出,湖北省以及各县市的地方志中必须要有《方言志》，得到了省地方志办公室的认同。为此他撰写了《编修湖北省方言志浅见》一文，编入湖北省地方志编纂委员会办公室、湖北省地方史志协会编《湖北方志论集》(1985)中。该文就编修湖北省方言志以及县、市方言志的工作程序、大体内容，都做了阐释，拟订了十分详细的章节内容。在这之前，严学宭就曾指导、审订了广济县（今武穴市）县志编纂委员会编写的《广济方言志》(1985)，认为"可供湖北省各县志编修方言志的参考"，"方言志编修专业性很强，只有受过专门业务训练的人才能胜任。因此要及早物色培训三五位人员才能顺利进行"。但后来省地方志办公室却表示无力支持方言调查等方面的费用，使编写《湖北省方言志》的愿望最终落空。①

在这一时期，严学宭为湖北省多个县志方言志的编写提供热心的咨询、指导、帮助。有的方言志编写者不懂国际音标，用汉语拼音标写方言读音，都是严学宭手把手教他们怎样用国际音标记音、怎样归纳方言语音系统。他还热情为编成的方言志撰写序言，予以评价，阐发他对方言志编写的观点。例如他为1985年卢源斌等编著的《广济方言志》、1989年陈淑梅编著的《湖北英山方言志》、1990年陈有恒编著的《蒲圻方言志》都撰写了"序言"。他甚至愿意把对方言志的编写指导扩展到其他省份。中国社会科学院语言研究所研究员杨耐思《悼严先生》一文回忆：

> 1987年秋，我回到故乡岳阳市，市里正在抓市、县志的编纂工作，对于方言志的编纂感到难度较大，缺乏专业能力，提议中国音韵学研究会举办一次培训班，培训方言志的编纂人

---

① 参见刘兴策《永远的良师益友——庆祝詹伯慧教授八十华诞》，《走近詹伯慧——庆祝詹伯慧教授从教六十周年纪念文集》，第181页。

员。我把这一提议呈报给严先生,严先生立即同意,并表示亲自来岳阳主持,讲授音韵与方言的课程。我体会是他认为这也是传播音韵学知识的好机会,而且音韵学为实际工作需要服务是一项亟待开发的任务,这方面值得很好的实验和发展。后来这个班由于研究会筹备学术年会事忙和严先生健康欠佳,未能如期举办,但是这一活动的意义,还是不可低估的。①

1986年,严学宭向第十九届国际汉藏语言学会议提交了《新喻市方言词读音成分的层次性》一文。该文是严学宭继1934年《记分宜方音》之后,再一次研究自己的母语——新喻市(1957年改名为新余市)分宜县城关介桥村方言和新喻县城关方言的著述。文章全面揭示了新喻市方言声、韵、调的异常音读现象,据此将新喻市方言词的读音分为最古、早期和现代三个时间层次,并从方言的角度证明上古音和中古音的某些特征。严学宭二十岁之前离开家乡,六十多年来"形容变尽语音存",对家乡话的最底层的音读仍然记忆如新。

最后看看严学宭对中国传统文化的继承和反思。

在中国传统文化研究方面,这一时期严学宭在《中南民族学院学报》上发表了《浅谈有关古籍整理的问题——文史硕士研究生的基本功》(1984年)、《论文学和语言学的凝合——历代文论的启示》(1987年)、《汉族上层社会学术文化的主旋律》(1989年)、《中华民族三千年来的民族意识》(1990年)等论文。这些文章的内容,主要是严学宭1990年代在中山大学讲授《读书指导》课程以及后来对中国文化的参悟获得的自得之学,另外一方面是阐述他的老师胡适、罗庸等人的学术思想,还有一方面是来自于现当代与

---

① 杨耐思《悼严先生》,《音韵学研究通讯》(内刊),1992年总第16期。

严学宭交往密切的著名学者,如史学家刘节、文献学家李笠和民间文艺学家、民俗学家钟敬文等人对中国文化的相关论述。这些文章与严学宭的另外两部书稿——《中国文化史研究论纲》和《中国汉学导读》有纲和目、略和详的关系,可以互相参照。

除了以上学术研究外,这一时期他的政治活动、社会兼职以及个人生活经历,也是十分丰富。

1980年,严学宭继1978年后,再次担任湖北省教育厅高校专业技术职称评审委员会文史组组长。在两次担任这一要职期间,严学宭秉持公正公平原则,主持评审了一批有真才实学的学者晋升高级职称,像著名哲学家、教育家、华中师范学院副院长陶军,著名历史学家、华中师范大学校长章开沅,都是经严学宭之手晋升教授的。当然他也得罪了不少人,个别没有评上高级职称的老师甚至将他告到了省教育厅,但经教育厅复核,认为评审公正,支持严学宭的评审结果。

1981年5月14至22日,严学宭与白瑞西一起赴北京参加国家民委学术委员会会议,严学宭被聘任为国家民委学术委员会委员。①同时兼任《中国大百科全书·民族卷》编委。

1981年7月,全国高等院校文字改革学会在哈尔滨举行成立大会,严学宭担任学会顾问。

1981年8月28日,严学宭再婚,娶苏淑贤女士为妻。他自前妻张志远1975年病逝后,子女工作繁重、不在身边。他长期一人独处,生活甚是不便。后来随着科研工作、行政工作越来越重,社会活动越来越多,年纪也越来越大,急需有人料理家务、照顾饮食起居。苏淑贤是湖南衡阳人,退休会计,经人介绍与严学宭结为

---

①参见《中南民族大学校史(1951—2011)》,第429页。

老来夫妻。自此苏淑贤陪伴左右、贴心照料严学宭整整十年。尤其在1986年后,严学宭身体每况愈下,多次住院、动手术,都是苏淑贤在身边照看服侍,耐心周到而无怨言。严学宭在最后十年以耄耋之年、多病之身仍能取得十分丰富的成果,与后妻苏淑贤的陪伴有密不可分的关系。

1982年,中南民族学院成立学术委员会,严学宭任学术委员会主任。1986年学校党委对中南民族学院学术委员会进行了调整,严学宭续任主任委员。①

从1964年9月起至1977年12月,严学宭任政协湖北省第三届委员会委员。在1983年4月湖北省政协五届一次会议上,他当选为政协常委、文史资料研究委员会委员,任期五年。

1983年1月,国家民委《中国少数民族语言简志丛书》中的《土家语简志》一书编写会议在中南民族学院召开,严学宭出席了会议,并就《简志》一书应该达到的学术水平及编写要求讲了话。但由于编写组人员的内部矛盾,《简志》编写进度缓慢,问题很多。国家民委《简志丛书》分编委会于1985年4月在中国社会科学院民族研究所召开工作会议。会议特别研究了《土家语简志》编写、审稿中存在的问题,并根据实际情况决定《土家语简志》必须在第三季度定稿送出版社出版,审稿、定稿工作请严学宭负责。在严学宭的严格督导下,《土家语简志》始如期完成编写任务,在1986年10月由民族出版社出版。

1983年6月15日,中南民族学院民族研究规划小组成立,严学宭与吴泽霖、徐少岩任规划小组顾问。

1983年9月19日,严学宭邀请陪同李方桂来汉讲学的李方桂

---

① 参见《中南民族大学校史(1951—2011)》,第114页。

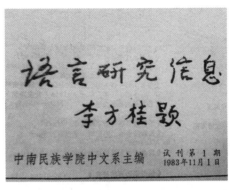

图15-4　李方桂题写刊名

夫人徐樱及其女儿李林德访问中南民族学院。徐樱是北洋军阀皖系名将徐树铮的长女,李林德是美国加州州立大学人类学教授。李林德在中南民族学院作了《关于美国人类学研究对象和方法》的报告。访问十分圆满、愉快,遗憾的是国际语言学大师李方桂先生因身体不适,未能光临中南民族学院,但是应严学宭之请,李方桂为该院中文新创办的内刊《语言研究信息》题写了刊名。

　　1983年9月15日,由中国民族学会与中南民族学院联合举办了为期三个月的首届"全国民族学讲习班"在中南民族学院开学,来自二十个省、市、自治区的六十六名学员参加了学习。严学宭出席开学典礼,并为学员讲授语言学课程。

　　1983年11月,武汉大学各地校友会代表一百多人聚集武汉大学,由校长刘道玉主持,选举武汉大学校友总会第一届理事会,严学宭当选为理事。

　　1983年12月,国家民委党组决定,因年龄原因,免去白瑞西党委书记、院长职务,免去严学宭副院长职务,均改任顾问。到1988年10月,严学宭辞去顾问一职。①

　　严学宭自1954年3月担任中南民族学院副院长,除去中间该

―――――――

①参见《中南民族大学校史(1951—2011)》,第127页。

校撤销的十年，前后任职副院长长达二十年，是该校任职历时最长的副院长，从1958年到1961年三年间还是学校唯一的副院长，既管教学、科研，又管行政、总务。他作为一个党外人士，如果没有崇高的学术地位、极大的学术影响，是难以受到党和政府如此长期重用的。他为中南民族学院的发展作出了巨大贡献，赢得了极大声誉。

与严学宭长期共事的党委书记、院长白瑞西（1916—1998），是一位老党员、老革命。他1937年中学毕业后就参加了山西太谷抗日游击支队，从事敌后抗日武装斗争，次年加入共产党。后任太行山根据地《胜利报》、《晋冀豫日报》编委，晋冀鲁豫边区政府研究室主任。抗战结束后任太谷县

图15-5　白瑞西

民主政府县长兼独立团团长。1948年随军南下，任豫西行署副处长。中华人民共和国成立后，历任郑州市人民政府秘书长、副市长，河南省人民政府办公厅副主任、省统计局局长，中南财委第五办公室主任，国务院第八办公室组长。1958年任中南民族学院院长、党委书记，自此严学宭与白瑞西一起共事二十六年，同命运、共进退，互相尊重、理解和支持。他做事民主、开明，待人温和、平易，尊重知识和知识分子。严学宭在中南民族学院的教学、科研以及行政管理工作，都离不开老领导、老同事白瑞西的帮助和支持。

1984年4月，严学宭任《中南民族学院学报》主编。1985年2月，学校成立《中南民族学院学报》编辑委员会，严学宭任编辑委员会主任。[①]

1985年4月10日至23日，江西大学（今南昌大学）副校长陈正夫专程来中南民族学院，邀请严学宭前往讲学。严学宭阔别故乡多年，乡情难却，抱病前往。严学宭在江西大学共讲了六个专题："中国语言学发展的历程和展望"、"汉语发展简史"、"世界语言学发展的现状和倾向"、"汉语音韵学的基础理论和研究方法"、"中文系学生怎样起飞"、"进行社会科学研究怎样写论文"。听众为江西大学以及江西师范大学、江西财经学院、江西教育学院等南昌高校的青年教师、研究生和高年级本科生。他建议在江西大学设立语言研究所，以编写江西系列方言志为"龙头"，开发江西丰富的语言资源。时任江西省副省长的柳斌、梁凯轩亲临江西大学专家楼看望严学宭。

严学宭最后一次回江西分宜介桥探亲是在1977年，此后就再也没有回去过。1986年3月，他的侄儿——哥哥严福荃的儿子严兴智，专门来信请叔叔严学宭回故乡为祖先上坟扫墓。严学宭因工作繁忙、身体不适，没能回去。此次严学宭在江西南昌逗留的时间将近两周，但因讲学、访问安排较紧，仍然没有时间回到近在咫尺的故乡分宜介桥。

严学宭对学术活动的追求是无止境的，或者说，他是不甘寂寞的。1985年五六月间，严学宭又邀请他的同学、朋友张清常、刘又辛等一干人，发起筹备成立一个新的学术团体——"汉语史研究学会"，拟集中各方面研究词汇史的力量，以研究现代语言学的

---

①参见《中南民族大学校史（1951—2011）》，第116页。

汉语词汇史，以区别于传统语文学的训诂史。但这次没有那么好的天机，刚商量好，开了一个筹备会，就赶上了国务院通知整顿学会，此事遂搁置而未办成。① 到了1988年，严学宭已身患重病，但他还想仿照国际汉藏语言学会的组织形式，召开区域性的"东亚汉藏语言学研讨会"，并向中南民族学院提出了《建议筹组"东亚汉藏语言学研讨会"的意见》，意欲借此解决（一）原始汉语构拟，（二）原始汉藏语构拟，（三）东南亚汉藏、南岛、南亚三大语系的渊源关系等问题。首届会议拟由中南民族学院和贵州民族学院联合召开，甚至都发出了会议通知，遗憾的是因为资金缺乏等原因，会议最终流产。

1985年6月1日至5日，严学宭赴京参加《汉藏语概论》座谈会。该书为中央民族学院马学良教授牵头承担的国家重点项目，特邀全国著名学者召开此次会议，讨论编写方针、框架、内容、资料、步骤、方式、

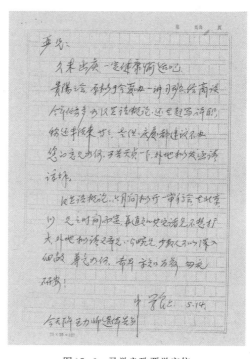

图15-6　马学良致严学宭信

①参见张清常1985年6月26致郭良夫信，《张清常文集》第五卷，第381页。

方法等问题。会后承中央民族学院民语系邀请,为中央民族学院和中国社会科学院的研究生导师作了题为《怎样塑造一个合格的研究生》的报告。

1985年6月贵州历史文献研究会首届年会决定聘请严学宭、吴泽霖、费孝通、谭其骧、王静如、马学良、罗章龙、翁独健等人为该研究会顾问。

1985年9月,严学宭在中南民族学院招收首届汉语史专业硕士研究生两名:舒志武,后任华南农业大学中文系教授;赵新,后任中山大学国际交流学院教授。

1985年12月6日,湖北省民族研究会成立,严学宭与著名民族学家吴泽霖、中南民族学院院长贾清波担任民族研究会顾问。①

1986年9月,严学宭在中南民族学院招收第二届汉语史硕士研究生三名:张令吾,后考取南京大学汉语史博士,毕业后任广东肇庆学院文学院教授;彭金祥,后任四川文理学院文学与传播学院教授;陈宗林,后任湛江师范学院人文学院副教授。这也是严学宭招收的最后一届研究生。此后由于严学宭身患癌症,多次住院开刀,中南民族学院汉语史专业硕士研究生就此停招。

1986年10月,严学宭以七十六岁的高龄加入中国共产党。与他同时入党的还有他的邻居——著名社会学家、民族学家、教育家,八十八岁高龄的吴泽霖教授。

吴泽霖(1898—1990),江苏常熟县(今常熟市)人,1922年清华学堂毕业后留学美国,获博士学位。1928年回国,先后任大夏大学、暨南大学、西南联大教授。1946年任清华大学教务长兼人类学系系主任。1949年后,先后任西南民族学院、中央民族学

---

① 参见《中南民族大学校史(1951—2011)》,第435页。

院教授,中国社会科学院民族研究所研究员,南开大学社会学系教授。1957年加入中国民主同盟,1958年错划为右派。1982年任中南民族学院教授。吴泽霖谦逊儒雅,严学宭与他共事几年,两人住

图15-7　吴泽霖

宅相邻,互相尊重,过从甚密。严学宭妹妹严福华,晚年伴随严学宭生活,与吴泽霖的女儿吴安伦十分投缘,就像亲戚一般。

严学宭与岑家梧、吴泽霖是中南民族大学历史上最著名的"三老",他们曾经有一个共同的政治身份——"民主人士"。其中岑家梧、吴泽霖都是民盟盟员,是"民主党派人士",只有严学宭是无党无派的"党外民主人士"。岑家梧于1966年就已去世,严学宭与吴泽霖在如此高龄联袂加入共产党,这是极为罕见的,个中原因耐人寻味。

1986年11月,贵州历史文献研究会与省志编纂委员会联合举行学术报告会,邀请该会顾问严学宭教授、马学良教授作学术报告。严学宭抱病前往,作了"关于古籍整理的几个问题"的学术报告。

到1989年6月,八十高龄的严学宭基本上停止了在中南民族学院的一切活动。他搬离了中南民族学院"小八家",住到了华中理工大学为他提供的第一招待所(外宾招待所,简称"外招")的一栋两层小别墅,免除了在两校之间奔波之苦。但中南民族学院仍

图15-8　华中工学院外宾招待所
严学宭寓所

为他提供了家属区东区二十栋中的一套四室一厅住房。不过严学宭就从来没有住过，只是将家中的一些杂物存放在那里。

严学宭在中南民族学院"小八家"生活了将近十年，除了后来生病住院外，他的生活是惬意的。住宅在一片茂密的竹林掩映下显得格外幽静。他十分热爱生活，也很有生活情趣。住宅前有一块场地，他在门前搭起架子种葡萄，到了夏秋时节，绿叶葱茏，结满葡萄，形成一个荫凉的"葡萄走廊"。走廊旁边的小块地再种上草莓或其他花草，门前砌一个小池子栽着睡莲，一副"苔痕上阶绿，草色入帘青"的景象，十分赏心悦目。进门的客厅摆放着生机勃勃的君子兰、文竹等绿色植物，墙上挂着朋友赠送的字画。二楼书房外的阳台上，挂着很多精致的鸟笼，养着朋友赠送的各种名鸟儿，腾挪跳跃、鸣声啾啾。他在这里读书、写作，接待过许多前来拜访和邀请来访的中外学者，著名的美国学者罗杰瑞（Jerry Norman）、黎天睦（Timothy Light）、美籍华裔学者梅祖麟、王士元，日本学者桥本万太郎、小南一郎，国内学者李荣、邢福义、李新魁等，都曾光顾他的"雅舍"。

图15-9　严学宭在寓所接待美国西雅图华盛顿大学
著名语言学家罗杰瑞教授

第十六章　宿雨滋兰

在1976年"文革"结束后,中国进入一个剧烈的社会转型时期。1977年国家恢复高考,1978年春天,通过高考录取的第一批学生进入大学,接着在1978年9月、1979年9月,第二批、第三批高考生进入大学。这三批学生,以"文革"十年中毕业的高、初中学生为主,他们毕业后没有进入大学的机会,成为上山下乡、接受工、农、兵再教育的知识青年,饱经社会的磨难、历练。现在他们从工、农、兵各界通过高考进入大学,就"像饥饿的人扑在面包上"一样,拼命吸吮知识的甘露。他们特有的社会丰富经历,对知识如饥似渴的欲望和勤奋苦读精神,以及"为中华之崛起而读书"的报国情怀,成为中国高等教育史上绝无仅有的"新三届"现象。

在回归正常教学的大学文史类专业中,都要开设"古代汉语"一课,其中"音韵学"就是十分重要的教学内容。然而音韵学一向被视为"绝学",难学难教,一般人都不懂。在经过"文革"十年之后,高校缺乏能讲授音韵学的老师,很多一般院校因为没有老师而开不出这门课。同时在研究领域,也存在音韵学研究后继乏人的问题。为解决音韵学教学师资问题,培养音韵学研究人才,在1980年的中国音韵学研究会成立大会期间,第一次理事会议决定依托中国音韵学研究会拓展办学,在1981年秋开办音韵学研究班。

　　音韵学研究班由中国音韵学研究会会长严学宭总理其事。其时严学宭已被华中工学院聘为中国语言研究所所长,中国音韵学研究会会址也靠挂在华中工学院中国语言研究所,是故音韵学研究班由中国音韵学研究会和华中工学院中国语言研究所联合举办,中国语言研究所副所长熊傅周、中国音韵学研究会秘书赵襄协助行政、后勤等事务。为办好音韵学研究班,严学宭作了周密的安排、精心的设计。他以中国音韵学研究会和华中工学院中国语言研究所的名义,制定了《联合举办汉语音韵学研究班简则(草案)》。《简则》共分宗旨、专题内容、授课方式、学习进度、入学条件和办法等五大项、二十一条。在"宗旨"中明确提出,举办汉语音韵学研究班的目的是"借以继往开来,为提高科研单位历史语言学研究水平和大专院校古汉语教学质量,培养专才"。"专题内容"十分详细,分为"语言理论和语言调查"、"汉语音韵沿革"、"汉语音韵学研究的方法"、"形音义的连贯研究"、"汉语音韵学的现代化"、"定向与选题"六个大的专题,每个专题下又分若干小专题。计划招收学员五十人,由各有关高校根据分配的名额推荐学员。学习时间三至四个月,入学条件为高等院校讲师级的古汉语教学人员。

　　1981年秋,汉语音韵学研究班在华中工学院如期举办。来自全国二十七个省市、三十八所高等院校的四十九名学员齐聚江城武汉,参加研究班学习。其中年龄最大的有六十二岁,也有二十出头刚大学毕业的青年,还有在读研究生,职称从助教到副教授不等。

　　9月3日,汉语音韵学研究班举行开学典礼。华中工学院院长兼党委书记朱九思到会表示热烈祝贺。严学宭在开学典礼上讲话,号召全体学员勤奋学习、刻苦钻研,将汉语传统音韵学和现代语音学结合起来,将汉语音韵沿革的研究与现代汉语方言、汉藏语系亲属语言的研究结合起来,将汉语音韵体系的研究和自然科学技术结合起来,努力推动汉语音韵学研究达到一个新的水平。①

音韵学研究班根据设计好的教学内容,以专题讲座的形式,聘请国内学有专长的名师授课。严学宭亲自为研究班讲授了多个专题,包括"汉语音韵学研究方向与研究工作的性质"、"怎样读董同龢的《汉语音韵学》"、"切韵的性质"、"关于等韵"、"周秦古音与古汉语"、"新训诂学发凡"、"中国语言学的产生、继承和发展"等。

其他的授课老师和所讲专题,有中国音韵学研究会副会长、中山大学中文系李新魁先生,讲授"韵书源流"、"广韵音系研究"、"等韵学"、"汉语音韵研究的历史"等专题。

中国音韵学研究会秘书长、中华书局语言文字编辑室主任赵诚先生,讲授"音韵学治学步骤"、"词义系统与古文字"、"甲骨文与古音"等专题。

中国音韵学研究会副会长、中国社会科学院语言研究所邵荣芬先生,讲授"汉语语音简史"专题。

中国社会科学院民族研究所孙宏开先生,讲授"语音理论和国际音标训练"、"语言调查方法与音位理论"等专题。

中国社会科学院民族研究所瞿霭堂先生,讲授"语言调查方法"、"汉藏语研究"等专题。②

①参见黎新第《卷首语》,《语言研究》,2011年第4期。
②讲课老师和所讲专题为该研究班学员黎新第先生根据当年听课笔记整理提供。

在学习期间,应严学宭之邀,中国语言学会会长、中国社会科学院语言研究所所长吕叔湘先生,结束在成都举行的中国语言学会首届年会后,专程到研究班亲切会见全体学员并讲话,鼓励学员抓住难得的机会努力学习,为发展中国语言学培养能力。中国社会科学院语言研究所副所长、研究员李荣先生路过武汉时,在研究班作了"学习研究的方法和表达的方法"的报告。北京大学中文系唐作藩先生也到研究班作了学术报告。

除授课外,严学宭为学员统一购置了罗常培的《汉语音韵学导论》、赵元任的《语言问题》、李方桂的《上古音研究》、董同龢的《汉语音韵学》四部名著,指导学员在课外精心研读。

《汉语音韵学导论》是罗常培先生当年在北京大学教严学宭的讲义,前后历时二十五年,修改了八次,始于1949年由北京大学出版部印行,初名《中国音韵学导论》,魏建功先生题署书名。1954年中华书局再版时,改名为《汉语音韵学导论》。该书用文言写成,只有七万多字,都是罗常培研究成果的提炼。出版后罗常培仍不满意,想用语体文彻底改写,以便使较多的读者看懂。可惜后来他已为高血压病所苦,没有来得及改写。这部初学者的教科书,侧重于音理的阐发,内容

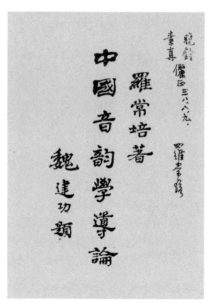

图16-1　罗常培《中国音韵学导论》书影

精炼,要言不烦。严学宭极其看重老师的这部书,总是作为音韵学的入门书推荐给他的学生。

另外的三部书,原都是在台湾出版的大家名著。《语言问题》是赵元任在台湾大学文学院的演讲记录,全书十六讲,系统讲述了语言学及其相关的各项基本问题,是现代语言学的经典之作,1959年由台湾大学文学院印行,大陆罕见。该书1980年6月北京商务印书馆首次出版,始在大陆流行。《上古音研究》是李方桂音韵学研究的最重要成果,被誉为中国历史语言学的经典之作,1971年在台湾初版。1980年7月北京商务印书馆首次出版,始在大陆流行。董同龢是王力先生的学生,但是他的《汉语音韵学》,相比王力先生1936年初版的《中国音韵学》和1956年重版的《汉语音韵学》,却是"青出于蓝而胜于蓝"。董同龢的《汉语音韵学》是很好的音韵学教材,1968年台北广文书局初版,1979年由台北文史哲出版社重版,80年代大陆尚未出版该书,买不到。直至二十年后的2001年,董同龢的《汉语音韵学》才在北京中华书局出版。发给音韵学研究班学员的董同龢《汉语音韵学》,是经香港自台湾辗转购买回来的。据音韵学研究班学员伍巍回忆:

图16-2　董同龢《汉语音韵学》书影

　　为了使大家能接触音韵学的新成果,严先生

　　设法托国外的学者用外币在台湾订购了一批董同龢的《汉语音韵学》，又托香港的朋友带到武汉，人手一册。"文革"后第一次获得台湾学者的音韵学著作，人人喜出望外，我们就像小学生那样用封皮包好这本书，挑灯夜读，实是如饥似渴。①

　　严学宭对上述四种著作的选择，就足以看出他学术上高深的识见、活跃的思想、新颖的观点、开阔的视野。他总是密切关注国内外最新学术动态，善于吸收最新的学术成果，反对陈陈相因、因循守旧，主张大胆开拓、勇于创新，这是他一贯的学术性格。

　　为配合教学、开拓学员眼界，该班还以"中国音韵学研究会"名义编印了《汉语音韵学研究班学习资料》之一、之二、之三，收录音韵学研究领域极为重要的论文和资料。

　　这个在音韵学界有"黄埔一期"之誉的音韵学研究班，成为学员们津津乐道的话题和永久的记忆。在三十年后的2011年，华中科技大学人文学院《语言研究》编辑部在第四期开辟了"汉语音韵学研究班开班三十周年纪念"专栏。该研究班学员，后任重庆师范大学文学与新闻学院教授、重庆市语言学会学术委员会主任的黎新第在专栏的《卷首语》中说：

　　　　汉语音韵学研究班值得纪念，是因为它在上个世纪十年"文化大革命"结束不久的特殊历史时期，培养了一大批当时急需的教学与科研人才。

　　　　纪念汉语音韵学研究班不能不缅怀严学宭先生，他是汉语音韵学研究班的发起者、组织者、推动者，更是循循善诱

①伍巍《缅怀尊敬的严学宭先生——〈论语〉"说（悦）乎"、"乐乎"近解》，《语言研究》，2011年第4期。

的授业解惑者。可以说，他就是汉语音韵学研究班的脊柱与灵魂。①

该研究班学员，后任浙江大学中文系教授、博士生导师、浙江省语言学会副会长的黄金贵，在《初谈名物训诂》一文的"附记"中说：

　　严学宭先生，当时已年逾古稀，大家都昵称"严老"。他既是此班的筹划与主持者，实干繁忙；又作亲自授课的最勤苦专家，他将自己关于原始汉语复声母、词尾后缀等探索的系列论文和其他音韵学新作，频频发给大家；还连续一周多天天授课，最后失声而止。②

研究班学员，后任闽西大学校长、教授的郭启熹，在《师恩长若大江水——追念首任中国音韵学会会长严学宭教授》一文中回忆说：

　　来到华中工学院才知道，严老为我们研究班40多人请来的居然都是全国顶级的语言专家，像吕叔湘、李荣、李新魁、邵荣芬、赵诚、瞿霭堂……这些饱学之士都来班讲课。严老对每位讲课专家都要亲身去迎来送往，而且还要亲自给我们讲课，一讲就是连续大半天。有一次他连续上了一个多星期的课，喉咙都哑得发不出声来，这对年近八旬的严老确实累得够呛。有次我们陪他去迎接客人，只见他微闭双眼在打盹。我们本来希望他老人家多休息一会儿，客人来到跟前，他才突然惊醒。这位长者确实让我们懂得了"诲人不倦"的涵义。③

---

① 黎新第《卷首语》，《语言研究》，2011年第4期。
② 黄金贵《初谈名物训诂》，《语言研究》，2011年第4期。
③ 郭启熹《师恩长若大江水——追念首任中国音韵学会会长严学宭教授》，《语言研究》，2011年第4期。

研究班学员，后任暨南大学中文系教授、汉语言文字学专业博士研究生导师的伍巍，在《缅怀尊敬的严学宭先生——〈论语〉"说（悦）乎"、"乐乎"近解》一文中回忆说：

> 我们这批学员中大多数人是第一次接触音韵，有的人连音标都不熟悉。为了补足这一课，严先生请资深语言学专家孙宏开先生给我们讲授国际音标。孙先生要求特别严格，他不但要求我们辨音、发音，而且组织我们通过听音、记音练习掌握每一个音标。白天正课时间不够用，就抽晚上自习时间给大家补习，全班同学一个个过关。当时，连全班最年长的朱炳淳教授也在跟我们一起认真地"牙牙学语"，情景实令人感动。
>
> 当时被严先生请来为我们讲授音韵学的是邵荣芬、李新魁教授，这两位先生均从事过方言研究，他们常常运用方言中的鲜活例证来解释深奥的音韵学理论，让大家觉得音韵学离我们并不遥远。严先生思想开放，他尤其重视语言学方法论的教学与启发。……为了使学员们掌握更全面的知识，严先生聘请瞿霭堂先生给我们讲授汉藏亲属语，聘请中华书局的赵诚先生结合形、音、义三者的关系给我们讲解了100组古文字。
>
> 首期音韵班行将结束的时候，严先生安排了一个时间表，在华中工学院的家里逐一约见每位学员。记得那是11月的一个上午，……那天严先生早早站在门口迎接我们，让坐后，先生为我们斟茶。当师生面对面相坐时，先生显得特别高兴，他一边斟茶一边风趣地说："有朋自远方来不亦乐乎？"平时我们都对先生有一种敬畏感，那一刻才觉得先生与我们很近很近，老人既把我们当作学生，也把我们当作忘年的朋友。
>
> 在受益于先生的那段时间里，有两件事给我的印象最

深：(1)先生每次上堂均带着一个有盖的金属茶杯，老先生每喝一口后，总是习惯地要将杯盖顺手盖上。有一次课间休息时，几个好事的小青年趁先生不注意时，偷偷地打开茶杯，想看看严先生喝的到底是什么茶，一闻才知道，茶杯里装的是酒，这时大家才明白，严先生讲课为什么总是神采飞扬、激情澎湃。这一点当时我们几个小青年也想"效仿"，但做不到。

(2)先生说到治学方法时，曾在课堂上作了一个精辟的比喻，他说："世上有三类学者，第一类是蜘蛛学者——空中楼阁；第二类是蚂蚁学者——只会堆砌；第三类是蜜蜂学者——取其精华酿造甘蜜，我们不要做前两类学者，而要效仿蜜蜂。"

图16-3　1981年11月，第一期音韵学研究班结业合影
前排左起：2.伍祥甫、4.熊傅周、6.邢福义、7.赵诚、8.朱九思、9.严学宭、13.赵襄

这席话让我们受用终生。①

八方学子齐聚一堂,师友之间切磋学术、研习音韵,在汉语音韵学史上还是第一次。然而在严学宭80年代的学术活动中,这远非最后一次,而仅仅是一个开头。在首届音韵学研究班结束的第二年,1982年上半年,严学宭又紧接着筹备、召集、主持在华中工学院举办了语言学进修班。

语言学进修班是根据中国语言学学会关于培训高等院校语言学理论师资的建议,并得到中国语言学会的赞助,由湖北省语言学会和华中工学院中国语言研究所联合举办的。该班不同于音韵学研究班的单一学科培训,而是侧重于培训高校普通语言学理论教学的师资。办班地点仍然在华中工学院。1982年3月29日在华中工学院正式开学,于6月底结束。学员来自全国二十个省、市、自治区三十九所高等院校和有关单位,主要是各高校讲授"语言学概论"课程的教师,共四十五人。教学内容共分十六个专题。严学宭同样是邀请全国各地著名的语言学专家、学者承担该班的授课任务。为该班授课的老师及讲授的专题为:

中南民族学院副院长兼华中工学院中国语言研究所所长严学宭先生,讲授"语言学史及展望"专题;

中国社会科学院民族研究所喻世长先生,讲授"历史比较法"专题;

中国社会科学院语言研究所范继淹先生,讲授"应用语言学"专题;

中国人民大学语文系胡明扬先生,讲授"语言学导论"

①伍巍《缅怀尊敬的严学宭先生——〈论语〉"说(悦)乎"、"乐乎"近解》,《语言研究》,2011年第4期。

专题；

　　北京大学中文系石安石先生，讲授"词汇语义学"专题；

　　北京大学中文系叶蜚声先生，讲授"语言理论"专题；

　　华中师范学院中文系邢福义先生，讲授"语法学"专题；

　　中国社会科学院语言研究所伍铁平先生，讲授"应用语言学"专题；

　　武汉大学中文系夏渌先生，讲授"文字学"专题；

　　中国科技情报所冯志伟先生，讲授"应用语言学"专题；

　　中国社会科学院语言研究所赵世开先生，讲授"现代语言学"专题；

　　武汉大学中文系詹伯慧先生，讲授"方言学"专题；

　　中国社会科学院语言研究所廖秋忠先生，讲授"社会语言学"专题；

　　中央民族学院语文系戴庆厦先生，讲授"民族语言学"专题；

　　中山大学外语系王宗炎先生，讲授"应用语言学"专题；

　　中国社会科学院民族研究所周耀文先生，讲授"语音学"专题。①

　　上面这些授课老师，莫不是在当时卓有声誉、在后来名闻遐迩的专家教授，可以想见该班教学质量、水平之高。学员难得遇见如此众多的名家，讲授新颖、高端的学术专题，抓住机会勤奋努力学习。面对这些已颇有基础的学员，授课老师也是精心准备，不敢懈怠。当时的讲授老师邢福义先生在1982年5月2日写给他父亲中的信中说：

―――――――――――――

①各位专家、教授讲授的课程名称根据该班学员冯广艺提供的记录。

　　春节以来一直忙到四月二十二日。接着，又在华中工学院给语言进修班讲课，还得两天才能讲完。语言学进修班是由中国语言学会赞助，由湖北省语言学会和华工语言研究所主办的，学员来自全国各大学，一般是讲师；教员也来自各大学，主要是从北京请来的专家。因为讲课的都是有造诣的专家，听课的又是水平很高、要求很高的学员，所以备课很花时间。①

　　像之前的音韵学研究班一样，语言学进修班也编印了《语言学进修班教学参考资料》，收录重要的语言学论文、资料，如伍铁平的《论语言的类型对比》、《语言词汇的地理分布》等。后来在许

图16-4　1982年6月，语言学进修班结业合影
前排左起：1.熊傅周、3.胡明扬、4.朱九思、5.戴庆厦、6.詹伯慧、7.王宗炎、8.叶蜚声、9.严学宭、10.邢福义、13.彭登衡

①邢福义《寄父家书》，第359页。

多高校和文化单位执一方之牛耳的著名学者,如李宇明(华中师范大学、北京语言大学)、徐杰(华中师范大学、澳门大学)、萧国政(华中师范大学、武汉大学)、汪国胜(华中师范大学)、乔全生(山西大学)、冯广艺(湖北师范大学、中南民族大学)、吴泽顺(吉首大学、浙江师范大学)、李敬忠(中南民族学院、香港大学)、王勉(中华书局)等,都是这个进修班的学员。我们不能把他们的成就归因于语言学进修班,但语言学进修班无疑也是他们学术历程中助力他们成功的一股重要推动力量。

　　由于1981年举办的汉语音韵学研究班收到了很好的效果,影响很大,许多高校纷纷呼吁继续开办。于是严学宭再次牵头组合中国音韵学研究会与华中工学院中国语言研究所,举办了第二期、第三期汉语音韵学研究班。第二期举办时间是1984年2月20日至5月19日,地点仍然在华中工学院。有来自全国二十七个省市自治区、七十七所高等院校的八十名学员参加学习,是人数最多的一期。学员多是从事古代汉语教学的教师,年龄最大的有六十一岁,最小的仅二十一岁。特别值得一提的是,其中还有一位来自日本的学员,后来成为日本著名汉学家的中岛干起(Nakajima Motoki)先生。[①]

　　第二期研究班的教师阵容同样十分强大。严学宭先生亲自讲授了"音韵学概论"和"汉藏语比较"两个专题。邵荣芬先生讲授"上古音"专题,唐作藩先生讲授"中古音"专题,李新魁先生讲授"等韵学"专题,中国社会科学院语言研究所杨耐思先生讲授"近代音(北音学)"专题,中央民族学院罗安源先生讲授"国际音标"和"普通语音学"两个专题,赵诚先生讲授"商周金文音系"专

---

① 参见黎新第《卷首语》,《语言研究》,2011年第4期。

题,华中工学院中国语言研究所曹广衢先生讲授"汉藏语概论"专题。办班期间还邀请了南开大学邢公畹先生、中国人民大学胡明扬先生、中国社会科学院语言研究所李临定先生等作专题报告。①

　　第二期研究班的教学方法、管理模式与第一期基本相同。同样为学员提供了与第一期相同的四部名著辅导课外研习,也编印了《汉语音韵学研究班(第二期)参考资料》之一、二、三。

　　第二期研究班学员,后任武汉大学文学院教授、博士生导师、武汉大学古籍整理研究所副所长的万献初回忆当年研究班的学

图16-5　第二期音韵学研究班部分师生合影
前排左起:3.中岛干起、4.李新魁、5.严学宭、6.唐作藩

①参见万献初《音韵学要略》,第253页。

习情况说：

> 老师们不但水平高，而且都很投入，要求很严格：国际音标一个一个地发音，练习了近一个月；韵脚字一部一部地系联，马虎的要返工；仿照《韵镜》将《广韵》所有小韵连带反切填入韵图，体味等韵学的奥秘所在，等等。由此而真正体会到音韵学是"实学"，需要口耳相传，更需要扎扎实实下工夫去实际摸索，很多看似玄虚的问题听起来似懂非懂，动手去倒腾几个来回就清楚了，并非真是"绝学"。①

　　第三期汉语音韵学研究班举办的时间是1985年4月6日至6月30日，有来自全国各地高校的四十四名学员参加。研究班开设了音韵学导论、语音学、切韵学、等韵学、古音学、北音学、方言学、训诂学、古文字学和汉藏语概论等专题，分别由严学宭等国内著名专家学者讲授。授课老师之一，著名语言学家、西南师范大学中文系教授刘又辛曾说："1985年中国音韵学研究会在武汉举办第三期音韵学研究班……我按照严学宭学长的'将令'，讲授训诂学。"②授课老师之一的杨耐思先生后来在《悼严先生》一文回忆说：

> 1984年第二期、1985年第三期他命我前往参加讲授"北音学"。……开班后他亲自主持，并讲授音韵学导论，国外音韵学研究等。他很注重语音韵学的发展方向性和方法上更新的问题，把传统的学术理论跟现代语言学的最新成就相结合，把书面文献与现代方言资料相结合，把音韵研究与各民族语言的材料结合起来。他的这些想法和作法，无疑对我国

---

① 参见万献初《音韵学要略》，第253页。
② 刘又辛《我和文字训诂学》，《治学纪事》，第7页。

音韵学的长进有着切实的功效。①

1985年第三期汉语音韵学研究班刚刚结束,仍是由严学宭发起和推动,在同年7月7日至8月28日,又由中国音韵学研究会与中央民族学院民语系联合举办新一期"汉语音韵学高级研究班"(又称"中国音韵学研究会民族古文字学学习班"),地点在中央民族学院。来自全国二十四个省市自治区四十九所高校和科研单位的学员六十九人参加学习,有的还是已参加过之前音韵学研究班学习的学员。这一期研究班严学宭因身体原因未能前往参加教学与管理,委派华中工学院中国语言研究所尉迟治平老师和中国音韵学研究会秘书赵襄前往北京参与管理班务。严学宭撰写了《中国音韵学研究会汉语音韵学高级研究班开学祝词》,提出要改革中国音韵学研究会的管理工作和汉语音韵学研究内容和方法,寄希望于学界同仁群策群力,在20世纪末写出《汉语音韵学》、《汉语音韵史》和《汉语音韵学史》三部高质量的著作。这个高级研究班以民族语文为主要教学内容,以藏语文的教学为主,还教学梵文、八思巴文、朝鲜文的拼读和转写,目的是为汉藏语的历史语言学比较,和古代汉语与域外对音、译音的对比研究打下基础。为该班授课的老师主要来自中央民族学院,有马学良先生、胡坦先生、戴庆厦先生、陈其光先生、倪大白先生等,另外还有中国社会科学院民族研究所的喻世长先生、北京大学中文系的徐通锵先生等专家学者。中国社会科学院语言研究所的郑张尚芳先生、中国社会科学院民族研究所的金有景先生也来研究班作了学术交流。学员通过学习,了解汉藏语系概况,掌握汉藏比较语言学和通过域外对音、译音研究古代汉语音韵的基本理论和方

----

① 杨耐思《悼严先生》,《音韵学研究通讯》(内刊),1992年总第16期。

法。本期"汉语音韵学高级研究班"的特点是,学员之间进行广泛的学术交流,很多学员都结合学习收获,明确了自己的研究方向,认真准备了学术报告,其中十三位学员作了大会交流。

　　1986年9月初至11月底,严学宭又发起由中国音韵学研究会联合西南师范大学中文系,在西南师范大学举办第五期研究班。这一期的研究班叫作"古代汉语研究班",全国各地从事古代汉语研究的学员七十人参加了该班的学习。严学宭因病未参加,仍委派尉迟治平和赵襄协助主持具体班务。该班的授课老师以及所授课程为:唐作藩先生讲授"切韵学",李新魁先生讲授"等韵学",尉迟治平先生讲授"古音学",西南师范大学的刘又辛先生讲授"训诂学",林序达先生讲授"语法学",翟时雨先生讲授"方言学",四川大学的梁德曼先生讲授"语音学",经本植先生讲授"文字学",中华书局的赵诚讲授"古文字学"。在办班期间的10月14日至17日,中国音韵学研究会第四次学术讨论会在西南师范大学召开,该班学员全体参加了学术讨论会。研究班邀请参会的周祖谟先生为学员做了"语言文献学研究方法论"报告,杨耐思先生也应邀为研究班讲授了"北音学研究方法论"专题讲座。①

　　从1981年到1986年仅仅六年时间,严学宭亲自擘画、精心组织,一共开办了七期全国性的研究班或进修班,为经过"文革"十年之后师资断层、青黄不接的高等院校,累计培养了三百五十七名音韵学、古代汉语、语言学教学和研究方面的人才,极大地缓解了全国许多高等院校语言类课程教学的压力。尤其是在华中工学院开办的三期音韵学研究班,人们戏称为音韵学界的"黄埔三期",共培训了一百七十三名学员。这些入学前对音韵学知之甚

———————————

① 参见马重奇《汉语音韵学论稿》,第506—507页。

少甚至一无所知的学员，很多都成为日后音韵学或语言学教学和研究的骨干人才。严学宭以七十多岁的高龄，为办班殚精竭虑，呕心沥血，这种为了事业而舍身忘我的精神，赢得了所有学员的尊敬，也赢得了语言学界的尊敬。在中国现代语言学史上，应为他书写浓墨重彩的一笔。

第十七章　喻园勤励

在1980年七八月开始筹备中国语言会成立大会期间,严学宭与中共湖北省委文教部副部长和华中工学院院长朱九思结识。虽然之前他们也认识,但没有深入交谈过。这次因为工作关系,他们经常接触。严学宭发现朱九思是一个不简单的人物,有超人的魄力和胆识、高远的视野和系统精深的教育思想,并且表现出对语言研究的极大兴趣。他们有共同语言,很快就熟识了。

朱九思(1916—2015),江苏扬州市人。1936年考入武汉大学文学院哲学教育系,1937年转入外语系,加入共产党。同年12月弃学,赴延安抗日军政大学执教,任抗大第二分校教员。后任晋察冀军区第三军分区政治部宣传科长、冀晋纵队政治部民运部副

图17-1　朱九思

部长、《冀热辽日报》总编等职。新中国成立后历任《新湖南》报社社长兼总编辑、湖南省教育厅常务副厅长。1953年后历任华中工学院副院长、院长、院长兼党委书记等职,至1984年底退休。朱九思主持华中工学院工作三十余年,为该校的建设与发展作出了

特别重大的贡献,有"华工之父"的称誉。其教育思想和办学实践对中国高等教育改革与发展产生了重要影响。严学宭认为当代值得称道的高等教育专家有两个,一个是南京大学党委书记兼校长匡亚明,另一个就是华中工学院党委书记兼校长朱九思。

1952年,新成立不久的中华人民共和国中央人民政府对全国旧有高等学校进行大调整,把民国时期仿效英式、美式高等教育体系建立的综合性大学,改造成效仿苏联式高等教育体系的专科性大学。华中工学院就是在这一大调整中于1953年新组建的一所以机械、动力类专业为主的工科院校。学校位于湖北省武汉市东部的洪山区喻家山南麓。1988年更名为华中理工大学,2000年合并原同济医科大学、武汉城市建设学院,组建成华中科

图17-2　1980年的华中工学院

技大学。是教育部直属重点大学,位列国家首批"双一流"、"985工程"、"211工程"。

1980年代,现代语言学进入了一个综合研究的时代。语音、词汇和语法的综合研究,各种语言的比较研究,各门学科之间的综合研究,尤其是语言学与数学、物理学、计算机和通讯工程等

发生越来越密切的关系,形成语言研究需要借助新的科学技术成果,而科学技术的发展也日益依赖于语言研究逐步深入的局面。

现代科学体系再一次由单一专科的分裂性研究,走向多学科系统综合的研究。朱九思较早地预见到这一现代科学的发展趋势。早在1977年,朱九思就给邓小平写信,呼吁大学实行理、工结合。①1979年朱九思在赴美、日考察高等教育之后,借鉴国外大学办学经验,决意要把单一工科的华中工学院办成文、理、工结合的综合性大学。

在这样一种时代背景和个人机缘下,严学宭产生了一个大胆的设想:如果倚重朱九思的地位,根据他的教育思想,走文、理、工互相渗透的道路,或许能为中国的语言学打开一个新的局面。于是一次严学宭在华中工学院副院长卢振中的陪同下,专程到朱九思的办公室拜访他,提出能否在华中工学院创办语言学系,把语言学与现代科学技术结合起来,走世界学术发展的共同道路。朱九思1979年访问美国麻省理工学院,印象极深,极想把华中工学院办成麻省理工那样的学校。而语言学就是麻省理工最著名的专业之一,语言学、音系学和句法学的研究一直处于世界领先地位,享誉世界的语言学家乔姆斯基和哈利都在该校语言学系,分别是转换生成语法和生成音系学的创始人。严学宭的提议,正符合朱九思的设想!

朱九思向严学宭阐述了他的教育思想。他认可钱学森的观点,认为现代科学是个系统工程,仅仅依靠自然科学和社会科学都不可能取得重大突破。科学的强大生命力在于自然科学与社

①1977年朱九思上书邓小平,主要提了三件事。一是要加强重点高校的作用;二是要加强基础理论,实现理工结合;三是要发展研究所工作。虽没有得到邓小平的回信,但他随后就在华中工学院按照这一思路开始大胆改革。

会科学的统一联盟,只有这种联盟才能充分发挥自然科学自身的潜力,体现人类最高智慧的知识。人类各种知识只有经过新的综合和统一,才能产生推动人类社会进步的巨大力量。要办好华中工学院,必须综合工科、理科和人文学科于一校,这绝非好大喜功,也非仅是形式上的综合,主要在内容上互相渗透。美国的大学教育主张培养通才,苏联主张培养专才,我们需要通与专结合,通而不专或专而不通都不行。

严学宭也向朱九思阐述了自己的观点:现代语言学已进入综合研究的时代,一要贯通语音、词汇和语法,二要比较研究各种语言,三要综合各门学科。语言学者一要能描写一种语言或方言,二要能对一种语言或方言作历史的研究,三要能作亲属语言的比较研究。语言研究一方面要跟人类学、民族学、历史学、社会学等人文社会学科相交流;另一方面要跟数学、物理学、计算机学、通讯工程等理工学科相渗透。这只有在文、理、工结合的综合性大学才能做到。华中工学院客观上已具备创办语言学系的条件。主观方面,严学宭表示,自己在民国时期曾协助王力先生创办中山大学语言学系,现虽年岁已高,但身体健康,愿以余年竭力协助、并联络语言学界同行鼎力支持华中工学院创办语言学系。

通过推心置腹的思想交流,朱九思有"宣室求贤"之心,严学宭有"贾生才调",两人相见恨晚,一拍即合。这次深谈决定了向教育部申办语言学系的大致方案。在未获教育部批准之前,先期成立不用申报批准的内设研究机构——"中国语言研究所",并计划招收研究生,以作创办语言学系的准备和基础。同时创办一份大型学术刊物作为学术研究的园地。朱九思当即叫来学校办公室主任,吩咐将学校的专线电话告诉严学宭以便联系,并要求把即将开会成立的中国音韵学研究会挂靠华中工学院。经严学宭同意后,朱九思就吩咐办公室订制"华中工学院中国语言研究所"和"中国音韵学研究会"两块牌子。朱九思当即拍板聘请严学宭为华中工学院顾问、筹建中的中国语言研究所所长。为方便工作,在华中工学院东区拨出一套三室一厅的教工宿舍供严学宭居住。①

方案既定,严学宭就和华中工学院紧锣密鼓地开始了筹建工作。他们创系办所的宗旨和思想,是进行语音、词汇、语法的贯通研究,亲属语言的比较研究,各门学科的综合研究。工作方针一是立足本校,搞五湖四海,独立自主;二是敢中求稳,持之以恒,避免昙花一现;三是以自我培养为主,依靠外援为辅;四是创办刊物,开辟学术园地。1980年9月,严学宭拟出一份《中国语言学系创办计划》,从创办目的、培养规格、奋斗目标、基本方针、学习时间、课程设置、考核办法、教师队伍、教研组织、学术机构、学术刊物、办系步骤等十二个方面作了详细周密的安排部署。②

在工科院校创办语言学系和语言研究所,在中国历史上没有先例。能否得到学界同仁的认可和广泛的支持、帮助,他们的设想是符合历史潮流的必然趋势还是主观上的一厢情愿,是成功与否的关键。在1980年10月武汉召开的中国语言学会成立大会上,严学宭向与会代表宣布了在华中工学院创办语言学系的计划,广泛向语言学界的同仁征询意见建议,引起了与会专家的极大兴趣、强烈反响、热情支持,大家无不为华中工学院的这一"惊世之举"拍手称快。

为进一步征求专家的具体意见,在中国语言学会成立大会期间,华中工学院特地邀请王力、吕叔湘等一众德高望重的老专家、

---

① 参见严学宭《八十自述》,第74页。
② 参见华中工学院党委宣传部编《情况反映》第537期,1980年9月19日。

老教授光临学校赐教。华中工学院的正门平时是锁着不让汽车通行的，只有贵宾到来才临时开门予以迎送。在宴请王力、吕叔湘等诸老的这天，学校大开其门迎接乘车而至的贵宾，给予极高的礼遇。"花径不曾缘客扫，蓬门今始为君开"，王力、吕叔湘等为学校的诚意大受感动，提出了许多宝贵的建议，特别是对即将创办的大型学术刊物《语言研究》，从其性质、方向、结构等方面提出了许多很好的意见，吕叔湘还赠送了一套复刊前的《中国语文》杂志作为华中工学院创系建所办刊的礼物。

语言学界的支持和鼓励给予了他们极大的信心。在中国语言学会成立大会结束之后，1980年11月7日，华中工学院即以"院教字（80）154号文"上报教育部申请批准增设语言学系。11月15日，严学宭也撰写了递交教育部的《为建议在华中工学院设立中国语言学系并请速予批准的进言》，华中工学院于11月27日，以"院办字［1980］101号《转报严学宭教授关于在我院设立中国语言学系的建议》"的公文，连同严学宭的《进言》一起再次上报教育部。新成立的中国语言学会亦在1980年11月6日致信教育部说："在武汉的时候，代表们听说华中工学院拟于近期内开办语言学系并拟着手招收语言学研究生，大家无不感到欣慰。华中工学院这一决定是很重要的，希望能得到教育部的大力支持。"

但直到1981年5月，时过半年，公私信函仍然未获教育部的批示和回复。1981年6月，严学宭只得致信中国社会科学院规划联络局《情况与建议》编辑部，呼吁建立语言学系，希望中国社会科学院从旁进言促动此事。① 严学宭《呼吁建立语言学系》的建议，登载于

---

① 见严学宭1981年6月2日致中国社会科学院规划联络局《情况与建议》编辑部的信。

《情况与建议》1981年7月24日总第116期,但这一建议仍然未能获得国家教育行政主管部门的积极回应。华中工学院这一极具前瞻性的办系计划,最终被无视而扼杀在摇篮里。相较于1999年华中师范大学正式成立的新中国第一个语言学系,以及后来其他高校陆续建立的语言学系,严学宭和华中工学院的办系计划超前将近二十年。现在我们回头设想,假设当年严学宭们的办系计划得以实现,凭华中工学院强大的工科背景、朱九思的鼎力支持和严学宭的魄力才干,这个文、理、工紧密结合、互相渗透的语言学系,将会给中国的语言学研究带来什么样的变化呢?是否能建成类似于麻省理工学院的语言学系?可惜历史不容假设,失去的机遇不可再得。在当时严学宭们只能徒唤奈何,在今天我们也只能扼腕痛惜、追悔莫及!

虽然创办语言学系的计划折翼了,但创办中国语言研究所的计划却如火如荼地进行。

创办中国语言研究所、招收研究生、创办《语言研究》,最大的困难是研究人员和图书资料,而这两方面在华中工学院基本上都是空白。严学宭凭着锲而不舍的精神和大刀阔斧的魄力,在朱九思院长的大力支持下,打破坚冰,克服了种种困难,在1980年11月,以人们难以想象的效率和速度建起了初具规模的中国语言研究所——华中工学院第一个文科研究机构。

在研究力量方面,严学宭积极招兵买马,与省内外各高等院校和研究机构联系,调入研究人员。严学宭克服阻挠,硬是将自己在华中师范学院招收的首届三个音韵学专业研究生尉迟治平、董为光、邹明斌"一锅端"全带到了华中工学院。这还不够,严学宭又亲自到中国社会科学院语言研究所,找所长吕叔湘和李荣等先生要研究生。吕叔湘、李荣和刘坚先生各将他们应届毕业生中的一个给了严学宭,他们分别是吕叔湘先生的学生黄国营(现代汉语),李荣先生的学生汪平(汉语方言),刘坚先生的学生李崇兴(近代汉语)。同时还接受了复旦大学张世禄先生的研究生刘志成(古文字),清华大学工程系研究生周志钢(数字信号处理)。这一批八人在1981年底毕业后都来到了中国语言研究所成为专职研究人员,成为研究所的基本骨干科研力量。

　　但仅仅依靠这批资历尚浅的年轻人,还支撑不起志存高远的中国语言研究所。严学宭于是采取聘任兼职的方式,延请国内外著名学者担任中国语言研究所的顾问、学术委员会委员、《语言研究》杂志编委、兼任教授、研究生指导教授等。他开列了国内外一大批著名教授的名单送朱九思院长审批聘任。朱九思毫不犹豫签字同意,交给人事处照单聘任、发聘书。这样就迅速为中国语言研究所聚集了一个力量十分强大的学术团队,几乎囊括了当时语言学界各个方面的学术大佬。这是一个至今让人羡慕不已,也许永远无法企及的学术阵营——

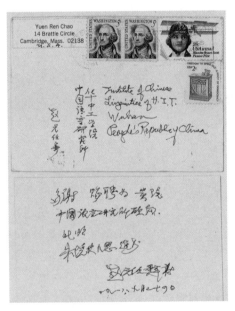

图17-3　赵元任受聘顾问致朱九思院长感谢信

　　《语言研究》顾问:

　　赵元任:美国加州大学伯克利分校教授

　　王　力:北京大学中文系教授

　　吕叔湘:中国语言学会会长,中国社会科学院语言研究所所长、

研究员

傅懋勣：中国语言学会副会长，中国社会科学院民族研究所副所长、研究员

马学良：中央民族学院民族语言研究所所长、教授

张　琨：美国加州大学伯克利分校教授、台湾中研院院士

许国璋：北京外国语学院教授

学术委员会委员：

严学宭：中国语言学会副会长、中国音韵学会会长，中南民族学院副院长、教授

喻世长：中国社会科学院民族研究所研究员

王静如：中国社会科学院民族研究所研究员

闻在宥：中国社会科学院民族研究所研究员

王　均：中国社会科学院民族研究所语言研究室主任、研究员

刘照雄：中国社会科学院民族研究所研究员

瞿霭堂：中国社会科学院民族研究所研究员

刘涌泉：中国社会科学院语言研究所副所长、应用语言学研究室主任、研究员

吴宗济：中国社会科学院语言研究所研究员、语音研究室主任

陈章太：中国社会科学院语言研究所研究员、中国语言学会秘书长

周祖谟：北京大学中文系教授

陆俭明：北京大学中文系教授

俞　敏：北京师范大学中文系教授

胡明扬：中国人民大学语文系教授

胡　　坦：中央民族学院少数民族语文系教授

赵　　诚：中华书局语言文字编辑室副主任、编审

邢公畹：南开大学中文系教授

许宝华：复旦大学中文系教授

王宗炎：中山大学外语系教授

刘又辛：西南师范学院中文系教授

李格非：武汉大学中文系教授

朱祖延：武汉师范学院教授

邢福义：华中师范学院中文系教授、副系主任

薛凤生：美国俄亥俄州立大学东亚语文系教授

郑锦全：美国伊利诺伊大学语言学系教授

《语言研究》编委：

严学宭、喻世长、王静如、瞿霭堂、吴宗济、陈章太、周祖谟、俞敏、胡明扬、赵诚、邢公畹、邢福义、唐作藩、黄家教、戴庆厦

另外在国内外高校和科研机构聘请了兼任教授、研究员，副教授、副研究员六十五人，聘请研究生指导教授十七人，开展学术研究、指导培养研究生。事实证明，这些聘任的专家、教授对中国语言研究所作了大量的工作，起了巨大作用。

除了聘请兼职的专家学者外，严学宭还广交朋友，邀请国内外学者前来访问讲学。国内的学者就不用说，国外的学者来中国语言研究所访问讲学的就有李方桂、梅祖麟、罗杰瑞、王士元、黎天睦、李英哲、桥本万太郎、平山久雄、中岛干起等数十人，迎来送往，不绝于途，真个有"鲜花着锦、烈火烹油"之盛。这些学者在回国后大都与严学宭和中国语言研究所保持着良好的友情和稳固的学术联系。这里着重介绍严学宭陪同接待李方桂先生访问讲学的一段史实。

1983年9月，李方桂应中国社会科学院和中央民族学院的联

合邀请回国讲学。9月16日,李方桂和夫人徐樱以及女儿李林德和女婿约翰·马克博士一行四人坐船从重庆经三峡,17日到达武汉,至25日离汉飞抵上海,在武汉访问讲学八天。这八天全程由严学宭陪同接待,于公是受湖北省社科院之托请,于私是为华中工学院延请世界语言学界大师,也是陪侍四十多年前的老师,是求之不得的大好机会,严学宭十分兴奋、激动。李林德回忆说:

> 我们在武汉的接待单位是华中理工学院。该院仿效麻省理工学院新开了文史专业。其中的领导之一,严学宭想建立一个语言研究所,当时他是安排爸爸此次访问的关键人物之一。[1]

严学宭自1936年之后再次见到李方桂先生,一提起来都互相认识,十分高兴。严学宭陪同李方桂一家住在汉口江汉饭店[2],朝夕相随,获教良多。9月21日李方桂先生应邀在华中工学院作了题为《上古音研究中声韵结合的方法》的学术报告,第二天又挥毫为《语言研究》题词“努力办好语言研究”。后来又在武汉大学开了一次座谈会。严学宭与李先生家属商量,在汉期间安排了湖北省社科院、华中工学院、武汉大学、中南民族学院四次正式接待。在湖北省语言学会的接待宴会上,李方桂说,他在美国初学印欧语言和拉丁、希腊文,后来之所以拜萨丕尔为师调查美洲印第安语,就是想将来回国调查研究少数民族语言。据严学宭回忆,李方桂在20年代末回国任中研院史语所研究员时才开始攻音韵学,常向罗常培问学。但后来李方桂对上古音的研究超过了罗常培,罗常培擅长的是中古音。李方桂研究音韵学的成名之作《切韵a的来源》和《东冬屋沃之上古音》两文,一鸣惊人,把一向目中无

---

[1]李林德《1983年再度回国》,《李方桂全集》第13卷,第120页。
[2]原德民饭店,是近现代以来大汉口最高级的官方宾馆。

人、十分霸道的瑞典著名汉学家、汉语音韵学家高本汉都吓住了。李方桂研究音韵学的巅峰之作《上古音研究》，原是严学宭的朋友、中央民族学院周达甫教授从国外带回的1971年台湾初版本。70年代后期严学宭编《汉语大字典》时，一次去北京，周达甫拿给严学宭看，严学宭一见大喜，将其借回请人全部抄录，再把原本寄回周达甫。后来周达甫将台湾印本交给商务印书馆汉语编辑室主任、编审郭良夫，该书始在大陆印行，1980年7月第一版印刷5300册，1982年3月再次印刷5300册，可见其十分畅销。李方桂这次回国到访北京，商务印书馆付给了李方桂人民币924元稿费。①

这次严学宭非常难得地陪同李方桂这位20世纪世界最伟大的语言学家之一、"中国非汉语语言学之父"整整八天。当时李方桂因心脏疾病开刀不久，装有心脏起搏器，不能过于劳累，夫人徐樱看管甚严，防止严学宭过多打扰李方桂。但严学宭还是想方设法从李先生那里"偷得"了许多的教诲，获得了很多新的语言学研究观点、方法，严学宭视若珍宝，全都写进了他的《八十自述》中。李先生的武汉之行兴趣盎然，十分高兴。李先生和徐樱离开武汉时，严学宭到机场送行，李先生和徐樱都流露出依依惜别之情。登机时，徐樱突然从包里掏出一瓶酒来送给严学宭。严学宭知道，李先生、李师母对他们武汉之行的接待是满意的。1987年6月，严学宭因病在汉口协和医院住院，还接到李方桂先生从美国加州奥克兰市写来的信，询问他的病情，说想寄给他一些西洋参，并说很想再

---

① 李林德《1983年再度回国》，《李方桂全集》第13卷，第113—114页："商务印书馆的郭良夫来访，并带来了924元稿费。他们再版了父亲的《上古音研究》(1971年初版，1980年再版)。父亲显然十分高兴，明显这是非法再版，但这个小册子印刷了两次，10600册，每本定价六角七分的书已售出。我们好奇地设想，世界上其他地方是否有500人会去读这本历史语言学专著？"

赴北京、武汉访访老友。不久即收到李先生从万里之遥寄来的西洋参。严学宭还期待着李先生再度回国,再次聆听他的教诲。但9月初接到徐樱女士的来信,告知李方桂先生已于8月21日溘然长逝,才知道那竟是李先生的最后来信! ① 严学宭获知噩耗后,深为震悼,撰写了《哲人丰碑:深切悼念语言学大师李方桂先生》一文,发表于《语言研究》该年第2期。

在组织机构方面,中国语言研究所由严学宭任所长,喻世长、邢福义任副所长。下设古代汉语、现代汉语、民族语言三个研究室,分别由严学宭、邢福义、喻世长兼任主任。

在创办中国语言研究所之后,为扩大学术影响、推动中外学术交流,在朱九思的支持下,严学宭还积极组织一批国内外语言学学术著作在华中工学院出版社出版。经他联系,80年代在华中工学院出版社出版的学术著作就有马学良主编《语言学概论》(1981)、邢公畹著《汉语方言调查基础知识》(1982)、张永言著《词汇学简论》(1982)、严学宭著《中国对比语言学浅说》(1985)、[美]张琨著《汉语音韵史论文集》(1987)五种。另外还有[美]张琨著《汉语方言论文集》和[美]王士元著《王士元语言理论论文集》两种论文集,都已经结集,但因各种原因最终未能出版。在一所工科院校短短几年出版如此之多的语言学著作,在当时也是十分引人注目的。

华中工学院建立中国语言研究所是轰动当时的大事,载入了1981年的《中国年鉴》,也获得了国内外语言学界和高等院校的高度关注、支持和赞助。许多国内外同行寄来信件和资料,很想了解研究所的情况,迫切希望同研究所取得联系,共同开展语言

---

① 参见严学宭《八十自述》,第82页。

研究工作。美国、法国、比利时、苏联、秘鲁、日本等国以及我国台湾、香港地区的专家学者都寄来海外的语言学资料，其中有些是当时国内无法买到的资料。美国加州大学伯克利分校、乔治敦大学语言和语言文化学院、夏威夷大学，比利时布鲁塞尔自由大学，日本京都大学，泰国玛希隆大学语言文化研究所，以及国际应用语言学会、日本中国语学会、香港中国语文学会等都来信要求同华中工学院中国语言研究所建立联系。

在图书资料建设上，在建所之初，研究所图书资料奇缺，几乎是一个空白。但是"吉人天相"，严学宭恰好碰上了一个极其难逢的好机会。

1981年严学宭在北京开会时，一天他的北大同学、好朋友，著名的古典文学专家，中国社科院文学研究所研究员吴晓铃来找他，拿出一本魏建功先生生前的藏书目录，问他华中工学院愿不愿意出五万元买下来。魏建功先生是严学宭非常敬重的恩师，他一生酷爱藏书，收藏了不少语言专业的珍本、善本古籍。不幸的是魏先生是一个不谙世事的厚道儒生，对波诡云谲的政治"搞不清白"，在"文革"后期，被调去"清华北大两校大批判组"——即著名的"梁效"做顾问，又为江青讲过《离骚》，他还以为是为国家效力，做贡献。粉碎"四人帮"后魏先生自然成了审查对象，经受了极大惊吓。虽然中央对此事有"不算问题、不需结论、不进档案"的认定，但却为当时士林清议所诟病。"四人帮"倒台后，严学宭的老同事、老朋友、语言学家方孝岳之子方重禹，即现代著名作家舒芜，在1976年创作了传诵一时的《四皓新咏》，用"京城四皓"指"梁效"中的四名顾问——冯友兰、魏建功、林庚、周一良。其咏魏建功诗云："诗人盲目尔盲心，白首终惭鲁迅箴。一卷离骚进天后，翻成一曲雨铃霖。"时人亦有和作，连魏建功在民国时期北大的老同事唐兰先生，也作诗"戏和"，讥咏魏建功："盲目诗人辱爱罗，少年轻薄记曾呵。淮缨灌足须重论，山鬼能知事几多。"①魏先生晚年经此沉重一击，抑郁凄凉，心灰意冷，对政治深感恐惧，决计不让自己的后代子孙再学文科，涉足政治而招无妄之灾，于是在1980年2月去世之前，就把自己的藏书出价五万元卖给所在单位北京大学。但是北大只肯出三万元，魏家不肯低就。魏建功去世后，其家属将藏书搬出北大，委托魏先生的得意门生吴晓铃先生与严学宭接洽，想把这批书卖与华中工学院。严学宭知道魏先生一生收藏了不少珍贵的语言文字专业图书，这正是他们所急需。但要价不菲，他不敢作主。于是把书目带回武汉，请示朱九思院长，朱院长听了严学宭的介绍后，马上拍板出五万元全数购回。但根据国家文物管理有关规定，这批文物级别的珍贵图书应先让在京的有关文化单位优先收购，不能轻易运出北京。因此通过正常渠道，用火车、飞机托运都不行。朱九思院长胆子大，指示派两辆卡车专达北京，将这批图书购运回来。②

① 1923年魏建功在北京大学读书时，北大学生戏剧实验社演话剧，由于愿意演戏的女生很少，有些女角就由男生来演。当时俄国盲人作家爱罗先珂来看戏，对男生演女角提出批评，指责北大学生"学优伶"、"做猴子"、"白痴"、"堕落"。尖刻的批评引起演戏学生的强烈不满。担任北大戏剧实验社干事的魏建功就写了一篇《不敢盲从——因爱罗先珂的剧评而发生的感想》的文章回敬爱罗先珂，嘲弄、攻击爱罗先珂的生理缺陷。鲁迅与爱罗先珂关系很好，知道此事后，马上写了《看魏建功君〈不敢盲从〉以后的几句声明》，对魏建功进行了严厉批评，说他是攻击别人生理缺陷的"不道德的少年"。舒芜和唐兰诗均引此旧事。"山鬼"是魏建功的笔名。唐兰又有"续和"讽魏建功："侍讲离骚夸首功，野鸡半夜降隆中。诚惶诚恐征文献，可惜冰山一旦融。"见唐兰《读〈四皓新咏〉》，《唐兰全集》第12册，第143页。
②参见严学宭《八十自述》，第76页。

图17-4　中国语言研究所魏建功藏书

这批书一万多册，全都是十分珍贵的古籍线装书，其中不乏珍本、善本。特别是有一批国内罕见的朝鲜文古籍和朝汉对音材料，是魏先生1927年到朝鲜汉城"京城帝国大学"（即今韩国国立首尔大学）教汉语时为研究而收藏，但未及很好利用的珍贵资料，对从事朝鲜语与汉语的对比研究极有价值。

此外就是从国内外、境内外购买其他图书。必需而买不到图书资料，如民国和台湾时期的中研院史语所集刊、专刊，以及国外一些重要的原版语言学著作，就设法重金复印。还有一个重要来源就是国内外著作者的赠送。国外的赠送主要来自美、英、法、日、苏联、比利时等国，台湾、香港地区的一些作者也热情寄赠自己的论著。尤其是美国研究中国语言的学者，自建所以来一直与研究所保持着密切的联系，给他们提供了不少新的信息和图书资料。

1981年7月，严学宭亲手创办并任主编的大型学术刊物《语言研究》创刊号隆重推出。赵元任先生为《语言研究》创刊亲笔题词"中国语言研究大成功！"王力先生为《语言研究》赋诗一首作为题词："源头活水起文澜，激起琪花上笔端。驷马难追笔能绘，心声绘出请君看。"吕叔湘先生也惠赐题词，周祖谟先生写了热情洋溢的献词，严学宭撰写了《我们的信心》一文为发刊词。严学宭还通过北京师范大学的俞敏先生，转请著名书法家启功先生题写了刊名。国内外的语言学者很多都把自己高质量的重要论文首先提供给了《语言研究》。周祖谟先生给严学宭来信，称赞《语言研究》创刊号的质量之高，令人"有天下文章之英尽归桐城之感"。美国康奈尔大学梅祖麟教授看后来信说："半年之内能编出这样高水平的大型学报，真不容易，在美国都很难办到。"美国权威语言杂志《Language》主编William Bright教授来信要求与《语言研究》建立长期交换关系，美国华盛顿大学、加州大学伯克利分校和圣巴巴拉分校，英国伦敦大学图书馆等都要求长期订阅，美国俄亥俄州立大学东亚语文系薛凤生教授自告奋勇义务承担《语言研究》在北美地区的经销任务。《比利时语文和历史杂志》（法文版）发表了《语言研究》创刊号的书评。在20世纪八九十年代，《语言研究》以其高水平的论文赢得了国内外同行的重视，成为国内有数的几种

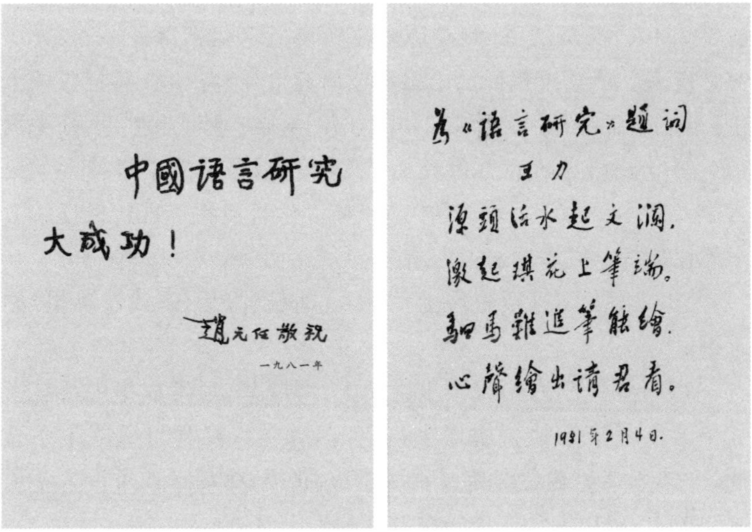

图17-5　1981年，赵元任、王力为《语言研究》创刊号题词

语言学权威刊物之一。许多国内的语言学者出访时,都把《语言研究》作为礼物赠送国外的同行。一些国外的大学和基金会,还给予了《语言研究》资金上的支持。严学窘通过他的朋友薛凤生教授与美国俄亥俄州立大学签订合同,连续支持出版经费五年。后来与香港城市大学、新加坡李氏基金会等都签订了类似的资金资助合同。

在人才培养方面,严学窘1978年就在华中师范学院申报获得了一个汉语史专业硕士学位授权点,严学窘获任该硕士点导师资格。但这个硕士点在严学窘离开华中师范学院后没能带走。因此在华中工学院中国语言研究所初期没有一个硕士学位授权点。但他们没有等待,而是采取与中国社会科学院语言研究所、民族研究所、北京大学、清华大学、华中师范学院等单位联合培养的方式,在1981年底就招收了首届八一级五个专业硕士研究生十一人。其中汉语史专业(侧重音韵学)三人,现代汉语(侧重语法学)四人,汉藏语系(侧重历史比较)一人,机器翻译一人,人机对话二人。严学窘担任汉语史专业研究生导师,1981年招收硕士生三人:李玉,毕业后考取四川大学汉语史专业博士生,后任中国社会科学院语言研究所研究员;刘宝俊,后考取华中科技大学语言学及应用语言学博士,任中南民族大学教授;彭启国,后任解放军通讯指挥学院教师。

1982年严学窘招收硕士生一人:胡长青,后任《武汉晚报》副总编。

1984年严学窘招收硕士生两人:邓晓华,后考取华中科技大学语言学及应用语言学博士,任厦门大学人类学与民族学系教授、中国人类学学会副会长兼秘书长;张振江,后考取香港大学语言学博士,中山大学人类学系教授。

1986年严学窘招收硕士研究生两人:席嘉,后任武汉大学文学院教授;石毓智,后转现代汉语专业。这是严学宭最后招收的一届研究生,之后因身体原因,就不再招收、培养硕士生了。

中国语言研究所早期培养的研究生质量很高,有的到了海外继续求学,成了国际知名的学者,如蒋平、陶红印、潘海华、石毓智等,都是该所早期培养的硕士研究生。在国内语言学界,人们把这种高成才率称为"华工现象"。

1985年,华中理工大学在中国语言研究所的基础上,开办了秘书学专科专业,开始向系、所合一,本、硕结合的培养模式转型。到1987年,汉语言文学本科专业获批招生,中文系正式成立。严学宭曾竭力为之奔走呼号的中国语言学系没有成功,现在获得了一个"汉语言文学系",也总算有了一个"退而求其次"的结果,严学宭仍然为之感到欣慰。

这时严学宭已经到了七十七岁高龄,且身患癌症,多次开刀。在风灯残烛之年,他仍然想为新成立的中文系作出最后一点贡献,准备为1987级首届中文系学生开设一门"汉学导读"的课程。他将1940年代为中山大学本科生和研究生开设的"读书指导"讲义重新进行组织加工,增加了许多新的内容,或亲笔抄写,或请人代书,写成了一部约十五万字的《中国汉学导读》教材,以作教学之用。《中国汉学导读》章节为:

一、引论:(一)正名;(二)大学生学习法;(三)要能认和写繁体汉字;(四)练好软、硬笔书法;(五)重视语言与文学的凝合。

二、宗趣——汉学的内涵与当代意义:(一)汉学是中国的主体文化传统;(二)汉学历史的常与变;(三)研究汉学要与时代同步。

三、范畴——汉学的范畴与拓进:(一)传统的汉学范畴;

（二）汉学的古籍及其分类；（三）汉学研究的拓进。

四、方法——学习和研究汉学的方法和工具：（一）怎样学好古汉语；（二）怎样运用古汉语工具书；（三）怎样识别文言与白话的同和异；（四）怎样学点文字学；（五）怎样学点音韵学；（六）怎样学点训诂学；（七）怎样学习文学语言；（八）怎样学习古典文学；（九）怎样学习诗、词、曲；（十）怎样学点诗词格律；（十一）怎样读专书；（十二）怎样学点经学；（十三）怎样研究汉文学史；（十四）怎样进行汉学古籍整理；（十五）怎样作点研究工作；（十六）怎样写好文章；（十七）怎样写科研论文；（十八）怎样学写对联。

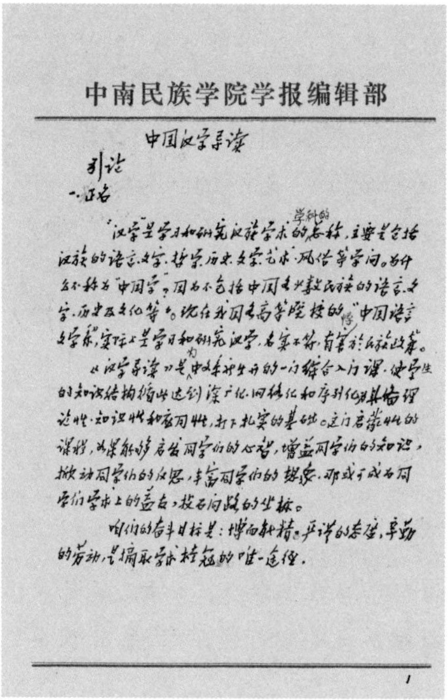

严学宭认为，以前的"读书指导"也好，现在的"汉学导读"也好，都属于教科书的性质，不属于研究成果。现在的大学生国学的基本功太差，不知道怎样写字（书法）、写信、写对联，更谈不上诗词曲赋。其实这些都应该是大学生的基本功，不光是文科学生，就是理科学生也都是应该具备的基本常识。

1988年，严学宭主动向学校请缨，"自愿以79

图17-6　《中国汉学导读》书稿

高龄、带病之躯,在华中理工大学中文系87级新生班增设了一启蒙综合性指导学习门径的新课《中国汉学导读》。① 学校深为他"老骥伏枥"之志气、"烈士暮年"的壮心所感动,冒着他年老多病、时有不测的风险,满足了他的心愿,准允他讲授该课程。严学宭妻子苏淑贤后来回忆这次开课的前后情况时说:

> 1986年子君因病接受手术治疗,1987年3个月内,又连续作了两次大手术,体重由38公斤减为34公斤。12月30日出院回华中理工大学招待所休养,当时仍在便血。来年开春后,他就忙为华工大中文系87级本科生开一门别开生面的新课《中国汉学导读》,一天,我一边帮他找资料,一边劝他:"你刚出院,体质尚未恢复,大便还带血,应劳逸结合,注意休息。"子君既温和又略带责备说:"你不知道,我是想为华工大中文系开一门新课。开这门课,是一次实践,主要是填充中文系学生学习横向、纵向断裂的沟,指导学习门径,使学生自觉地谋求知识结构的深广化、网络化和序列化,提高自学能力,为获得四年课程的理论性、知识性和应用性,打下扎实的基础,以便通而后专、博而求精。我想这门课可叫作《中国汉学导读》,实际上是中国传统学术、文化的一个概述。它对文、理科学生都是适合的。"

> ……不几天,子君就向华工大中文系提出了开课的要求,终于在1988年下半年正式开课。……在教学中,子君采取了一种新的对话式的教学方法。在第一次上课时,就向学生每人发出一个问卷,提出了五个问题。上了几次课后,他又把学生请到家里来,听取对前段教学的意见,确订下一步

---

① 严学宭《〈中国汉学导读〉教学随记》,《高等教育研究》,1989年第2期。

改进的办法，同时又给学生一个问卷，请学生每人就课程内容、观点、方法、方式、效益五个方面评分。不久，他把学生的答卷带回家，交给我帮他分类、统计、总分。他说他的目的，是要尽可能地了解学生、了解他们的心理，让教学内容离学生近些、更近些。他当时已有八十高龄，可每次上课都认认真真备课，并亲自批改作业，每个错别字都用笔圈出。他对我说："现在的教学者，有蚂蚁型的，有蜘蛛型的，有蜜蜂型的，但我更喜欢春蚕型的，默默地吐丝、默默地结茧。我总觉得一生没能做什么，现在该抓紧时间做点事情了。"①

该课每周两节课，讲授一学期后，深受学生欢迎，反映非常好，缺课的学生极少，在征求学生意见时很多学生都希望为下届学生继续开设。于是严学宭接着又在1989年上半年为1988的学生继续讲授这一课程。这一次是严学宭人生中的"最后一课"。课程结束后，严学宭还撰写了《突破旧模式，创新新风格——〈中国汉学导读〉教学小结》一文，后以《〈中国汉学导读〉教学随记》发表于华中工学院《高等教育研究》1989年第2期上。

大约在1987年，因为严学宭身患重病，生活不便，华中理工大学特地为他提供了条件更好的居舍，在当时的外宾招待所给了他一套上下两层、类似别墅的贵宾楼，更加安静、舒适、方便，供他长期居住。这在之前学校的历史上是极其少有的高规格待遇。

从1980年11月严学宭在华中工学院创办中国语言研究所以来，到1990年共有十年，是一个值得回顾和总结的阶段。回顾十年来严学宭和他的同事们共同努力所取得的成就，历历不能终其数。在十年中，华中工学院中国语言研究所已扩展为一个系、所

---

① 苏淑贤《怀念子君》，严学宭《八十自述》，第107—108页。

结合的中文系,招收了本科、专科学生。十年来《语言研究》杂志由半年刊转为季刊,十年来他们逐渐摆脱依靠外援的局面,语言研究所的科研、教学队伍逐渐发挥骨干主导作用。十年间他们一共培养了三十位硕士研究生,并且在1990年获得了第一个语言学硕士授予点。华中工学院中国语言研究所和中文系,是严学宭最后十年辛勤耕耘、付出最多的一块园地,它所走的每一步,都包含着严学宭挥洒的汗水和心血。他把晚年在这里居住的寓所命名为"春蚕室"。他真像他喜欢的春蚕一样,"默默地吐丝,默默地结茧",精心编制他的事业、理想之网。他的学术生命与他在这里亲手创立的事业紧紧联系在一起,在这里寄托了严学宭的希望、祝愿和爱心。从思想境界的高度来看,他是为繁荣振兴中国的语言学事业。从学术传承的角度来说,他是为不负恩师罗常培先生的教诲。从传统道德的角度来看,他是"士为知己者死",以报答晚年知己朱九思先生的知遇之恩,只要一息尚存,即为之效命不已。

在武汉有个知名的文化景点——琴台,是"高山流水遇知音"的地方。严学宭与朱九思之间,就像传说中春秋时期的俞伯牙与钟子期的关系。"朱"公吐哺,天下归心,是朱九思的爱才、惜才、识才,成就了严学宭晚年的辉煌。也是严学宭的非凡才能,推动了华中科技大学文科的发展。朱九思和严学宭两位现代知音的故事,在华中科技大学的校史上,已经成为广为流传的佳话。

第十八章　曲终人去

1980年代,严学宭德高望重,声誉日隆,学界纷纷倚重、信赖于他。这一时期严学宭在奖掖、提携后进,扶植新生力量,鼓励学术活动等方面做了大量的工作,撰写了大量的文字,成为1980年之后严学宭学术活动一个不可忽略的侧面。在这方面他的活动和见之于世的文字,大致可以分为(一)序言、前言类,(二)致辞、祝词、献词、贺信类,(三)成果荐定、评议类等三个方面。

从1979年到1991年,严学宭先后为张为纲著《汉语同族词谱》、马学良主编《语言学概论》、邢公畹著《汉语方言调查基础知识》、张永言著《词汇学简论》、[美]张琨著《汉语方言论文集》、[美]张琨著、张贤豹译《汉语音韵史论文集》、[美]王士元著《王士元语言理论论文集》、[美]薛凤生著《北京音系解析》、陈独秀遗著《小学识字教本》、刘焕辉著《言语交际学》、陈书龙主编《中国古代少数民族诗词曲评注》、马晓斌著《汉书艺文志序译注》、陈恩泉著《普通话句型析论》、邓晓华著《人类文化语言学》、朱承平著《文献语言材料的鉴别与应用》、李瑾著《殷周考古论著》、胡竹安等编《近代汉语研究》、赵秉璇等编《古汉语复声母论文集》、谢志民著《江永女书之谜》、郭启熹著《古音与教学》、殷良著《古音手册》、陈淑梅著《湖北英山方言志》、陈有恒著《蒲圻方言志》、卢源斌等编著《广济方言志》等中外学者的二十余种著作撰写了序言或前言。

其中有的序言,例如为赵秉璇、竺家宁编《古汉语复声母论文集》所写的序,就是一篇回顾复辅音声母研究历史、分析存在问题、阐述作者观点的长篇论文。

严学窘关于会议或其他活动的致辞、祝词、献词、贺信类,有《我们的信心》(《语言研究》献词)、《祝〈中国语文〉创刊三十周年》、《中国音韵学研究会第三次学术讨论会开幕词》、《中国音韵学研究会第三次学术讨论会闭幕词》、《中国音韵学高级研究班开学祝词》、《湖北省语言学会第四届学术讨论会开幕词》、《周德清诞辰710周年纪念暨学术讨论会致辞》、《给汉语言学国际学术研讨会的贺信》等近十种。

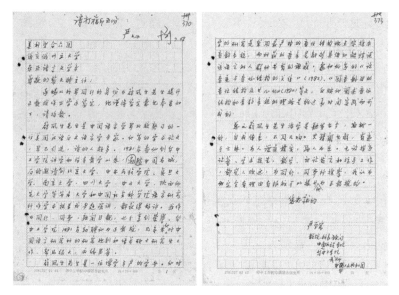

图18-1　[美]薛凤生教授学术鉴定书

80年代各类学位申请、职称申报、奖项申报等都走上了正轨，很多个人或者单位都请严学宭鉴定、评议相关的成果，经他评议的学者及其成果不知凡几。他遗留一个日记本，全都是他对各种鉴定、评议的手稿。例如对武汉大学卢烈红硕士学位论文《〈切韵〉撰人音考》的评议①，江汉大学校长王千弓《秘书学与秘书工作》一书的鉴定②，华中理工大学涂又光系列译著的鉴定③，还有对华中师范大学黄建中④、江西大学陈昌仪⑤、福建龙岩师专郭启熹⑥、贵州民族学院曹广衢⑦等晋升副教授职称的学术成果鉴

---

① 卢烈红，1977年考入武汉大学中文系，本科毕业后考取该校汉语史专业硕士生，1984年获文学硕士学位，留校任教。1993年考取北京大学郭锡良教授在职博士生，1998年获文学博士学位。现为武汉大学文学院教授、博士生导师，兼任湖北省语言学会会长、中国训诂学研究会常务理事、《长江学术》副主编、武汉大学文学院黄侃研究所所长、武汉大学汉语言文学典籍整理与研究中心副主任。

② 王千弓，当代著名秘书学家。20世纪40年代在大学就读期间加入中国共产党，从事地下学运。新中国成立后，被选送到中央党校研究生班学习四年，和前政治局常委乔石同班。毕业后长期在武汉担任领导工作。1980年从武汉市政府秘书长转而筹建江汉大学，任江汉大学首任校长。

③ 涂又光，著名哲学家、教育家，后任华中科技大学教育科学研究院教授。

④ 黄建中，华中师范大学文学院古代汉语教授，知名训诂学家和古文字研究学者。

⑤ 陈昌仪，1959年毕业于江西师范学院中文系，1959—1961年在北京大学中文系语言教师进修班进修汉语方言学及方言调查，师承袁家骅先生。后任江西师范学院中文系副教授、南昌大学中文系教授、硕士研究生导师。

⑥ 郭启熹，知名学者，后任闽西大学教授、校长。

⑦ 曹广衢，曾任华中理工大学《语言研究》杂志副主编，后任贵州民族学院教授。

定，以及对广西民族学院冯深①、江西大学刘焕辉②、中山大学李新魁③，以及美国俄亥俄州立大学东亚语文系薛凤生④等中外学者晋升教授职称的学术成果鉴定，等等。对于这些评议、鉴定，严学宭都是认真负责，一丝不苟，先打草稿再反复修改，然后誊正、钤印寄出。下面是严学宭对李新魁晋升教授职称学术成果的鉴定，可见一斑：

　　李新魁先生是一位博学丰产的汉语音韵学专家，对中国音韵学的研究造诣很深，特点是融贯古今，自成体系，其精辟见解，不同凡响。1982年以来所编写的《汉语等韵学》、《韵镜校证》、《〈中原音韵〉音系研究》、《汉语文言语法》四部专著，各具特色，有益士林。

　　《汉语等韵学》是当前国内外唯一富有系统整体性的等韵学论著，对等韵原理及各韵图所反映的语音面貌，提出了自己的创见，精审独到，驰誉中外。

　　《韵镜校证》比勘《韵镜》之正误异同，诠释其意旨本源，

---

①冯深，严学宭50年代初从事广西民族识别调查时的同行，调查时在中共广西省委统战部工作，后任广西民族学院教授。

②刘焕辉，1956年毕业于江西师院中文系，1986年8月晋升教授，获国家"有突出贡献的中青年专家"称号，1991年获国务院特殊津贴，1988年至1998年连任第七、八届全国人大代表。

③李新魁，著名语言学家、汉语音韵学家、文字学家，1985年晋升为中山大学中文系教授。

④薛凤生（1931—2015），江苏邳县人，后移居台湾。1957、1960年分别获得台湾大学外文系、中文研究所学士、硕士学位，随后留学美国印第安纳大学专攻理论语言学，1968年获博士学位，留美执教。曾任美国俄亥俄州立大学东亚语文系教授，台湾大学、北京大学、华中工学院中国语言研究所兼任教授，是国际知名的语言学家。

也是当前国内外唯一核正完善、不可或缺的文献。

《〈中原音韵〉音系研究》论证《中原音韵》所代表的地区语音是以洛阳为代表的河南音，令人信服，而所分析《中原音韵》音系的特点，描写精致，读者称便。

《汉语文言语法》体系新颖，在反映古汉语语法研究新成果的基础上，阐述自己的论点，发人深省。

总之李新魁先生这四本书是在体系、要素、结构和功能方面都能依据整体性、相关性、综合性、目的性、层次性和历史性六种原则进行多维型思维的专著，对我国汉语语言学作出了贡献，我认为完全有理由有根据提升为正教授。①

李新魁（1935—1997），字星桥，广东澄海县（今汕头市澄海区）人，是我国语言学，尤其是音韵学研究领域杰出的后起之秀。他勤奋努力，研究成果十分丰硕。本科时师从严学宭中山大学的同事方孝岳学习语音史，工作后又从严学宭的老朋友邢公畹进修汉语语音史。他对严学宭十分敬重恭谨，执私淑弟子之礼。严学宭对他也十分欣赏看重，极力提擢奖掖。李新魁晋升教授之后，成为中山大学博士生导师、国务院特殊贡献津贴专家。兼任中国语言学会常务理事、中国音韵学研究会副会长、中国民族语言学会理事、全国高校文字改革学会理事、广东省中国语言学会副会长兼学术委员会主任等学术职务。可惜天妒英才，于1997年因病不幸逝世，年仅六十二岁。若天假以年，当能继承严学宭衣钵，推动、发展中国音韵学的研究。

除了以上成果、活动外，严学宭的最后十年还撰写了一系列的悼念文章。

---

① 据严学宭笔记手稿。

　　到了八十年代，严学宭的师辈，昔日的同窗、同事、好友，都先后到了古稀耄耋之年，纷纷谢世。严学宭每闻噩耗，物伤其类，悲情难抑，撰写了一系列的悼念之作。

　　1982年2月24日，赵元任先生在美国马萨诸塞州坎布里奇市去世，严学宭撰写了《悼念赵元任博士》一文，发表于《语言研究》1982年第1期。文中说："噩耗传来，我再也难以抑制自己的感情，哀思翻滚，热泪纵横。""他老人家春风广披，细大不捐。我有幸于1935年得沾化雨，恩承煦植，没齿难忘。"文中追忆赵元任对中国音韵学研究会、华中工学院中国语言研究所以及对《语言研究》的支持，"高山流水，永志德音"。①

　　1985年范继淹先生在北京去世，严学宭撰写了《悼念范继淹同志》，发表于《语言研究》1985年第2期。他追忆范先生为初创时期面临图书资料匮乏的华中工学院中国语言研究所，在北京复印上百种重要的语言学书籍和论文；在身患白血病多年、工作十分繁重的情况下，又兼任起中国语言研究所三届硕士生导师，四次来中国语言研究所讲学或出席学术会议的感人事迹，深切哀悼这位"勇于开拓的语言学者"，"古道热肠的朋友"，"有守有为的正直人"。②

　　1986年5月3日，王力先生在北京去世，严学宭在《语言研究》1986年5月第1期发表《痛悼卓越的中国语言学家王力教授》，又在《音韵学研究通讯》1986年10月总第10期发表《痛悼王力先生》。严学宭说："我有幸于1934年即登门求教。五十多年来，王力教授勤奋、朴实、严谨、正直、谦和的形象，时刻都在我记忆中。现在我们失去了一位如此令人尊敬的中国语言学家，忧心

---

①严学宭《悼念赵元任博士》，《语言研究》，1982年第1期。
②严学宭《悼念范继淹同志》，《语言研究》，1985年第2期。

悄悄，难以言表。”① 他指示《音韵学研究通讯》编辑部将当年的总第10期作为悼念王力先生的专辑。在1990年王力先生九十诞辰之际，严学宭又撰写了《缅怀了一先生》一文，怀念王力先生“立德、立言和立功，必定永志史册”的业绩。

1987年8月21日，李方桂先生在美国加州奥克兰市去世。凶耗传来，严学宭尚难置信。直到9月上旬，他接到李先生夫人徐樱女士从美国寄来的讣报，才确知李先生真的已辞别人世。严学宭撰写了《哲人丰碑——深切悼念语言学大师李方桂先生》，发表于《语言研究》1987年11月第2期。他回忆了1936年在北京初识李

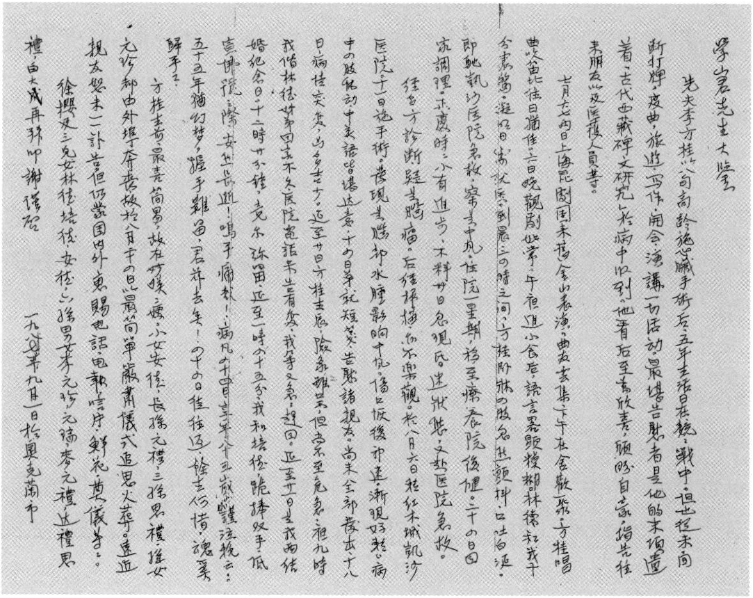
学宭先生大鉴：
先夫李方桂以八旬高龄施心脏手术后，五年来生活日益[illegible]，[illegible]中，但也从未间断打牌、度曲、旅游、写作、开会、演讲一切活动。最堪告慰者是他的末项遗着：古代西藏碑文研究已于病中收到，他看后至为欣喜，颇以自豪，指告往来朋友以及医护人员等。
七月廿四日上海昆剧团来旧金山表演，曲友云集。下午在金[illegible]家，方桂唱曲吹笛如往日犹佳。廿六日晚观剧如常。午夜进小食后，谈言略显模糊，林德和我十分紧张，[illegible]。到晨三四时之间，方桂肢体忽然颤抖，口吐白沫。即驰[illegible]医院急救，确是中风，住院一星期，移至疗养院后，健康二十四日回家调理。不虞时时小有进步，不料廿日忽现昏迷状态，又赴医院急救。
经医方诊断疑是脑瘤，后经探摸，亦不乐观。于八月六日转红木城凯沙医院，十一日施手术，发现是脑部水肿，影响中风，[illegible]后神速，渐现好转。病中四肢能动，中英语皆堪达意。十四日并就短笺告慰诸亲友，尚未全部发出。十八日病情突变，[illegible]。迄至廿日方桂[illegible]，险象环生，但尚未至危急。[illegible]九时我偕林德[illegible]不久医院电话来告有变，我等又急赶回。延至廿一日是我两结婚纪念日，十二时廿分钟，竟尔弥留，延至一时四十五分，我和培德，跪捧双手，低宣佛号，[illegible]安然长逝！呜呼痛哉！病凡四十四日，享年八十五岁。[illegible]谨挽云：五十五年犹幻梦，握手难留，君竟去矣！四十四日[illegible]往返，[illegible]，魂兮归乎。
方桂生前最喜简单，故在小妹、小女安德、长孙元[illegible]、三孙思礼、孙女元珍都由外埠奔丧，故于八月廿四日以最简单严肃仪式追思火葬。远近亲友恕未一一讣告，但仍荷国内外惠赐电话、电报、唁片、鲜花、奠仪等等。
徐樱及三儿女林德、培德、安德，六孙男女李元珍、元瑞、李元礼、达礼、思礼、白大成再拜叩谢谨启
一九八七年九月一日于奥克兰市

图18-2　徐樱寄给严学宭的李方桂讣报

①严学宭《痛悼卓越的中国语言学家王力教授》，《语言研究》，1986年第1期。

方桂，到1983年在武汉接待李方桂来访的经历，重点记述了李方桂在汉八天期间，严学宭问学质疑所获得的教诲。"追忆先生对华工语言所和《语言研究》的关怀，追忆先生对我的教诲，以寄托自己的哀思。先生虽去，謦欬犹在，永远鞭策我们向前奋进！"[1]

1990年3月1日，丁声树先生在北京去世，严学宭撰写了《一生严谨圣洁　风范长留青史——怀念丁声树先生》，发表在《语言研究》1990年第2期上。他全面回顾了在编写《汉语大字典》期间，审音组拜访丁声树时丁先生的意见、指示，指出"我们缅怀这样一位学术巨人，就在于铭记他闪烁的光辉，追寻他沾溉后人的'旧学商量加邃密，新知培养精深沉'的瑜亮学风"。[2]

就在师辈、朋友们一个个渐行渐远、永远消逝的同时，严学宭的身体也发生了急剧的病变，生命也由此逐渐走向人生的终点。

在1985年前，严学宭的身体是健康的。他身体瘦小，没有老年人常有的高血压、高血脂、高血糖以及心脑血管疾病，精力充沛，精神矍铄，工作起来仿佛浑身都有使不完的劲。他常常骑着一辆小轮女式自行车，忙碌穿行于喻家山麓的华中工学院校园内。但这种情况到了1986年发生了转折性的变化。

1986年7月，严学宭应广州中山大学聘请，参加该校人类学系梁钊韬教授培养的新中国第一位人类学博士、藏族学生格勒的学位论文答辩。答辩结束后，7月下旬，他又应广西壮族自治区教育厅之聘，任广西高校职称评审委员会委员，从广州赶赴南宁。南宁的职称评审工作结束后，于8月初转往广东珠海的女儿严汶

---

①严学宭《哲人丰碑：深切悼念语言学大师李方桂先生》，《语言研究》，1987年第2期。

②严学宭《一生严谨圣洁　风范长留青史——怀念丁声树先生》，《语言研究》，1990年第2期。

家休假。由于工作辛苦，旅途劳顿，加上南方气候炎热，饮食不适，到珠海后不到两周就病倒了，住进了医院。先是腹泻，医生误诊为慢性结肠炎，每天用药水灌洗肠子，把上面的黏膜都洗掉了，从此落下了病根。住了将近一个月院，珠海医疗条件不及武汉，加上他急于准备参加9月中旬在美国俄亥俄州立大学召开的第十九届国际汉藏语言学会，惦记着9月至11月份在重庆西南师范大学开办的古代汉语研究班，和10月份在西南师范大学召开的中国音韵学研究会第四次学

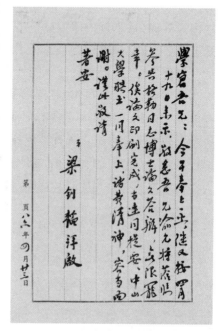

图18-3　1986年4月23日，中山大学教授、博士生导师梁钊韬致严学宭参加博士论文答辩邀请信

术讨论会，所以病还没完全好，就在妻子苏淑贤的陪伴下返回了武汉。回武汉后不到一星期，又突发前列腺炎，排不出尿，疼痛难忍。家人赶紧把他送往汉口协和医院。经过一段时间的保守医疗，效果不是很好，只得在1987年3月开了一刀，手术很成功。就在身体逐渐恢复之际，不料又检查出结肠癌，同年6月中旬又开一刀，切除癌变部位，11月出院。出院不到一星期，又患肠梗阻，再次住进协和医院，又开了一刀，12月底出院。

1986年下半年、1987年全年，严学宭基本上是在医院度过

的。在七十多岁的古稀之年，经过接连几番病痛的折磨，在一年之内连开两刀，不仅肉体上经受了难以想象的痛苦，精神上也遭受了沉重打击。

在患病之后，严学宭已不能外出进行学术活动了，但仍念念不忘学术研究，坚持写作，坚持读书，把写作、读书看作是延年益寿的养生之道。1988年7月22日他给周耀文写信说："我79了，还希望为人民做点事。现有二事拜托：一是全国人大可能为民族地区双语立法，待条件成熟，当即函介您给予帮助。近来各民族地区双语教学动态和您对立法的具体意见，望草示早日告知。有什么近著或别人文章都请寄给我一读。二是民族语言学会在兰州开会，我不能旅行，难以参加。请设法搞一套论文赐我一读。读书和读论著是我长寿的精神支柱。"①

图18-4　《严学宭民族研究文集》书影

到1988年，严学宭自感大限将至，来日无多，于是开始总结自己一生的学术成果，将重要的单篇论文，分两类结集出版。以少数民族语言研究为主的为一类，命名为《一勺集》。以汉语研究为主的为一类，命名为《勾稽集》。前者交民族出版社出版，

①周耀文《读书，知识更新——子君师的养生之道》，《音韵学研究通讯》（内刊），1992年总第16期。

后者交四川巴蜀书社出版。严学宭去世后，《一勺集》改为《严学宭民族研究文集》的书名，直至1997年才得以出版。《勾稽集》则因各种原因，巴蜀书社久久未能出版，后改由华中科技大学出版社出版，又因各种原因至今未能出版。

除此之外，严学宭把他在北大求学时，从胡适、罗常培、罗庸等老师那里获得的关于中国文化方面的思想，好友钟敬文相关著述中的观点，以及自己几十年来对中国文化史方面的体会、心得，进行总结，在1989年上半年，撰写成一部《中国文化史研究论纲》（初名《中国文化史研究导论》）书稿。书稿共十七万多字，分为（一）引言；（二）汉族上层社会学术文化的主旋律；（三）三千年

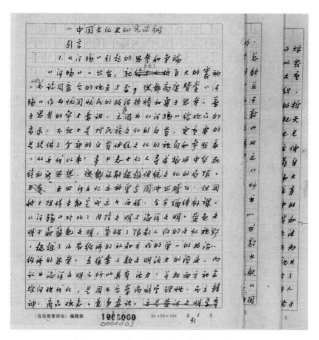

图18-5　《中国文化史研究论纲》手稿

来的民族意识;(四)九流百家之教;(五)文直、事核、不虚美、不隐恶;(六)中国士大夫的风节;(七)理气、心性、格物、致知;(八)无为与有为;(九)展现人们思想情感状态;(十)汉语发展史的多角透视;(十一)中国语言学的继承和发展;(十二)汉文学语言史刍议等章节。又撰写《专研·汇通·察来——汉族文学史研究导论》一文,共一万八千多字。

这两部著述主要是阐发罗庸先生的学术观点。严学宭对中国文学和文化的认知主要来源于罗庸先生。他毕生对罗庸先生有着无以言表的深厚感情,孜孜不倦地传播罗庸先生高深莫测而鲜为人知的学术思想,总想把他宝贵的精神财富流传下去。在罗庸先生去世后,严学宭就以"罗膺中师说述闻"的方式撰写发表过五篇文章,可见罗庸先生在他心目中的分量。在80年代,严学宭与罗庸先生的弟子刘又辛、吴晓铃、阴法鲁、郑临川和罗庸先生的儿子罗式刚,曾数次谈论编辑《罗庸全集》或《罗庸文集》的计划,并编列了罗庸的著作目录,但因工作量大,罗庸先生散落的文章著作收集太难,大家心有余而力不足,还是未能实现,成为严学宭一生的遗憾。他晚年拼力撰写《中国文化史研究论纲》以及《专研·汇通·察来——汉族文学史研究导论》,亦含有"师说述闻"之意存焉。严学宭在1989年写给钟敬文的信中说:

赐书启示良多。我现不愿写考证汉语文章,把三至四十年代罗庸(膺中)授予师训为出发点,写《中国文化史研究导论》,文化层次用先生的高见,如已写成一篇《中国汉族上层学术文化的主旋律》,乞再赐有关论述。当前求新易,求旧难。①

信中提到的《中国文化史研究导论》即《中国文化史研究论

———————————————

① 见严学宭1989年3月20日写给钟敬文的信。

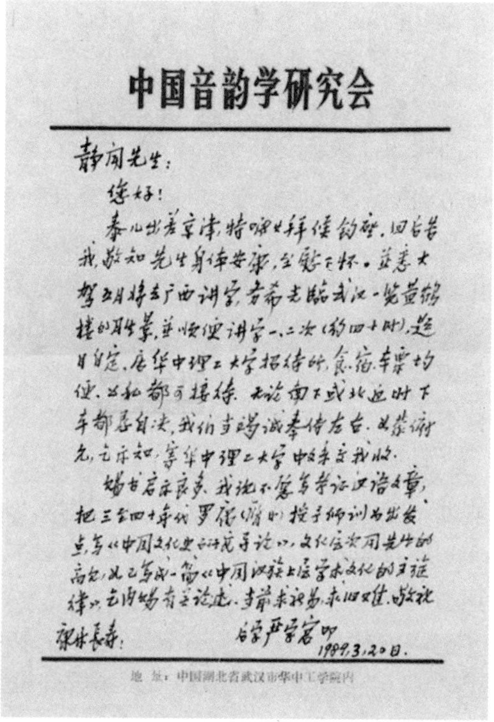

中国音韵学研究会

静闻先生：

您好！

春儿出差京津，特嘱其拜候钧座，回后告我，欣知先生身体安康，至慰于怀。兹悉大驾五月将去广西讲学，务希先临武汉一览黄鹤楼的胜景，并顺便讲学一、二次（约四小时），时日自定，在华中理工大学招待所食宿，车票均便，此外都可接待。无论南下或北返时下车都可自决，我们当竭诚奉候左右。此恭候先生示知，寄华中理工大学中文系交我收。

惠书启示良多，我现不愿写考证汉语文章，把三至四十年代罗常培（莘田）授予师训为出发点写《中国文化史研究导论》，文化层次用先生的高见，此已写成一篇《中国汉族上层学术文化的主旋律》，已由惠存示论述。当前求新易，求旧难。敬祝

康乐长寿！

后学严学窘 叩

1989.3.20日.

地址：中国湖北省武汉市华中工学院内

图18-6　1989年3月20日，严学窘致钟敬文的信

纲》。当时学术著作的出版十分困难，就《中国文化史研究论纲》书稿的出版问题，严学窘还给时任第九届全国政协主席的李瑞环写过信，未获回音。严学窘的这两部遗著，至今未能出版。

严学窘对钟敬文将中国传统文化划分为上层、中层、下层的观点拳拳服膺，并运用这一观点撰写了几篇文章。诚如他在信中所言“我现不愿写考证汉语文章”，“当前求新易，求旧难”，他在1986年患病之后，就不是很在意汉语语言学的“求新”了，而是热衷于对中国传统文化的反思和探究。这一时期他的研究，主要在文史哲领域的“求旧”研究。他除了撰写《中国文化史研究论纲》、《中国汉学导读》、《专研・汇通・察来——汉族文学史研究导论》等传统文化研究的著作外，还撰写并发表了一系列“求旧”的论文，如《论文学和语言学的凝合——历代文论的启示》（1987）、《浅论有关古籍整理的问题——文史硕士研究生的基本功》（1988）、《汉族上层社会学术文化的主

旋律》(1989)、《"五四"七十周年感念胡适先生》(1989)、《中华民族三千年来的民族意识》(1990)等。

严学宭从一辈子对汉语孜孜不倦的"求新"研究,到晚年五六年间转向前所未有的"求旧"研究,可以看出他暮年的心境。一方面,在他接近人生终途的时候,他愈加怀旧,愈加怀念当年培养、教导了他的老师,因而总是回忆他们的"师训",将他们的珍贵文化遗产"述闻"于当世,以使师承不坠。另一方面,在此之前他的全部精力都投入到了对语言学的"求新"研究,而他一生积累的对中国传统文化的研究心得,得在有生之年作一番整理,雪泥鸿爪,留下痕迹,以不枉费在这一方面的心血,致百年之后留下遗憾。

1989年是中国历史上的一个多事之秋。"六四"风波对严学宭的精神是一个沉重的打击,他对国家的前途、民族的命运怀着深切的忧患,心绪不定,日夜不安,有时靠练"气功"以安定情绪。加上授课和著书的劳累,他的身体日益衰弱。

1989年6月,严学宭脊骨疼痛,一直便结、便血。经家人催促,于7月1日去湖北医学院第二附属医院检查。医生诊断是癌症复发,要动大手术。于是在7月4日,严学宭住进了湖北医学院附属第二医院,于9月20日又接受了三年来的第四次手术。这时他已八十高龄,加上连续生病开刀,体质已经非常衰弱,体重只有三十公斤,医生都不敢操刀,后来还是由肿瘤科主任杨国梁教授主刀。杨教授医德高尚,医术高明,在湖北很少有人能超过他。这次手术进行了七个多小时,非常成功,严学宭又一次闯过了生死关口。

1989年12月6日,是严学宭虚岁八十大寿之日。这一天,严学宭在武汉的研究生弟子一共八人,由大师兄尉迟治平、董为光带领,集体前往医院看望先生,向先生祝寿。严学宭十分高兴,精神很好,兴致很高。大家一起谈笑风生,给先生拍生日照,一个个

图18-7　1989年12月6日,严学宭八十寿辰
摄于湖北医学院附属第二医院病房

图18-8　1989年12月6日,严学宭夫妇与在汉研究生弟子
在湖北医学院附属第二医院病房合影
后排左起:尉迟治平、席嘉、彭启国、刘宝俊、胡长青、赵新、董为光、舒志武

跟先生合影,又跟先生和师母一起合影,大家与先生一起,度过了一个愉快、热闹的八十寿辰纪念日。

1989年12月底,严学宭身体康复出院,直到1990年底,身体基本上健康正常。

1990年10月上旬,一位日本语言学者访问华中理工大学中国语言研究所,在造访严学宭后,以为像他这样的著名学者,其学术生涯定可供学人考镜20世纪中国大陆的语言学术史,因而向严学宭约稿撰写个人传记。严学宭也想给自己的一生作一个总结,于是从1990年10月15日开始,至同年12月11日为止,历时近两个月,用了十五个上午的时间,每个上午三个小时左右,由严学宭口述自传,其弟子刘宝俊、舒志武记录。然后经过刘宝俊、舒志武两个多月时间的分头整理、撰写,于1991年2月完成《八十自述》书稿。严学宭为之撰写了《引言》,尉迟治平通读校正一遍,再由严学宭审阅定稿,寄往东瀛。口述期间严学宭兴致很高,精神甚好,就像聊天一样轻松,谈家史,叙身世,三小时中间很少休息而不见有倦色。严学宭本来期望在有生之年能见到《八十自述》问世,但后来因日方发生变故而未能及时出版,而严学宭日渐衰弱,直至垂危,仍念念在兹,遗此未了一大心愿。后来《八十自述》于1993年12月以《语言研究》增刊形式在大陆出版,此时离严学宭辞世已过了整整两年。

1990年11月22日下午,华中理工大学为庆祝严学宭八十诞辰和从事语言学研究五十五周年,在华中理工大学外宾招待所会议室举办座谈会。原老校长朱九思、现任校党委副书记姚启和、副校长钟伟芳,以及华中理工大学中国语言研究所现任所长黄国营及其他研究人员参加了座谈。黄国营、朱九思、刘宝俊、尉迟治平、汪平、李崇兴、姚启和先后发言。已经退居二线的朱九思十分动情地说：

> 我与严老相识在80年代初。我对语言特别感兴趣，与我的过去有关系。① 解放几十年以来语言学不受重视，我想在这方面做点事情，严老向我提出想在华中工学院创办语言学系、创办中国语言研究所，我一听正合我意，非常高兴，我们一拍即合。中国语言研究所、中文系，严老是奠基人。没有严老，语言所、中文系也许还没有，因为没有学科带头人。严老不仅是学科带头人，而且不是一般的带头人，是国内外知名的语言学家。语言所、中文系首先应归功于严老。祝严老健康长寿！②

黄国营回顾了中国语言研究所建所十年来取得的成就，代表全所人员敬祝首任所长严学宭先生健康长寿。刘宝俊简要介绍了严学宭先生八十年来的学术历程。尉迟治平介绍了严学宭先生对中国音韵学研究会成立和发展十年来作出的巨大贡献。汪平、李崇兴介绍了严学宭先生创办《语言研究》十年来所付出的心血以及《语言研究》产生的重大影响。姚启和代表华中理工大学党政领导，对严学宭为创建中国语言研究所和中文系作出的贡献表示诚挚的敬意，对严学宭先生八十诞辰和从事语言学研究五十五年表示衷心的祝贺。③

严学宭在座谈会上说：

---

① 按：朱九思1937年在武汉大学外语系学习，早年接触世界语，一直热心支持世界语运动。1981年12月还参与楚图南、胡愈之、巴金、冰心、叶圣陶、夏衍等知名人士发起成立"世界语之友协会"，热情支持湖北省世界语运动的开展。他说的"我对语言特别感兴趣，与我的过去有关系"应指此。

② 据座谈会刘宝俊记录。

③ 据座谈会刘宝俊记录。

　　我为华中理工大学作出的些微贡献,如果说值得嘉奖的话,首先得归功于在座的"朱老总"九思先生。如果没有他超人的胆识和对我们工作的热忱支持,我们不可能有今天的成就。①

　　严学宭此言并非客套。朱九思是他的"伯乐",就像当年张执一对他一样,朱九思相信他、放心任用他,才有了他晚年创造的辉煌成就。他与朱九思相处十余年,互相了解、互相帮助、互相支持,关系十分融洽,有管鲍之交。1984年朱九思退居二线后,仍然十分关注严学宭的工作和生活,关注中国语言研究所的建设,经常前往严学宭的寓所拜访这位志同道合、情投意合的老朋友。

　　1990年12月6日严学宭八十诞辰之际,中国音韵学研究会第四届理事会给严学宭发来祝寿贺电:

在您八十诞辰之际,谨祝健康长寿! 感谢您对中国音韵学研究事业作出的重大贡献!

　　严学宭的老友刘又辛先生从西南师范大学寄赠手书"寿"字祝寿,云:

白石老人晚岁喜作寿字,子君老友病后康健如昔,今值八十华诞,仿其笔意

图18-9　刘又辛贺严学宭八十寿辰书"寿"字、涂又光赠贺寿联

①据刘宝俊座谈会笔记。

书以致贺。己巳岁又辛书。

华中理工大学教授,哲学家、教育家涂又光先生也手书寿联表示祝贺:

分宜世泽江汉风华到处喜闻开基业;音韵宗师语言巨擘从今更是杖朝翁。

严老八十大寿志庆,涂又光敬撰并书

涂又光(1927—2012)是新中国成立前清华大学冯友兰的学生,是哲学家,也是书法名家。新中国成立后在湖北省政府机关工作了近三十年,1976年始从行政工作转随严学宭参加《汉语大字典》的编写工作,1981年又随严学宭转到华中工学院中国语言研究所工作,对严学宭充满感情和敬意。

然而美好的祝愿并没有成为现实。就在严学宭八十寿辰过后不久,1991年4月5日,因直肠癌恶化,他再次住进了湖北医学院附属第二医院。这一次他的身体已经衰弱到了极点,不能再动手术了,只能进行一个又一个疗程的放射治疗,经历了难以忍受的痛苦,这样维持了半年多的时间。

1991年11月21日至23日,由中国音韵研究会和华中理工大学中国语言研究所联合举办的"汉语言学国际学术研讨会"在华中理工大学召开,会议尊推严学宭为大会主席。来自全国以及台湾地区、日本、德国、美国、荷兰等国家和地区的汉语言学研究专家学者六十余人参加了会议。会议的头一天,严学宭克制病痛的折磨,聚精会神地伏在床头赶写大会贺信。他同大会秘书长尉迟治平约好,要去参加第二天的大会开幕式,亲临大会祝贺,同海内外新朋旧友见面。会议开幕那天清晨七时,严学宭就早早起床,要他妻子准备大衣、棉鞋、手杖,准备动身前往会场。一直盼望到中午十二时还未见有车来接,他无限遗憾地说:"不会来车了,去不成了。"①

在会议开幕式上,华中理工大学中文系主任、中国语言研究所所长黄国营宣读了严学宭的贺信。严学宭以"汉语言学国际学术研讨会"主席和中国音韵学研究会名誉会长的名义,"向光临与会的专家学者,特别是向台湾朋友,向外国朋友,表示热烈的欢迎和衷心的感谢!""学术乃天下之公器。海峡两岸的朋友、国内外的同行,今天能够共聚一堂,探讨学术,畅叙友谊,是汉语音韵学史上的一件大事。不研讨不能得真知,无交流无以求发展。""江夏金秋,有朋自远方来,我想借用唐代诗人杜牧之的一句名诗'尘世难逢开口笑,菊花须插满头归'恭祝大会取得胜利!"②

这是严学宭在世的最后绝笔。

21日晚上,唐作藩、邵荣芬、陈振寰、杨耐思、蒋希文、宁继福,和台湾著名学者、台湾中国音韵学会理事长陈新雄等十一人,代表与会全体代表专程到医院探望严学宭。严学宭十分高兴,在病床上热情地大声问候大家,祝大会圆满成功,祝音韵学研究事业兴旺发达、蒸蒸日上,大家深受感动。③

此后,严学宭身体就日渐衰竭,精神日渐不济,进入了最后的弥留阶段。想来他是想亲眼看到第一次在大陆召开的以语音学为专题的国际会议胜利举行的强烈愿望,支撑着他坚持到了最后。

1991年12月29日凌晨1时33分,严学宭病逝于湖北医学院附属第二医院,积享八十有一年。

①参见苏淑贤《怀念子君》,严学宭《八十自述》,第109页。
②严学宭《汉语言学国际学术研讨会的贺信》,《音韵学研究通讯》(内刊),1992年总第16期。
③参见陈振寰《汉语言学国际学术研讨会总结报告》,《音韵学研究通讯》(内刊),1992年总第16期。

离世当日，恰逢武汉冬月祁寒，骤降大雪，河山皆白。他辞世之日，离新的一年仅剩两天。他终于没能跨过年关，见到新年的曙光。

严学宭在弥留期间，还向他的学生关切地打听《胡适文集》是否已经出版，亟欲一阅。在他病榻边，放着好友钟敬文先生赠寄的《话说民间文化》，和陈原先生赠寄的《在词语的密林里》等新出著作。还放着历史学者曹国庆、赵树贵、刘良群赠寄与他的替严嵩翻案的新出著作《严嵩评传》，作者在1980年代撰写该作时曾前往武汉拜访过严学宭，严学宭热情接待并为他们提供了所知的材料，表明了自己的观点。他一生未能达成胡适先生的期望，没有为严氏先祖蒙受的不白之冤而置一词，现在史学界终于有人替自己了却了一个心愿。

他的一生，光大了严氏家族的门楣，没有辱没严氏先祖。他应该含笑九泉，无愧面见严氏的列祖列宗了。

第十九章　流风余韵

严学宭去世后,遵从他生前嘱托和家属意愿,丧事从简,不开追悼会。

1992年1月4日上午9时半,严学宭遗体告别仪式在武昌殡仪馆举行。来自中南民族学院、华中理工大学、武汉大学、华中师范大学、湖北大学等单位的领导、同事、朋友、学生以及亲属三百多人参加告别仪式。告别厅高悬的挽联,概括了他一生的主要经历和业绩:

> 承分宜世泽,沐三楚文风。北上京都,罗门立雪;南下羊城,杏坛树誉。复居江汉四十年,德范声名闻海内;
>
> 振华夏绝响,释千古疑氛。东传音韵,绛帐滋蕙;西昭汉学,重洋瞩目。平生著述三百万,文章功业勒南山。

接到严学宭去世的噩耗,中国音韵学研究会会长唐作藩、秘书长陈振寰暨全体理事在第一时间,于1991年12月30日从北京发来唁电:

> 听到严学宭教授——我们敬爱的严老不幸辞世的消息,震惊、悲痛之情,非言语所能形容!
>
> 一个月之前,汉语言学国际研讨会(武汉)期间,中国音韵学研究会代表陪同海峡彼岸的同行兄弟到医院向严老请安,当时,病榻上的严老还是那样目光炯烁、声音洪亮。他深

情祝愿会议成功,谆谆叮嘱我们:要团结海内外的声韵学者,深入研究,不断取得新的成就! 谁能料想,仅仅三十多天,音容犹在眼前,而他老人家竟远离我们而去!

十一年前,是他,为筹建中国音韵学研究会,不顾年老体弱,奔走于汉水、长城之间;从1980年到1988年,八年之间,他亲任中国音韵学研究会会长,为确定学会方针、发展学会组织、举办学术活动、进行对外交流,尽心竭力;1988年以后,他一直担任学会名誉会长,时时刻刻关心着、指导着学会,使学会健康成长,时时刻刻关心着、指导着中青年音韵学者,使音韵研究队伍发展壮大。严老为音韵学研究事业付出了满腔心血,他的逝世是中国音韵学研究会,乃至中国语言学界不可挽回的重大损失。中国音韵学研究会的全体会员将怀着感激的心情永远铭记严老的功绩!

严老为人热情淳厚、苛己奉公,为学史论兼善,融故出新,道德文章足为中国音韵学会全体会员的典范。

我们一定要继承严老的遗志,团结海内外音韵学者,努力奋斗,使音韵学研究事业发扬光大,为弘扬伟大中华民族文化贡献毕生力量!

呜呼夫子,浚哲晶明。晔晔其光,濯濯其英。鞠躬尽瘁,永安幽冥。

呜呼! 哀哉! ①

全国各地语言学界的朋友、同事、学生,以及受其提携奖掖的中青年学者,唁电像雪片一样飞来。时任温州师范学院教授、

————————————

① 中国音韵学研究会理事会《唁电》,《音韵学研究通讯》(内刊),1992年总第16期。

后任上海师范大学教授、现代著名语言学家潘悟云先生发来唁电说：

> 严学宭教授为中国语言学事业的发展贡献了毕生力量。特别是他民主的学风，开拓进取的精神，以及对后生不遗余力的提携，我们是永远不会忘记的。他的逝世是中国学界的一大损失，他的名字将永垂史册。
>
> 在这个令人哀伤的时刻，谨向严学宭教授家属转达我的慰问，请告诉他们，还有许许多多的人在这个时候同他们一道共负痛苦和悲哀。①

严学宭亲手创办并辛勤耕耘了十余年的《语言研究》，在1992年第1期刊登了编辑部文章《严学宭教授风范永存》一文，高度评价他主持筹办成立中国语言研究所、创办大型学术刊物《语言研究》"作出了不可磨灭的贡献"。

中国音韵学研究会会刊《音韵学研究通讯》将1992年的第1期（总第16期）作为严学宭逝世的悼念专期，选择刊登部分悼念诗文。其中严学宭终身知己、北京大学周祖谟教授《德业超卓，永远为人所怀念——悼念严子君教授》说：

> 挚友严子君（学宭）教授不幸于去冬12月29日因病逝世，噩耗传来，无不惊悼。子君一生从事教育事业，奋励勤恳，对人恭谨宽厚，他的德业将永远为人所怀念。
>
> 子君长我三岁。我认识子君是1934年在北京大学读书的时候。他是江西分宜人，来自武汉，是武汉大学刘博平先生的学生，那一年秋季到北大做为研究生进修。我们同时听罗莘田先生讲课，一见如故。我们常常在一起讨论语言方面的问题，

---

① 据刘宝俊唁电记录。

课下接触也多,他那温和谦逊好学的态度感人至深。……

　　我与子君已经是五十多年的朋友了,我深切感受到他在一生中始终抱着乐观态度对待生活,对待朋友真诚热情,不自矜伐,不菲薄他人,而又富有正义感。在作人方面,这都是十分难得的品质。……子君离我们而去了,是我国语言学界的重大损失。作为一个老朋友的我,悲痛难抑。我们同道的朋友们必将继承子君教授的遗志,为我们的事业努力去开拓,取得更多的成就。这也就是我们对子君教授的最真切的怀念。①

　　严学宭的学生、时任中国音韵学研究会会长、北京大学唐作藩教授《怀念严老师》说:

　　严学宭先生的噩耗传来,使我感到非常悲痛,因为他不仅是我们中国音韵学研究会的创始人,而且是我敬爱的业师。

　　我从严先生学习开始于1948年。是年秋我考入广州中山大学语言学系。……严老师给我们上课时经常穿一件灰白色的长衫,戴一副普通的无色眼镜,讲课条理清楚,声音抑扬顿挫,很有节奏。讲到需要强调的地方,嗓音特别放高拉长,以引起听课者的注意和重视。

　　中国音韵学研究会成立后,我向严先生学习、请教的机会又多了。不仅开会见面,会后他常书面赐教。……严先生作为中国音韵学研究会的创始人和领导者,我们非常怀念他;作为我敬爱的业师,我更加怀念严老师。43年前我念大学一年级时担任我们专业课的几位老师张为纲、陈必恒、岑麒祥、商承祚先生都相继逝世了,严老师是其中最后一位离

---

① 周祖谟《德业超卓,永远为人所怀念——悼念严子君教授》,《音韵学研究通讯》(内刊),1992年总第16期。

开我们的。噩耗传来,我感慨万千。我本人今年也将六十有五,学无所成,愧对去世的老师们。余年不多,不努力更无面目去见老师们。①

中国音韵学研究会原会长、中国社会科学院语言研究所邵荣芬研究员《痛悼严学宭先生》说:

> 去年十一月下旬在武汉参加汉语言学国际学术研讨会期间,有机会到医院去探视了久久卧病的严学宭先生。当时严先生虽然已很消瘦,但精神却依然十分健爽,谈笑风生,不逊平昔。不意时隔一月,竟传噩耗。震惊之余,不免令人久久不能置信!

> 严先生是一个博学多能的语言学家。在五十多年的学术生涯中,他的研究工作涉及语言学的广泛领域,诸凡音韵、文字、训诂、方言、词书编纂及少数民族语言,他都有很深入的研究,而对音韵学则致力尤多。……严先生的不幸逝世,不仅是语言学界的一大损失,也是教育界的一大损失。

> 严先生在他一生的科研和教学活动中,才、德两方面都表现得十分出众。首先他有一种追求真理,惟善是从,决不固步自封的科学精神,他不断地倡导学习新方法、新理论、新成果,在他自己的研究工作中也经常体现出这种精神。他所自建的上古音体系吸收了不少国内外学者的新成果,就是一个例子。

> 其次,严先生一方面重视具体问题的研究,另一方面也不忽视从宏观的角度作一些观察和思考。他常常从学科整体上构想一些汉语音韵史研究的框架和层次、方法和步骤。

---

① 唐作藩《怀念严老师》,《音韵学研究通讯》(内刊),1992年总第16期。

这类构想往往能开阔人们的胸襟,给人们以很好的启示。

再有严先生对中国音韵学的发展和人才的培养倾注了极大的热情,付出了艰苦的努力。……

严先生的这些高尚品德都是常人所不及的。我们悼念严先生的最好办法就是记住严先生的这些品德,努力学习这些品德,只有这样,才能有慰于严先生的在天之灵! ①

严学宭的晚辈、共事多年的助手、原国家语委副主任王均《怀念严学宭先生》说:

1946年我到中山大学语言学系去当助教,初见严先生,从接触中我领会到他音韵学和训诂学都功底颇深。我协助王力先生创编《中山大学文学院研究所集刊》和院刊《文学》,凡有请教,他无不乐于相助。他时间抓得很紧,我怕影响他做学问,但他总是留我多谈一会儿。他常说:"咱们是同门,师兄弟! 罗先生和了一先生要咱们干什么,没说的!"

严先生所致力的,是开拓,是不断钻研和新的探索,是组织,是培干。学术上的开拓,他在几个结合上做出了突出贡献:汉语音韵、训诂、方言研究与少数民族语言研究的结合;语言学与民族学、语言研究与民族社会历史调查研究的结合;语言学与教育学的结合。……尤其注意提掖后进,培养新生力量,在这方面,我和他的其他学生一样,有切身的体会。严学宭先生是不朽的。②

严学宭的学生、中国社会科学院语言研究所杨耐思研究员《悼严先生》说:

---

①邵荣芬《痛悼严学宭先生》,《音韵学研究通讯》(内刊),1992年总第16期。
②王均《怀念严学宭先生》,《音韵学研究通讯》(内刊),1992年总第16期。

　　一九九一年的岁末,传来我们敬爱的老师——严学宭教授与世长辞的噩耗,我感到无比悲恸。……

　　严先生离开我们了,这是中国音韵学界不可弥补的重大损失,我们失去了一位良师。但是严先生对中国音韵学发展的巨大贡献,他教书育人,为人师表,无私奉献毕生精力的精神,勤勤恳恳地钻研学术,勇于创新,实事求是,严谨的学风所形成的风范,永远活在我们心中。严先生,请安息吧! ①

　　严学宭的学生、中国社会科学院民族研究所周耀文研究员《读书,知识更新——子君师的养生之道》说:

　　严学宭先生逝世了,我国语言学界又失去了一位杰出的老一辈语言学家,我也从此失去一位经常给我谆谆教诲、最受我尊敬的良师。先生溘然长逝,使我倍感悲痛。

　　先生治学严谨,学术民主,重才爱才,热心培养新生力量,每发现后辈或同行有点新的见解便给予热情的赞扬。先生刻苦读书,不拘于旧说,注重知识更新……

　　先生一生乐观为怀,即使长期卧病住院,但还坚信"吉人天相,险关必能渡过"。……先生是如何渴望早日病愈回家和他的夫人苏淑贤师母,再安度他的"读书、知识更新"的晚年养生生活啊! 但没想到先生5月19日给我的信竟成先生最后赠给我的一封诀别书,诚令人悲痛! 子君师安息吧! ②

　　时任中国音韵学研究会秘书长、北京国际关系学院陈振寰教授《悼严公》诗云:

---

① 杨耐思《悼严先生》,《音韵学研究通讯》(内刊),1992年总第16期。
② 周耀文《读书,知识更新——子君师的养生之道》,《音韵学研究通讯》(内刊),1992年总第16期。

乘鹤严公化烟飞，苍山忍泪江汉悲。

清漓荡桨影犹在，桂巇调茗人不归。

说语论音文传世，中兴韵学绩自垂。

从来谋道全无已，世上谁不仰丰碑。

　　注：1984年中国音韵学研究会桂林年会期间，严老与我相知甚欢。尝同游漓江，多次合影留念。严老体弱，不善饮，常以清茶代酒，举杯相祝。至今音容犹在而斯人已逝。每念及此，悲不自禁。①

中国音韵学研究班学员、江西师范大学高福生副教授《悼严老诗二首》云：

其一

噩耗传来疑复悲，巨星陨落泰山摧。

三秋教训犹在耳，十载扶持两心知。

快语忘年乡谊重，妙辞鱼雁话睽违。

二竖夺我夫子命，周秦音声更问谁？

其二

音声天下绝，吾赣第一人。珞珈师五老，罗门两传薪；

南海留圣迹，西欧惊四邻。溘然羽化去，浩气万古存。②

中国语言学会会员、在汉语复辅音声母研究上深受严学宭指导和奖掖的民间学者赵秉璇《悼子君师》诗云：

“结构体系”〈1〉孤掌鸣，寂寞均坛始有声；

“类型痕迹”〈2〉逢盛世，根西维尔四座惊。

绝学不绝有衍续，音韵学会多后生；

---

①陈振寰《悼严公》，《音韵学研究通讯》（内刊），1992年总第16期。

②高福生《悼严老诗二首》，《音韵学研究通讯》（内刊），1992年总第16期。

并州私淑哭夫子,比较研究继师承。

注:〈1〉指1962年子君师刊于《江汉学刊》的《上古汉语声母结构体系初探》。〈2〉指1981年子君师参加美国根西维尔召开的第十四届国际汉藏语言学会议的论文《原始汉语复声母类型的痕迹》。①

在严学宭逝世一周年之际,1992年12月,华中理工大学中国语言研究所决定以刊代书,以《语言研究》增刊形式,出版严学宭生前口述《八十自述》一书。他的生前好友、同事、学生为严学宭逝世一周年和《八十自述》即将出版而纷纷题词、题诗纪念。

周祖谟教授《题严学宭教授自传》云:

天性淳真,立身以诚。

接友和易,不骄不矜。

培养后进,无时或宁。

勤劬一生,永传令名。②

刘又辛教授《壬申冬为严子君教授辞世一周年作》诗云:

平生最相知,惟有马与严。

马兄犹伏枥,严兄逝经年。

京华忆红楼,相将坐杏坛。

东湖屡相晤,宏论更无前。

文章传世在,高风共仰攀。

晚岁困痼疾,力殚著遗篇。

桃李随在有,德学得师传。

---

①赵秉璇《悼子君师》,《音韵学研究通讯》(内刊),1992年总第16期。"根西维尔"(Gainesville)通译为"盖恩斯维尔"。

②周祖谟《题严学宭教授自传》,严学宭《八十自述》,第1页。

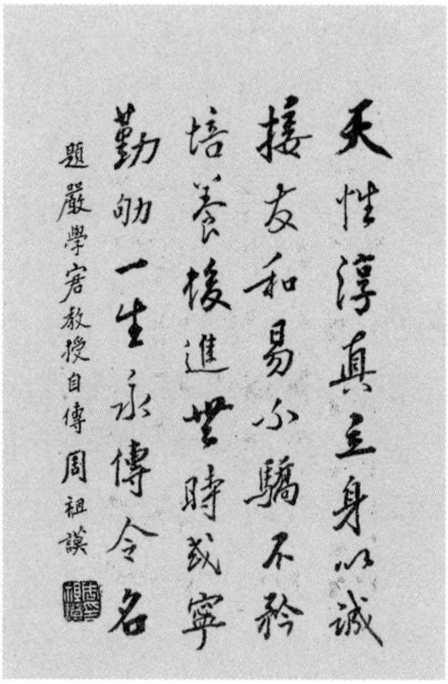

图 19-1　周祖谟题词

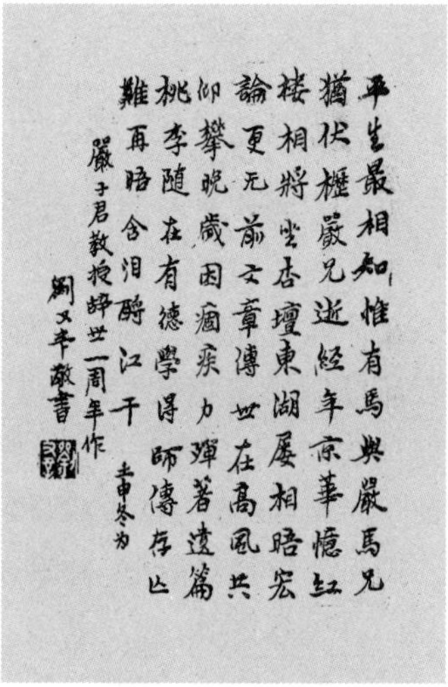

图 19-2　刘又辛题诗

存亡难再晤，含泪酹江干。

刘又辛敬书①

王均研究员《敬题于先生辞世周年祭》云：

　　子君先生博大精深全面规划勇于开拓的治学精神和领导历次学术活动的光辉业绩，他严以律己诚以待人尊师重道提掖后进的道德风范值得我们永远怀念！

晚生王均敬题于先生辞世周年祭②

邵荣芬研究员《怀学宭先生》题诗云：

　　东南天下秀，俊彦每翩翩。

①刘又辛《壬申冬为严子君教授辞世一周年作》，严学宭《八十自述》，第2页。诗中的"马"指马学良。

②王均《敬题于先生辞世周年祭》，严学宭《八十自述》，第3页。

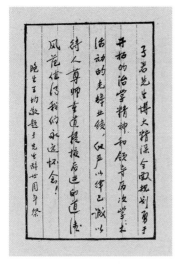

图19-3　王均题词　　　　　　图19-4　邵荣芬题诗

语律传佳制，英才出教鞭。

悴心兴学会，论韵聚群贤。

绝学滋春意，斯人德厚焉。

　　　　　一九九二年仲冬邵荣芬①

唐作藩教授《子君吾师自传出版敬题》云：

志于道，据于德，依于人，游于艺。

子君吾师自传出版，唐作藩敬题。一九九二、十二、十五②

美国俄亥俄州立大学东亚语文系主任、语言学家薛凤生教授《怀严老并序》云：

余于八一年返国，甫抵武汉，即拜识严老。时先生已年

———————

① 邵荣芬《怀学窘先生》，严学窘《八十自述》，第4页。

② 唐作藩《子君吾师自传出版敬题》，严学窘《八十自述》，第5页。

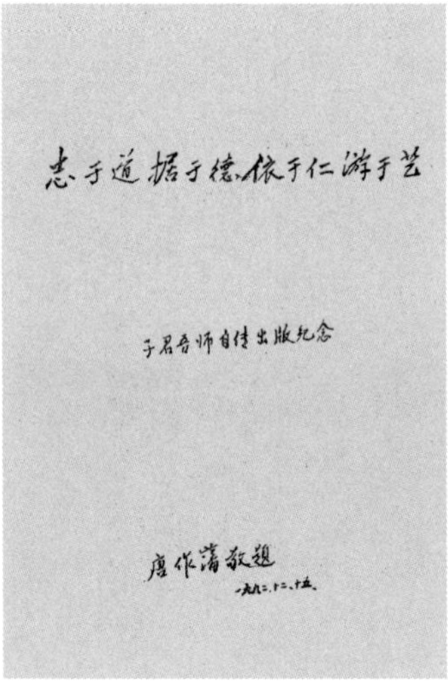
志于道据于德依于仁游于艺

子君吾师自传出版纪念

唐作藩敬题

一九九二.十二.十五.

图19-5　唐作藩题词

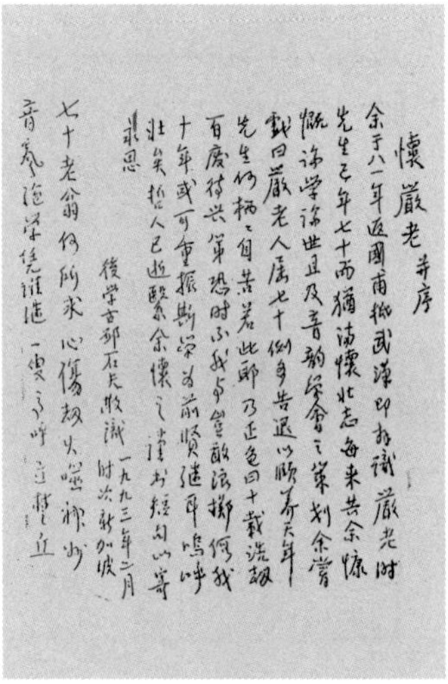
懷嚴老并序

余于八一年返國甫抵武漢即拜識嚴老時先生已年七十而猶滿懷壯志每来共余慷慨論學論世且及音韵學會之策划余嘗戲曰嚴老人屆七十例多告退以頤養天年先生何栖栖自苦若此耶乃正色曰十載浩劫百廢待興第恐時不我与豈敢浪擲假我十年或可重振斯學為前賢繼耳嗚呼壯矣哲人已逝繫余懷之謹書短句以寄永思

後學古邳石夫敬識 一九九三年二月時次新加坡

七十老翁何所求心傷劫火噬神州

音聲絶學凭誰繼一叟高呼立楚丘

图19-6　薛凤生题诗并序

七十，而犹满怀壮志，每来共余慷慨论学论世，且及音韵学会之策划。余尝戏曰：严老，人届七十，例多告退，以颐养天年。先生何栖栖自苦若此耶？乃正色曰：十载浩劫，百废待兴。第恐时不我与，岂敢浪掷？假我十年，或可重振斯学，为前贤继耳。呜呼，壮矣！哲人已逝，繄余怀之。谨书短句，以寄永思。后学古邳石夫敬识，一九九三年二月时次新加坡。

七十老翁何所求，心伤劫火噬神州。

音声绝学凭谁继？一叟高呼立楚丘。[①]

陈振寰教授题诗《又是东湖叶落时》云：

又是东湖叶落时，江流依旧哭严师。

苍山已伴歌哀曲，泪墨重研题悼诗。

①薛凤生《怀严老并序》，严学宭《八十自述》，第6页。

瘦骨床间湿人眼，声名身后世皆知。

至今韵学仍寂寞，幸有颜回陋巷驰。

一九九二年十二月陈振寰①

台湾师范大学国文系教授、台湾中国音韵学会理事长陈新雄先生题诗《乡贤严子君教授逝世周年纪念》云：

蔼蔼严夫子，清源自贡章。

论音羞重浊，辨字析微芒。

海外声名远，神州德业昌。

汉阳初拜谒，旋梦泣嵩邙。

乡晚陈新雄拜撰②

陈新雄后来又作《论音绝句》三十首，其二十七首"严学宭"云：

早岁耕耘笔不停，晚年所得是忘形。

辅音复叠平生学，黄鹤楼前恨不晴。

注：严学宭（1910—1991），字子君，创立中国音韵学研究会，并任首任会长，在声韵学界贡献良多，为罗常培门人，一生研究复辅音，著作甚丰。一九九一年我参加武汉市华中理工大学举办之汉语语言学学术研讨会，得谒见先生于病榻，别后旋卒。③

---

① 陈振寰《又是东湖叶落时》，严学宭《八十自述》，第7页。

② 陈新雄《乡贤严子君教授逝世周年纪念》，严学宭《八十自述》，第8页。陈新雄（1935—2012年），字伯元，江西赣县人，台湾著名语言文字学家，精通音韵学、文字学、训诂学。历任台湾师范大学国文系教授、台湾中国文化大学中文系主任、台湾中国音韵学会理事长、台湾中国训诂学会理事长、台湾中国文字学会理事长、台湾中国经学会理事长。

③ 引自南京大学汉语言文字学学科《南大语言学》编委会编《南大语言学》第二编，第9页。

图19-7　陈振寰题诗　　　　图19-8　陈新雄题诗

　　2011年，华中科技大学中国语言研究所《语言研究》杂志编辑部在第四期开辟"汉语音韵学研究班开班三十周年纪念"专栏，收录了汉语音韵学研究班第一期七位学员的纪念文章，每一篇纪念文章，都离不开缅怀办班人严学宭先生。重庆师范大学教授黎新第在该专栏的《卷首语》中说：

　　　　纪念汉语音韵学研究班不能不缅怀严学宭先生。

　　　　从第一期研究班算起，时间已经过去30年，严学宭先生回归道山也已20年。但在参加过上述研究班的众多学员中，迄今仍有不少活跃在学术前沿与高校讲坛。沿着先生的足迹，效法先生的风范，奉献出累累成果，此应足以告慰先生在天之灵，也是对汉语音韵学研究班的最好纪念。①

————————

① 黎新第《卷首语》，《语言研究》，2011年第4期。

闽西大学校长、教授郭启熹在专栏文章《师恩长若大江水——追念首任中国音韵学研究会会长严学宭教授》中动情地说：

阔别长江南畔武汉瑜珈山整整三十年了。"龟蛇锁大江"的武汉三镇，在武昌城郊有座深林荫翳、风景秀丽的瑜珈山，全国百强高校前列的华中科技大学就北倚这座山前，当年还只称为华中工学院。三十年来它一直是我梦萦魂系的蓬莱。记得当初每当夕阳西下之际，我们这群来自祖国各地的年轻学者都会结伴漫步在这蓬莱仙境间，此情此景成了我一生永恒的念想。然而让我念想更多的不止是这里的环境，更有我们敬爱的恩师严学宭教授。他那瘦小而又矍铄的身躯，犹如一尊日夜闪亮的雕像，永远铭刻在我的心中。①

暨南大学教授伍巍在专栏文章《缅怀尊敬的严学宭先生——〈论语〉"说（悦）乎"、"乐乎"近解》中说：

著名语言学家严学宭教授于1981年9月至11月在武汉华中工学院创办首期"音韵学研究班"，来自全国38所高校的49位中青年教师受业于该班，严先生亲自授课。当时我还是一名刚毕业不久的助教，有幸受教于先生。

在汉语音韵学研究班开班之后，为了进一步提高音韵学后学者的业务素质，严先生又与北京的戴庆厦先生联系，于1985年在中央民族学院开办了"音韵学高级研究班"。我十分向往，无奈单位不让报销学费，当时孩子小、家庭经济又实在困难，我只能写信给严先生要求旁听。严先生接到此信后，随即交代负责该班组织的尉迟治平学长，将我作为特例，

---

① 郭启熹《师恩长若大江水——追念首任中国音韵学会会长严学宭教授》，《语言研究》，2011年第4期。

免除全部学费跟班就读。当尉迟学长发现我在北京没有住宿地时，他又让我和他住在一起。就这样，我又读完了北京班。在整个音韵学进修学习过程中，我是受严先生关心最多的一位学员。

新一代音韵学人当年从严老的身边起飞。三十年过去了，继承先生的风范，将它传递给下一辈学人是我们这代人的义务。不忘当年的音韵学研究班，缅怀我们心中的严学宭先生！①

浙江大学教授黄金贵在专栏文章《初谈名物训诂》[附记]中说：

三十年前，笔者冲破阻力，负笈远行武汉，进音韵班求学，受了一次难忘的学术洗礼，见识了当时一些顶尖专家各有特色的思辨与治学方法，开阔了学识视野。其中特别震撼我的，是严老。严老可谓办班忘身忘我，学术求实求新，不知老之已至，大家都万分感佩。……我则由于种种原因，还是回到训诂。不过很奇怪，这回训诂与以前不同，常似有神助，时有出人意外的灵光闪现，探索之花常开。是顶尖专家所赐的灵光闪烁？还是严老的学术苦心显灵？值此音韵班三十年纪念，谨奉"另类"的探索之文，兼表缅怀严老之忱！②

厦门大学教授邓晓华在专栏文章《论壮侗语和南岛语的发生学关系》"附记"中说：

---

①伍巍《缅怀尊敬的严学宭先生——〈论语〉"说（悦）乎"、"乐乎"近解》，《语言研究》，2011年第4期。

②黄金贵《初谈名物训诂》，《语言研究》，2011年第4期。

谨以此文纪念恩师严学宭教授以及首届音韵学研究班。三十年前我从闽西山区来到华中工学院参加严老主持的首届音韵学研究班学习，自此开始到我研究生毕业，严老待我恩重如山，我终生难忘。先生之德山高水长！①

四川大学、四川师范大学教授张一舟在专栏文章《四川方言集中连读音变现象研究》"附记"中说：

30年前，笔者有幸成为华中工学院中国语言研究所举办的第一届汉语音韵学研究班学员。研究班和研究班的组织者严学宭教授务实求新的办班理念，把传统音韵学与现代语言学理论结合起来的治学方法，严谨的治学态度，奖掖后进的学术风范，都令人终身难以忘怀。值此纪念音韵学研究班举办三十周年之际，特撰此小文，略表笔者对研究班和严老的敬意和怀念之情。②

严学宭去世后，遵照他生前遗嘱，将他所有的图书资料赠送给华中理工大学中文系、中国语言研究所资料室。1992年3月，严学宭遗孀苏淑贤和严学宭的弟子刘宝俊、张令吾一起整理严学宭遗留的藏书。在严学宭生前的书房"春蚕室"里，主人已经"春蚕丝尽，作茧长眠"，师母苏淑贤和刘宝俊、张令吾三人强忍悲痛，抚摸着仿佛犹存先生手温的书籍、资料，一本本登记造册，花了约一周的时间整理完毕，交华中理工大学中文系、语言研究所资料室，与他北京大学时期的老师魏建功先生的藏书一起，永久收藏。

严学宭的一生，经历了20世纪除去首尾两个十年后的八十年，经历了从民国到新中国风云激荡、波澜壮阔的两个时代，经历

①邓晓华《论壮侗语和南岛语的发生学关系》，《语言研究》，2011年第4期。
②张一舟《四川方言集中连读音变现象研究》，《语言研究》，2011年第4期。

图19-9　严学宭捐赠藏书

了国家的战争与和平、外寇和内乱,经历了个人的荣辱和沉浮,阅尽人间沧桑、世态炎凉。他的一生,屯蹇之日多而宽舒之日少。他早岁生活困顿,中年颠沛流离,晚年又遭"文革"和疾病折磨。但他乐观处世,奋发有为,撰写了三百余万字的学术论著,主持整理、编撰了四百多万字的调查报告,在汉语音韵、训诂、文字、方言、辞书编纂、民族语言和汉藏语言比较研究诸领域,都有精深的研究和杰出的贡献。他一生涉及的人和事,十分广泛和丰富。他留下了20世纪一代知识分子的足迹,留下了一个时代的踪影。他的经历不仅属于他个人,而且属于他生活的那个时代。

　　严学宭的学术研究,注重汉语传统语言学与现代语言学相结合,注重汉语与亲属语言的研究相结合,注重汉语文献材料与现代活的方言相结合。注重构建新的理论,运用新的方法,挖掘新的材料。他治学从不满足现状,敢于打破禁区,勇于探索。他善于从宏观角度把握语言现象,将汉语置于汉藏语系的大系统中来观察、分析、研究,在汉语和少数民族语言的结合点上形成鲜明的特色。

他是一位既能进行语言微观现象分析，又能进行宏观理论研究的多能型学者。

他是一位既精于汉语研究，又熟悉民族语言研究的双栖型学者。

他是一位既善于进行独立研究的杰出学者，又是一位善于组织力量、形成群体的卓越学术活动家和学科带头人。

他勤劬一生，鲜有宁日；鞠躬尽瘁，死而后已。为我国的语言科学、教育事业和民族工作作出了重大贡献。

严学宭在《八十自述》的最后说：

> 回想当年，我一个二十四岁的青年负笈北上，来到举目无亲、陌生的北京，踏进语言学研究的大门，在师友的奖掖、帮助之下，历经坎坷，奋力拼搏，虽九死其犹未悔，至今已是耄耋之年，垂垂一老翁矣。甚矣吾衰也，吾不复有当年之意气和精力。顾视回尘，如飞鸿雪泥，并无值得传之后世事业。唯一可感慰藉的是，我没有碌碌无为虚度此生，尽了一个人在一生中应尽的职责和义务。如果在将来中国语言学的百花园里，有人还记得曾经有过一位叫严学宭的园丁，在这块土地上施过肥，松过土，那就是我此生最大的奢望了。①

然而严学宭是不朽的。他忠诚国家民族、敬重师辈、敦睦朋友、关爱后辈之"立德"，组织民族识别与调查、筹备成立"两会"、开办研究班、创办中国语言研究所和《语言研究》杂志之"立功"，努力从事学术研究、在多个学科领域著书立说、硕果累累之"立言"，将永远被历史铭记，永远被人们怀念。他虽然永远离开了我们，然而典型尚在，精神永存。

---

① 严学宭《八十自述》，第101页。

图19-10 严学宭墓地

严学宭去世后,他的子女将母亲张志远的骨灰从分宜介桥迁到武汉,与严学宭一起,合葬于武汉市石门峰陵园。

在严学宭的家乡,从介桥村到分宜县乃至宜春市、新余市,人们也没有忘记这位从家乡走出的著名学者。他的生平事迹载入了族谱、县志、市志以及多种人物传记史料。

2008年,严学宭的儿子、儿媳和女儿、女婿及其孙辈二十人,为严学宭制作了一块"学行风范"牌匾,悬挂于他的故乡分宜介桥严氏宗族祠堂之一的新重兴公祠(严易堂)。

图19-11 严学宭子孙所立"学行风范"匾

介桥严氏族人、宜春市传统文化艺术协会副会长,宜春美术家协会副秘书长、江西省美协会员严兴河,在2019年创作了一幅人物群像画《俊采星驰》，共绘出分宜介桥严氏从严孟衡至今五百多年来的十六位著名人物，其中包括严孟衡、严嵩、严云从，殿后者就是严学寓的父亲严寅旭和严学寓。①

图19-12　介桥严氏人物群像画《俊采星驰》
左起：1.严孟衡、2.严嵩、3.严从云、15.严寅旭（后排右一）、16.严学寓（前排右一）

北宋名臣范仲淹曾为严氏祖先、东汉高士严子陵写有著名的《严先生祠堂记》，我们引其中"歌曰"结束本书，借以献给本传的传主严学寓——

云山苍苍，江水泱泱，先生之风，山高水长！

————————

① 见严健编著《分宜古诗文拾遗：介桥专辑》，第238页。

参考书目

一、著作

白继增、白杰：《北京会馆基础信息研究》，中国商业出版社，2014年。

［日］贝冢茂树、小川环树主编：《中国の汉字》，中央公论社，1981年。

陈独秀著，刘志成整理：《小学识字教本》，巴蜀书社，1995年。

陈景熙、林伦伦编著：《黄际遇先生纪念文集》，汕头大学出版社，2008年。

程千帆：《桑榆忆往·劳生志略》，程千帆著，莫砺锋编《程千帆全集》第十五卷，河北教育出版社，2000年。

分宜县地方志编纂委员会编：《分宜县志》，黄山书社，2007年。

分宜县地方志办公室编：《钤山人物》，三秦出版社，2007年。

龚永辉：《民族意识调控说：民族识别与民族理论的文化自觉》，广西民族出版社，1996年。

侯自佳、刘集贵编：《"瓦乡人"归属苗族的艰难历程》（内部编印，年代不明）。

湖南大学校史编委会编：《湖南大学校史（公元976～2000）》，湖南大学出版社，2003年。

黄光学、施联朱主编：《中国的民族识别——56个民族的来历》，民族出版社，2005年。

江西师范大学校史编写组编:《江西师范大学校史》,江西高校出版社,2000年。

金星华主编:《中国民族语文工作》,民族出版社,2005年。

黎族语言文字问题科学讨论会秘书处编:《黎族语言文字问题科学讨论会会议纪念刊》(内部编印),1957年。

李开、顾涛编著:《汉语古音学史》,上海古籍出版社,2015年。

李行健、余志鸿主编:《20世纪中国社会科学·语言学卷》,广东教育出版社,2014年。

林端:《音韵学》,新疆人民出版社,2000年。

梁山、李坚、张克谟:《中山大学校史(1924—1949)》,上海教育出版社,1983年。

卢子洲主编:《发展中的华中师范大学》,华中师范大学出版社,2003年。

马重奇:《汉语音韵学论稿》,巴蜀书社,1998年。

马敏、汪文汉主编:《华中师范大学百年校庆书系·百年校史(1903年—2003年)》,华中师范大学出版社,2003年。

明跃玲:《边界的对话——漂泊在苗汉之间的瓦乡文化》,黑龙江人民出版社,2007年。

南京大学汉语言文字学学科《南大语言学》编委会编:《南大语言学》第二编,商务印书馆,2005年。

宁忌浮:《汉语韵书史·金元卷》,上海人民出版社,2016年。

欧阳觉亚:《少数民族语言与粤语》,暨南大学出版社,2011年。

彭继宽选编:《湖南土家族社会历史调查资料精选》,岳麓书社,2002年。

瞿霭堂、劲松:《汉藏语言研究的理论和方法》,中国藏学出版社,2000年。

容观夐:《容观夐人类学民族学文集》,民族出版社,2003年。

石建中编:《民族博物馆学教程》,中央民族大学出版社,2006年。

唐兰著,刘雨等整理:《唐兰全集》第12册,上海古籍出版社,2015年。

童恩正:《人类与文化》,重庆出版社,1998年。

涂上飙编著:《国立武汉大学初创十年(1928—1938)》,长江出版社,2015年。

万献初:《音韵学要略》,武汉大学出版社,2012年。

汪耀楠:《词典学研究》,四川辞书出版社,1990年。

萧超然等编:《北京大学校史》,北京大学出版社,1988年。

萧家修、欧阳绍祁修纂:《分宜县志》,台湾成文出版社《中国方志丛书》影印民国二十九年石印本,1975年。

邢福义:《寄父家书》,商务印书馆,2018年。

徐通锵:《历史语言学》,商务印书馆,1991年。

严健编著:《中国传统村落:介桥》,江西人民出版社,2017年。

严健主纂:《介桥严氏族谱》(内部编印),2013年。

严健编著:《分宜古诗文拾遗:介桥专辑》,江西教育出版社,2020年。

严学宭口述,刘宝俊、舒志武记录、整理:《八十自述》,《语言研究》,1993年增刊。

杨光荣:《藏语汉语同源词研究:一种新型的、中西合璧的历史比较语言学》,民族出版社,2000年。

杨树达:《积微居回忆录》,上海古籍出版社,1986年。

詹安泰:《詹安泰全集》第四卷,上海古籍出版社,2011年。

张清常:《张清常文集》第五卷,北京语言大学出版社,2006年。

张思敬等主编,北京大学等编:《国立西南联合大学史料3:教学、科研卷》,云南教育出版社,1998年。

政协江西省学习、文史委员会编:《国立中正大学》,江西文史资料第50辑(内部编印),1993年。

中共中央文献研究室编:《毛泽东年谱(1949—1976)》第二卷,中央文献出版社,2013年。

中国社会科学院近代史研究所中华民国研究室编:《胡适的日记》(下),中华书局,1985年。

中国语言学会编:《把我国语言科学推向前进》,湖北人民出版社,1981年。

中南民族大学校史编纂委员会编:《中南民族大学校史(1951—2011)》,湖北人民出版社,2011年。

中南民族学院校史编写室编:《中南民族学院简史(1951—1979)》(内部编印),1988年。

中央民族大学中国少数民族语言文学学院编:《戴庆厦文集》第四卷,中央民族大学出版社,2012年。

朱东润:《朱东润自传》,《朱东润传记作品全集》第四卷,东方出版中心,1999年。

朱绍禹主编:《语文学科研究动向》,东北师范大学出版社,2001年。

朱哲主编:《巨赞法师全集》第三卷,社会科学文献出版社,2008年。

二、文章

鲍焱:《杨翘新和烽火中诞生的袁山中学》,《方志期刊》,2015年第4期。

长秋:《忆杨翘新办袁山中学》,政协宜春市第二届委员会文史资料委员会编《宜春市文史资料》(内部编印),1987年第2辑。

陈怀奇、戴明朝:《江西师范大学文学院(中文系)简史》,王姓主编《一枝一叶总关情——江西师范大学史迹寻踪3》,江西高校出版社,2009年。

陈新雄:《乡贤严子君教授逝世周年纪念》,严学宭《八十自述》,1993年。

陈亚川:《严学宭》,《中国现代语言学家》(第二分册),河北人民出版社,1982年。

陈振寰:《汉语言学国际学术研讨会总结报告》,《音韵学研究通讯》(内刊),1992年总第16期。

陈振寰:《悼严公》,《音韵学研究通讯》(内刊),1992年总第16期。

陈振寰:《又是东湖叶落时》,严学宭《八十自述》,1993年。

邓晓华:《近年来国内语言与文化研究述评》,陈国强、林加煌主编《当代中国人类学》,生活·读书·新知三联书店,1991年。

邓晓华:《论壮侗语和南岛语的发生学关系》,《语言研究》(汉语音韵学研究班开班三十周年纪念),2011年第4期。

丁文楼:《中国少数民族双语教学学科的形成与发展》,马加林编《民族语文论文集——庆祝马学良先生八十寿辰文集》,中央民族学院出版社,1993年。

冯深:《五十年代初期我区民族调查之回顾》,广西壮族自治区民族研究所编《广西民族研究参考资料》,1986年第6辑。

冯深:《广西解放后首次少数民族社会历史调查——中央访问团在广西》,《广西民族研究》,1991年第1、2期。

高福生:《悼严老诗二首》,《音韵学研究通讯》(内刊),1992年总第16期。

郭启熹:《师恩长若大江水——追念首任中国音韵学会会长严学宭教授》,《语言研究》(汉语音韵学研究班开班三十周年纪念），2011年第4期。

郭锡良：《历史音韵学研究中的几个问题——驳梅祖麟在香港语言学会年会上的讲话》，《古汉语研究》，2002年第3期。

黄河方：《那时教授们的生活》，《治学续家风，文质两炳焕：詹安泰家族》，华南理工大学出版社，2016年。

黄金贵：《初谈名物训诂》，《语言研究》（汉语音韵学研究班开班三十周年纪念），2011年第4期。

江俊伟：《刘永济与中国现代学术》，武汉大学博士学位论文，2014年。

江俊伟、陈文新：《刘永济与20世纪三四十年代武汉大学文学学科的"新"、"旧"之争》，《武汉大学学报》（人文科学版），2014年第4期。

黎新第：《卷首语》，《语言研究》（汉语音韵学研究班开班三十周年纪念），2011年第4期。

李林德：《1983年再度回国》，丁邦新主编、王启龙副主编《李方桂全集》第13卷《李方桂先生口述史》，清华大学出版社，2008年。

李旭练：《王均先生访谈录》，于宝林、华祖根主编《中国民族研究年鉴（1999）》，民族出版社，2000年。

李宇明：《狂飙突进的年代》，邵敬敏主编《现代汉语语法国际研讨会30周年纪念文集》，上海教育出版社，2015年。

梁德曼：《有重点地反映汉字字音的历史发展》，《辞书研究》，1983年第2期。

梁德曼：《怀念我最敬佩的老师——丁声树先生》，中国社会科学院语言研究所《丁声树先生百年诞辰纪念文集》编辑组编《学问人生　大家风范——丁声树先生百年诞辰纪念文集》，商务印书馆，2009年。

林穗芳:《忆与同窗好友詹伯慧的交往》,李战、甘于恩主编《走近詹伯慧——庆祝詹伯慧教授从教六十周年纪念文集》,暨南大学出版社,2013年。

刘宝俊:《严学宭先生学术传略》,《文献》,1994年第4期。

刘宝俊:《滋兰九畹,树蕙百亩——严学宭先生学术思想及成就述评》(署名"江莎"),《中南民族学院学报》(哲学社会科学版),1993年第6期。

刘宝俊:《严学宭先生学行记略》,《中南民族学院学报》(哲学社会科学版),2001年第6期。

刘兴策:《永远的良师益友——庆祝詹伯慧教授八十华诞》,李战、甘于恩主编《走近詹伯慧——庆祝詹伯慧教授从教六十周年纪念文集》,暨南大学出版社,2013年。

刘小云:《学术风气与现代转型:中山大学人文学科论述(1926—1949)》,生活·读书·新知三联书店,2013年。

刘又辛:《我和文字训诂学》,《治学纪事》,巴蜀书社,2002年。

刘又辛:《罗莘田先生的训诂学研究》,《治学纪事》,巴蜀书社,2002年。

刘又辛:《怀念罗庸先生》,《治学纪事》,巴蜀书社,2002年。

刘又辛:《壬申冬为严子君教授辞世一周年作》,严学宭《八十自述》,1993年。

刘自齐:《瓦乡话属辩——与王辅世先生商榷》,《中南民族学院学报》(哲学社会科学版),1987年第2期。

鲁国尧:《"多元"、"争鸣"、"创新"的音韵学——中国音韵学研究会第十一届学术讨论会暨汉语音韵学第六届国际学术研讨会开幕辞》,《语言学文集:考证、义理、辞章》,上海人民出版社,2008年。

罗常培:《域外中国声韵论著述评》,《罗常培文集》编委会编《罗常培文集》第六卷,山东教育出版社,2001年。

罗常培:《我是如何走上研究语言学之路的》,《罗常培文集》编委会编《罗常培文集》第十卷,山东教育出版社,2008年。

梅祖麟:《跋严学宭先生给〈古汉语复声母论文集〉写的序——兼论上古汉语动词浊清别义的来源》,《语言研究》,2015年第3期。

欧阳觉亚:《半个多世纪的情谊——我与詹伯慧的交往》,李战、甘于恩主编《走近詹伯慧——庆祝詹伯慧教授从教六十周年纪念文集》,暨南大学出版社,2013年。

邵荣芬:《痛悼严学宭先生》,《音韵学研究通讯》(内刊),1992年总第16期。

邵荣芬:《怀学宭先生》,严学宭《八十自述》,1993年。

邵荣芬:《欣欣向荣的汉语音韵学》,刘坚、侯精一主编《中国语文研究四十年纪念文集》,北京语言学院出版社,1993年。

石如金:《"果熊"话语音调查报告》,侯自佳、刘集贵编《"瓦乡人"归属苗族的艰难历程》(内部编印)。

苏淑贤:《怀念子君》,严学宭《八十自述》附录二,1993年。

田心桃:《我所亲历的确认土家族为单一民族的回顾》,政协湖北省委员会文史资料委员会编《湖北文史资料》(内部编印),1990年第1辑。

田心桃:《确认土家族是单一民族的见证》,彭振坤主编《历史的记忆》,贵州民族出版社,2003年。

汤建华:《国立中正大学办学的过程和价值》,许怀林主编《江西文史》第9辑,江西人民出版社,2014年。

汤擎民:《当代词学家詹安泰》,政协广州市文史资料研究委员会编《广州文史资料》第38辑,广东人民出版社,1988年。

唐作藩:《怀念严老师》,《音韵学研究通讯》(内刊),1992年总第
16期。

唐作藩:《子君吾师自传出版敬题》,严学宭《八十自述》,1993年。

唐作藩:《〈田野春秋〉序言》,李战、甘于恩主编《走近詹伯慧——
庆祝詹伯慧教授从教六十周年纪念文集》,暨南大学出版社,
2013年。

汪如高:《抗战时期在宜春的外乡教师》,政协宜春市第二届委员
会文史资料委员会编《宜春市文史资料》(内部编印),1988年
第3辑。

王辅世:《湖南泸溪瓦乡话语音》,《语言研究》,1982年第1期。

王辅世:《再论湖南泸溪瓦乡话是汉语方言》,《中国语文》,1985
年第3期。

王辅世:《关于瓦乡语问题致龙再宇副州长的信》,侯自佳、刘集贵
编《"瓦乡人"归属苗族的艰难历程》(内部编印)。

王力:《纪念罗常培先生——在纪念会上的发言》,北京市语言学
会编《罗常培纪念论文集》,商务印书馆,1984年。

王均:《怀念严学宭先生》,《音韵学研究通讯》(内刊),1992年总
第16期。

王均:《敬题于先生辞世周年祭》,严学宭《八十自述》,1993年。

王均:《语言学界一代宗师——纪念罗常培先生九十诞辰》,《王均
语言学论文集》,商务印书馆,2004年。

王均:《学无涯　情无涯——为庆祝詹伯慧教授执教45周年而
作》,李战、甘于恩主编《走近詹伯慧——庆祝詹伯慧教授从教
六十周年纪念文集》,暨南大学出版社,2013年。

王世杰:《我不是来维持武汉大学的,而此行的目的是要创造一个

新的武汉大学》,徐正榜、陈协强主编《名人名师武汉大学演讲录》,武汉大学出版社,2003年。

吴晓铃:《罗膺中师逝世三十七周年祭》,《吴晓铃集》第4卷,河北教育出版社,2006年。

伍巍:《缅怀尊敬的严学窘先生——〈论语〉"说(悦)乎""乐乎"近解》,《语言研究》(汉语音韵学研究班开班三十周年纪念),2011年第4期。

薛凤生:《怀严老并序》,严学窘《八十自述》,1993年。

亚庵:《严学窘对秦语系的研究》,《江汉学报》,1962年第5期。

杨程远:《抗日战争期间中学生的学习与生活》,政协宜春市第二届委员会文史资料委员会编《宜春市文史资料》(内部编印),1986年第1辑。

杨逢彬:《〈积微翁忆录〉重版后记》,杨逢彬著《沧海一粟:汉语史窥管集》,复旦大学出版社,2007年。

杨耐思:《悼严先生》,《音韵学研究通讯》(内刊),1992年总第16期。

杨庭硕:《明跃玲著〈边界的对话——漂泊在苗汉之间的瓦乡文化〉序》,黑龙江人民出版社,2007年。

叶尚志:《我与民族工作和民族学院的渊源——为热烈祝贺中南民族学院创办50周年而作》,《人才开发》,2001年第11期。

易大德:《记分宜拔贡严寅旭(畏堂)师》,《江西文献》,1968年总第32期。

易大德:《清拔贡分宜严寅旭先生轶事》,《江西文献》,1986年总第125期。

《音韵学研究通讯》编辑部:《严学窘教授学术传略》,《音韵学研究通讯》(内刊),1992年总第16期。

尉迟治平口述,唐燕红、刘成龙整理:《回顾华工中文系的创建及发展》,政协武汉市文史学习委员会编《武汉文史资料》,2019年第10期。

詹伯慧:《我所认识的王均先生》,《汉语学报》,2002年上卷、第5期。

詹伯慧:《我与语言学结缘六十载》,《中国社会科学报》,2014年10月27日。

张道祖:《随潘光旦师川鄂"土家"行日记》,彭振坤主编《历史的记忆》,贵州民族出版社,2003年。

张一舟:《四川方言集中连读音变现象研究》,《语言研究》(汉语音韵学研究班开班三十周年纪念),2011年第4期。

张清常:《立德·立功·立言——〈魏建功文集〉序》,《张清常文集》第五卷,北京语言大学出版社,2006年。

张清常:《赵元任先生所指引的》,《张清常文集》第五卷,北京语言大学出版社,2006年。

张引:《人淡如菊》,邱世友《水明楼续集》,中山大学出版社,2007年。

张永家、侯自佳:《关于"瓦乡人"的调查报告》,《吉首大学学报》(哲学社会科学版),1984年第1期。

赵秉璇:《悼子君师》,《音韵学研究通讯》(内刊),1992年总第16期。

赵振铎:《悼朱祖延教授》,《辞书研究》,2012年第5期。

中国音韵学研究会理事会:《唁电》,《音韵学研究通讯》(内刊),1992年总第16期。

中国语言学会《中国现代语言学家传略》编写组:《严学宭》,《中国现代语言学家传略》第四分册,河北教育出版社,2004年。

中南民族学院研究室编印:《识别民族成份调查工作基本总结》
（内部编印），1954 年。

周耀文:《读书，知识更新——子君师的养生之道》,《音韵学研究
通讯》（内刊），1992 年总第 16 期。

周祖谟:《德业超卓,永远为人所怀念——悼念严子君教授》,《音
韵学研究通讯》（内刊），1992 年总第 16 期。

周祖谟:《题严学宭教授自传》,严学宭《八十自述》,1993 年。

竺家宁:《评刘又辛〈复辅音说质疑〉兼论严学宭的复声母系统》,
《国文学报》,1987 第 16 期。

严学宭著述目录

（如撰写时间与发表时间不一，按撰写时间排序）

一、论著

1933年　《〈名原〉校补》（一卷），未出版，已佚。

1934年　《初文钩沉》（八卷），未出版，已佚。

1934年　《记分宜方音》，未出版，已佚。

1953年　《龙胜黎人情况调查》（合编，第一调查、整理、审稿人），未出版。

1953年　《南丹县栏关乡水家、隔沟人情况调查》（合编，第一调查、整理、审稿人），未出版。

1953年　《龙胜苗族情况调查》（合编，第一调查、整理、审稿人），未出版。

1953年　《龙胜伶人情况调查》（合编，第一调查、整理、审稿人），《广西苗族社会历史调查》，广西民族出版社，1987年。

1954年　《环江县毛难族情况调查》（合编，第一调查、整理、审稿人），《广西仫佬族毛难族社会历史调查》，广西民族出版社，1987年。

1954年　《罗城县仫佬族情况调查》（合编，第一调查、整理、审稿

人),《广西仫佬族毛难族社会历史调查》,广西民族出版社,
1987年。

1954年　《龙津县金龙峒傣人调查》(合编,第一调查、整理、审稿
人),《广西壮族社会历史调查》,广西民族出版社,1987年。

1954年　《平果县陇人情况调查》(合编,第一调查、整理、审稿
人),《广西壮族社会历史调查》,广西民族出版社,1987年。

1954年　《防城越族情况调查》(合编,第一调查、整理、审稿人),
《广西京族社会历史调查》,广西民族出版社,1987年。

1957年　《海南黎族情况调查》(合编,第一调查、整理、审稿人),
广西民族出版社,1992年(更名为《海南岛黎族社会调查》)。

1957年　《海南苗族情况调查》(合编,第一调查、整理、审稿人),
民族出版社,2010年(更名为《海南岛苗族社会调查》)。

1957年　《黎语调查报告初稿》(合编,第一调查、整理、审稿人),
未出版。①

1957年　《海南黎语调查大纲》(主持编写),未出版。

1985年　《中国对比语言学浅说》,华中工学院出版社。

1986年　《广韵导读》,巴蜀书社,1990年。

1988年　《严学宭民族研究文集》,民族出版社,1997年。

1988年　《勾稽集》,未出版。

1988年　《中国汉学导读》,未出版。

1989年　《中国文化史研究论纲》,未出版。

1990年　《八十自述》(严学宭口述,刘宝俊、舒志武记录、整理),

---

① 《黎语调查报告》后经当初参与调查者欧阳觉亚、郑怡青夫妇在进一步调查、
整理、研究后,以欧阳觉亚、郑怡青名义出版《黎语调查研究》一书,中国社会
科学出版社,1983年。

《语言研究》,1993年增刊。

二、论文

1932年　《〈广韵〉解题及其读法》,未刊,已佚。

1935年　《读中岛竦〈书契渊源〉后》,《考古学社社刊》,第2期,第60—62页。

1936年　《大徐本〈说文〉反切的音系》,《国学季刊》,第6卷第1号,第45—143页。

1936年　《评〈中国音韵学〉上册(王力)》(与周祖谟合作,署名"朱晶明"),《益世报(读书周刊65期)》,1936年9月10日。

1940年　《泰和人学习国音法志要》,《文史季刊》,1941年,第1卷第1期,第47—49页。

1941年　《纂修省志中方言略刍议》,《文史季刊》,第1卷第2期,第47—48页。

1942年　《分宜方音述略》,《国立中山大学师范学院季刊》,第1卷第1期,第247—262页。

1942年　《国语教学十要》,《国立中山大学师范学院季刊》,第1卷第1期,第80—81页。

1943年　《小徐本〈说文〉反切之音系》,《国立中山大学师范学院季刊》,第1卷第2期,第1—80页;《严学宭民族研究文集》,民族出版社,1997年,第1—57页。

1943年　《文字学之革新的研究》,《国文评论》,第1期,第7页。

1947年　《"转注"与"假借"为义训之本说》,《国立中山大学文学院院刊》,第1期,第40页。

1947年　《学习国语的程序与重点》,《文史春秋》,第1期,第8—9页。

1948年　《释汉儒音读用本字例》,《国立中山大学文学院研究所集刊》,第一册,第53—86页。

1952年　《湖南龙山土家族初步调查报告》,彭继宽选编《湖南土家族社会历史调查资料精选》,岳麓书社,2002年,第1—15页。

1957年　《黎语构词规律和创立新词术语的原则》(中南民族学院第一届科学讨论会论文),未刊。

1957年　《关于划分黎语方言和创制黎文的意见》(与王均、欧阳觉亚等合作,黎族语言文字问题科学讨论会论文),未刊。

1957年　《黎文创制的经过》,《南方日报》,3月22日。

1958年　《批判少数民族语文工作者的资产阶级语言学观点和方法》,《理论战线》,第5期,第26—30页。

1958年　《批判汉语学研究中的封建意识和资产阶级思想作风》,《理论战线》,第9期,第24—28页。

1958年　《从语言现象结合人文情况探索民族史例》,袁家骅等著《少数民族语文论集》(第一集),中华书局,第41—48页。

1958年　《汉语声调的产生和发展》,《人文杂志》,1959年第1期,第42—52页。

1959年　《论民间文学新的艺术形式在中国文学发展史上的地位和作用——第一部红色的中国文学史读后感》(中央民族学院分院第二届科学研究报告会论文),未刊。

1961年　《开展百家争鸣,建立汉语学新体系》,《光明日报》,3月22日。

1961年　《竟委穷源——罗膺中师说述闻之一》,《光明日报》,5月7日。

1961年　《横断与纵剖——罗膺中师说述闻之二》,《光明日报》,5

月9日。

1961年 《中国文学史分期研究——罗膺中师说述闻之三》,《光明日报》,5月26日。

1962年 《上古汉语声母结构体系初探》,《江汉学报》,第6期,第30—37页。

1962年 《上古汉语韵母结构体系初探》,《武汉大学学报》(人文科学版),1963年第2期,第63—83页。

1963年 《试论汉藏语音变现象的类型——庆祝母校五十周年》,《武汉大学学报》(人文科学版),第4期,第126—142页。

1963年 《古汉语训诂学发凡》,《湖北教师进修学院高中语文教师进修班专题讲座讲稿汇辑》(内部编印)。

1978年 《古汉语中复声母的再认识》,未刊。

1978年 《释琉璃》,《安徽师范大学学报》(自然科学版),第1、2合期,第109—110页。

1979年 《原始汉语韵尾后缀*-s试探》,《华中师范学院学报》(哲学社会科学版),第1期,第101—112页。

1979年 《谈汉藏语系同源词和借词》,《江汉语言学丛刊》(内刊),第一辑,第1—17页;《严学宭民族论文集》,民族出版社,1997年,第58—72页。

1979年 《汉语中的训读现象》,《江汉论坛》单行本,第1—11页。吕叔湘等著《语言文字学术论文集——庆祝王力先生学术活动五十周年》,知识出版社,1989年,第444—457页。

1979年 《论汉语同族词内部屈折的变换模式》,《中国语文》,第2期,第85—92页。

1979年 《治学态度及其方法——罗膺中师说述闻》,[香港]《中国语文研究》,1981年第3期,第5—16页。

1980年　《怎样注音、订音和正音》,《辞书研究》,第3期,第36—
　　　　47页。

1980年　《我国传统语言学的研究与继承》,中国语言学会编《把
　　　　我国语言科学推向前进》,湖北人民出版社,1981年,第21—
　　　　38页。

1980年　《周秦古音结构体系(稿)》(中国音韵学研究会成立大
　　　　会暨首次学术讨论会论文),中国音韵学研究会编《音韵学研
　　　　究》第一辑,中华书局,1984年,第92—130页。

1981年　《原始汉语复声母类型的痕迹》(第十四届国际汉藏语言
　　　　学会议论文,美国盖恩斯维尔),赵秉璇、竺家宁编《古汉语复
　　　　声母论文集》,北京语言文化大学出版社,1998年,第124—
　　　　166页。

1981年　《原始汉语词尾后缀*-s消失的遗迹》(第十四届国际汉
　　　　藏语言学会论文,美国盖恩斯维尔),未刊。

1981年　《原始汉语复声母类型的痕迹(提要)》,《中南民族学院
　　　　学报》(哲学社会科学版),第2期,第113—116页。

1981年　《循义定音,循音统形——释字要则》,山西省文物局、中
　　　　国古文字研究会、中华书局编辑部合编《古文字研究》(第十
　　　　辑),中华书局,1983年,第177—189页。

1981年　"The educational function of minority nationality languages
　　　　and demand on the second language with respect to teaching in
　　　　the great family of Nationalities of China"(中国民族大家庭
　　　　中少数民族语言的教育作用和对第二语言的教学要求)(联
　　　　合国教科文组织"促进以母语作为教育工具专家会议"大会
　　　　报告,法国巴黎),未刊。

1981年　《广闻博采,融会贯通——谈谈汉语音韵学怎样现代化》

（署名"子君"），《音韵学研究通讯》（内刊），总第1期，第9页。

1981年 《净化"语言污染"，进行"语言美"教育》，全国民族院校汉语教学研究会编《汉语教学与研究》，内蒙古教育出版社，第8—12页。

1981年 《谈谈培养语言学研究生的体会》，《高等教育研究》，第4期，第1期，第27—29页。

1981年 《论古越族在现代汉语闽南方言中的投影》（第十五届国际汉藏语言学会议论文，中国北京），《中南民族学院学报》（哲学社会科学版），1983年，第1期，第98—106页。

1982年 《建设社会主义精神文明要进行语言美教育》，《湖北省语言学会通讯》（内刊），第1期，第6—9页。

1982年 《关于审音工作的几个问题》，张志公主编《语文论坛》（一），知识出版社，第134—150页。

1982年 《中国境内少数民族语言系属研究的现状和存在问题》（国际汉藏语言学会议论文，日本东京），未刊。

1982年 《汉语"鼻—塞"复辅音声母的模式及其流变》（与尉迟治平合作）（中国音韵学研究会第二届学术讨论会论文），中国音韵学研究会编《音韵学研究》第二辑，中华书局，1986年，第1—16页。

1982年 《通向平等、团结的正道——写在参加联合国教科文组织召开的以母语为教育工具的专家会议之后》，《严学宭民族论文集》，民族出版社，1997年，第73—95页。

1982年 《朝着中国语言科学现代化的伟大目标前进——赴日参加国际语言学家会议和访问日本语言科研单位的报告》，《严学宭民族论文集》，民族出版社，1997年，第110—122页。

1982年 《论双语制的合理性》，中国少数民族双语教学研究会编

《中国少数民族双语研究论集》,民族出版社,1990年,第1—18页。

1982年 "On the Chu People, the Chu dialect and Chu Phonemic System"(论楚族、楚语和楚声),Proceedings of the XIIIth international congress of linguists,August 29-September4,1982,Tokyo.《第十三届国际语言学家会议论文集》,日本东京,1983年,第677—678页。

1983年 "On the Chu nationality, Chu dialelt and Chu sound"(论楚族、楚语和楚声),Computational Analyses of Asian and African Languages.No.21,Tokyo,Japan.(第三十一届亚洲、北非洲人文科学国际会议论文,日本东京),未刊。

1983年 《壮、汉互通词研究》(与李敬忠合作)(第三十一届亚洲、北非洲人文科学国际会议论文,日本东京),《广东民族学院学报》(哲学社会科学版),1985年第1、2合期,第80—96页。

1983年 《苗瑶汉语关系词的层次》(第十六届国际汉藏语言学会议论文,美国西雅图),《严学宭民族论文集》,民族出版社,1997年,第123—140页。

1983年 《湖南江永平地瑶文字辨析》(与宫哲兵合作,第十六届国际汉藏语言学会议论文,美国西雅图),未刊。

1983年 《中国民族语文政策和教育》,Language learning and communication(中英语文科学)2(2),pp.167—179。

1983年 《认真学习〈文选〉,开展民族研究工作》,《中南民族学院学报》(哲学社会科学版),第4期,第11页。

1983年 《汉字性质新议》,《华中工学院学报》(哲学社会科学版),第2期,第148—151页。

1983年 《为建立中国对比语言学而奋斗——在全国民族院校汉语教学研究会上的发言》(全国民族院校汉语教学研究会第四次学术讨论会论文),未刊。

1984年 《汉语与侗台语的亲缘关系》(与董为光、曹光衢合作),Computational Analyses of Asian and African Languages. No.22,Tokyo,Japan.

1984年 《构思·排列·剪裁·润色——心恬师论文小识》,北京市语言学会编《罗常培纪念论文集》,商务印书馆,第132—136页。

1984年 《中国的双言现象和双语现象》(第二次中国民族语言学术讨论会论文),未刊。

1984年 《中国对比语言学的兴起》,《中南民族学院学报》(哲学社会科学版),第2期,第6—19页。

1984年 《新的技术革命浪潮与汉语文教学法的更新》,《语文园地》,第6期,第3—5页。

1984年 《论〈说文〉谐声阴·入互谐现象》(中国音韵学研究会第三届学术讨论会论文),中国音韵学研究会编《音韵学研究》第三辑,中华书局,1994年,第183—197页;《严学宭民族论文集》,民族出版社,1997年,第153—174页。

1984年 《中国的双语现象》,[美]《中国语言学报》,1985年第2期,第1—11页;联合国教科文组织《教育展望》(中文版),1986年第2期,第99—103页;《严学宭民族研究文集》,民族出版社,1997年,第276—284页。

1984年 《论现代汉藏语系词素音位变换的作用》(第十七届国际汉藏语言学会论文,美国华盛顿),《中南民族学院学报》(哲学社会科学版),1985年第3期,第102—105页;《严学宭民族论文集》,民族出版社,1997年,第146—152页。

1985年 《说"有"、"无"》(与尉迟治平合作),《中国语言学报》,第2期,第22—43页。

1985年 《方兴未艾的黄学——纪念黄侃先生诞生一百周年》,《南京大学学报》(哲学社会科学版),1986年第1期,第1—4页;《严学宭民族研究文集》,民族出版社,1997年,第271—275页。

1985年 《编修湖北省方言志浅见》,湖北省地方志编纂委员会办公室、湖北省地方史志协会编《湖北方志论集》(内部编印),第273—278页。

1985年 《新的技术革命浪潮与汉语音韵学的探索》,《音韵学研究通讯》(内刊),总第7期,第1—3页;《严学宭民族论文集》,民族出版社,1997年,第141—145页。

1985年 《魏张揖〈广雅〉音变示例(提要)》(第十八届国际汉藏语言学讨论会论文,泰国曼谷),未刊。

1985年 《严学宭先生谈汉语史研究》(白丁整理),《语言学通讯》(内刊),第3期。

1985年 《双语教学和研究要在改革上下气力》(中国少数民族双语教学研究会1985年学术讨论会论文),《中南民族学院学报》(哲学社会科学版),1986年第3期,第1—5页。

1986年 《试论古训的得失与取舍》,[香港]《中国语文研究》,第8期,第153—178页;《严学宭民族研究文集》,民族出版社,1997年,第298—338页。

1986年 《发展语言民族学》,中山大学人类学系《人类学论文选集》,中山大学出版社,第354—356页。

1986年 《新喻市方言词读音成分的层次性》(第十九届国际汉藏语言学会议论文,美国哥伦布),《严学宭民族研究文集》,民族出版社,1997年,第285—297页。

1986年　《语文建设要在改革上用气力》,《语文建设》,第5期,第8页。

1986年　《必须加强汉语文的研究工作》,《普通话》,第2期。

1986年　《客家话的原始形式述论》(与李玉合作),《广西民族学院学报》(社会科学版),第2期,第34—39页。

1987年　《论文学和语言学的凝合——历代文论的启示》,《中南民族学院学报》(哲学社会科学版),1988年第1期,第1—4页。

1988年　《原始汉语研究的方向》,《王力先生纪念论文集》编委会编《王力先生纪念论文集》,商务印书馆,1990年,第15—23页;《严学宭民族研究文集》,民族出版社,1997年,第368—377页。

1988年　《浅论有关古籍整理的问题——文史硕士研究生的基本功》,《中南民族学院学报》(哲学社会科学版),第4期,第91—96页;《严学宭民族研究文集》,民族出版社,1997年,第357—368页。

1988年　《〈中国汉学导读〉教学随记》,《高等教育研究》,1989年第2期,第48—50页。

1989年　《汉族上层社会学术文化的主旋律》,《中南民族学院学报》(哲学社会科学版),第3期,第2—7页。

1989年　《"五四"七十周年感念胡适先生》,《华中理工大学学报》(哲学社会科学版),第1期,第8—14页。

1989年　《十年改革　十年巨变——纪念"五四"运动70周年》(署名"颜士"),《中南民族学院学报》(哲学社会科学版),第3期,第1页。

1990年　《中华民族三千年来的民族意识》,《中南民族学院学报》(哲学社会科学版),第3期,第1—4页。

1990年　《论楚族和楚语》,葛信益、朱家缙编《沈兼士先生诞生一百周年纪念论文集》,紫禁城出版社,第81—95页;《严学宭民族研究文集》,民族出版社,1997年,第378—403页。

1991年　《谈谈培养语言学研究生的体会》,《高等教育研究》,第1期,第30—32页。

1993年　《泰和的点滴回忆》,《江西文史资料》第50辑《国立中正大学》专辑,第130—132页。

2003年　《调查土家杂记》,彭振坤主编《历史的记忆》,贵州民族出版社,第1—2页。

三、序跋

1979年　张为纲著《〈汉语同族词谱〉前言》,江西南丰县政协文史资料研究委员会编《南丰文史资料》第5辑(内部编印),1991年,第14—16页。

1979年　湖北省语言学会编《〈江汉语言学丛刊〉发刊词》第1辑(内部编印),第1页。

1980年　《周秦古音研究的进程和展望——〈汉语上古音字表〉前言》,吴文祺主编《中华文史论丛增刊·语言文字研究专辑》,上海古籍出版社,1986年,第100—116页。

1981年　马学良主编《〈语言学概论〉序言》,华中工学院出版社。

1981年　邢公畹著《〈汉语方言调查基础知识〉序》,华中工学院出版社,1982年,第1—4页。

1982年　郭启熹著《〈古音与教学〉序》,《龙岩师专学报》,1983年第1期,第77—78页。

1982年　张永言著《〈词汇学简论〉弁言》,华中工学院出版社,第1—4页。

1982年　陈独秀著,刘志成整理《〈小学识字教本〉前言》,巴蜀书社,1995年,第1—5页。

1984年　[美]张琨著,张贤豹译《〈汉语音韵史论文集〉序》,华中工学院出版社,1987年,第1—4页。

1984年　李瑾著《〈殷周考古论著〉序》,河南大学出版社,1992年,第1—2页。

1985年　卢源斌等编著《〈广济方言志〉序》(内部编印),第4页。

1986年　刘焕辉著《〈言语交际学〉序》,江西教育出版社,第1—2页。

1986年　[美]薛凤生著《〈北京音系解析〉序》,北京语言学院出版社,第1—2页。

1986年　[美]张琨著《〈汉语方言论文集〉序》,未刊。

1986年　[美]王士元著《〈王士元语言理论论文集〉序》,未刊。

1986年　殷良著《〈古音手册〉序》(内部编印),第1页。

1988年　陈淑梅著《〈湖北英山方言志〉序》,华中师范大学出版社,1989年,第1—3页。

1988年　谢志民著《〈江永女书之谜〉序》,河南人民出版社,1991年,第1—3页。

1988年　陈书龙主编《〈中国古代少数民族诗词曲评注〉序》,武汉出版社,1989年,第1—2页。

1989年　马晓斌著《〈汉书艺文志序译注〉序》,中州古籍出版社,1990年,第1—2页。

1990年　陈有恒著《〈蒲圻方言志〉序》,华中师范大学出版社。

1990年　陈恩泉著《〈普通话句型析论〉序》,广东教育出版社。

1990年　邓晓华著《〈人类文化语言学〉序》，厦门大学出版社
　　　　1993年。

1990年　朱承平著《〈文献语言材料的鉴别与应用〉序言》，江西高
　　　　校出版社，1991年。

1991年　赵秉璇、竺家宁编《〈古汉语复声母论文集〉序》，北京语
　　　　言文化大学出版社，1998年，第3—13页。

1992年　胡竹安、杨耐思、蒋绍愚编《〈近代汉语研究〉弁言》，商
　　　　务印书馆，第1—2页。

四、其他

1956年　《怎样在语言科学研究中贯彻"百家争鸣"的方针》（笔
　　　　谈），《中国语文》，第8期，第9—10页。

1980年　《在〈现代汉语〉统编教材审稿会上的发言》，胡安良编
　　　　《〈现代汉语〉统编教材审稿会大会发言汇编》（内部编印），青
　　　　海民族学院文学院，2007年，第12—17页。

1981年　《我们的信心》（献词），《语言研究》创刊号。

1981年　马学良主编《语言学概论》（审订），华中工学院出版社。

1981年　《在全国民族院校汉语教学研究会第三次年会上的发
　　　　言》，全国民族院校汉语文教学研究会编《汉语教学与研究》，
　　　　内蒙古教育出版社，第159—160页。

1982年　《悼念赵元任博士》，《语言研究》，第1期，第4页。

1982年　《祝〈中国语文〉创刊三十周年》，《中国语文》，第4期，第
　　　　242页。

1982年　《第十三届国际语言学家会议会议概况》（与吴宗济合
　　　　作），《国外语言学》，第4期，第53—54页。

1983年　舒化龙著《汉语发展史略》（审定），内蒙古教育出版社。

1984年 《中国音韵学研究会第三次学术讨论会开幕词》,《音韵学研究通讯》(内刊),总第6期,第6页。

1984年 《中国音韵学研究会第三次学术讨论会闭幕词》,《音韵学研究通讯》(内刊),总第6期,第7页。

1985年 《中国音韵学研究会民族古文字学学习班开学祝词》,《严学宭民族研究文集》,民族出版社,1997年,第181—183页。又名《中国音韵学研究会汉语音韵学高级研究班开学祝词》,《音韵学研究通讯》(内刊),总第8期,第2—3页。

1985年 《湖北省语言学会第四届学术讨论会开幕词》,未刊。

1985年 《悼念范继淹同志》,《语言研究》,第2期,第1页。

1985年 卢源斌等编著《广济方言志》(内部编印)(审定)。

1986年 《痛悼卓越的中国语言学家王力教授》,《语言研究》,第1期,第3页。

1986年 《痛悼王力先生》,《音韵学研究通讯》(内刊),总第10期,第1页。

1986年 《严学宭教授谈民族语文工作改革》,中央民族学院科研处编《民族研究情报资料摘编》(内部编印),第2期,第10—11页。

1987年 《哲人丰碑——深切悼念语言学大师李方桂先生》,《语言研究》,第2期,第1—2页。

1987年 《代序——周德清诞辰710周年纪念和学术讨论会致词》,高福生等著《〈中原音韵〉新论》,北京大学出版社,1991年,第5页。

1988年 《给中国音韵学研究会第五次学术讨论会的贺信》,《音韵学研究通讯》(内刊),1989年总第13期,第2页。

1990年 《给中国音韵学研究会第六次学术讨论会的贺信》,《音韵学研究通讯》(内刊),1991年总第15期,第2页。

1990年　《挺然雪里青松,风范长留青史——怀念杨翘新校长》。

1990年　《一生严谨圣洁　风范长留青史——怀念丁声树先生》,
《语言研究》,第2期,第1—2页。

1990年　《缅怀了一先生》,《纪念王力先生九十诞辰文集》编委会
编《纪念王力先生九十诞辰文集》,山东教育出版社,1991年,
第11—12页。

1991年　《给汉语言学国际学术研讨会的贺信》,《音韵学研究通
讯》(内刊),1992年总第16期,第22页。

附:严学宭部分遗留手稿及说明

1.《音韵学》(提纲):本稿未署名,严学宭笔迹,写于二十四横
格双面活页纸,共16页。是严学宭1935年受罗常培之命拟写的
编撰提纲。上有罗常培朱笔批改10余处。文稿完整。

2.《广韵讲话(节目)》:本稿未署名,严学宭笔迹,写于二十四
横格双面活页纸,共6页。是严学宭1935年受罗常培之命拟写的
编撰提纲。上有罗常培朱笔批改20余处。文稿完整。

3.《训诂学:中国语义变迁研究》:本稿未署名,严学宭笔迹,
写于一会计账簿本。前有"教学目标",谓:"本学(按:当为"课"
字)程为中国语义学研究之总纲,即文字学第二方面'义'之部分
的进修科目,故在语言系又可名为'中国语义变迁研究'。"知本稿
为1946年后严学宭任教中山大学语言学系时的授课讲稿。正文
分一、导言;二、训诂之起源;三、训诂之因革;四、训诂之构成;五、
训诂之原则;六、训诂要籍述例;七、义典之编纂。共七章、24页,
约8000字。文稿完整。

4.《说风》:本稿署名"子君",严学宭笔迹,写于"中南民族学

院科学研究稿纸25×18”,共6页,约3000字。文稿不全,第6页后残缺。

5.《上古汉语韵母结构体系(初稿)》:本稿未署名,严学宭笔迹,写于“中南民族学院政治教研室讲义稿纸”,横格通栏,页22格,共116页,约70000字。本稿应撰写于1960年前后,后节选为《上古汉语韵母结构体系初探》一文,发表于《武汉大学学报》(人文科学版)1963年第2期。

6.《现代汉藏语系的构词义素和构形词素》:本稿署名“严学宭”,写于“25×18=340华中师范学院讲稿纸”,共39页,约13000字。文稿不全,第39页后残缺。

7.《现代汉藏语系的形态义素》:本稿未署名,严学宭笔迹,写于横格通栏稿纸上,页23格,共45页,约36000字,文稿完整。

8、《荀况论名和实——词和概念辨识》:本稿署名“子君”,写于20×20稿纸,共29页,约11000字。文稿完整。

9.《原始汉语语音蠡测》:本稿未署名,严学宭笔迹,写于横格稿纸,共54行,约2000字。从文中提到的“秦语——汉藏基础语”及其相关论述,与亚庵《严学宭对秦语系的研究》一文内容相同、相似。亚庵文发表于《江汉学报》1962年第5期,推知本文稿亦应写于1960年左右。文稿完整。

10.《谈谈语音发展的规律》:本稿未署名,严学宭笔迹,写于《原始汉语语音蠡测》同一横格通栏稿纸的反面,约2000字。似写于1960年左右。文稿完整。

11.《汉语音韵学引论》:本稿未署名,严学宭笔迹,写于横格通栏稿纸,页26格,共2页,约2000字。分为一、解题;二、上古音韵结构体系;三、中古音韵结构体系;四、近代音韵结构体系;五、汉语语音演化的基本规律;六、实践要求等共五章。似为书稿的提纲。文稿完整。

12.《汉语上古、中古音稿》:本稿署名"严学宭",写于横格通栏稿纸,页26格,用钢笔书写正文,用铅笔补充修订。共37页,约30000字。在"中古韵母系统"页有铅笔旁注"79.7.25审"。文稿不全,第37页后残缺。

13.《有关名物释义的问题》:本稿未署名,严学宭笔迹,写于"25×18=340华中师范学院讲稿纸",共13页,约4000字。应写于严学宭编撰《汉语大字典》期间。文稿完整。

14.《论汉语词孳生的转换模式——纪念张为纲教授逝世十四周年》:本稿署名"严学宭",写于横格通栏稿纸,页26格,共152页,约120000字。书稿"前言"谓:"张为纲教授……不幸他于1964年病故,惜未竟其巨著《汉语同族词典》。……1973年我病胃休,为了纪念这位挚友,特循其论点,缀述其《同族词谱》若干例词,用我自己构拟的上古音系的拟音,重加整理,藉资纪念云尔。兹检旧稿,似有可取之处,亦不过绍张教授的余绪而已。"可知此稿撰于1973年及之后。本稿后节选为《论汉语同族词内部屈折的变换模式》一文,发表于《中国语文》1979年第2期。文稿完整。

15.《汉语是次生语言吗?》:本稿署名"严学宭",写于"华中工学院中国语言研究所20×20"稿纸,共6页,约2400字。题前有严学宭写"请打印"三字,但未见有打印、发表之文本。文后注"1988年11月24日 武汉市喻家山舍春蚕室"。文稿完整。

16.《专研·汇通·察来——汉族文学史研究导论》:本稿未署名,严学宭笔迹,写于华中工学院"高等教育研究编辑部20×20"原稿纸,共46页,约18000字,部分为严学宭亲笔书写,部分是他人代抄笔迹。当撰写于1980年代后期。文稿完整。

17.《中国湖南省沅陵县的"瓦乡人"(提要)》:本稿署名"严

学宭"，文后标署日期"1987,11,29"，写于"中南民族学院学报20×15"稿纸，共2页，约500字。文稿完整。

后记:我与严学宭先生的十二年

1977年,由于"文化大革命"的冲击而中断了十年的高考制度得以恢复,我参加了当年冬天举行的高考,有幸被华中师范学院中文系录取,在1978年的暮春之季入学。当时学校的中文、历史、政治三个系,还在"文革"时期设在湖北京山县的分院。与我们接触的学校工作人员,除了辅导员、任课老师之外,就是资料室的资料员和食堂的大厨们,其他的我孤陋寡闻,一无所知。

当年七月,我们从京山分院搬回武昌桂子山华中师范学院本部,眼界慢慢扩大,知道中文系还有书记、副书记、系主任、副系主任等。书记、副书记、副系主任都在不同场合跟我们见过面,唯有系主任从不露面。大家传闻系主任是一位名叫严学宭的老先生,学问非常了得。更让我们觉得神奇的是,严老先生还与鼎鼎大名的明代宰相严嵩同宗共祖。但他"神龙在天,或潜在渊",既不给我们上课,也不给我们开会,对我们来说是一个非常神秘的存在。

1978年下半年,国家又恢复了研究生的招生考试。1979年春第一批录取的研究生入学,我们七七级本科生中就有人考取了七八级的硕士研究生,我感到十分惊异和向往。给我们上古代汉语课的李思维老师,非常会讲课,枯燥的古代汉语被他讲得风生水起、栩栩如生,讲到动情之处时还点着头、咂巴着嘴,像在品尝美味佳肴。我因此喜欢上了古代汉语。

　　那时大学生的就业政策是从哪里来就回哪里去。我好不容易从鄂南山区偏僻的农村考到了大城市武汉,哪里还想回去呢?但想要留城,就只有考研继续读下去。而考研不亚于考大学,竞争十分激烈。为避免激烈的竞争,我剑走偏锋,决定考别人都望而生畏、不敢问津的"绝学"——音韵学。我打听到我们的系主任严先生就是研究音韵学的大家,他在华中师范学院就招收了1978级首届汉语史专业音韵学方向的研究生。我能不能"近水楼台先得月",考他的研究生呢? 我犹豫、忐忑了好久,决定还是斗胆见见严先生,试探一下有无可能。这时已经是1980年的晚秋,也不记得是从哪里打听到了严先生的家庭住址,更没有电话预约,我就直接找上了严先生的家门。

　　现在只记得严先生住在华师北区的教工宿舍,好像是三楼。这是我第一次见到严先生,他没有一点大学者的架子,声音柔和亲切,满脸笑容,欢迎、鼓励我考他的研究生,还送给我几篇他最新的音韵学研究论文。这时他正在紧张地主持即将在武汉召开的中国语言学会成立大会的筹备工作,以及中国音韵学研究会成立大会的筹备工作。他告诉我会议的时间和地点,欢迎我去旁听。我还真的去了,真是三生有幸,第一次也是唯有一次见到如此之多云集江城、大名鼎鼎如雷贯耳的语言学名家,大开了眼界。

　　这时严先生已经调离华中师范学院,回到刚刚恢复重建的中南民族学院任副院长,又兼任华中工学院新成立的中国语言研究所所长。1981年他只在华中工学院招收研究生。在严先生的鼓励下,1981年我报考并如愿考取了他的研究生。1982年春天,我进入华中工学院,成为中国语言研究所的第一届研究生,亦即严先生门下第二届拜门弟子。

　　那时先生正处于他学术活动的巅峰时期,在语言学界、在华中工学院都是"红得发紫"的人物,是华中工学院书记兼院长朱九思的座上宾。他的学术活动十分繁忙,但对我们的培养一点也不放松。当时研究所五个研究生专业,其他四个专业大都是聘请外校的导师,大多远在北京。而我们专业的导师严先生有时住在校内,大多时间住在也不远的中南民族学院,教学、交流都十分方便。我们的主干专业课程都是严先生上的。据他讲,每到上课当天,他都要五六点钟就起床温习、作准备,再熟悉的课都是这样,已成了习惯。有意思的是,先生讲课要喝酒助兴,上课总带着一个扁形的锡制小酒瓶,约能装二三两酒,讲起课来不时抿上一小口,樽酒论文,逸兴飞扬。先生本不好酒,加上有胃病,平日都不饮酒。上课喝点小酒,就是为了调动自己的情绪。他讲课很有艺术性,声音的高低、语速的快慢、语调的抑扬顿挫都把握得恰到好处,后来我才知道这都是从他老师罗常培先生那里学来的。

　　先生特别推崇语言学大师李方桂先生的学问。在课外,他要求我们精读李方桂研究上古音的经典之作《上古音研究》。我把《上古音研究》看了一遍又一遍,天头地脚都写满了笔记。书翻破了、散了再钉起来、粘起来,算是把这部博大精深的名著看懂了。先生还格外看重李方桂的学生、加州大学伯克利分校华裔教授张琨先生。先生与他有频繁的书信来往,也介绍我们跟张琨书信交流。其中李玉同学跟张琨交流最多,张琨总是找李玉索要国内方言调查的材料以供研究之用。先生十分赞赏张琨的《汉藏语系的"针"字》(1969)、《汉藏语系的"铁"字》(1971)两文,认为是当代汉藏语比较研究中的经典之作,已经超过了他的老师李方桂先生。所以我们硬着头皮啃这两篇艰深的长文,主要学习他的研究方法,学了一点皮毛。我后来写的《论原始汉语"二"的语音形式》、《汉语"四自鼻"的同源关系及古音构拟》两文,就是东施效颦、画虎类犬之作。而大师兄尉迟治平先生（当时已是语言研究所的老师）学得很到位，写了《龙年说"龙"》，中央民族大学的黄布凡先生写了《藏缅语的"马"与古汉语的"騇"》，都是学的张琨的方法。先生还经常向我们推荐美国西雅图华盛顿大学教授罗杰瑞（Jerry Norman），李方桂的学生，美国爱荷华大学教授柯蔚南（South Coblin），美国康奈尔大学华裔教授梅祖麟等著名学者的新作，以及国内丁声树先生的《谈谈语音结构和语音演变规律》、胡坦先生的《藏语的语素变异和语音变异》等名篇。先生认为不懂汉藏语的比较研究就不足以言上古音，必须打破国内陈陈相因、抱残守缺的局面，大胆吸收国外新的理论和方法，开拓音韵学研究新领域。所以我们学的都是当时最新、最前沿的音韵学知识。那时国外，尤其是欧美学者研究汉语音韵学的最新著作、文章都纷纷寄给语言研究所，寄给先生。先生要求我们阅读这些国外学者的外文专业文献，择其重要者翻译成汉语，作为平时作业，他亲自给我们评阅、打分，计入学习成绩。然后发表，贡献于国内学界。我的翻译作业，就有张琨的《汉语 *s-鼻音声母》、柯蔚南的《汉藏语系词汇比较手册：（一）导论；（二）原始汉藏语音系》、柯蔚南的《西汉声母探索》，以及加拿大学者蒲立本的《构拟上古真部的一些证据》等，其中三篇都刊登在《音韵学研究通讯》（内刊）上，在音韵学界还常被引用。一篇没刊登的在我撰写毕业论文《秦汉帛书音系》时也起了重要的参考作用。《汉语 *s-鼻音声母》一文后来还收入赵秉璇、竺家宁主编的《古汉语复声母论文集》（1998）公开出版。其他同学也多有类似的译介之作。

　　我们毕业时华中工学院还没有获得汉语史专业硕士学位授权，我们的学位都是到先生的老朋友，西南师范大学刘又辛教授那里答辩后获得的。所以我们的毕业证是华中工学院发的，而学位证书则是西南师范大学颁发的。那时华中工学院研究生的毕业去向,除了出国继续深造外,在研究生院广泛流传三句话——"攻北京、战上海、死守武汉",其他地方似乎都不放在眼里,十分的牛气。由于我不愿意抛家弃子出国留学,也因存在家属的异地调动问题,"攻"和"战"都不具优势,只能"死守武汉",找一个能迅速从县城调来家属的接受单位。华中工学院、武汉大学都不能马上调动家属,我就找了母校华中师范学院,跟人事部门都谈妥了。但先生执意要我去中南民族学院,坚决反对我去华师,甚至很生气地说"看华师谁敢要你"! 先生从来都没有跟我们动过气,这是唯一的一次。的确,只要先生出面,一个电话打过去华师就不敢要我,因为他在华师德高望重,华师的院、系领导都是他以前的同事或部下。这样我只好来到了中南民族学院。先生要我来这里,本意是希望我在此打开一片天地、建立一个严门或者罗门的据点,是对我的看重。可惜的是我没有像先生那样的打拼能力,最终还是辜负了先生,既没能打开天地,也没能建立据点。

　　1985年的6月,由于当时中南民族学院还没有给我分配宿舍,一辆卡车把我从华中工学院接来,行李就乱七八糟堆放在先生小八家住宅的客厅里,暑假之后才搬到离先生住宅不到两百米的单身宿舍。从此我成了与先生距离最近的学生,经常往先生家跑。当我家属调来武汉后,我搬到民院的"鸳鸯楼",先生也总是拄着拐杖走很远的路,横过一条马路来我家,看望我和妻儿。先生以及师母苏淑贤待我就如家人,我对他们也没有任何的顾忌。先生的妹妹严福华——我称她为姑姑,晚年跟先生一起生活。她一生无儿女,没读过书,言、行都比较糙,常常跟大学里的文化人合不来,但是却跟我十分亲近投缘。每当姑姑跟人发生口角时,先生就总向我抱怨,我就在他们兄妹间作些调解。后来先生搬离民院住到华工了,姑姑就进了洪山区福利院,先生去世后好多年我都经常去福利院看她。她虚荣心很强,我一去她就拉着我到处炫耀说"这是我哥哥的学生,大学教授",其实那时我还只是一个小讲师,我理解一个孤寡老人无依无靠而"拉虎皮作大旗"的心理。再后来她就在福利院去世了,我竟不知道,未能为她送行,至今想来内心难安。

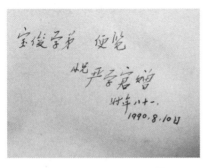

严学宭《广韵导读》题赠本书作者

1985年先生应巴蜀书社之邀,撰写《广韵导读》一书,写成后要我帮他修改、校对。修改我是没有资格,校对还可以。先生撰写此书没有打草稿,挥笔而就、一气呵成,记忆错误在所难免,我尽力帮他校对出来。先生很是感谢,书出版后送我一本。先生送我的文章著作,所写赠言总称我为"学弟",自称"小兄"。自古师徒如父子,我不理解先生对学生为何以兄弟相称。这次我特地请教先生,先生说:"这是罗门的规矩,以前莘田先生就是这样称呼的。"后来先生去世后我整理他的藏书,见罗常培先生赠送他的著作,赠言果然也是如此。

先生住的小八家住宅,布置得十分雅致而温馨。夏秋之际,门前是一片绿荫的葡萄走廊,结满了葡萄,只是葡萄可观而不可食,很酸涩。一楼的客厅养着茂盛的君子兰和文竹等植物,看着十分养眼。客厅的墙上挂着师友们赠送他的书法条幅,给我印象最深的是周祖谟赠先生的条幅,写的是杜甫的五言律诗《天末怀李白》:"凉风起天末,君子意如何?鸿雁几时到?江湖秋水多。

文章憎命达,魑魅喜人过。应共冤魂语,投诗赠汨罗。"周先生一向称呼先生的字"子君"。周先生书此诗,以杜甫自比,以先生比李白,借诗中"君子"而指"子君",意蕴深切,我十分佩服周先生巧妙的借意,所以印象特别深刻。据诗意,条幅应是周先生在一个动荡时期长久未见严先生的秋冬之时,书赠严先生以表达思念老友之情的。但究是民国时期的战争年代,还是后来的"文革"时期,因现在已经见不到该条幅,书写日期终不可知。先生告诉我说,周先生的诗作和书法俱佳,常作诗或录他人诗词书赠予他。但我们的先生虽然书法极佳,却缺乏文学细胞,不善于作诗填词,与其有"七步成诗"之才的父亲大异其趣,所以总是对师辈和朋友的书赠诗词"来而不往"而失礼。

我尤其喜欢跟先生在二楼的书房,伴着阳台上笼中养的各种鸟雀的啾啾鸣叫,听先生聊学术,谈人生。先生喜欢养鸟,养的各种鸟都十分水灵。我老家乡下爱吃鸽子,认为是大补之物。所以有时回老家也带来鸽子给先生,先生舍不得吃,就放在鸟笼中养着。先生还爱吃烤红薯,我也常在回乡下时挑选好点的红薯带给先生,先生不以为贱,总是十分高兴地笑纳。到了冬天就把红薯放在取暖的煤炉上烤熟,师徒二人边烤边聊,其乐融融。

1986年8月,先生自珠海生病返回武汉,住进了中南民院校医院的住院部。他的三儿子严燕以及三儿媳都在该医院,儿媳还是校医院的院长。但校医院条件太差,我亲眼看见先生因前列腺炎疼痛难忍,心情十分难受。后来他转到武汉协和医院开了一刀。不久又发现患有结肠癌,又开了一刀。那时我年轻,总是骑辆自行车,从武昌东郊的学校骑一个多小时,跨越长江、汉水,到汉口的协和医院看望先生,带给他要看的书籍杂志和信件。先生病中爱看的消遣性杂志一是《读书》,二是《随笔》,我总是把最新的一期及时送给他。记得一次我妻子用瓦罐在煤球炉子上炖了一罐鸡汤,我带给先生,先生吃后说,这是他一辈子都没喝过的最好喝的鸡汤,我一听顿时眼眶一热,眼泪就差点流了出来。

先生在协和医院住了很长时间。出院后不久结肠癌复发,又两次住进湖北医学院附属第二医院再开两刀。后来到1990年就搬离了中南民族学院,住到了华中理工大学提供给他的外宾招待所贵宾楼,那里条件更好、生活更方便一些。而我就骑车往那边跑,有时是给他送东西,有时是帮他做点事。那是一个躁动不安的时代,全国上下都盛行"猫论",都想去做会抓"老鼠"的"好猫"。高校的老师也不例外,很多都到广州、深圳等沿海经济发达

本书作者与严学宭合影。左:1984年10月于中南民族学院小八家寓所前;
右:1989年12月于湖北医学院附属第二医院病房

地区去了。我也一度心旌动摇,先生也似乎后悔当初不该要我来中南民族学院,觉得是害了我,所以他出面写信找了很多广东高校的朋友、熟人介绍我去,但都没有成功。那时我的情绪非常低落,心情郁闷。但每当见到先生心境澄明,风神俊朗,容止俨然,辞气清雅,就顿觉霁月光风,俗念全无。这真是一种奇妙的感觉,应该就是所谓的"精神洗礼"吧。《世说新语·德行》说:"周子居常云:吾时月不见黄叔度,则鄙吝之心已复生矣。"大概说的就是这种情景。

1990年是先生晚年唯一没有住院的一年。那年初冬日本学者中岛干起先生造访华中理工大学,拜访先生。中岛本是先生举办的汉语音韵学研究班第二期的日籍学员,知道先生具有十分丰富的人生经历,非常重要的学术影响,就约他写一部自传,以反映一代知识分子的经历,他拿去日本出版。先生很是高兴,马上把我和舒志武兄叫去,安排由他口述,我和舒兄笔记、整理,撰写自传,争取在他有生之年能见其出版。于是从1990年10月起,我和舒志武兄就不断地骑自行车从中南民族学院去华中理工大学外宾招待所的先生寓所,记录他的口述历史。现在翻阅我当年的记录,每次都标明了记录的时间,计有:10月15日、18日、21日、24日、27日、31日;11月2日、6日、14日、16日、21日、26日、28日;12月5日、8日。共计十五次,每次上午三个小时左右,历时近两个月。由于事先分工舒兄写先生的新中国成立前,我写新中国成立后,所以前七次是我和舒兄一起记录,后八次讲新中国成立后,舒兄就忙着去整理、撰写他的新中国成立前部分,剩我一人记录了。口述刚刚开始时我提出是否可以录音,先生显得不太愿意,我就没有坚持。后来我十分后悔,如果我再坚持一下,说不定先生就会同意的,那就能永远留下先生的声音,将是多么宝贵的口述历史资料啊！

　　整个口述过程先生精神很好，兴致很高，侃侃而谈，一连三小时的口述不见倦意。有时客人来访就暂时中断，过后又接着谈。因为先生把一些"不足为外人道也"的家庭情况和个人隐私，都毫无保留地向我袒露出来，所以一次先生很感叹地对我说："你这是在写我的家史啊！"其他诸如一些学界秘闻，对当代学人的评骘，谁自私，谁狂妄，谁落井下石，谁过河拆桥，先生都向我一一道来。很显然这些都是不便写进自传的。这已经不只是学术口述了，而是披肝沥胆的情感交流。通过这次记录先生的口述，我有幸得以全面、深入、详尽了解到先生八十年的人生经历和半个多世纪的学术生涯，了解先生所代表的一代知识分子所经历的人生和学术道路。颜渊曾喟然而叹孔子曰："仰之弥高，钻之弥坚，瞻之在前，忽焉在后。"这正是我洞察了先生一生之后的深切感受。

　　口述完后我和舒兄抓紧分头整理、撰写。整理撰写的工作非常艰巨。八十岁高龄老人的回忆，常常前言不符后语，或者所述与文献记载不合，颠倒、重复、杂乱更是常见。所以有时他的口述，就变成了我们的采访，由我们提出话题来请他回答。我和舒兄夜以继日，以先生的口述为线索，查找、核对、补充材料，终于在两个多月后完稿，近十三万字，起名《八十自述》。但不知什么原因后来日方爽约，未能及时出版，先生对此甚是失望。直到1993年12月，《八十自述》才由《语言研究》编辑部以增刊的形式出版，这时离先生辞世已经两年。由于时间仓促，增刊版的《八十自述》校对不精，错误百出，而且流播不广，影响也不大。

　　《八十自述》完稿后不久，1991年7月，先生再次住进湖北医学院附属第二医院。这一次就只能采取保守疗法，他再也没能出院。先生住的是高干病房，单间，有阳台和卫生间，由师母陪伴侍候。我仍是如前往返医院,给先生送书报、杂志、信件,这时他能看书看报,但写字较困难。到后来他与朋友的往来书信,都是由对方写给我转交先生后,再由我回复对方。记得这时候周祖谟先生的来信最多,殷焕先先生的来信也不少,大多都是关切他的病情、问候他的身体。

1991年12月29日凌晨1时,先生驾鹤西归。之前三天我还去医院看过他,没想到会这样突然。噩耗传来,我立即奔向医院。是日武汉突降大雪,河山皆白,大地冰封。我不由想起金圣叹的《七绝》诗:"天公丧母地丁忧,万里江山尽白头。明日太阳来作吊,家家檐下泪珠流。"

1992年1月4日上午,中南民族学院在武昌殡仪馆为先生举行遗体告别仪式。前一天中午学校老干处要我为先生撰写一副挽联,要求写得长一点,气派一些。我来不及认真思索和斟酌平仄格律,下笔立撰一副交给他们,请人书写后悬挂在告别厅:

承分宜世泽,沐三楚文风。北上京都,罗门立雪;南下羊城,杏坛树誉。复居江汉四十年,德范声名闻海内;

振华夏绝响,释千古疑氛。东传音韵,绛帐滋蕙;西昭汉学,重洋瞩目。平生著述三百万,文章功业勒南山。

我瞻拜先生的遗容,向先生鞠躬致意,作最后的告别。他静静地躺在鲜花丛中,紧闭的双眼,枯瘦的脸颊,永远定格在我的记忆中。

从1980年晚秋我初次登门拜见先生,到最后告别先生遗体,刚好一纪恩勤、十二流年。

先生去世后,他的音容笑貌总浮现于脑,萦绕于心,挥之不去。作为弟子,总觉得应该为他做点什么。我先后撰写发表了《滋兰九畹,树蕙百亩——严学宭先生学术思想及成就述评》

（1993）、《严学宭先生学术传略》（1994）、《严学宭先生学行记略》（2001）等文章，为中国语言学会编写的《中国现代语言学家传略》撰写了《严学宭》传略（2004），在中南民族大学图书馆建立了一个《严学宭特色数据库》（2014）。并应邀以先生之名为江西文史资料《国立中正大学》专辑撰写了《泰和的点滴回忆》（1993），为彭振坤主编的《历史的记忆》一书撰写了《调查土家杂记》（2003）。以传播先生的学术思想、表达自己的缅怀之情。又因当年整理、撰写《八十自述》过于匆忙而未能尽其意旨，此后近三十年我特别留心搜集有关先生的各种资料，哪怕是片言只语，也均予记录留存，积累了十分丰富而珍贵的史料。如果弃而不用、藏而不彰，以致明珠蒙尘、高山雾隐，就太可惜了，对现代语言学界和中国语言学史也是莫大的损失。《论语·卫灵公》云：“子曰：君子疾没世而名不称焉。”若先生之名湮灭不称，更是吾辈门生之悲、弟子之过。因此在先生辞世近三十年之际，结合当年先生的自述，汇集近三十年来穷尽性收集的一切资料，包括未曾公开过的手稿、书信、图片、内部资料，以及跟随先生十二年的所见所闻等，爬罗剔抉，择其精要，采取“以传带评，传评结合”的方式，写成《严学宭评传》一书，以偿夙愿。

　　本书在写作过程中，承蒙先生之子严泰，侄儿严兴智、侄孙严小玉，分宜本土学者和介桥严氏族人严健、严兴河，以及北京大学中文系唐作藩教授，中国社会科学院民族学与人类学研究所孙宏开研究员，中南民族大学刘为钦教授、冯广艺教授，重庆师范大学黎新第教授，武汉大学卢烈红教授、万献初教授等热情提供资料和咨询；华中科技大学尉迟治平教授、董为光教授、李崇兴教授、程邦雄教授、黄仁瑄教授，厦门大学邓晓华教授，华南农业大学舒志武教授，中国社会科学院语言研究所李玉研究员，中山大学张振江教

授、武汉大学席嘉教授等严门弟子，予以热情支持和鼓励；唐作藩
教授为拙著欣然惠赐序言，中南民族大学档案馆提供了馆藏的珍
贵档案资料，我的学生吴萍、孟媛媛、王品、刘蓓协助校对工作。对
于以上各位的关心、帮助，在此一并表示衷心的感谢！是作也，时
刻提醒自己勿带感情，摒弃偏爱，尽量客观、如实地反映先生的身
世经历、学术生涯，以作为反映20世纪一代知识分子经历的一个
缩影。然而我辈俗人，无法达到"太上忘情"的境界，笔下难免不带
感情。此亦人之常情，还望读者见谅焉。

　　是为记。

　　　　刘宝俊
　2020年孟春书于湖北瘟疫肆虐、武汉封城之际